A. N. WILSON

Der geteilte Jesus

A. N. WILSON

Der geteilte Jesus

*Gotteskind oder
Menschensohn*

Aus dem Englischen
von Hans Joachim Maass

C. Bertelsmann

Die Originalausgabe erschien 1992
unter dem Titel »Jesus«
bei Sinclair-Stevenson Ltd, London

Redaktionelle Bearbeitung: Thomas May

Umwelthinweis:
Dieses Buch und der Schutzumschlag
wurden auf chlorfrei gebleichtem Papier gedruckt.
Die Einschrumpffolie (zum Schutz vor Verschmutzung)
ist aus umweltschonender und recyclingfähiger
PE-Folie.

1. Auflage
© 1992 by A. N. Wilson
© für die deutschsprachige Ausgabe 1993
by C. Bertelsmann Verlag GmbH, München
Umschlaggestaltung: Manfred Waller
unter Verwendung eines Gemäldes von Salvador Dali
»Le Christ de Gala« (Archiv für Kunst
und Geschichte, Berlin)
Satz: Uhl + Massopust, Aalen
Druck: Mohndruck, Gütersloh
Printed in Germany
ISBN 3-570-00366-3

Für Stephen

Inhaltsverzeichnis

Vorwort
9

1. KAPITEL
Jesus der Jude
24

2. KAPITEL
Paulus
38

3. KAPITEL
Der gekochte Fisch oder wie man
ein Evangelium liest
71

4. KAPITEL
Seine wundersame Kindheit
99

5. KAPITEL
Der Wegbereiter
123

6. KAPITEL
Galiläa
149

7. KAPITEL
Schalom: Das Brotwunder
181

8. KAPITEL
Der Mann auf der Eselin
200

9. KAPITEL
Der Mann mit dem Wasserkrug
und der nackte Jüngling
227

10. KAPITEL
Der Prozeß
247

11. KAPITEL
Jesus Christus
278

Anmerkungen
299

Literaturverzeichnis
307

Stichwortverzeichnis
312

Vorwort

Der geschichtliche Jesus und der Christus des Glaubens sind zwei eigene, gesonderte Wesen mit stark voneinander abweichenden Lebensgeschichten. Es ist schwierig genug, den ersten zu rekonstruieren, und bei diesem Versuch wird dem zweiten vermutlich irreparabler Schaden zugefügt.

Jesus oder Josua, was der gleiche Name ist, bedeutet »Erlöser«. Nach christlichem Glauben war einer der vielen Männer in der Geschichte, die diesen Namen trugen, tatsächlich der Erlöser der Welt. Und aus diesem Grund teilt die westliche Welt die Historie in die Zeit vor und nach Jesu Geburt ein. Weltweit hängen Millionen Menschen noch immer dem Glauben an, daß Jesus der Erlöser war. Für sie war er der fleischgewordene Gott, der aus dem Schoß einer Jungfrau in einem Stall zu Bethlehem geboren wurde, um die Welt von ihren Sünden zu erlösen. Jesus offenbarte seine Identität nur einer kleinen Gruppe von Anhängern und wies der Menschheit den Weg zu einem gottgefälligen Leben.

Doch diese Lehre allein konnte Männer und Frauen nicht vor den Folgen ihrer Sünde retten. Sie konnten nur dann erlöst werden, wenn der Preis, das »Lösegeld«, für die Sünde gezahlt wurde; dieser Preis war das höchste Opfer, das Jesus brachte – mit seinem Tod, einem schmerzhaften und demütigenden Tod am Kreuz von Golgatha. Zum Zeichen seines Triumphs über Sünde und Tod stand Jesus drei Tage später wieder von den Toten auf und erschien seinen Freunden, bevor er zum Himmel auffuhr, wo er nun zur Rechten Gottes sitzt. Am Ende der Tage wird Jesus wiederkommen, um zu richten, um zu entscheiden, welche Menschen der ewigen Freude mit Gott würdig sind und welche die ewige Verdammnis in der Hölle verdienen.

Dies ist der christliche Glaube. Nichtchristen muß es sehr verwirren, daß solche Glaubensvorstellungen sich an einer geschichtlichen Persönlichkeit festmachen konnten. Selbst für Christen wirft die Gestalt des historischen Jesus Probleme auf, die nicht leicht zu lösen sind.

Was sind die Quellen unserer Glaubensvorstellungen von Jesus? Woher sollen wir wissen, ob sie verläßlich sind oder nicht? Kann ein heutiger Leser dieser Quellen diesem Mann nahekommen oder sich mit an Sicherheit grenzender Wahrscheinlichkeit an das herantasten, was dieser Mann vielleicht gewesen ist? Inwieweit ist der christliche Glaube von der Historie abhängig? Würde der christliche Glaube in sich zusammenbrechen, wenn beispielsweise bewiesen werden könnte, daß Jesus gar nicht gelebt hat oder daß er nicht von den Toten auferstanden ist? Oder ist der christliche Glaube eine im Kern geistige Übung, eine Übung der Vorstellungskraft, die weitgehend um Mythen kreist, die aus historischem Material geformt worden sind, aber doch nur Mythen bleiben, die sich einer historischen Analyse entziehen?

Dies alles sind Fragen, die zu stellen sich lohnt; und die christlichen Kirchen haben sie zweifellos in den letzten zweihundert Jahren immer wieder gestellt. Mit wechselnder Differenziertheit habe auch ich sie immer wieder gestellt, seit ich in meiner Kindheit zum ersten Mal von der Geschichte Jesu Christi hörte. Wie allen Christen war mir bewußt, daß meine Religion für sich in Anspruch nahm, in der Historie verwurzelt zu sein. Es gab bestimmte Geschichten mit verifizierbaren Daten, auf denen mein Glaube gründete. Ich wurde jedoch nicht Christ, weil ich an diese Geschichten glaubte. Ich wurde schon als Säugling Christ, nämlich durch die Taufe. Jahr für Jahr hörte ich an den hohen Feiertagen der Kirche, wie dieser historischen »Begebenheiten« gedacht wurde. Schon damals nahm ich diese Geschichten begierig in mich auf, weil sie in sich so kraftvoll und überzeugend waren, nicht etwa, weil ich sie mit Mitteln der historischen Analyse geprüft hatte. So hörte ich zu Weihnachten, daß der Erzengel Gabriel in eine Stadt namens Nazareth gegangen sei und Maria verkündet habe, sie werde ein Kind zur Welt bringen, das sie Jesus (den »Erlöser«) nennen solle. Ohne Geschlechtsverkehr mit einem Mann gehabt zu haben, brachte Maria den Knaben in der Stadt Bethlehem zur Welt.

Maria gebar Jesus in einem Stall, weil für sie und ihren Verlobten Joseph in der Herberge kein Platz war. Die Geburt wurde von Engeln verkündet; und als Maria das kleine Kind in eine Krippe gelegt hatte, wurde die Heilige Familie von Hirten und Weisen aus dem Morgenland besucht, denen ein Stern den Weg gewiesen hatte.

Diese Geschichte beschäftigte meine Phantasie schon lange, bevor ich in der Schule Geschichtsunterricht bekam. Sie besaß eine solche Überzeugungskraft, daß ich nicht ohne weiteres bereit war, sie anhand der üblichen historischen Mittel zu überprüfen – so, wie ich etwa fragen würde, woher wir wissen, daß Napoleon 1815 bei Waterloo besiegt wurde. Ich ging weiterhin davon aus, daß es sich hier um eine Geschichte in einem realen historischen Umfeld handelte. Im Lukasevangelium wird sie höchst genau datiert, nämlich in eine Zeit, als Kaiser Augustus verlangte, daß sich jeder im Römischen Weltreich zählen ließ. Es geschah zu einer Zeit, als Quirinius Statthalter in Syrien war (Lk 2,2). Herodes war damals König von Judäa (Mt 2,1). Damit scheint die Zeit von Jesu Geburt sehr genau bestimmt zu sein, bis man entdeckt, daß Herodes der Große vier Jahre vor Beginn unserer Zeitrechnung starb und daß Quirinius zur Regierungszeit des Herodes nicht Statthalter in Syrien war. Kein Historiker der römischen Geschichte erwähnt eine allgemeine Volkszählung während der Regierungszeit Kaiser Augustus', obwohl Flavius Josephus uns in seinen *Jüdischen Altertümern* mitteilt, im Jahre 6 u. Z. habe es in Judäa eine Zählung gegeben.

Die Geschichte von dem Kind, das in einem Stall in Bethlehem geboren wurde, weil in der Herberge kein Platz war, ist einer der kraftvollsten Mythen, die der Menschheit je geschenkt worden sind. Gleichwohl ist sie ein Mythos. Doch selbst wenn wir jedes Wort der Bibel als buchstäblich wahr zu begreifen suchen, wird es uns nicht gelingen, den Mythos von dem in einem Stall geborenen Jesus zu finden. In keinem der Evangelien wird gesagt, daß er in einem *Stall* geboren wurde. Fast alle Details der Umstände von Jesu Geburt, die große Künstler inspiriert und Generationen von Kirchgängern am Heiligabend entzückt haben, stammen weder aus der Historie noch aus der Heiligen Schrift, sondern sind folkloristisch. Sobald wir uns in diese Frage vertiefen, entdecken wir, daß der »wirkliche« Jesus, der geschichtliche, kaum in Bethlehem geboren sein dürfte. Es ist sehr viel wahrscheinlicher, daß er in Galiläa zur Welt kam, wo er aufwuchs. Dennoch: Wer ist in unserer Vorstellung die machtvollere Gestalt – der »wirkliche«, historische Jesus von Nazareth oder das göttliche Wesen, das in seiner großen Demut auf die Erde kam, um als bettelarmer Außenseiter geboren zu werden?

Die meisten Geschichten, die wir mit Weihnachten in Verbindung bringen, entstammen der reichen Welt der Folklore. Sie haben unendlich größere Macht über unsere Vorstellungskraft, als Tatsachen es je haben können. Wenn dies für die Weihnachtsgeschichte gilt, wie steht es dann mit der Messe, dem Abendmahl oder der Feier der heiligen Kommunion, dem Herzstück des katholischen Meßritus, bei dem der Priester Brot und Wein nimmt und den Segen spricht? Die Gläubigen, die an diesem heiligen Mahl teilnehmen, glauben, daß Jesus dabei real präsent ist. Der Sakramentalismus des Christentums ist der höchste Ausdruck seines Glaubens an die Menschwerdung Gottes – Gott wurde Fleisch, Gott ging in die Materie ein, und so kann das materielle Universum erlöst und geheiligt werden. Die Symbolik der christlichen Eucharistie hat Millionen Menschen bereichert. Doch auch hier gibt es wieder ein Paradoxon: Weihnachten ist nicht nur ein Stück Folklore; in Werken der Kirchengeschichte wird behauptet, dieses Fest sei auch ein Teil der Historie. Ähnlich haben Christen von Beginn an behauptet, Jesus habe die Eucharistie gestiftet. Dies ist eine wichtige Behauptung, denn sie impliziert, daß dann Jesus auch das Christentum »erfunden« und die Kirche gegründet hat, oder wie man dies sonst ausdrücken will. Auch hier begeben wir uns wieder von dem Gebiet religiösen Brauchtums auf das Feld verifizierbarer historischer Behauptungen. Und wir stoßen auf ein weiteres Problem.

Der Apostel Paulus, dessen Briefe die frühesten christlichen Dokumente sind, hatte sehr klare Glaubensvorstellungen von Jesus. Er schrieb für eine nichtjüdische oder wenigstens zum Teil nichtjüdische Gemeinde – in Korinth, Thessalonich (Saloniki) und selbst in Rom. Eine seiner Glaubensvorstellungen besagt, Jesus sei durch den Tod am Kreuz zum neuen Passalamm geworden. So, wie die Juden zum Gedenken an ihren Auszug aus Ägypten Lämmer töteten und aßen, verzehrten die Christen zum Gedächtnis ihrer Erlösung von der Sünde in Gestalt von Brot und Wein Leib und Blut Jesu. Diese Tradition des Darbringens von Brot und Wein als christliches Passafest, dieses Essen von Jesu Leib und Trinken seines Bluts, gehe, so Paulus, auf die Nacht zurück, in der Jesus verraten wurde. Dies scheint eine historische Aussage zu sein, und da Paulus sie vielleicht nur rund zwanzig Jahre nach Jesu Tod machte, haben sich Gläubige auf ihn verlassen.

Die vier Evangelien bestätigen, daß Jesus zur Zeit des Passafests gestorben ist. Und bei allen vier Evangelisten heißt es, daß er am Vorabend seiner Festnahme einige Freunde zu einem letzten Abendmahl um sich versammelt habe. Doch hier beginnen unsere Schwierigkeiten, wenn wir an Jesus als den Stifter der Eucharistie oder den Gründer des Christentums glauben sollen. In den ersten drei Evangelien, den sogenannten synoptischen, wird behauptet, die Eucharistie sei während des traditionellen jüdischen Passamahls oder im Anschluß daran eingeführt worden. Wenn dies der Fall ist, muß jedes der folgenden Ereignisse – die Festnahme Jesu, sein Prozeß, seine Hinrichtung – reine Fiktion sein, da es unvorstellbar ist, die Juden hätten mit ihren heiligsten religiösen Riten gebrochen, um einem Mann den Prozeß zu machen. Im vierten Evangelium des Johannes erfahren wir, daß das Mahl lange vor Passa stattfand. Es war somit kein Passamahl, und in diesem Evangelium ist auffälligerweise von der Stiftung der Eucharistie keine Rede. Dies ist die vielleicht augenfälligste Ungereimtheit angesichts des Anspruchs des Christentums, eine in der Historie verwurzelte Religion zu sein. Tatsächlich können wir selbst dann, wenn wir der phantastischen Behauptung Glauben schenken, Jesus habe eine neue Religion mit einer sakramentalen Ordnung von Bischöfen und Diakonen gründen wollen, keinesfalls glauben, daß er die »Eucharistiefeier« ausgerechnet in die Passazeit verlegt hat, wie Paulus und die Evangelien mit Nachdruck betonen.

Wenn schon die Geburt im Stall zu Bethlehem an tiefste religiöse Empfindungen appelliert, um wieviel mehr erst das Letzte Abendmahl! Die christliche Eucharistie ist das Mysterium aller Mysterien, das die Herzen und die Vorstellungskraft von Männern und Frauen seit zweitausend Jahren bewegt. Die großen

Kathedralen Europas sowie Nord- und Südamerikas wurden errichtet, um ihrer Begehung eine Heimstatt zu geben. Um ihre Bedeutung sind Kriege geführt worden. So ist es wahrlich keine Kleinigkeit, anzuerkennen, daß sie keine historische Verbindung mit Jesus von Nazareth hat.

Und dies liegt zum Teil an der außerordentlichen Überzeugungskraft der Abschnitte in den Evangelien, in denen von der Festnahme und dem Leiden Jesu sowie seinem Tod am Kreuz die Rede ist. Niemand kann die Leidensgeschichte lesen, ohne aufgewühlt zu werden. Solche Foltern und Leiden waren natürlich nichts Über-Menschliches, und dies ist sicher einer der Gründe, weshalb der leidende Jesus die Gefühle so vieler Menschen anspricht. Historiker können herausfiltern, welche Teile dieser Passagen möglicherweise den Tatsachen entsprechen und welche ohne jeden Zweifel erfunden sind. Wahr oder sehr wahrscheinlich ist: daß Jesus im Tempel für Unruhe sorgte, als er die Tische der Geldwechsler umstieß (obwohl christliche Interpreten dieses Vorfalls seine Bedeutung vermutlich mißverstanden haben). Dies ereignete sich in einer an Passa überfüllten Stadt, in der die römischen Behörden ständig einen Aufstand des Volkes befürchteten. Die religiöse Obrigkeit der Juden, der Hohepriester und der Sanhedrin, der Hohe Rat, fürchtete solche Erhebungen ebenfalls, denn wenn es dazu kam, wurde sie von den Römern verantwortlich gemacht und mußte dafür büßen. Nichts ist wahrscheinlicher, als daß sie sich um die Festnahme Jesu bemühten, obwohl wir nie erfahren werden, wie und warum es dazu kam.

Die Evangelien geben eindeutig den Juden die Schuld am Tod Jesu. Dies liegt daran, daß das Christentum als jüdische Häresie begann, und zwischen den urchristlichen Missionaren und den Synagogen der Diaspora war es zweifellos zu Streitigkeiten gekommen. Sonderbarerweise gab es zwar schwere Strafen für Gotteslästerung, eine religiöse Verfolgung von Dissidentengruppen innerhalb des Judentums ist in der jüdischen Geschichte jedoch unbekannt. Christen erfanden die Idee der bereits im Entstehen begriffenen Kirche, die von den Juden verfolgt wurde. Im Rahmen dieser Erfindung entstanden die in den Evangelien wiedergegebenen Geschichten, denen zufolge Jesus wegen seiner religiösen Ideen vom Hohenpriester oder dem Sanhedrin verurteilt wurde. Doch nach eigenen Aussagen liefen die Freunde und Jünger Jesu im Augenblick seiner Festnahme weg und können so unmöglich die Zeugen seines sogenannten Verfahrens vor den jüdischen Oberen gewesen sein.

Wenn wir uns dem Prozeß Jesu vor Pilatus auf Leben und Tod zuwenden, betreten wir wieder den Boden historischer Wahrscheinlichkeit. Denn es ist sehr gut vorstellbar, daß dieser Störenfried aus Galiläa, dessen Verhalten so unverständlich war, dem Statthalter Roms angst machte. Wer waren die Freunde dieses Mannes? Traf es zu, daß unter seinen Anhängern auch Zeloten waren, die sich dem bewaffneten Widerstand gegen Rom verschrieben hatten? Unter solchen Umständen hätte Pilatus keinerlei Interesse daran gehabt, über Jesu Vorstellungen von dem himmlischen Reich Gottes zu diskutieren. Das Wort »Reich« oder »Königreich« jedoch (wie es auch im Novum Testamentum Graece verwendet wird) hätte in Pilatus sicher politische Befürchtungen ausgelöst.

Wir können uns in etwa vorstellen, was mit Jesus in seinen letzten Stunden geschah, wenn wir Flavius Josephus lesen. Im Jahr 62 u. Z., das heißt rund dreißig Jahre nach Jesu Tod und vier Jahre vor dem ersten großen jüdischen Aufstand gegen die Römer, der zur Zerstörung Jerusalems führte, tauchte in der Stadt ein Prophet auf. Zufällig hieß er ebenfalls Jesus – Jesus, Sohn des Ananos. Während des Laubhüttenfests ließen die jüdischen Oberen diesen Jesus festnehmen, weil er durch Prophezeiungen über die Verdammnis der Stadt Unruhen ausgelöst hatte. Sie ließen ihn auspeitschen. Dieser Jesus, Sohn des Ananos, bewahrte große Würde, protestierte nicht und jammerte auch nicht, ließ sich aber von seinen Prophezeiungen nicht abhalten. Da sie immer noch fürchteten, dieser Jesus werde die Massen aufwiegeln (und diese Massen erhoben sich am Ende tatsächlich zu einem Aufstand, in dessen Verlauf die Römer Jerusalem belagerten und die Bewohner aushungerten, verbrannten und hinschlachteten), übergaben die religiösen Führer der Juden den Mann dem römischen Statthalter. Der Prokurator Albinus ließ diesen Jesus bis auf die Knochen auspeitschen. Dennoch predigte er weiterhin sein »Wehe über Jerusalem!«, woraufhin Albinus ihn freiließ, da er zu der Überzeugung gekommen war, dieser Mann sei verrückt.[1]

Jesus, der Sohn Josephs, befand sich dreißig Jahre zuvor in einer sehr ähnlichen Lage, doch er erlitt den Tod. Der schauerliche Anblick eines Mannes, der wie eine Vogelscheuche am Kreuz hängt, war damals allerdings im gesamten Römischen Reich ein vertrauter Anblick. Die Kreuzigung war die übliche römische Strafe für Verbrecher. Niemand, der Zeuge des Todes von Jesus von Nazareth geworden war, konnte ahnen, daß dieses Bild eines Mannes am Kreuz je zum Symbol einer Weltreligion werden würde. Doch heute findet man dieses Symbol überall auf der Welt, wohin man auch reist. Für den Gläubigen fließen in diesem Symbol alle Mysterien zusammen: der Antagonismus zwischen absolut Bösem und absolut Gutem, zwischen der Liebe Gottes und seiner Allmacht. Für uns alle, Gläubige wie Nichtgläubige, treffen im Symbol des Christus am Kreuz aber auch die Gegensätze zwischen dem Christus des Glaubens und der historischen Gestalt des Jesus von Nazareth am stärksten aufeinander.

Der Christus des Glaubens, der mythologische Christus, der als zweite göttliche Person der Heiligen Dreieinigkeit präexistent war, der in einem Stall geboren wurde, die christliche »Eucharistie einsetzte« und die Kirche gründete, ist jedoch nicht Gegenstand dieses Buches. Er hat es nicht nötig, daß man Bücher über ihn schreibt. Er ist da, um all jene zu trösten und zu erlösen, die sich im Glauben an ihn wenden, und um jenen Rätsel aufzugeben, die es nicht tun. Dieses Buch ist in der Hoffnung geschrieben worden, etwas über den anderen Jesus sagen zu können, den Jesus der Historie.

Bevor wir uns auf die Suche begeben, ist es notwendig, zwei Dinge klarzustellen. Erstens: Ohne Verweise auf das Neue Testament läßt sich diese Aufgabe nicht bewältigen. Dies mag manchem als Selbstverständlichkeit erscheinen, doch wissenschaftliche Kenner dieser seltsamen Sammlung von Büchern werden, so fürchte ich, meinen Ansatz, meine Methodologie, bedauerlich unlogisch finden. Ich beginne also mit dem offenen Eingeständnis, daß die Aufgabe strenggenommen unlösbar ist. Alles, was wir über den historischen Jesus sagen, muß mit dem Wort »vielleicht« versehen werden, und im Verlauf dieses Buches wird der Leser bemerken, daß ich zunehmend darauf verzichtet habe, immer wieder »vielleicht« zu sagen, um ihn nicht zu langweilen. Vielmehr gehe ich zunehmend dazu über, das Neue Testament beim Wort zu nehmen und seine Begriffe zu verwenden. In meiner Rekonstruktion der letzten Tage Jesu entwickle ich sogar eine auf dem Neuen Testament beruhende Version, die den Ansprüchen strenger Historiker nicht genügen dürfte. Um eine Vorstellung davon zu vermitteln, wofür Jesus meiner Überzeugung nach stand und was für ein Mann er war, habe ich die Reihenfolge der Ereignisse übernommen, wie sie sich im Neuen Testament findet. Ich hoffe, daß ich keine fiktive Geschichte geschrieben habe, bin mir aber bewußt, daß wir strenggenommen über Jesus nicht soviel sagen können, wie ich dies in den letzten Kapiteln dieses Buches getan habe, ohne immer wieder »vielleicht, vielleicht, vielleicht« einschränken zu müssen.

Der zweite Vorbehalt ist in mancherlei Hinsicht noch wichtiger, und ich möchte jeden Leser, der sich mit dem Neuen Testament auf wissenschaftliche Weise noch nicht befaßt hat, bitten, sich diesen Vorbehalt zu merken.

Man kann nämlich nicht einfach eine Ausgabe der Evangelien in die Hand nehmen und sie lesen, als wären sie Historie. Ebensowenig ist es möglich, die Evangelien zu lesen, als wären sie zwar Historie, jedoch mit einigen Fehlern behaftet – so, als würden wir etwa sagen, Jesus hat seine Jünger zwar das Vaterunser gelehrt, jedoch keine Wunder vollbracht. Wie ich eben erklärt habe, begehe ich diesen »Irrtum« an mehreren wichtigen Stellen meines Buches. Ich tue dies jedoch ganz bewußt, um in der zweiten Hälfte des Buches möglichst schnell einen erzählerischen Rahmen zu schaffen. Mit Hilfe des fiktionalen Charakters ist es möglich – wie ich glaube und hoffe –, ein plausibles Bild des historischen Jesus zu rekonstruieren. Dabei habe ich nie die Tatsache aus den Augen verloren, daß es sich um eine Fiktion handelt. Die Evangelien sind keine Geschichtsbücher. Sie sind Erzählungen, denen nach und nach von den Gemeinden der Gläubigen Gestalt verliehen wurde, von Gläubigen, die bestimmte Glaubensvorstellungen von Jesus hatten, von denen sie wie selbstverständlich ausgingen – etwa von der Vorstellung, er habe eine »Kirche« für Nichtjuden gegründet, sei von den Toten auferstanden und werde wiederkommen, um über uns alle zu Gericht zu sitzen; im vierten Evangelium, wenn auch nicht in den drei ersten, wird er als göttlich angesehen. Die kleinsten Details, die für den heutigen Leser wie glaubwürdige historische Tatsachen oder Begebenheiten anmuten könnten, sind in Wahrheit oft Gestaltungselemente von Evangelistenhand – aufgrund ihres Selbstverständnisses der Person Jesu. So glaubte beispielsweise der Evangelist Matthäus, der Messias würde in Bethlehem geboren werden, da er dies in dem alttestamentlichen Buch des Propheten Micha vorhergesagt sah. Folglich erzählt er uns, Jesus sei in Bethlehem geboren worden. Wie wir schon gesehen haben, ist dies historisch völlig unwahrscheinlich. Es ist schwierig, Kriterien zu entwickeln, nach denen man die Evangelien lesen muß, die uns in die Lage versetzen würden, das Material auf seinen Wahrheitsgehalt zu prüfen und die »Spreu vom Weizen« zu trennen, um so sozusagen hinter die in den Evangelien erzählten Geschichten sehen zu können, um deren mögliche Ursprünge zu entdecken. Manchmal scheint dies fast zu gelingen. Markus, der daran glaubte, Jesus sei gekommen, um die Nichtjuden in das Reich Gottes einzulassen, liefert uns den überraschenden Hinweis, daß Jesus die Nichtjuden als »Hunde« abtat, denen er nichts zu sagen habe. Dies berechtigt zu der durchaus plausiblen Annahme, daß hier ein Bruchstück mündlicher Überlieferung des wirklichen Jesus überlebt hat, das uns von dem Evangelisten ungeschickterweise bewahrt worden ist, obwohl die Aussage den vermeintlichen Zielen Jesu eindeutig widerspricht.

Es ist nicht leicht, sich in die richtige Geistesverfassung zum Verständnis des Neuen Testaments hineinzuversetzen. Ich habe deshalb – um der Leser willen, die sich nicht wissenschaftlich mit dem Neuen Testament befassen – das Risiko auf mich genommen, in den ersten Kapiteln dieses Buches die Schwierigkeiten darzulegen, bevor wir uns einer erzählenden Darstellung des historischen Jesus und seines Lebens zuwenden. Manche Leser werden dieses Verfahren ermüdend finden und sich fragen, warum sie ein Kapitel über Paulus sowie ein weiteres über die richtige Lektüre eines Evangeliums lesen sollen, bevor sie mit der Geschichte von Jesu Kindheit konfrontiert werden. Solchen Lesern rate ich: Überspringen Sie den Anfang, und beginnen Sie gleich mit dem vierten Kapitel. Und falls Sie sich schwertun sollten, blättern Sie zurück, und lesen Sie die Kapitel eins, zwei und drei. Man muß bestimmte textliche und methodologische Zusammenhänge verstanden haben, bevor man sich in die eigentliche Geschichte stürzt, und sich über den Charakter der hier erörterten Materie Klarheit verschaffen.

Vielen, die sich als Theologen oder Wissenschaftler mit dem Neuen Testament befassen, wird mein Unterfangen von Natur aus sinnlos erscheinen. Es gibt schließlich den Christus des Glaubens, und der gewinnt auf den Seiten des Neuen Testaments, das für seine Anhänger im Mittelmeerraum etwa in den Jahren zwischen 50 und 100 u. Z. geschrieben wurde, zusehends Gestalt. (Übrigens verwende ich in diesem Buch die Abkürzungen »v. u. Z.« = vor unserer Zeitrechnung sowie »u. Z.« = unserer Zeitrechnung statt der religiös fixierten Begriffe »vor« und »nach Christus«.) Wissenschaftler und Theologen werden mich fragen: Warum soll man das Unmögliche versuchen und ein Buch über den historischen Jesus schreiben?

Tatsächlich haben Historiker erst daran gedacht, über sein Leben zu schreiben, als sie die Göttlichkeit Jesu anzuzweifeln begannen. Es waren zwei »Ungläubige«, Strauss[2] in Deutschland und Renan[3] in Frankreich, die sich auf die Suche nach dem historischen Jesus begaben, die sich als so illusorisch erweisen sollte. Wie bei allen christlichen Vorläufern wurde auch ihr Blick durch Vorurteile getrübt. »Ungläubige« erschaffen sich ebenso wie Gläubige einen Jesus nach ihrem Bilde. Sogar Albert Schweitzer[4], der die Mythen der Entmythologisierer zu zerstreuen suchte, schuf sich eine eigene Geschichte über einen apokalyptischen Propheten, der in tragischer Desillusionierung starb. Schweitzers Version verirrt sich weit über jene engen Grenzen dessen hinaus, was sich beweisen läßt. In den folgenden Jahrzehnten des zwanzigsten Jahrhunderts haben sich die weitaus meisten Bibelgelehrten folglich jedes Versuchs enthalten zu rekonstruieren, wie der historische Jesus vielleicht ausgesehen haben könnte. Für einen so großen Theologen wie Rudolf Bultmann beispielsweise ist die Frage nach dem historischen Jesus, was seine theologischen Fragestellungen anbelangt, völlig irrelevant. Der einzige Jesus, der greifbar ist, ist der Jesus des Neuen Testaments. Altertumsforscher mögen versuchen, hinter die in den Evangelien erzählten Geschichten zu sehen, trotzdem werden sie dabei kaum eine Gestalt herausschälen, die dem Christus des Glaubens an Lebendigkeit oder Kraft auch nur nahekommt.

In dieser Position der Theologen treffen sich paradoxerweise die Ansichten sowohl der Ultraorthodoxen wie der Modernisten. Die ultraorthodoxen Christen – ob Katholiken oder Protestanten – sind so sehr darum bemüht, ihren religiösen Glauben intakt zu halten, daß sie sich den Schlußfolgerungen der neutestamentlichen Forschungsarbeit aus den letzten zwei Jahrhunderten nicht stellen. Der Modernist nimmt dieses Wagnis zwar auf sich, meint aber, daß es mehr auf Religion und religiöse Praxis ankomme, zumindest auf eine tiefere Ebene als bloße akademische Spekulationen. Die Ultraorthodoxen glauben weiterhin, daß Gott in Menschengestalt zur Erde gekommen sei, um eine Kirche zu gründen und/oder die Menschheit von ihren Sünden zu erlösen. Der Modernist erkennt an, daß das Neue Testament mythologisch ist, betont aber gleichzeitig, daß wir nur dann hoffen können, das Neue Testament richtig zu verstehen, wenn wir uns seiner Sicht der Dinge unterwerfen und darauf verzichten, unsere eigenen, streng historischen oder wissenschaftlichen Kategorien als Maßstab unterzujubeln. Kommt es dann eigentlich überhaupt noch darauf an, ob Jesus die »Eucharistie eingesetzt« oder auch nur existiert hat? Heute ist doch nur eines wichtig: daß Christen von der Kraft des Leibes und Blutes Christi getragen werden.

Wie die Mehrheit der Christen habe ich mehrere Jahre voller Unbehagen und Unsicherheit zwischen diesen beiden Positionen geschwankt, bis mir beide schließlich unaufrichtig erschienen. Ich betone ausdrücklich: Dieses Buch ist keine »geistliche Autobiographie«, sondern hat sich zum Ziel gesetzt, ein möglichst leidenschaftsloser Lebensbericht über Jesus zu sein. Dem Leser gegenüber – wo er auch steht – ist es jedoch nur fair, zu Beginn eines derart kühnen Vorhabens die eigene Position darzulegen. Ich war viele Jahre lang praktizierender Christ und habe mich vor den Implikationen meines Theologiestudiums an der Universität zu drücken versucht. Im Lauf der Zeit jedoch, als ich mehr las und tiefer über das Gelesene nachdachte, konnte ich mit dieser Haltung nicht mehr leben. Ich mußte mir eingestehen, daß ich unmöglich daran glauben konnte, ein heiliger Mann aus dem Galiläa des ersten Jahrhunderts habe sich zu irgendeiner Zeit seines Lebens für die zweite göttliche Person der Heiligen Dreieinigkeit gehalten. Für einen monotheistischen Juden wäre es schon aufgrund seiner religiösen Erziehung unmöglich gewesen, so etwas zu glauben. Da ich inzwischen auch gelernt hatte, das Neue Testament kritisch zu lesen, konnte ich auch nicht den kleinsten Hinweis darauf finden, daß Jesus je solche Vorstellungen von sich genährt hat; gepredigt hatte er sie auch nicht.

Als ich mehr von Paulus verstand und von den Menschen, für die er seine Briefe schrieb, sowie über die Entstehung der Evangelien, erkannte ich, wie wichtig es ist, den »Sitz im Leben«, wie die deutschen Theologen es nennen, zu bestimmen, den jeder der Verfasser des Neuen Testaments hat. Ich begriff allmählich, daß Paulus die christliche Religion vielleicht erfunden hat – obwohl auch dies eine grobe Vereinfachung wäre. Es war ein langsamer und – in meinem persönlichen Fall – schmerzlicher Prozeß, meinen Glauben an das Christentum über Bord zu werfen. Und als ich es tat, hatte ich das Gefühl, daß es unehrlich wäre, mich weiterhin einen Christen zu nennen, weiterhin Gottesdienste zu besuchen, in denen von Jesus die Rede war, als wäre er noch am Leben, Glaubenssätze nachzuplappern, die Jesus zum Herrn und Richter der Welt erheben. Ich wußte, daß viele meiner Mitchristen meine Zweifel teilten, und ich habe seitdem die Praxis des christlichen Glaubens irgendwie mit dem Wissen, daß dieser auf einer fundamentalen Unwahrheit beruht, zu versöhnen versucht; doch gelungen ist mir diese Quadratur des Kreises nicht.

Andererseits konnte ich mich nicht vollständig der Ansicht der Skeptiker verschreiben, daß es uns nicht möglich sei, etwas über Jesus zu wissen. Im Lauf der Jahre bin ich durch die Schriften von Geza Vermes stark angeregt worden, besonders durch sein Buch *Jesus der Jude*. Professor Vermes ist ein Wissenschaftler, der mehr als jeder andere dazu beigetragen hat, die jüdische Welt im ersten Jahrhundert lebendig vor unseren Augen erstehen zu lassen. Er ist eine führende Autorität, was die Schriftrollen vom Toten Meer betrifft. Er besitzt ein fundiertes Wissen über Sprache und Literatur dieser Periode. Seine Arbeiten haben uns gezeigt, daß es tatsächlich möglich ist, auf den Seiten des Neuen Testaments Details zu finden, die Jesus als einen in der großen prophetischen Tradition Israels fest verankerten Menschen kennzeichnen. Wenn man sich Jesus auf diese Weise nähert, bleiben seine Umrisse zwar schattenhaft, jedoch weit weniger als bei der Lektüre der modernistischen deutschen Theologen, wie etwa Bultmanns. Für Vermes und diejenigen, die so denken wie er, ersteht Jesus als Jude des ersten Jahrhunderts wieder erkennbar vor unseren Augen.

Vielleicht sollte ich schon jetzt gestehen, daß dies der Jesus ist, an den ich inzwischen glaube. Ich glaube, daß Jesus ein galiläischer Chassid, ein heiliger Mann, war. Der Chassid war ein Erbe der prophetischen Tradition Israels. Er besaß besondere Einsichten in die Beziehung des Menschen zu Gott und verfügte überdies über charismatische Heilkräfte. Wir werden auf den folgenden Seiten noch weitere Chassidim kennenlernen. Ich glaube, daß Jesus in Galiläa geboren ist. Der wahrscheinliche Zeitpunkt seiner Geburt ist das Jahr 4 v. u. Z. Wie andere Galiläer unternahm er vermutlich Wanderungen in die Nachbarprovinz Judäa, und dort war es, wo er etwa um das Jahr 30 u. Z. durch die Römer den Tod fand. Er hat keine Bücher geschrieben. Niemand hat uns eine genaue Beschreibung hinterlassen, wie Jesus aussah. Ebensowenig besitzen wir irgendwelche biographischen Informationen über ihn, die normalerweise zu einem modernen »Lebenslauf« gehören. So wissen wir beispielsweise nicht, ob Jesus verheiratet war. Es wäre überraschend, wenn er es nicht gewesen war, doch Auskünfte dieser Art geben uns die Evangelien einfach nicht. Gleichwohl möchte ich festhalten, daß uns die Evangelien eine Reihe sehr lebhafter Bilder von Jesus überliefern sowie einige Jesus zugeschriebene Aussprüche und Geschichten, die höchstwahrscheinlich nicht erfunden sind. Ich habe festgestellt, daß er mir in der Zeit, in der ich ihn als historische Person suchte, in mancherlei Weise weit lebendiger vorkam, als er es je gewesen ist, da ich mich ihm noch mit den Augen des gläubigen Christen zu nähern versuchte.

Ich habe schon erwähnt, welchen Dank ich den Büchern von Professor Vermes schulde. Er hat mir auch den großen Dienst erwiesen, dieses Buch in einem frühen Stadium seines Entstehens zu lesen, und mir dabei profunde und hilfreiche Vorschläge gemacht. Alle Irrtümer und Fehler, die das Buch enthält, und alle vorgetragenen Ansichten sind meine eigenen, doch ich bin ihm gleichwohl sehr dankbar. Ich möchte an dieser Stelle auch meine

Dankbarkeit gegenüber den beiden Männern ausdrücken, die mich in Oxford mit dem Neuen Testament vertraut gemacht haben: Alan Stephenson und Cheslyn Jones. Beide sind inzwischen verstorben, und ich glaube nicht, daß sie mit diesem Buch einverstanden gewesen wären oder daß es ihnen sonderlich gefallen hätte; ohne ihre Hilfe hätte ich es jedoch nicht schreiben können. Außerdem möchte ich, noch weiter in meinem Lebenslauf zurückgehend, den Herren R. P. Wright und T. A. Buckney danken, die mir (nach einem sehr holperigen Beginn) Griechisch beibrachten und in mir eine ganz unprofessionelle Begeisterung für diese Sprache weckten, die heute noch ungebrochen ist. Ohne ihre Hilfe hätte ich nie damit beginnen können, das Neue Testament in seiner Ursprache zu lesen und es so zu sehen, wie ich es heute sehe.

I. KAPITEL

Jesus der Jude

Jesus bewohnte eine Welt, die vollkommen anders war als unsere. Es gibt viele Möglichkeiten, uns diese offenkundige Tatsache vor Augen zu führen, aber trotzdem sollten wir uns gelegentlich daran erinnern. Das erspart uns eine Menge Zeit. Was hat es beispielsweise für einen Sinn, uns zu fragen, ob Jesu Himmelfahrt nach seinem Hinscheiden stattfand? Die Geschichte wurde von Verfassern erzählt, für die der Himmel eine Schlüsselrolle spielt. Man konnte in die Himmel aufsteigen und gelangte zuletzt in den siebten, das heißt ins Paradies. Ein heutiger Beobachter, welcher Religion er auch anhängt, weiß jedenfalls, daß ein Mann, der vom Ölberg aus, mit welchem wundersamen Antrieb auch immer, senkrecht in den Himmel aufsteigt, im Weltall landen wird.

Nur Schwachköpfen müßte man derlei erzählen. Allerdings können wir Jesus und seinen Platz in der Ordnung der Dinge nur dann verstehen, wenn wir versuchen, uns in seine Welt und die Weltsicht zurückzuversetzen, die seine Zeitgenossen mit ihm teilten – zum Beispiel waren sich Heiden und Juden darin einig, daß die damalige Welt von Dämonen und Geistern bevölkert war.

Heute huldigen wir anderen Formen der Magie. So schenken wir etwa der medizinischen Wissenschaft grenzenlos Glauben. Für die Juden, Heiden und Christen des ersten Jahrhunderts u. Z. galt unerschütterlich, daß ein Epileptiker von Dämonen besessen war und daß es nur eine Möglichkeit gab, Taubheit und Lähmung zu heilen, nämlich durch Austreibung der Dämonen. Das Weltall dieser Menschen setzte sich anders zusammen als unseres. Die kopernikanische Astronomie war noch unbekannt. Man hatte ein anderes Zeitgefühl; die damaligen Menschen glaubten, die Welt sei von nur endlicher Dauer und sie werde wahrscheinlich schon zu ihren Lebzeiten ein Ende finden. »Wissenschaft« und »Geschichte«, wie wir sie in einem nachaufklärerischen Sinn verstehen, gab es noch nicht.

Wir können nur dann erwarten, das Neue Testament richtig zu begreifen, wenn wir uns seiner Sicht der Dinge unterwerfen und unsere eigenen kruden historischen oder naturwissenschaftlichen Kategorien aus dem Spiel lassen. Wir müssen die Welt Jesu ebenso wie ihn selbst mit imaginativen Augen betrachten. Es ist nicht nötig, daß wir einige der von den Verfassern des Neuen Testaments aufgestellten Behauptungen anzweifeln, etwa daß sie die Dinge sahen, über die sie in ihren Büchern schreiben. Ich sehe keinerlei Notwendigkeit, etwa die Behauptung aufzustellen, daß die neutestamentlichen Bücher Jahrzehnte nach den Ereignissen von Menschen geschrieben sein müssen, die Jesus persönlich nie gekannt haben. Die Schwierigkeit entspringt unserem sicheren Wissen, daß wir mit unseren modernen, »wissenschaftlichen« Augen ganz andere Dinge gesehen hätten als die, welche die Jünger Jesu sahen und von denen sie hörten. Bei seiner Taufe im Jordan beispielsweise hätten wir vermutlich nur einen durchnäßten jungen Mann aus dem Wasser auftauchen sehen; die Augen des Glaubens sahen jedoch, wie der Himmel sich auftat und der Heilige Geist Gottes in Gestalt einer Taube auf Jesus niederkam. Im vierten Evangelium begegnet Nathanael Jesus zunächst mit Mißtrauen, weil er aus der unscheinbaren Kleinstadt Nazareth kommt. Doch als Jesus sagt, er habe Nathanael vor ihrer Begegnung unter einem Feigenbaum sitzen sehen, ist dieser beeindruckt. Aus irgendeinem Grund, welcher aus dem Text nicht hervorgeht, hält Nathanael diese Beobachtung für außergewöhnlich scharfsinnig und verkündet daraufhin, Jesus sei der Sohn Gottes und der König Israels. »Jesus antwortete und sprach zu ihm: Du glaubst, weil ich dir gesagt habe, daß ich dich gesehen habe unter dem Feigenbaum. Du wirst noch Größeres als das sehen. Und er spricht zu ihm: Wahrlich, wahrlich, ich sage euch: Ihr werdet den Himmel offen sehen und die Engel Gottes hinauf- und herabfahren über dem Menschensohn« (Joh 1,50–51).

Es ist sonderbar, daß die Gestalt Jesu bleibt, selbst in einer Welt, in der das institutionalisierte Christentum auf dem letzten Loch zu pfeifen scheint, in einer Welt, in der darüber hinaus der religiöse Glaube, zumindest im Westen, einem raschen Verfall zu unterliegen scheint. In historischer Hinsicht ist Jesus eine im Schatten stehende Gestalt, aber sie hält sich hartnäckig. Und trotz allem, was Kleriker uns erzählen mögen, bleiben wir uns seiner bewußt, nicht als einer mystischen Erscheinung, jedoch auch nicht als rein legendärer Figur. Er ist realer als Robin Hood oder König Arthur. »Himmel und Erde werden vergehen; meine Worte aber werden nicht vergehen«, (Mk 13, 31 und Par.), soll er gesagt haben. Das ist eine Prophezeiung, die sich erfüllt hat.

Bibelexegeten warnen zu Recht jeden, der abschätzen zu können glaubt, ob Jesus tatsächlich irgendeines der ihm von den Evangelien zugeschriebenen Worte geäußert hat. Er hat keine Bücher geschrieben, und seine Worte sind durch Verfasser auf uns gekommen, die ihre Berichte nachweislich verdreht und verzerrt haben, um uns von ihrem Standpunkt zu überzeugen. Unter solchen Umständen bestehen nur minimale Aussichten, die *ipsissima verba* (ureigenste Worte) Jesu einzufangen. Und dennoch: Selbst wenn Jesus nicht einige der Worte geäußert hätte, die ihm im Neuen Testament zugeschrieben werden, sähen wir uns trotzdem einer bemerkenswerten Sammlung von Aussagen und Sprüchen gegenüber. Wir würden uns wie der Kritiker fühlen, der einmal sagte, falls Bacon die Dramen Shakespeares nicht geschrieben habe, habe er die Gelegenheit seines Lebens verpaßt. Das Gebet, das mit den Worten »Vater Unser« beginnt, die Gleichnisse vom Barmherzigen Samariter und vom Verlorenen Sohn sowie viele andere, die von dem Evangelisten Matthäus gesammelten Apophthegmen, beispielsweise die Bergpredigt, die sogenannten Logien, die prophetischen und apokalyptischen Worte sowie die psychologisch fesselnden Schul- und Streitgespräche, die man Jesus zugeschrieben hat – all das kann man nicht einfach ignorieren. Ein jüdischer Forscher schrieb: »Doch ist seine Sittenlehre eine erhabene, gewählter und originaler in der Form als jedes andere hebräische ethische System. Auch seine wunderbaren Gleichnisse stehen ohne Beispiel da.«[1]

Es fällt beschlagenen christlichen, postchristlichen oder exchristlichen Gelehrten, die ihre Nase zu tief in den Text stecken, sehr leicht, die Worte Jesu für authentisch zu halten und sich ausschließlich daran zu ergötzen, daß sie Charakteristika des Matthäus,

Lukas oder Johannes aufspüren. Solche Spitzfindigkeiten haben im Studium des Neuen Testaments zwar ihren Platz, jedoch können sie zu Einseitigkeiten führen. Die Worte Jesu besitzen eine außerordentliche Kraft. Sie beeinflussen menschliches Leben noch immer.

Für die Lebensgeschichte Jesu in der fragmentarischen Form, in der wir sie in den Evangelien vorfinden, gilt das gleiche. Seine Bereitschaft, sich mit gesellschaftlichen Außenseitern und Sündern gleichsetzen zu lassen, sein Mitgefühl für Kranke und Arme, sein psychologisches Durchdringungs- und Einfühlungsvermögen, die es ihm ermöglichten, zu einer Frau zu sprechen, der er noch nie begegnet war, und dabei den Eindruck zu erwecken, als wüßte er alles über das Gefühlswirrwarr ihres Lebens – all das sind Momente, die sich von Wissenschaftlern, die ihre historische Plausibilität in Zweifel ziehen, nicht einfach abtun lassen. Ihre Unmittelbarkeit macht es unwichtig, ob sich diese Szenen tatsächlich ereignet haben. Die frühen Hörer dieser Geschichten und viele von denen, die sie seitdem in christlichen Gruppen und Kirchen haben rezitieren hören, sind selbst zu Charakteren der Geschichte geworden. Sie »kommen zu Jesus«, indem sie sich selbst in diese Szenen der Evangelien hineinversetzen:

> »But warm, sweet tender, even yet
> A present help is he;
> And faith has still its Olivet
> And love its Galilee.«[2]

Noch stärker ist das Bild des unschuldigen, schweigenden Mannes, der vor seinen Anklägern steht und in seiner Schwäche stärker zu sein scheint als selbst der Kaiser. Wenn wir in diesen Geschichten nach historischen Hinweisen suchen, sollten wir uns immer vergegenwärtigen, daß sie nicht als Quellensammlung für heutige Biographen geschrieben wurden.

Nach seinem Tode, so glaubte man damals, sei Jesus auferstanden. Das war durchaus nicht so außergewöhnlich, wie es scheinen mag. Das Neue Testament erzählt uns, was in dem Augenblick geschah, in dem Jesus starb: »Und die Erde erbebte, und die Felsen zerrissen, und die Gräber taten sich auf, und viele Leiber der entschlafenen Heiligen standen auf« (Mt 27,52). Noch zu seinen Lebzeiten hieß es von Jesus, er habe in Nain einen jungen Mann von den Toten erweckt, ebenso die Tochter eines Synagogenvorstehers namens Jaïrus und seinen Freund Lazarus von Bethanien. Nach dem Tode Johannes' des Täufers glaubte König Herodes, auch er sei von den Toten auferstanden. Heutige Skepsis gegenüber solchen Phänomenen sollte wohlüberlegt sein. Und umgekehrt sollten die Christen, die auf der buchstäblichen, historischen Wahrheit von Jesu Auferstehung beharren, sich fragen, was mit all den anderen auferstandenen Leibern geschehen ist, von denen im Neuen Testament die Rede ist und deren Auferstehung als etwas völlig Natürliches erscheint. Kamen sie wie Jesus in den Himmel, oder mußten sie noch einmal sterben?

Jesus überlebte nach seinem Tod als Kultfigur, und diesen Kult findet man in drei verschiedenen Traditionssträngen: Erstens in der jüdischen Gemeinde Jerusalems, die sich aber nicht von den überkommenen Lehren des Judentums absetzte und vermutlich auch nicht glaubte, Jesus habe eine neue Religion gegründet. Zweitens wurde der Kult in einer völlig anderen Form und für eine ganz anders geartete Anhängerschaft von dem Apostel Paulus verbreitet; drittens, und das ist vielleicht die rätselhafteste Variante, überlebte der Jesuskult im vierten Evangelium.

Die erste dieser Traditionen, die rein jüdische Erinnerung an Jesus als an einen großen Propheten oder heiligen Mann, erscheint in den Annalen des Neuen Testaments nur höchst verschwommen. Wir wissen jedoch, daß sie existiert hat. Aus der Apostelgeschichte wissen wir, daß die jüdischen Anhänger Jesu in Jerusalem mit Unglaubigkeit und Empörung auf das Ansinnen reagierten, den unbeschnittenen Nichtjuden »Jesus den Messias« zu predigen. Ähnlich entsetzt reagierten sie auf Paulus' Vorschlag, sich vom Judentum loszusagen und die überlieferten Rituale und Speisegesetze Israels aufzugeben. Diese frühen Anhänger Jesu waren Juden, und sie hörten nie auf, es zu sein. Doch ihr Zeugnis starb mehr oder weniger mit dem Tempelkult aus, als die Stadt Jerusalem im Jahre 70 u. Z. von den Römern erobert und geplündert wurde. Sie haben keine erhalten gebliebenen Bücher über Jesus geschrieben, obwohl wir aus dem Brief des Jakobus und einigen in der Apostelgeschichte zitierten Passagen ihre religiöse Einstellung erahnen können. Zitatfragmente aus dem sogenannten Hebräerevangelium finden wir in den Schriften der frühen Kirchenväter Irenäus und Klemens, die man auch apostolische Väter nennt, und vor allem bei Hieronymus, der die griechische Bibel ins Lateinische übersetzte. Bei Irenäus heißt es, die Ebioniten hätten Paulus für einen Häretiker gehalten, einen vom Gesetz Abgefallenen.[3]

Die nichtjüdische Kirche, die nach dem Tod der ersten Generation von Zeugen entstand, hätte diese jüdischen Anhänger des »Wegs«, wie sie ihre Jüngerschaft Jesu nannten, aus der ersten Generation nicht verstanden. Noch weniger hätten die nichtjüdischen Christen ein Verlangen gespürt, das Andenken an diese Menschen zu bewahren, die schon den Grundgedanken, es könnte so etwas wie nichtjüdische Christen geben, als einen Widerspruch in sich ansahen. Paulus behielt in der Auseinandersetzung die Oberhand. Er brachte seinen mystischen Christus in die Hafenstädte Kleinasiens und Griechenlands mit und schließlich sogar nach Rom, die Hauptstadt des Reiches. Die Evangelien des Markus und Lukas sowie in geringerem Ausmaß des Matthäus sind unter dem spürbaren Einfluß des paulinischen Ideenguts geschrieben worden.

Das vierte Evangelium ist ganz anderer Natur. Immer wieder beschwört es nicht nur einen mystischen Christus, sondern beansprucht auch, das Andenken an Jesus als historische Persönlichkeit, die tatsächlich auf der Erde wandelte, zuverlässig zu bewahren. Nach der inneren Logik dieses Evangeliums zu schließen, dürften die »Christen des vierten Evangeliums« nicht nur anderer Meinung gewesen sein als die nichtjüdischen Mystiker der paulinischen Gemeinden, sondern auch als die »Judäer« der Jerusalemer Urgemeinde.

Wir, die heutigen Leser, die wir die Gestalt Jesu in der Geschichte des Christentums und in dem Gestrüpp der christlichen Mythologie zu erkennen suchen, neigen auf geradezu rührende Weise dazu zu glauben, wir könnten ein klares Bild vom historischen Jesus gewinnen, wenn wir nur die Mitglieder dieser jüdischen Urgemeinde kennen würden. Ich denke, dies ist ein Trugschluß. Jesus würde uns durchaus ebenso seltsam und »mythologisch« vorkommen wie der Jesus des Johannes und der des Paulus.

Obwohl wir uns vor dem Versuch hüten sollten, den historischen Jesus zu rekonstruieren, ist damit nicht gesagt, daß über den Gegenstand dieses Buches nichts bekannt oder wissenswert sei. In den letzten Jahrzehnten hat es eine Reihe plausibler Versuche gegeben, den Evangelien mit Hilfe von Analogien zu Jesu Zeitgenossen oder Fast-Zeitgenossen auf den Grund zu gehen.[4] Professor Vermes beispielsweise hat in seinem Buch *Jesus der Jude* gezeigt, daß Jesus – selbst wenn wir ihn nur durch die Zeugnisse der christlichen Evangelisten gefiltert sehen – viele Aspekte hat, die deutlich erkennbar einen Chassid aus dem Galiläa des ersten Jahrhunderts vor unseren Augen erstehen lassen. Er ist mit den Chassidim vergleichbar, die gleichfalls Kranke heilten, Teufel austrieben, Wetter machten und mit den religiösen Obrigkeiten in Jerusalem im Widerstreit lagen. Wie Archäologen, die in Geröll herumwühlen, können auch wir im Neuen Testament Scherben und Fragmente entdecken, die uns Hinweise auf das liefern, wonach wir suchen, wenn wir mit ausreichender Geduld und genügend Wissen vorgehen. Gemessen an vielen antiken Texten, erzählen uns die Evangelien tatsächlich eine Menge über ihre Hauptperson. Der heutige Leser, der nicht daran gewöhnt ist, alte Texte unter den genannten Voraussetzungen zu lesen, läuft allerdings Gefahr, die Natur der Materie mißzuverstehen; aus diesem Grund ist es notwendig, sich den Zeugnissen des Paulus und Johannes zuzuwenden, bevor wir auf das Leben und den Werdegang Jesu zu sprechen kommen. Das wird in den folgenden Kapiteln geschehen.

Doch bevor man anfängt, ist es ebenso notwendig, den Kopf freizumachen und nichts als gegeben anzusehen. Herzstück der Lehre Jesu war sein Glaube an Gott und an den Judaismus. Obwohl offenkundig, muß dies deutlich ausgesprochen werden, um daran zu erinnern, wie zutiefst entscheidend dieser Glaube tatsächlich war.

Menschen verehren Götter, die sie sich nach ihrem Bild erschaffen haben; doch diese Götter wiederum haben, sobald sie erschaffen sind, die ihnen eigene Gabe, sich ihre Anhänger zu erschaffen und sie zu versklaven. Die heidnischen Götter des klassischen Altertums hatten mit Ethik nichts am Hut, weshalb die griechischen Moralisten, von Sokrates und Plato angefangen, den Vorgängen auf dem Olymp mit Verachtung begegneten und einige abstrakte Vorstellungen von Güte und Gerechtigkeit entwickelten. Derlei war den monotheistischen Juden Jahrhunderte vor ihren heidnischen Nachbarn bereits geläufig. Reinheit und Abstraktheit der jüdischen Theologie vom achten Jahrhundert v. u. Z. an sind bemerkenswert. Während sich andere Völker vor Bildern aus Holz und Stein verneigten, beschworen die jüdischen Propheten ihr Volk anzuerkennen, daß der Wille Gottes nur durch ein tugendhaftes und gutnachbarliches Leben erfüllt werden könne; ferner durch Wohlfahrt für die Armen sowie durch Herstellung eines gerechten Gemeinwesens, in dem Männer und Frauen mit der Würde des Glaubens leben konnten, Kinder Gottes zu sein.

Das Alte Testament ist ein in der Weltliteratur beispielloses Zeugnis für ein sich schrittweise entwickelndes religiöses Bewußtsein. Jahwe, ursprünglich ein Stammesgott unter vielen anderen und eine Schutzgottheit, deren einziges Interesse darin zu liegen scheint, den Sieg eines semitischen Stammes in seinen Schlachten mit anderen semitischen Stämmen zu sichern, taucht später als inspirierende Macht von ethischer und geistlicher Kraft auf. Im Buch Josua hilft Gott den Hebräern, die Städte der Hiwiter, Perisiter, der Jebusiter und Kanaaniter zu verwüsten. Ethische Fragen scheinen ihn dabei ebensowenig bewegt zu haben wie Hera, Zeus oder Pallas Athene bei Homer, wenn sie für ihre sterblichen Günstlinge auf höchst ungerechte und launische Weise kriegerische Eroberungen ersinnen. Da die Mythologie etwa von der Zeit des jüdischen Exils in Babylon an (597–538 v. u. Z.) immer wieder auf die Probe gestellt und umgeschrieben wurde, sah man den Auszug aus Ägypten (1250 v. u. Z.?) ins Gelobte Land später vielleicht als eine Art ethische Entdeckungsreise. Die von den Hebräern bei ihrem Exodus erlittenen Rückschläge, die Bestrafung Moses für den Bruch des Gesetzes, das ihm und seinem Volk auf dem Berg Sinai gegeben worden war, lassen erkennen, daß Gottes Gerechtigkeit größeres Gewicht beigemessen wurde als seiner Günstlingswirtschaft. Die Juden selbst, sein auserwähltes Volk, können Gott nur dann dienen, wenn sie seine Gebote halten, wenn sie am Grundsatz des Monotheismus festhalten, wenn sie sich der Götzenanbetung enthalten, wenn sie im Innern ihres Herzens über die Natur des Guten nachdenken und wenn sie dieses Gute im täglichen Leben zu erfüllen trachten, in einem Leben der Lauterkeit, der Reinheit und der Großmut gegenüber den Armen.

Obwohl die Hochschätzung der Thora, des Gesetzes, den Kern des Judaismus bildet, wurde sie später nur als Teil des Bundes angesehen, den Gott mit seinem auserwählten Volk geschlossen hatte. Um die Zeit des Exils offenbarte Gott Jeremia (im Jahre 627 v. u. Z.), daß er für die Juden nicht bloß durch die Befolgung irgendeiner äußeren Verfügung zugänglich sei, nicht nur in den Zehn Geboten und den anderen Vorschriften des Gesetzes, das Israel auf dem Sinai gelehrt worden war, sondern auch in einem viel verinnerlichteren und mystischeren Sinn. »Ich will mein Gesetz in ihr Herz geben und in ihren Sinn schreiben, und sie sollen mein Volk sein, und ich will ihr Gott sein. Und es wird keiner den andern noch ein Bruder den andern lehren und sagen: ›Erkenne den Herrn‹, sondern sie sollen mich alle erkennen, beide, klein und groß, spricht der Herr« (Jer 31,33–34). Das ist ein himmelweiter Unterschied zu der Welt der Homerischen Götter, deren sexuelle Eskapaden und blutrünstige Einmischung in die Angelegenheiten der Sterblichen unberechenbar und undurchsichtig sind. Obwohl sie sich mit den Sterblichen unterhalten, leben sie fern von ihnen. Die Welt, die sie bewohnen, ist, was ihre Sittlichkeit anbelangt, ebenso chaotisch wie die Moral der menschlichen Spezies, die sie auf groteske Weise parodieren. Da die Götter die Menschheit keine Moral zu lehren haben, können sie folglich auch nicht deren Gewissen leiten.

Gleichwohl hat die Homerische Weltsicht gegenüber der jüdischen Theologie einen deutlichen Vorteil: Sie erklärt die Leiden der Menschheit eingängiger und erschließt sich leichter. Die *Ilias*, die vielleicht hundert Jahre vor der Zeit geschrieben wurde, in der die Juden von den Babyloniern ins Exil verschleppt wurden, stellt das Universum als Ort endlosen Leidens ohne moralischen Zweck dar. Heldentum und Tugend sind in dieser Welt möglich, trotz der »Natur, der herzlosen, ungeistigen Natur«. Die Morgendämmerung ist rosig und das Meer dunkel wie Wein, ob die Helden nun Glück haben oder nicht.

Lust, Liebe, Niederlage, Sieg, Schmerz, Heimweh, Zorn – all

das spielt sich vor einem Hintergrund ab, wo Sterbliche die Faust gegen die Götter erheben können, weil diese eine Gruppe von Menschen gegen eine andere unterstützen; wegen ihres Mangels an Gerechtigkeit können die Homerischen Götter jedoch nicht zur Rechenschaft gezogen werden. Und: Gerechtigkeit war nie ein Teil des Paktes. Priamus kann sagen, er gebe für den Konflikt zwischen Griechen und Trojanern niemandem die Schuld, denn alles Unglück, das sie getroffen habe, sei ein Ergebnis göttlicher Machenschaften.[5] Das ist die Natur der Dinge und erklärt, warum die *Ilias* so geschlossen wirkt und ihre Helden Helden sind.

»Helden« tauchen als solche in der Bibel erst in der Zeit der Makkabäer (166–160 v.u.Z.) auf. Dort finden wir nur die naive Gewißheit, daß Gott auf der Seite eines auserwählten Volkes stehe; Gott hat recht, Gott ist gerecht, und deshalb ist auch die Sache der Juden richtig und gerecht. Die Einfachheit dieses Ansatzes, der im Buch Josua eine grauenerregende Mythologie zeitigt, wird durch die historische Erfahrung der Niederlage Judas im Jahr 597 auf die äußerste Probe gestellt, als der Tempel in Jerusalem zerstört wird und zahlreiche besiegte Juden in die Babylonische Gefangenschaft deportiert werden – in den heutigen Irak. Dieses Erlebnis löste bei den jüdischen Propheten die quälende Selbstprüfung aus, aus der die vornehmsten Bücher des Alten Testaments hervorgingen. Da die Gerechtigkeit der Juden etwas ist, was sie selbst stets voraussetzten – denn gehorchten sie nicht der Thora, die ihnen von Gott persönlich offenbart worden war? –, und da Gerechtigkeit und Macht Gottes ebenso selbstverständlich vorausgesetzt wurden, wie konnte er dann zugelassen haben, daß sein auserwähltes Volk diese erschütternde nationale Katastrophe erlitt? Die einfache Antwort – daß die Juden nicht gerecht genug gewesen waren, der Thora gegenüber nicht loyal genug, allzu bereitwillig, sich mit semitischen Nachbarvölkern zu vermischen, zu lax in ihren Speisegesetzen – konnte nur die legalistischen und schlichten Gemüter befriedigen, welche die Bücher Esra und Nehemia hervorbrachten (350 v. u. Z.? Beschrieben werden die Ereignisse von 538 v. u. Z.). Für die Propheten und Psalmisten, die über das Problem nachdachten, und für den späteren Verfasser des Buches Hiob (Entstehungsdatum unbekannt: 450 v. u. Z.?) war dies eine Frage, die viel tiefer ging, eine Frage, die sich dringend stellte, jedoch nie beantwortet werden konnte. Es war die Frage des unschuldigen Leidens, die Zweifel aufkommen ließ, ob das jüdische Gottesbild, wie erhaben und edel es auch war, angesichts all der Beweise, die ihm zu widersprechen schienen, ernsthaft aufrechterhalten werden konnte.

In den späteren Büchern des Alten Testaments finden wir viele Versuche, die Frage zu lösen, eine Frage, die die Juden bis in unser zwanzigstes Jahrhundert hinein verfolgen sollte, als unvorstellbares Leiden ihr Schicksal wurde. Zwei Gestalten ragen aus diesen Schriften hervor, die Jesus selbst gelesen und studiert haben dürfte. Die eine ist die Gestalt Hiobs, die andere die Gestalt des leidenden Knechts im Buch Deuterojesaja.[6]

Das Buch Hiob ist das homerischste der biblischen Bücher, wenn auch nur in dem folgenden Sinn: Es zeigt zwei Unsterbliche, Gott und den Teufel, die mit einem Sterblichen spielen, um seine Standfestigkeit auf die Probe zu stellen. Der tugendhafte Mensch, den finanzieller Ruin und böse Geschwüre heimsuchen, muß diese Prüfung als Ergebnis einer fast spielerischen Auseinandersetzung der himmlischen Mächte auf sich nehmen. Die Reaktion des leidenden Mannes ist jedoch alles andere als homerisch, denn er hört nie auf, an die Gerechtigkeit zu glauben. Wissenschaftler haben lange darüber gestritten, wie das Buch Hiob seine heutige Form erlangt hat. Laien, die das Buch lesen, werden selbst entscheiden, ob eine der tröstenden Lösungen von Hiobs Problemen wirklich tröstend ist: erstens sein Wissen um einen »Erlöser«[7], der bei einem künftigen Gericht die Tugend belohnen werde – ein früher Hinweis auf den heraufdämmernden jüdischen Glauben an die Unsterblichkeit der Seele; zweitens seine Überzeugung, daß Gott in seiner Größe, seinem Glanz und seiner Allmacht von einem sterblichen Menschen durch kleinliches Befragen nicht zur Rechenschaft gezogen werden kann: »Wo warst du, als ich die Erde gründete?« (Job 38,4). Gleichwohl ist das Buch Hiob gerade wegen seiner Rhetorik letztlich nicht schlüssig. Es widerlegt sich selbst; wir können davon ausgehen, daß diese Wirkung von seinem Verfasser oder seinen Verfassern beabsichtigt war.

Tatsächlich hat Hiob stärkere Argumente als seine Gegner, stärkere Argumente sogar als Gott selbst. Gegen alle Wahrscheinlichkeit, obwohl er von Gott verlassen und seiner Feindseligkeit preisgegeben ist, wird Hiob auch weiterhin an Gott glauben und den Glauben an seine Gerechtigkeit bewahren. »Wäre ich gerecht, so müßte mich doch mein Mund verdammen; wäre ich unschuldig, so würde er mich doch schuldig sprechen... Ich möchte nicht mehr leben; ich verachte mein Leben. Es ist eins, darum sage ich: Er bringt den Frommen um wie den Gottlosen. Wenn seine Geißel plötzlich tötet, so spottet er über die Verzweiflung der Unschuldigen. Er hat die Erde unter gottlose Hände gegeben, und das Antlitz ihrer Richter verhüllt er. Wenn nicht *er*, wer anders sollte es tun?« (Job 9,20–24).

Für einen Polytheisten, der davon ausgeht, daß die Götter mit sadistischer Bosheit über Menschenschicksale verfügen, ist dies keine beunruhigende Frage; für den aber, der an den einen wahren, gütigen Gott glaubt, der seiner Liebe zu seinem Volk sowie seinem Wunsch, sie möchten gerecht sein, Ausdruck gegeben hat, ist sie zutiefst beunruhigend. Sie bleibt bis zum heutigen Tag eine bohrende Frage im Herzen des Judaismus. Für jeden, der sich in den Schriften so gut auskannte wie Jesus, muß sie von überragender Bedeutung gewesen sein, nicht zuletzt deshalb, weil das bloße Überleben des Judaismus gefährdet war. Diese Frage war genauso bedrohlich wie die frühere Babylonische Gefangenschaft. Die Römer hatten schon gezeigt, daß sie bei der Verwaltung ihrer jüdischen Provinz erbarmungslos sein konnten, daß sie jede Rebellion unnachsichtig niederschlagen konnten und den religiösen Empfindungen des Volkes nur grobes Unverständnis entgegenbrachten. Die Römer würden, wie Jesus es vorhergesehen haben soll, eines Tages sogar den Tempel zerstören und dem Volk Israel ein neunzehnhundertjähriges Exil von ihrer geistigen Heimat auferlegen. Jeder Mann, der in der Zeit der römischen Besetzung zu Israel sprach, muß die alten Fragen aus dem Buch Hiob im Kopf gehabt haben. Es war eine ernste geistliche Krisensituation für eine ganze Nation, die sich mit theoretischen Mitteln nicht lösen ließ. Für viele der Zeitgenossen Jesu stand außer Frage, daß Gott Israel auf die eine oder andere Weise erlösen werde: Er würde zulassen, daß die jüdischen Aufständischen die Römer mit militärischer Gewalt besiegten, wie Judas Makkabäus es versucht hatte; oder er würde seinen Messias schicken, um das Ende der Zeit einzuläuten und Israel durch Gründung eines messianischen Zeitalters von seinen Leiden zu befreien. Jesus dürfte mit an Sicherheit grenzender Wahrscheinlichkeit entweder eine dieser beiden oder beide Hoffnungen gehegt haben, doch es hat den Anschein, als hätte er dies auf eine höchst eigentümliche, ihm eigene Weise getan.

Es gibt im Alten Testament noch eine zweite Gestalt, die diesen Konflikt zwischen der augenscheinlichen Ungerechtigkeit der Welt und der Gerechtigkeit Gottes sowie seines Volkes Israel verkörpert. Es ist die Gestalt des leidenden Knechts in Deuterojesaja. Diese außerordentlich poetische Schöpfung eines gerechten Mannes, der in der herzlosen Welt nichts weiter zu tun hat, als zu leiden und sein Volk durch dieses Leiden irgendwie zu erlösen, ist wie die Gestalt Hiobs eine höchst spezifisch jüdische und eine, welche die ganze Geschichte der Juden heimsucht. Der Knecht ist wie der alte Sündenbock geworden, dem die Sünden des Volkes rituell auferlegt wurden, bevor man ihn in die Wüste hinaustrieb. Die Gestalt des Knechts stellt einen Vorwurf an Gott dar; doch die jüdische Ehrfurcht vor der Gerechtigkeit Gottes ist so stark, daß in Deuterojesaja kein bitteres Hadern mit dem Schicksal zu finden ist wie etwa bei Äschylus. Offenbar kann sich nur die Mythologie der unlösbaren Frage stellen, warum die Unschuldigen leiden oder warum die Gerechten mehr zu leiden scheinen als die Bösen. Jude zu sein heißt, potentiell zu leiden. Abstrakte und absolute Maßstäbe der Gerechtigkeit in einer Welt aufrechtzuerhalten, die mit diesen Maßstäben im Widerstreit zu liegen scheint, heißt leiden. Das Beharren auf der Unverletzlichkeit des Sittengesetzes, dem selbst die Götter trotzen, bringt die Gefahr unendlichen Leidens mit sich, doch dies ist ein notwendiges Martyrium, wenn das jüdische Volk – und wir können die gesamte Menschheit dazuzählen – nicht in moralischer Anarchie versinken soll. Für Aristoteles und die griechischen Moralphilosophen stellt sich die Frage nicht in so zugespitzter Form, denn trotz ihres Glaubens an eine erste Ursache und an absolute Moral bewohnten die Griechen eine Welt, die von einem ausgeklügelten Polytheismus beherrscht wurde. So bleibt es den Juden überlassen, ihr Dilemma zu mythologisieren. Solange es diesen einen Gerechten gibt, der an der Gerechtigkeit festhält, obwohl alle Mächte der Anarchie und der Dunkelheit gegen ihn aufgeboten werden, so lange wird auch die Gerechtigkeit ihre Gültigkeit behalten.

»Aber wer glaubt dem, was uns verkündet wurde, und wem ist der Arm des Herrn offenbart? Er schoß auf vor ihm wie ein Reis und wie eine Wurzel aus dürrem Erdreich. Er hatte keine Gestalt und Hoheit. Wir sahen ihn, aber da war keine Gestalt, die uns gefallen hätte. Er war der Allerverachtetste und Unwerteste, voller Schmerzen und Krankheit. Er war so verachtet, daß man das Angesicht vor ihm verbarg; darum haben wir ihn für nichts geachtet. Fürwahr, er trug unsre Krankheit und lud auf sich unsre Schmerzen. Wir aber hielten ihn für den, der geplagt und von Gott geschlagen und gemartert wäre. Aber er ist um unsrer Missetat willen verwundet und um unsrer Sünde willen zerschlagen. Die Strafe liegt auf ihm, auf daß wir Frieden hätten, und durch seine Wunden sind wir geheilt« (Jes 53,1–5).

Dies waren die religiösen Vorstellungen, die Jesus ebenso prägten wie alle Juden. Spätere, christliche Generationen interpretierten die Gestalt des leidenden Knechts als eine Art Vorausdeutung auf Jesus; für seine ersten jüdischen Jünger, die keinerlei Neigung verspürten, sich von der Gemeinde Israels loszusagen, besaß die Analogie oder Bildlichkeit dieses Gedankens eine Kraft, die sich selbst genügte. Ob sich Jesus selbst als Verkörperung des leidenden Knechts sah, werden wir nie erfahren. Interessanterweise nehmen die synoptischen Evangelien (Matthäus, Markus, Lukas) auf den leidenden Knecht kaum Bezug, obwohl dieser sozusagen drohend über den zwei großen theologischen Entwürfen schwebt, mit denen Paulus und Johannes der nichtjüdischen Welt Jesus erschließen wollten. Das hatte freilich Umwälzungen und Konsequenzen zur Folge, die Jesus nie hätte vorhersehen oder gar wünschen können.

2. KAPITEL

Paulus

Irgendwann im Winter des Jahres 50/51 u. Z. versammelte sich in der griechischen Hafenstadt Thessalonich eine kleine Gruppe von Gläubigen, um zu hören, was in einem bemerkenswerten Schriftstück stand, das laut vorgelesen wurde. Die Tatsache, daß es das früheste christliche Dokument ist, das wir besitzen, bedeutet natürlich nicht, daß es die ältesten oder urchristlichsten Glaubensvorstellungen darstellt, doch es ist ein sehr frühes Dokument – etwa zwanzig Jahre nach Jesu Tod geschrieben.

In diesem »Brief« drängt der Verfasser seine Zuhörer, sich sexueller Unmoral zu enthalten, gemäß den Geboten, die »wir euch gegeben haben durch den Herrn Jesus« (1 Thess 4,2). Zweck der von den Thessalonichern geübten Keuschheit war es, sich auf die bevorstehende Ankunft Jesu vom Himmel vorzubereiten. Jesus sei gestorben, wurde den Thessalonichern gesagt, er sei auferstanden und werde am Tag des Herrn zurückkehren. »Denn das sagen wir euch mit einem Wort des Herrn, daß wir, die wir leben und übrigbleiben bis zur Ankunft des Herrn, denen nicht zuvorkommen werden, die entschlafen sind.« Dann heißt es: »Danach werden wir, die wir leben und übrigbleiben, zugleich mit ihnen entrückt werden auf den Wolken in die Luft, dem Herrn entgegen; und so werden wir bei dem Herrn sein allezeit« (1 Thess 4,15.17).

Wenn wir die Geschichte des Kults verstehen wollen, der so kurze Zeit nach Jesu Tod in seinem Namen entstand, müssen wir mehreren äußerst wichtigen Grundgedanken nachgehen, die in diesem ältesten christlichen Dokument verborgen sind. Wir müssen uns fragen, was dieses Wort »Christus« (griechisch für »Messias«) für den Verfasser dieses Briefes und seine Zuhörer bedeutet. Dann müssen wir danach fragen, wie diese besonderen Glaubensvorstellungen überleben und eine Weltreligion hervorbringen konnten. Da sich absolut alles, was im 1. Brief an die Thessalonicher im Jahre 51 u. Z. prophezeit wurde, als unwahr erwies und Jesus nicht wiederkehrte, um in jener schönen, auf Hügeln gelegenen griechischen Hafenstadt über den Wolken zu schweben – wie kommt es dann, daß der Urheber dieser Prophezeiung die christlichen Völker der Welt so nachhaltig beeinflußt hat und bis heute in so hohem Ansehen steht?

Seit die Thessalonicher ermahnt wurden, am Himmel nach der Ankunft eines Juden Ausschau zu halten, der seit zwanzig Jahren tot war, haben Christen in aller Welt Lieder gesungen, in denen es um die erwartete Wiederkunft Christi aus den Wolken geht. Diese Gesänge sind ein Teil der traditionellen christlichen Liturgie für einen ganzen Monat des Jahres: vor Weihnachten; und dieser Glaube ist keineswegs eine sektiererische Randerscheinung des Christentums. Wir können Antworten auf einige dieser Fragen finden, wenn wir uns intensiver mit den anderen Schriften des Mannes befassen, der diese dringende, im Kern aber falsche Ermahnung an die Thessalonicher richtete: des Apostels Paulus.

Zunächst sollten wir den Begriff untersuchen, den Paulus so oft verwendet, das »Evangelium Christi«, was »Frohe Botschaft über den Messias« bedeutet. Die Worte »Christus« oder »Messias« bedeuten »der Gesalbte« und beziehen sich auf den jüdischen Glauben, daß in den letzten Tagen dieser Erde eine Zeit der Glückseligkeit anbrechen werde. Gott werde sich erheben und einen Auserwählten salben, der das Volk Israel führt. Das Evangelium oder die Frohe Botschaft besteht für Paulus darin, daß diese Gestalt gekommen ist.

Die Hoffnung auf die baldige Ankunft des Messias ist ein durchgängiges Merkmal jüdischer Frömmigkeit in dem Jahrhundert vor Jesu Geburt. Der Messias, von königlicher Geburt, ein Abkömmling König Davids, werde kommen, um die Juden von ihren nichtjüdischen Unterdrückern, den Römern, zu erretten. Sein Triumph werde sowohl militärischer wie mystischer Natur sein. Die in der Nähe des Toten Meeres in Qumran lebende Sekte betete, Gott möge den Messias segnen: »Möge der Herr dich zu immerwährenden Höhen erheben... Mögest du die Erde mit deinem Zepter erschüttern.«[1]

Wie die rivalisierenden Minderheitengruppen, die wir unter den Namen Sadduzäer und Pharisäer kennen, bereiteten sich die Bewohner Qumrans mit besonderer Wachsamkeit auf die Ankunft des Messias vor: mit einem erneuerten Frömmigkeitsverständnis, zu dem sich die Sorge um das politische Schicksal Israels und des jüdischen Volkes gesellte.

Ein Schlüsseltext für all jene Juden, welche die Ankunft des Messias erwarteten, war das Buch des Propheten Daniel, ein in der Zeit der Babylonischen Gefangenschaft angesiedeltes dichterisches Werk, das jedoch vermutlich wesentlich später, zwischen den Jahren 167 und 164 v. u. Z., verfaßt wurde, kurz vor dem Aufstand der Makkabäer gegen die Seleukiden. Das Buch sieht den Zusammenbruch des Seleukidenreiches und den Triumph einer apokalyptischen Gestalt jüdischen Geschlechts voraus, die alle Feinde Israels besiegen und ein Reich der Gerechten errichten wird, in dem die Herrschaft über diese Erde den Heiligen anvertraut ist, die als einzige den Glauben bewahrt haben:

»Ich sah in diesem Gesicht in der Nacht, und siehe, es kam einer mit den Wolken des Himmels wie eines Menschen Sohn und gelangte zu dem, der uralt war, und wurde vor ihn gebracht. Der gab ihm Macht, Ehre und Reich, daß ihm alle Völker und Leute aus so vielen verschiedenen Sprachen dienen sollten. Seine Macht ist ewig und vergeht nicht, und sein Reich hat kein Ende« (Dan 7,13–14).

Der apokalyptische Messias war nach Auffassung des Paulus von Gott gesandt worden, und sein Name war Josua oder Jeschu oder Jesus, was – passend genug – »Erlöser« bedeutet.

Einige der Thessalonicher, welche die Worte des Paulus hörten, waren vielleicht Juden der Diaspora, das heißt Juden, die nicht im Gelobten Land lebten. Das Buch des Propheten Daniel ist von den Juden auf unterschiedliche Weise gedeutet worden, und über des Menschen Sohn (oder den Menschensohn) sind zahlreiche Bücher geschrieben worden. Für viele Juden durfte er auf keinen Fall mit dem Messias verwechselt werden; er war eine symbolische Gestalt, die ein gereinigtes und triumphierendes Judentum vertrat. Andere Juden wiederum sahen in ihm den Messias. Die Art, wie Paulus über den erwarteten Messias sprach, dürfte für die Letztgenannten in ihr besonderes Muster von Mythen und Erwartungen gepaßt haben. Die Mehrheit der Zuhörer des Paulus waren jedoch vermutlich Griechen mit ganz anderen Vorstellungen über Gott und die Götter.

Für Nichtjuden dieser Zeit, die keine vorgefaßten Ansichten über den Messias hatten, war es vielleicht leichter, bei dem Messias nicht gleich an den Gesalbten Israels denken zu müssen, sondern sich einen Demiurgen (Halbgott) oder einen Gott in Menschengestalt vorzustellen. Sobald es Paulus gelungen war, die im Kern jüdische Messiasidee auf fremden, nichtjüdischen Boden zu verpflanzen, dürfte es den Nichtjuden kaum schwergefallen sein, Jesus in einen Gott zu verwandeln – und natürlich nicht nur Jesus, sondern vielleicht auch Paulus, die römischen Kaiser oder sonst jemanden, den sie zufällig bewunderten. Allein in der Apostelgeschichte lesen wir von drei Fällen angeblicher Inkarnationen Gottes. An einer Stelle heißt es, Gott sei in Gestalt des Zauberers Simon wiedergeboren worden (Apg 8,10). Im 14. Kapitel der Apostelgeschichte werden Paulus und Barnabas, als sie in Lykaonien predigen, als göttliche Wesen angesehen: »Die Götter sind den Menschen gleich geworden und zu uns herabgekommen«, ruft die Menge. Und der Priester des Zeus bringt Stiere, um den beiden jüdischen Missionaren zu opfern. Die Menschen hielten Barnabas für Zeus und Paulus, der das Wort führte, für Hermes (Apg 14,11–13).

In einer solchen Welt war es kaum überraschend, daß der jüdische Messias als göttlich verstanden wurde; noch kann es überraschen, daß man in einer solchen Welt auch von Jesus als einem Gott sprach.

Paulus sagt an keiner Stelle ausdrücklich, daß Jesus Gott sei, obwohl er den Bekehrten in Kolossä Jesus als »das Ebenbild des unsichtbaren Gottes« (Kol 1,15) predigt. In den Jahren nach seinem Brief an die Thessalonicher können wir allerdings einen allmählichen Fortschritt im Denken des Paulus erkennen, bis er an einem Punkt angelangt ist, an dem Jesus fast schon göttlich geworden ist, und damit scheint er das Modell des Monotheismus hinter sich gelassen zu haben. Da sich Paulus' ursprüngliche Prophezeiungen über Jesus als falsch erwiesen hatten, geriet sein Reden über Jesus zunehmend übertrieben. Der Messias sei auferstanden! Seine Auferstehung wird wichtiger als seine Wiederkunft auf den

Wolken. Dieses Wort »*anastasis*« (»Auferstehung«) nimmt in der Lehre des Paulus eine zentrale Stelle ein. Er erklärt in seinen Schriften zwar nie ausdrücklich, daß Jesus ein leeres Grab zurückgelassen habe, aber er sagt etwas viel Betörenderes: Die *anastasis* Jesu werde seine Anhänger in die Lage versetzen, sogar den Tod zu besiegen.

Dies war nun ein Angebot von weit universellerem Reiz als die im Kern esoterische Behauptung, ein jüdischer Messias sei geboren worden, der eine Zeit jüdischer Herrschaft durch jüdische Heilige einläuten werde. Dies war etwas, woran sich jeder leichtgläubige Sklave im Mittelmeerraum klammern konnte:

»Siehe, ich sage euch ein Geheimnis: Wir werden nicht alle entschlafen, wir werden aber alle verwandelt werden; und das plötzlich, in einem Augenblick, zur Zeit der letzten Posaune. Denn es wird die Posaune erschallen, und die Toten werden auferstehen unverweslich, und wir werden verwandelt werden. Denn dies Verwesliche muß anziehen die Unverweslichkeit, und dies Sterbliche muß anziehen die Unsterblichkeit. Wenn aber dies Verwesliche anziehen wird die Unverweslichkeit und dies Sterbliche anziehen wird die Unsterblichkeit, dann wird erfüllt werden das Wort, das geschrieben steht: ›Der Tod ist verschlungen vom Sieg. Tod, wo ist dein Sieg? Tod, wo ist dein Stachel?‹« (1 Kor 15,51–55).

Diese Worte, die seitdem bei christlichen Beerdigungen unzählige Male verlesen worden sind, sind der Kern der Botschaft des Paulus an die Welt: Jesus ist auferstanden, und mit seiner Auferstehung bringt er allen, die an ihn glauben, die Hoffnung auf ein ewiges Leben. Zu der Zeit, als Paulus diese berühmte Abhandlung an die Korinther schrieb, wahrscheinlich im Jahre 57 u. Z., war der mystische Messias, den er predigte, eine Gestalt »mit einem eigenen Leben«. Der Messias, der Herr über das Leben und Sieger über den Tod, der uns im 1. Korintherbrief des Paulus begegnet, ist eine Gestalt, die sich über die Geschichte erhoben hat und über sie hinausragt. Dieser Messias ist eine Erfindung von Paulus' religiösem Genie. Gleichwohl trägt er immer noch den Namen eines Menschen, der tatsächlich gelebt hatte: Jesus. Folglich wird den Korinthern erzählt, die Israeliten seien zur Zeit Moses von dem mystischen Messias geführt worden. Sie seien alle »auf Mose getauft« worden: »... und haben alle dieselbe geistliche Speise gegessen und haben alle denselben geistlichen Trank getrunken; sie tranken nämlich von dem geistlichen Felsen, der ihnen folgte; der Fels aber war Christus« (1 Kor 10,3-4).

Gleichzeitig weist der 1. Brief an die Korinther ganz ausdrücklich auf die historische Gestalt hin, die im Mittelpunkt des neuen Kults steht: auf Jesus selbst. Dies ist die einzige Stelle, an der Paulus von dem »historischen Jesus« spricht. Er erzählt uns, Jesus habe die »Eucharistie eingesetzt« und sei von den Toten auferstanden:

»Denn ich habe von dem Herrn empfangen, was ich euch weitergegeben habe:« – hier fällt auf, daß Paulus nicht behauptet, diese Tradition von der »Kirche« oder den Freunden Jesu empfangen zu haben, die in der Nacht vor seinem Tod bei ihm waren, sondern direkt vom Herrn – »Der Herr Jesus, in der Nacht, da er verraten ward, nahm er das Brot, dankte und brach's und sprach: Das ist mein Leib, der für euch gegeben wird; das tut zu meinem Gedächtnis. Desgleichen nahm er auch den Kelch nach dem Mahl und sprach: Dieser Kelch ist der neue Bund in meinem Blut; das tut, sooft ihr daraus trinkt, zu meinem Gedächtnis« (1 Kor 11,23-25).

Wie wir in dem späteren Kapitel sehen werden, das sich mit der letzten Nacht in Jesu Leben befaßt, ist es höchst unwahrscheinlich, daß er je die »Eucharistie eingesetzt« hat. Noch unwahrscheinlicher ist, daß ein gläubiger Jude wie Jesus bei einem Passamahl einen Kelch mit Wein herumgereicht und seinen Freunden gesagt hat, wenn sie daraus tränken, würden sie sein Blut trinken. Das riecht stark nach den Mysterienkulten des Mittelmeerraums und hat mit dem Judaismus kaum etwas gemein. »Denn sooft ihr von diesem Brot eßt und aus dem Kelch trinkt, verkündigt ihr den Tod des Herrn, bis er kommt« (1 Kor 11,26), sagt Paulus den Korinthern.

Es ist der Tod Jesu, auf den es für Paulus ankommt. Die Eucharistie ist ein Symbol dieses Todes, für Paulus ein Symbol jener schicksalhaften Nacht, in der Jesus festgenommen und weggeführt wurde, um am Kreuz zu sterben. Paulus preist seinen Anhängern Jesus weder als bewundernswertes moralisches Vorbild noch als Geschichtenerzähler, berühmten Heiler und Wundertäter an. Er preist ihn in rein mythologischen Begriffen. Jesus ist der Messias;

Jesus ist der Fels in der Wüste, aus dem das Volk Israel reines Wasser trank; Jesus kann wie Mithras, der Gott der Sonne und des Lichts, aus einer erhobenen Schale Blut getrunken werden; Jesus, der sterbende Demiurg, der wieder zum Leben erwacht, ist der Überwinder des Todes.

»Denn als erstes habe ich euch weitergegeben, was ich auch empfangen habe: Daß Christus gestorben ist für unsere Sünden nach der Schrift; und daß er begraben worden ist; und daß er auferstanden ist am dritten Tage nach der Schrift; und daß er gesehen worden ist von Kephas, danach von den Zwölfen. Danach ist er gesehen worden von mehr als fünfhundert Brüdern auf einmal, von denen die meisten noch heute leben, einige aber sind entschlafen. Danach ist er gesehen worden von Jakobus, danach von allen Aposteln. Zuletzt von allen ist er auch von mir als einer unzeitigen Geburt gesehen worden« (1 Kor 15,3–8). Dieser letzte Satz ist seltsam; indem er sich sozusagen als schwarzes Schaf der Familie bezeichnet, als Kind, das mit seinen Geschwistern nichts gemein hat, scheint Paulus stillschweigend zuzugeben, daß sein Evangelium so ganz anders ist als die Glaubensvorstellungen und Praktiken der Familie und Freunde Jesu, die um diese Zeit hauptsächlich in Jerusalem wohnten.

Für Paulus ist die Auferstehung Jesu das große Zeichen, daß der Tod besiegt worden ist. Den von ihm Bekehrten vermittelt er die Hoffnung der Auferstehung mit Jesus zur Unsterblichkeit, falls sie sich auf den Tod Jesu taufen lassen. Damit sie ihn nicht für einen Lügner halten, versichert er ihnen, mindestens fünfhundert Menschen außer ihm hätten den auferstandenen Herrn gesehen.

Eine seltsame Zahl, diese fünfhundert. Nirgendwo in den Evangelien wird behauptet, daß der auferstandene Jesus auch nur einer annähernd großen Zahl erschienen sei. Wenn ein Mann tatsächlich aus dem Grab auferstanden und fünfhundert Menschen gleichzeitig erschienen wäre, so hätte das, müßte man meinen, die Behörden alarmieren müssen. Gleichwohl lesen wir bei Flavius Josephus in seinen *Jüdischen Altertümern* nichts von einer solchen Begebenheit. Sie wird auch bei keinem römischen Historiker erwähnt, ebensowenig bei irgendeinem anderen christlichen Schriftsteller. Die Stadt Korinth liegt weit weg von Jerusalem, so daß nur wenige der Leser (oder Hörer) von Paulus' erstem Bericht über die wundersamen Erscheinungen Jesu nach seinem Tod Gelegenheit gehabt haben dürften, Jerusalem zu besuchen, um bei einigen dieser fünfhundert Menschen, denen diese hohe Gunst zuteil geworden war, nachzufragen.

Dennoch wurde mit Paulus die Essenz des (katholischen) Christentums geboren. Wir haben also einmal die Behauptung, daß die Riten seines besonderen Mysterienkults – die Darbringung von Leib und Blut Christi – das Vermächtnis Jesu seien. Ferner haben wir den Bericht, daß Jesus aus dem Grab auferstanden sei und daß es viele Zeugen dieses Ereignisses gegeben habe. Man könnte sagen, Paulus ist der Erfinder oder Gründer der christlichen Religion. Diese Bezeichnung paßt gewiß weit besser auf Paulus als auf Jesus, dem sie gewöhnlich zuerkannt wird. Da Paulus in dem uns interessierenden Zusammenhang eine so einflußreiche Gestalt ist, müssen wir uns ihm und seinem Charakter zuwenden und versuchen, wie tendenziös dies auch ausfallen mag, sein sich allmählich entwickelndes religiöses Bewußtsein zu erklären. Mehr noch: Eine solche Übung ist auch notwendig, wenn wir Jesus selbst verstehen wollen.

Paulus, so wird allgemein angenommen, habe fernab von dem historischen Jesus gelebt. Die ersten drei Evangelien, so meint man oft, erzählen uns alles, worauf wir an Wissen über den Mann Jesus hoffen können; die restlichen Schriften des Neuen Testaments seien nichts als Erläuterungen, Interpretationen, Ausschmückungen. In Wahrheit verhält es sich ungleich komplizierter. Sämtliche Texte, vor allem die in den Evangelien enthaltenen Erzählungen, haben interpretierenden Charakter, und dies gilt gleichermaßen etwa für das Markusevangelium wie für den Brief des Paulus an die Thessalonicher. Dennoch gibt es in den Briefen des Paulus mehr Anzeichen für ein persönliches Wissen über Jesus und seine Lehre, als allgemein angenommen wird. Paulus ist auf höchst eigene, seltsame Art ein Augenzeuge.

Paulus ist im Neuen Testament eine einzigartige Erscheinung: Ein großer Teil dessen, was wir über ihn wissen, stammt aus seiner Feder. Jesus, Petrus, Johannes der Täufer, Maria Magdalena – ihr Bild wird uns aus der Sicht anderer vermittelt. Paulus dagegen ist der einzige Autobiograph des Neuen Testaments. Abgesehen von vielen nachweisbaren Einzelheiten über seine Person, mit denen er seine Schriften würzt – etwa sein Geburtsort, seine Erziehung, seine Krankheiten und so weiter –, ist er einer jener Schriftsteller, die gar nicht anonym bleiben können. Seine Persönlichkeit weht uns aus jedem Satz an, den er geschrieben hat: Er ist sprunghaft, stürmisch, mystisch, bissig, ekstatisch, streitsüchtig. Zu sagen, er wäre in sich selbst widersprüchlich gewesen, ist eine Untertreibung. Er war ein Mann, der stets mit sich selbst rang und stritt; doch er vermochte dem Kampf in seiner Brust kosmologische Gültigkeit abzugewinnen. Die moralischen, religiösen und psychischen Widersprüche in Paulus werden in seinen Schriften zum bestimmenden Prinzip der menschlichen Natur, zu einer Vision der Menschheit, die fast jede Generation seit Paulus mächtig genug war, ihre Leser aufzuwühlen und zu verändern.

Angesichts der Tatsache, daß Paulus die Religion Jesu den Juden mehr oder weniger allein entrissen und sie der nichtjüdischen Welt zugänglich gemacht hat, mutet es merkwürdig an, daß sich bislang nur wenige Wissenschaftler gefragt haben: Warum? Warum war Paulus von Jesus besessen? Weder in der ersten Hälfte seines Lebens, als er die Anhänger Jesu noch verfolgte, noch in der zweiten, als er der geistreichste und begnadetste christliche Apologet war, der je gelebt hat, scheint Paulus fähig gewesen zu sein, sich von der Idee »Jesus« zu lösen. Ist es da noch vorstellbar, daß sich die beiden nie begegnet sind? Fast alle christlichen Wissenschaftler gehen davon aus, daß Jesus und Paulus einander nicht begegnet sind und daß Paulus auf die eine oder andere Weise »zum Christen wurde« oder das Christentum nach seiner Bekehrung auf der Straße nach Damaskus mehr oder weniger selbständig erdachte. Dies erklärt jedoch nicht, warum.

Paulus hätte bis ans Ende seiner Tage ein gläubiger Jude bleiben oder sich einem der geheimnisvollen Kulte der Mittelmeerregionen Kleinasiens anschließen können. Er hätte sich auch einen auf die religiösen Bedürfnisse der Menschen in Ephesus, Korinth und in Rom zugeschnittenen Gott ausdenken können. Doch genau dies hat er nicht getan. Er fuhr fort, den Menschen von Jesus zu erzählen.

Paulus stammte aus Tarsus in Kilikien in Kleinasien, einer Stadt in der heutigen Türkei. Er war ein Bürger des Römischen Reiches. Strabo, der griechische Geograph, erwähnt Tarsus gelegentlich in einem Atemzug mit Athen.[2] Tarsus war eine höchst kosmopolitische Stadt, der Judaismus der Juden dort war verfeinert und hellenisiert. Die griechischsprechenden Juden der Diaspora wie Philo von Alexandria gefielen sich darin, Berührungspunkte zwischen der jüdischen Gottesvorstellung und der griechischen Idee des Guten aufzuspüren. Bekehrungen waren häufig. Philo übertreibt vermutlich, wenn er seinen Lesern mitteilt, die Gesetze des jüdischen Volkes übten auf die Menschen eine große Anziehungskraft aus und gewännen die Aufmerksamkeit aller, der Barbaren und Griechen, der Festland- und Inselbewohner, der Völker des Ostens und des Westens, der Völker Europas, Asiens und der ganzen bewohnten Welt von einem Ende zum anderen.[3] Dieses Judentum übte tatsächlich einen großen Reiz aus, doch unterschied es sich erheblich von den verschiedenen Formen des Judaismus, die um diese Zeit in Galiläa oder Jerusalem blühten. Die jüdische Welt, in die der Weltbürger Paulus hineingeboren wurde, hatte etwas Anregendes und Umfassendes an sich.

Doch aus streng jüdischer Sicht war dies gefährlich. Wie kann ein Jude weiterhin Jude bleiben, wenn er nicht, worauf Nehemia und Esra nach der Babylonischen Gefangenschaft beharrt hatten, weiterhin peinlich genau darauf achtet, daß er von seinem jüdischen Umfeld nicht befleckt wird? Für Menschen, die keine Juden sind, scheinen die Strenge, die detaillierten Vorschriften des jüdischen Gesetzes – seine offensichtliche Kleinlichkeit – in einem seltsamen Kontrast zu den großartigen Vorstellungen dieser Religion von Gott und dem Menschen zu stehen, zu ihren ethisch hochstehenden Ansichten, ihrer erhabenen Vision von der Bestimmung des Menschen. Eine solche kritische Sicht des jüdischen Gesetzes zieht eine der Funktionen des Gesetzes in der jüdischen Welt nicht in Betracht: nämlich seine Aufgabe, Juden von Nichtjuden getrennt zu halten. Glauben Rabbiner tatsächlich, und haben sie je geglaubt, daß es moralisch verwerflich ist – genauso sündhaft wie Stehlen, Lügen oder den Armen Nahrung vorenthalten –, eine Garnele zu essen oder Butter auf dem Tisch zu haben, wenn man ein Lammkotelett ißt? Nein, natürlich nicht. Doch sie hielten es für Sünde, den Bund zu brechen, der mit Gott auf ewige Zeit geschlossen worden war – und diese kleinlichen Vorschriften waren ein gutes Mittel, die Religion sozusagen in der Familie zu halten und den Umgang von Juden mit Nichtjuden wenn schon nicht auszuschließen, so doch erheblich einzuschränken.

Hier stoßen wir natürlich auf jüdische Befürchtungen von heute, die aus einer Zeit herrühren, in der die Juden hauptsächlich unter Nichtjuden lebten. Eine ähnliche Auseinandersetzung muß es im Leben eines zivilisierten hellenistischen Juden des Römischen Reiches wie etwa Paulus' gegeben haben. Hier jedoch liegt eine der Schwierigkeiten, Paulus als den Interpreten Jesu zu verstehen. Paulus lebte und wirkte in der Welt der Nichtjuden, Jesus hingegen in einer rein jüdischen Welt. Paulus, der in Wahrheit eher ein großer religiöser Dichter als ein Denker war, gelang es, die Konflikte seines Geistes und seiner Seele auf den Kosmos zu projizieren. Für jemanden wie Jesus, der nur mit Juden Umgang pflegte, konnte sich die große Frage kaum stellen, ob die Nichtjuden Gott und seine Gesetze überhaupt erkennen konnten. Für einen Juden in der Diaspora war immer eine Spannung spürbar zwischen dem Wissen um die religiösen Sehnsüchte der hellenistischen Welt, um den der Menschheit innewohnenden Durst nach Gott einerseits und dem Wissen andererseits, daß der Bund auf dem Berg Sinai von Gott ausschließlich mit *einem* Volk geschlossen worden war.

Irgendwann in seiner Jugend lehnte Paulus den Hellenismus, mit dem er aufgewachsen war und der sich in der Gesellschaft so breiter Zustimmung erfreute, ab: Er berichtet uns, er sei Pharisäer geworden. Er habe der Vorstellung zu mißtrauen begonnen, daß Menschen, die außerhalb des Bundes geboren seien, sich Gott nähern oder von ihm geliebt werden könnten. In seinem autobiographischen Brief an die Galater läßt er seine Leser wissen: ». . . und [ich] übertraf im Judentum viele meiner Altersgenossen in meinem Volk weit und eiferte über die Maßen für die Satzungen der Väter« (Gal 1,14). An die Philipper schreibt er: ». . . der ich am achten Tag beschnitten bin, aus dem Volk Israel, vom Stamm Benjamin, ein Hebräer von Hebräern, nach dem Gesetz ein Pharisäer, nach dem Eifer ein Verfolger der Gemeinde, nach der Gerechtigkeit, die das Gesetz fordert, untadelig gewesen« (Phil 3,5–6).

In seinem 2. Brief an die Korinther ruft er über die Juden aus:

»Sie sind Hebräer – ich auch! Sie sind Israeliten – ich auch! Sie sind Abrahams Kinder – ich auch!« (2 Kor 11,22).

Deutsche Exegeten wie etwa G. Bornkamm[4] haben hervorgehoben, es gebe einen grundlegenden Widerspruch zwischen dem Lebensbericht des Paulus in seinen autobiographischen Schriften und der Darstellung in der Apostelgeschichte, die die fundamentale Gegnerschaft zwischen Paulus und den Christen Jerusalems absichtlich herunterspiele. In der Apostelgeschichte heißt es, Paulus selbst habe es sich zur Aufgabe gemacht, die »griechischen Juden«, das heißt die ersten Christen, wie etwa Stephanus zu verfolgen. Ferner heißt es, Paulus sei im Auftrag des Jerusalemer Hohenpriesters nach Damaskus in Syrien geschickt worden, um alle dort lebenden Christen festzunehmen.

Dies kann historisch nicht wahr sein, da Damaskus außerhalb der Grenzen Judäas lag und der Sanhedrin, der Hohe Rat, in dieser Region keinerlei Gerichtshoheit besaß. Außer im Neuen Testament gibt es keinerlei Anhaltspunkte dafür, daß sich die Juden jemals religiöser Verfolgung schuldig gemacht hätten. Untereinander waren die Juden auffallend streitsüchtig, jederzeit bereit, mit harten Worten übereinander herzuziehen, und ebenso bereitwillig, bei anscheinend kleinen Mißhelligkeiten Sekten zu bilden. Doch dies alles hat mit Verfolgungseifer nichts zu tun. So etwas wie eine jüdische »Inquisition« hat es nie gegeben.

Der Bericht über eine solche »Inquisition« in der Apostelgeschichte muß daher mit einiger Vorsicht genossen werden. Den Galatern sagt Paulus, daß er um die Zeit seiner Bekehrung keinem Angehörigen der Jerusalemer Urgemeinde (Gal 1,17) begegnet sei, was merkwürdig von dem Bericht in der Apostelgeschichte abweicht; er sei eine Art religiöser Polizist gewesen, damit beauftragt, Leute wie Stephanus zu verhören. Zu einem späteren Zeitpunkt, als Paulus zu der Ansicht gelangt war, das Christentum sei die neue Religion für Nichtjuden, so daß für Christen keinerlei Notwendigkeit bestünde, sich an die jüdische Thora gebunden zu fühlen, kam es, wie wir wissen, zu einem großen Disput zwischen Paulus und Petrus (Kephas), der ein Jünger Jesu gewesen war und die christliche Gemeinde in Antiochia leitete. »Als aber Kephas nach Antiochia kam«, sagt Paulus uns unverblümt, »widerstand ich ihm ins Angesicht, denn es war Grund zur Klage gegen ihn« (Gal 2,11). Dieser Streit wird in der Apostelgeschichte mit keinem Wort erwähnt.

Vermutlich haben die Judenchristen um diese Zeit an ihren Gebräuchen festgehalten, und es fällt auf, daß Paulus ihren Wunsch, im Schoße des Judaismus zu bleiben, hartnäckig ignorierte. In die Apostelgeschichte ging der Streit als der Apostelkonvent in Jerusalem ein, bei dem es angeblich zu einer freundschaftlichen Lösung kam, indem nichtjüdische Mitglieder durch die jüdische Gemeinde anerkannt wurden. Die Forschung dürfte mit an Sicherheit grenzender Wahrscheinlichkeit mit der Einstufung der Apostelgeschichte als spätes Werk recht haben, das wohl – wie sein Pendant, das Lukasevangelium – mindestens vierzig Jahre nach den Briefen des Paulus entstanden ist.

Das Lukasevangelium ist wie die Apostelgeschichte ein Buch, das in der Absicht geschrieben wurde, jeden römischen Beamten zu beruhigen, der es vielleicht in die Hände bekam. Zunächst sollte der Eindruck erweckt werden, das Christentum stelle keinerlei Bedrohung der kaiserlichen Autorität dar; zweitens unterscheide es sich erkennbar vom Judentum. Nach dem Jahr 70 u. Z., in dem die Römer den Jerusalemer Tempel zerstört hatten, wurden die Juden in Rom als Querulanten und gefährliche Aufrührer angesehen. Tacitus dürfte unter den zivilisierten Römern nicht der einzige gewesen sein, der seinen *Annalen* zufolge nur eine vage Vorstellung davon hatte, was den Unterschied zwischen Juden und Christen ausmachte. Im Rahmen der Christenverfolgung durch Nero im Jahre 64 u. Z., als man ihnen die Schuld an dem großen Brand gab, der weite Teile Roms zerstörte, schrieb der Historiker:

»Und so schob Nero, um dieses Gerücht zu ersticken, die Schuld auf andere und verhängte über die, die durch ihr schändliches Gebaren verhaßt waren und im Volksmund ›Christianer‹ hießen, die ausgesuchtesten Strafen. Dieser Name leitete sich von Christus ab, der unter der Regierung des Tiberius durch den Prokurator Pontius Pilatus hingerichtet worden war. Der für den Augenblick unterdrückte verhängnisvolle Aberglaube griff von neuem um sich, nicht nur in Judäa, wo dieses Übel entstanden war, sondern auch in Rom, wo alle Scheußlichkeiten und Abscheulichkeiten aus der ganzen Welt zusammenströmen und freudigen Anklang finden.«[5]

Um Christen vor schlechter Presse dieser Art zu schützen,

schrieb Lukas seine Berichte über römische Soldaten, die etwa von Christus wegen ihrer Treue gelobt worden seien, oder von einem Zenturio, der unter dem Kreuz gestanden und ausgerufen habe, Jesus sei »ein frommer Mensch gewesen« (Lk 23,47), sowie von Paulus, dem römischen Bürger, der in vollendeter Übereinstimmung mit dem Rest der christlichen Gemeinde durch das Reich reise – sehr zum Unwillen der aufsässigen Synagogen. Die Verfolgung religiöser Minderheiten – einschließlich der Juden – durch die Römer regt den Verfasser der Apostelgeschichte zur Erfindung der Lügengeschichte an, die Juden seien die großen Verfolger; er macht sie für eine vermeintliche Verfolgung verantwortlich, der zufolge sich die Christenheit später über Jahrhunderte für berechtigt hielt, grausame Rache zu üben.

Die Wissenschaftler haben also mit der Warnung recht gehabt, man dürfe nicht allzuviel Vertrauen in die Apostelgeschichte als eine historische Quelle setzen. Andererseits liegen unter ihren Unwahrheiten und Verzerrungen Hinweise darauf verborgen, was sich vielleicht tatsächlich ereignet hat. Paulus erzählt uns selbst, daß er einst Christen verfolgt habe und daß es eine Begegnung nicht mit den Christen, sondern mit Jesus gewesen sei, die seinen Sinneswandel herbeiführte. Eine Hypothese, die dieser Behauptung einen Sinn geben könnte, ist die, daß Paulus im Verlauf seines Lebens Jesus tatsächlich einmal von Angesicht zu Angesicht gegenübergestanden hat.

Ein Zugang zu der Frage läßt sich vielleicht über Paulus' merkwürdigen Gebrauch des Wortes »Ruhm«, »*kauchesis*«, finden. Der »Ruhm« des Paulus, er sei als junger Mann Pharisäer gewesen, führt uns zum Kern dieses Paradoxons, dem Paradoxon seiner Religion und seiner Persönlichkeit. »Ruhm« ist ein für Paulus sehr bezeichnendes Wort. In zwei seiner Briefe, dem 2. Korintherbrief und dem Brief an die Philipper, rühmt er sich, ein Pharisäer zu sein, doch dieser Ruhm, *kauchesis*, hat sich in die Gewißheit der Wahrheit Christi verwandelt. Die von Paulus unterwiesenen Christen sind »*kauchomenoi en Christo*«, »Rühmende in Christus«. »So gewiß die Wahrheit Christi in mir ist, so soll mir dieser Ruhm im Gebiet von Achaja nicht verwehrt werden« (2 Kor 11,10), schrieb er an die Korinther. Paradox schillernd erscheint der Begriff des »Rühmens« auch im Brief an die Galater: »Es sei aber fern von mir, mich zu rühmen *[kauchasthai]* als allein des Kreuzes unseres Herrn Jesus Christus, durch den mir die Welt gekreuzigt ist und ich der Welt« (Gal 6,14).

Nun besteht die in den Evangelien bewahrte Tradition darin, daß die Pharisäer die Gruppe innerhalb des Judentums waren, der der besondere Tadel Jesu galt. Bei fast allen Zusammenstößen zwischen Jesus und der jüdischen Obrigkeit, von denen wir in den Evangelien lesen, fällt auf, daß er besonders gern mit den Pharisäern streitet. Überdeutlich ist dies im Lukasevangelium[6], dem angeblich vom Begleiter des Paulus auf dessen Missionsreisen verfaßten Evangelium; und obwohl wir die Vorbehalte machen müssen, die ich hinsichtlich der Glaubwürdigkeit des Lukasevangeliums und der Apostelgeschichte in ihrer heutigen, endgültigen Form schon angemeldet habe, gibt es keinen Grund zu der Annahme, daß jene Passagen der Apostelgeschichte, in denen in der ersten Person erzählt wird und die beschreiben, wie der Autor mit Paulus auf dessen Missionsreisen unterwegs war, nicht einen Kern historischer Wahrheit enthalten.

Wenn wir uns später der Aufgabe zuwenden, dem irdischen Leben Jesu nachzuspüren, werden wir uns mit der Frage auseinandersetzen, ob es sehr wahrscheinlich ist, daß diese Zusammenstöße zwischen Jesus und den Pharisäern tatsächlich stattgefunden haben. Bis auf weiteres mag es genügen festzuhalten, daß Paulus sicher davon ausging, es habe zwischen Jesus und den Pharisäern Streit gegeben. Ferner müssen wir berücksichtigen, daß es in dem dem Begleiter des Paulus, Lukas, zugeschriebenen Evangelium heißt, Jesus habe den Pharisäern unverhüllte Ablehnung entgegengebracht – ausgerechnet der religiösen Gruppe, der anzugehören Paulus sich »rühmt«.

Gibt es irgendeine Ähnlichkeit zwischen den historischen Pharisäern und denen, die durch das poetisch verklärte Gedankengut des Apostels Paulus geistern? Die Pharisäer gehörten zu jenen Juden, die glaubten, der Messias könne nicht kommen noch mit ihm die Erlösung Israels, bis die Juden sich gereinigt hätten. Deshalb trachteten sie danach, das tägliche Leben insgesamt mit einer Vervielfachung und Erweiterung trivialer Regeln zu heiligen, indem sie zum Beispiel bestimmten, wie die Kochtöpfe und das Eßgeschirr gereinigt werden sollten. Im Lukasevangelium ruft

Jesus: »Ihr Pharisäer, ihr haltet die Becher und Schüsseln außen rein; aber euer Inneres ist voll Raubgier und Bosheit« (Lk 11,39). In der Apostelgeschichte läßt derselbe Verfasser Paulus sich rühmen: »... ich bin ein Pharisäer und ein Sohn von Pharisäern...« (Apg 23,6).
Daß ein hellenistischer Jude aus Tarsus der Sohn von Pharisäern war, dürfen wir getrost bezweifeln. Daß Paulus sich selbst im frühen Mannesalter als geistiges Kind von Pharisäern verstand, können wir hingegen glauben. Im Lukasevangelium finden sich einige schlüssige Hinweise darauf, daß der Verfasser den Konflikt Jesu mit den Pharisäern nicht wirklich verstand. Einige Wissenschaftler haben sich sogar gefragt, ob Jesus überhaupt Streit mit den Pharisäern hatte, da die Lehren der wirklichen Pharisäer und die von Jesus recht ähnlich gewesen zu sein scheinen. Wenn wir das Wort »Pharisäer« so auffassen, daß damit die frühere religiöse Bigotterie des Paulus gemeint ist, können wir annehmen, daß es bei Paulus einen inneren Konflikt zwischen seinem früheren strikten Legalismus und seinem späteren befreiten Gefühl für Jesus als den Erlöser der Welt von Sünde und Tod gab. In diesem verinnerlichten Sinn war der Konflikt zwischen Jesus und den Pharisäern, wie Paulus ihn verstand, das wichtigste Ereignis in seiner gesamten religiösen Erfahrung der Welt. Er macht ihn sogar zum Thema seines Briefes an die Römer, sein erträglichstes theologisches Schriftstück, das man auch »Das Evangelium nach Paulus« genannt hat.
Für Lukas sind die Pharisäer Heuchler, leere Gefäße, Männer, die sich den Anschein der Tugendhaftigkeit geben, während sie die innere Bosheit zu verbergen suchen. Paulus, der ein Pharisäer zu sein behauptet, muß gewußt haben, daß das lukanische Pharisäerbild nicht der Wirklichkeit entsprach. Die Pharisäer gehörten zu den tugendhaftesten Männern, die je gelebt haben. Sie mögen in der Anwendung der Thora gelegentlich kleinlich gewesen sein, aber sie ließen nie von ihrem Bemühen ab, das Gesetz zu befolgen. Sie glaubten, es komme von Gott, und der Kernpunkt ihrer scheinbar absurden religiösen Befolgungsmanie war nicht die Liebe zum Gesetz um seiner selbst willen. Dahinter stand der Glaube: Wenn die Juden getreulich und pflichtgemäß zum Gesetz zurückkehren, wird der Messias kommen, dann wird

die verheißene Zeit der Glückseligkeit auf Erden anbrechen, in der die Menschen in Harmonie mit Gott leben können.

Solchen Männern wäre das Gleichnis vom Pharisäer und Zöllner, die sich beide in den Tempel begeben, um zu beten, zutiefst widerwärtig erschienen. Lukas' einfältige Einführung zu der Geschichte zeigt, daß er sie selbst nicht einmal im Ansatz versteht und daß er nicht wie Paulus über ihr in metaphysischer Hinsicht explosives Potential nachgedacht hat. Bei Lukas heißt es: »Er sagte aber zu einigen, die sich anmaßten, fromm zu sein, und verachteten die andern, dies Gleichnis« (Lk 18,9), doch das trifft nicht wirklich den Kern der Geschichte:

»Es gingen zwei Menschen hinauf in den Tempel, um zu beten, der eine ein Pharisäer, der andere ein Zöllner. Der Pharisäer stand für sich und betete so: Ich danke dir, Gott, daß ich nicht bin wie die andern Leute, Räuber, Betrüger, Ehebrecher oder auch wie dieser Zöllner. Ich faste zweimal in der Woche und gebe den Zehnten von allem, was ich einnehme. Der Zöllner aber stand ferne, wollte auch die Augen nicht aufheben zum Himmel, sondern schlug an seine Brust und sprach: Gott, sei mir Sünder gnädig! Ich sage euch: Dieser ging gerechtfertigt hinab in sein Haus, nicht jener...« (Lk 18,10–14).

Dieses Gleichnis ist nicht, wie Lukas es darstellt, eine Warnung vor Selbstgerechtigkeit oder geistigem Hochmut. Seine Kritik ist weit grundlegender und vernichtender. Wollte man etwa die Hälfte der Psalmen, des Gesangbuchs der Juden – bildlich gesprochen –, auf eine Stimme reduzieren, wäre sie ein Echo auf das Gebet des Pharisäers. Die jüdischen Schriften sehen nichts Falsches darin, der Tugend mit Hochachtung zu begegnen und sie sich um ihrer selbst willen bewußt zu machen. Wenn aber Gott derjenige ist, der Sünden vergibt, welche Rolle spielt dann noch die Tugend in der Ordnung der Dinge? Die Pharisäer glaubten – wie die meisten rational denkenden Menschen, ob religiös oder nicht religiös –, daß Tugend den Lohn in sich selbst trägt, daß sie es wert ist, um ihrer selbst willen geübt zu werden. Wie Plato und seine Anhänger, wie die Stoiker und ganz gewiß wie die meisten Juden glaubten auch die Pharisäer, daß die Tugend Gott wohlgefällig sei, das Laster hingegen nicht. Sofern die Pharisäer zu jener Gruppe des Judentums gehörten, die an die Unsterblichkeit der

Seele glaubte, waren sie wohl einfach der Ansicht, daß diejenigen, die ein tugendhaftes Leben führten, mit künftiger Glückseligkeit belohnt werden würden.

Das Gleichnis vom Pharisäer und Zöllner leugnet diese vernünftige Liebe zur Tugend ganz entschieden, auf schockierende und geradezu moralisch anarchische Weise. Hier scheint es nur auf eins anzukommen: auf Gottes Fähigkeit zur Vergebung. Da der Pharisäer ohne Sünde ist, kann er Gott nicht erreichen. Es ist vielmehr der Sünder, der »gerechtfertigt« nach Hause geht, denn für ihn ist der Prüfstein eines guten Lebens nicht die Tugend, sondern die kindliche Abhängigkeit von der Gnade Gottes. Dies ist keine moralische Geschicht', die uns vor übertriebener Selbstgerechtigkeit auf der Hut sein läßt.

Damit erhebt sich zwangsläufig die Frage: Woher stammt dieses Buch? Lukas oder den letzten Bearbeiter oder Redakteur des Lukasevangeliums können wir offensichtlich als Verfasser des Gleichnisses ausschließen, da er es offensichtlich nicht begriffen hat. Eine Erklärung könnte sein, daß es tatsächlich auf Jesus selbst zurückgeht. Falls das Lukasevangelium so etwas wie repräsentativ für das ist, was Jesus dachte, glaubte und predigte, können wir gut verstehen, weshalb der Pharisäer Paulus so heftig auf die Lehre Jesu reagierte.

Dann beginnt die Lebensgeschichte des Paulus allmählich einen Sinn zu ergeben, nämlich vor dem Hintergrund seines geschriebenen Werks. Zunächst haben wir den hellenistischen Juden Paulus aus Tarsus: ein Mann mit breitgefächerten Interessen, ein Kenner der griechischen Literatur und der nichtjüdischen Kultur. Dann kommt er nach Jerusalem, wo er nach der in der Apostelgeschichte zitierten eigenen Aussage zum Pharisäer und Jünger eines berühmten Pharisäers namens Gamaliel wird. Diese altehrwürdige Gestalt tritt in der Apostelgeschichte vor dem Sanhedrin, dem Hohen Rat, als Warner auf:

»Ihr Männer von Israel, seht genau zu, was ihr mit diesen Menschen tun wollt. Denn vor einiger Zeit stand Theudas auf und gab vor, er wäre etwas, und ihm hing eine Anzahl Männer an, etwa vierhundert. Der wurde erschlagen, und alle, die ihm folgten, wurden zerstreut und vernichtet. Danach stand Judas der Galiläer auf in den Tagen der Volkszählung und brachte eine Menge Volk hinter sich zum Aufruhr; und der ist auch umgekommen, und alle, die ihm folgten, wurden zerstreut. Und nun sage ich euch: Laßt ab von diesen Menschen und laßt sie gehen!...« (Apg 5,35-38). Gamaliel hatte allerdings Grund, diesen galiläischen Chassidim gegenüber, von denen Jesus einer war, mitfühlend zu sein. Ein anderer damals berühmter Heiler hieß Chanina ben Dosa. Gamaliel, Oberhaupt der Pharisäer in Jerusalem, hatte einen Sohn, der an Fieber erkrankt war und offenbar im Sterben lag. Gamaliel schickte zwei seiner Schüler zu dem weit weg wohnenden Chanina; dieser zog sich in eins der oberen Zimmer zurück, kam dann wieder und sagte den Schülern Gamaliels: »Kehrt heim, das Fieber ist gewichen.« Als sie zu Hause ankamen, erfuhren sie, daß der Junge in derselben Stunde geheilt worden war, in der Chanina sein Gebet gesprochen hatte.[7]

Vermutlich entspricht die Rede Gamaliels in der Apostelgeschichte in etwa der Wahrheit, da sie der stereotypen Behauptung des Lukas zuwiderläuft, die Pharisäer seien sämtlich unverbesserliche Heuchler. Hier sprach endlich ein Mann, der in religiöser Verfolgung keine Tugend sah. Ebensowenig hätte es unbedingt als gotteslästerlich gegolten, wenn Jesus, ob nun vor oder nach seinem Tod, als Messias angesehen worden wäre. »Anhänger von Gruppen, die bald diesen, bald jenen ›Propheten‹ für den Messias hielten, hat es im Judentum auch sonst in nicht geringer Zahl gegeben, ohne daß sie deswegen von jüdischer Seite Verfolgung und Ausschluß zu erwarten hatten.«[8]

Man stelle sich aber nun die folgende Szene vor: Paulus, der die Universalität und die geistige Bandbreite des hellenistischen Judentums fürchtet, flüchtet als junger Mann in den geistlichen Zufluchtsort Jerusalem und findet seine seelischen Bedürfnisse dort bei einer in religiöser Hinsicht observanten Gruppe befriedigt, den Pharisäern. Die Konflikte innerhalb des palästinischen Judentums waren andere als die Konflikte in der Seele des Paulus. In den Evangelien, die aus einer nichtjüdischen Perspektive geschrieben sind, erscheinen die Pharisäer als kleinlich und konservativ. Tatsächlich waren die Pharisäer in ihrem Umfeld jedoch nicht konservativ, sondern radikal. Während die konservativen Sadduzäer sich damit begnügten, die Offenbarung Gottes durch die Thora als abgeschlossen und in einem Buch definitiv festgehalten anzusehen, niedergelegt in den einzelnen Schriften, suchten die Pharisäer nach Möglichkeiten, die Vorschriften der Thora auf jede Einzelheit des täglichen Lebens anzuwenden. Einem hellenistischen Juden wie Paulus müssen die Pharisäer als Männer erschienen sein, die sich mit Hilfe eines bestechenden Legalitätsdenkens an die Erlösung klammerten. Den alten Gesetzestreuen wie den Sadduzäern wiederum müssen die Pharisäer wie »Modernisten« vorgekommen sein, da sie – aus deren Sicht – versuchten, Natur und Grundlage des Gesetzes zu verändern. Was Paulus aus der Begegnung mit dem Pharisäertum lernte, wich ein wenig von dessen eigentlichen Zielen und Absichten ab. Die Pharisäer waren überzeugt, der Wille Gottes lasse sich in jeder Einzelheit des täglichen Lebens erkennen, und aus diesem Grund waren ihre Sinne geschärft, ihn immer aufs neue zu deuten und ihm einen neuen Sinn zu geben. Doch der Grundgedanke, daß Gottes Wille sich nicht durch haarkleine Befolgung religiöser Vorschriften erarbeiten läßt, sondern durch eine den zeitgenössischen Verhältnissen entsprechende Neueinschätzung und -bewertung dessen, was Rechtens oder nicht Rechtens sei, spornt Paulus zu einer intensiven Auseinandersetzung mit den tiefsten Fragen der Moralphilosophie an. Er nähert sich ihnen jedoch nicht als Philosoph, sondern als Mystiker, und seine Suche führt zu einer tiefen persönlichen Krise. Im Verlauf dieses geistigen Prozesses erkannte er eine Bedrohung des Judentums, die weit bestürzender war als alles, was sich selbst der eklektischste griechische Philosoph zu Hause in Tarsus hätte ausdenken können. Es ist ein Punkt, auf den selbst ein Dorftrottel hätte kommen können: Wenn Gott uns unsere Sünden ohnehin vergibt, warum sollte man dann auf den Gedanken kommen, er liebe rechtschaffene Männer mehr als Sünder? Spielt die Sünde tatsächlich eine so große Rolle? Kann man Gott tatsächlich in der Thora finden, oder läßt er sich nicht auch in dem reumütigen Verhalten eines korrupten Regierungsbeamten erkennen, eines Quislings, oder in den Tränen einer zerknirschten Hure?

Nach allem, was wir aus den Briefen des Paulus wissen, scheint dieser Ansatz der Bußfertigkeit in der Lehre Jesu geradezu unerträglich gewesen zu sein. Er hätte den pharisäischen Moralisten Paulus zur Verzweiflung treiben können, zu einer mörderischen

Verzweiflung. Wenn er, wie er selbst behauptet, tatsächlich ein junger Pharisäer war, hätte diese Periode seines pharisäischen Eifers nicht mit der Zeit des Wirkens Jesu zusammenfallen müssen? Was hätte Paulus daran hindern können, Jesus sprechen zu hören und sich über das Gehörte zu entrüsten: fasziniert, aber empört?

Die einfache Antwort auf diese Frage wäre eine weitere Frage: Wenn Paulus Jesus gekannt oder ihn zumindest hat predigen hören, weshalb sagt er nichts darüber? In 2 Kor 5,16 sagt Paulus: »Darum kennen wir von nun an niemanden mehr nach dem Fleisch; und auch wenn wir Christus gekannt haben nach dem Fleisch, so kennen wir ihn doch jetzt so nicht mehr.« Dieser Satz legt immerhin den Gedanken nahe, daß Paulus Jesus tatsächlich mit eigenen Augen gesehen hat. Jetzt komme es nur darauf an, erklärt er, sich auf den mystischen Christus zu besinnen und nicht bei der irdischen Erscheinung des Jesus zu verweilen. Eine Erklärung dafür könnte in dem merkwürdigen »Rühmen« seiner pharisäischen Vergangenheit liegen, zusammen mit dem »Rühmen im Kreuz des Herrn« (Gal 6,14), an dem dieser qualvoll starb.

Die für Paulus bezeichnendste Lehre – man könnte sie fast seine theologische Erfindung nennen, wenn wir vollkommen sicher sein könnten, daß wir sie nicht Jesus zu verdanken haben – ist die der Gnade. Paulus geht in seinem Brief an die Galater auf die Gnade nur kurz ein, ausführlicher beschäftigt er sich mit ihr in seinem Brief an die Römer. Dabei verfolgt er genau den gleichen Grundgedanken, der auch dem Gleichnis vom Pharisäer und Zöllner eignet: daß nämlich die Vergebung Gottes überhaupt nicht von menschlicher Tugend abhängt, sondern die göttliche Liebe sich an die Menschheit verströmt, ungeachtet deren moralischer Rechtschaffenheit oder Niedertracht. Den Galatern macht Paulus klar, daß er das Evangelium nicht von einem Jünger Jesu empfangen habe: »Denn ich habe es nicht von einem Menschen empfangen oder gelernt, sondern durch eine Offenbarung Jesu Christi« (Gal 1,12). In demselben Brief erklärt er, weshalb er, der einst so entschiedene und bigotte Pharisäer, jetzt daran glaubt, daß die Gnade Gottes nicht nur über das auserwählte Volk, sondern über die gesamte Menschheit ausgegossen wurde: »Denn wenn ich das, was ich abgebrochen habe, wieder aufbaue, dann mache ich mich selbst zu einem Übertreter. Denn ich bin durchs Gesetz dem Gesetz gestorben, damit ich Gott lebe. Ich bin mit Christus gekreuzigt. Ich lebe, doch nun nicht ich, sondern Christus lebt in mir...« (Gal 2,18–20). Die wohl bemerkenswerteste Metapher im Gesamtwerk des Paulus ist die des Gekreuzigtseins mit Christus. Fromme Deuter haben sich im Hinblick auf dieses Gekreuzigtsein sogar die Frage gestellt, ob Paulus nicht wie etwa der heilige Franz von Assisi und viele andere, die den Wunden Christi so viel Aufmerksamkeit schenkten, die Stigmata empfangen habe, das heißt die Wundmale Christi an Händen, Füßen und Seite.

An einer späteren Stelle dieses Buches werde ich eine andere Erklärung dieser »Stigmata« vorschlagen. Für den Augenblick mag es genügen, daß wir Paulus darstellen, wie er in seinen Briefen erscheint, und die sich in ihnen allmählich entwickelnde Vorstellung von Jesus. Paulus' Deutungen, wer Jesus war und welche Bedeutung er für uns heute vielleicht noch haben mag, unterliegen einem starken Wandel. Bei ihm vermischt sich zugespitzte Dialektik mit ekstatischen Höhenflügen oder visionärem Aplomb, mit Ermahnungen zu sittlichem Verhalten (die sich oft selbst widersprechen) und wunderschöner Poesie. In seinen frühen Briefen, etwa im 1. Brief an die Thessalonicher, scheint Paulus kurz bei der Jesusüberlieferung des verheißenen Messias zu verweilen, dem von Gott für seine messianische Bestimmung auferweckten Mann, der schon bald auf den Wolken zur Erde zurückkehren wird, um die, die noch leben und übrigbleiben, mit ihm zu entrücken, »dem Herrn entgegen« (1 Thess 4,16). Später deutet die paulinische Sprache über Jesus eine Verwandtschaft mit der Theologie des vierten Evangeliums an[9], und Paulus scheint daran zu glauben, daß Christus schon vor seiner Geburt als göttliches Wesen existiert (Kol 1,15) oder gar bei der Erschaffung der Welt mitgewirkt habe (1 Kor 8,6). Bisher konnte nicht bewiesen werden, daß Paulus mit denen, die wir die »Christen des vierten Evangeliums« nennen könnten, oder mit anderen, die an die Göttlichkeit Jesu glaubten (wie immer diese Göttlichkeit verstanden worden sein mag), in Verbindung gestanden hat. Vielleicht ist er auch von sich aus zu ähnlichen Schlußfolgerungen gekommen – obwohl er tatsächlich nie so weit gegangen ist zu sagen, Jesus sei Gott.

Paulus war, woran er uns oft und gern erinnert, ein überzeugter

Pharisäer. Das heißt, er war überzeugt, Gottes Wille sei in der Thora, dem jüdischen Gesetz, verankert. Als gläubiger Pharisäer dürfte er ebenso wie der Pharisäer im lukanischen Gleichnis geglaubt haben, der Erfüllung von Gottes Willen näher zu sein als die meisten Menschen. Wenn er – wie die meisten Pharisäer – auf das Kommen des Messias gewartet hat, hätte er zweifellos über Jesu angebliche Laxheit gegenüber dem Gesetz und vor allem gegenüber der rituellen Observanz entrüstet sein müssen. Jesus soll gesagt haben: »Der Sabbat ist um des Menschen willen gemacht nicht der Mensch um des Sabbats willen« (Mk 2,27). Daran ist nichts, was einen wirklichen Pharisäer hätte schockieren können. Tatsächlich finden wir in der rabbinischen Literatur sehr ähnliche Gedanken. Im Licht der Auseinandersetzungen unter den Juden haftet diesem Gedanken nichts Revolutionäres an. Doch in Paulus' Augen war dieser Gedanke Jesu äußerst gefährlich. Mit dem Teil seiner Seele, der als »Pharisäer unter Pharisäern« fühlte, sah Paulus die Thora als das, was Immanuel Kant später den »kategorischen Imperativ« nannte.[10] Die Thora war etwas Gegebenes, und sie war nicht um der menschlichen Bequemlichkeit willen ersonnen worden. Das Gleichnis vom Pharisäer und Zöllner läßt keineswegs einen geringfügigen Meinungsunterschied zwischen Jesus und den Pharisäern erkennen, sondern offenbart eine tiefe Kluft, einen definitiven Bruch. Der Mann, der diese Geschichte erzählt hat, stellte sich damit gegen alles, was den Pharisäern als heilig galt (übrigens auch gegen alles, was den Stoikern, den Platonikern, Artistotelianern und den meisten Moralphilosophen von jeher als heilig galt). Wie konnte ein Mann, der eine so unbekümmerte und zugleich gefährliche Lehre verbreitete, die sich rücksichtslos gegen die gottgegebene Natur der Morallehre wandte, von sich behaupten, der Messias zu sein? Wenn es (wie wir noch sehen werden) Männer gab, die Jesus schon zu Lebzeiten zum Messias erklärten, müssen sie nach den Maßstäben des Paulus sündhaft geirrt haben.

»Wenn dann jemand zu euch sagen wird: Siehe, hier ist der Christus! siehe, da ist er!, so glaubt es nicht. Denn es werden sich erheben falsche Christusse und falsche Propheten, die Zeichen und Wunder tun, so daß sie die Auserwählten verführen würden, wenn es möglich wäre« (Mk 13,21–22). Jesus selbst soll diese Worte in der letzten Woche seines Lebens gesagt haben. Die Pharisäer hätten sie nachsprechen können wie ein Echo! Und wie befriedigend muß es – von einem rein religiösen Standpunkt aus – gewesen sein, als dieser falsche Messias, Jesus, mit der Kreuzigung, der römischen Hinrichtungsmethode, beseitigt war. Damit soll nicht gesagt werden, daß sie Sadisten waren, doch diese Hinrichtungsmethode machte für den Schriftkundigen deutlich, daß Jesus nach den strengen Maßstäben des jüdischen Gesetzes nicht der Messias sein konnte. »Christus aber hat uns erlöst von dem Fluch des Gesetzes, da er zum Fluch wurde für uns; denn es steht geschrieben (Dt 21,23): ›Verflucht ist jeder, der am Kreuz hängt‹«, schrieb Paulus an die nichtjüdischen Galater (Gal 3,13). Zur Zeit der Kreuzigung hatte er das noch anders gesehen. Das Gesetz war für den jungen Pharisäer damals kein »Fluch«, sondern ein Segen, denn in den Psalmen steht wiederholt geschrieben, daß es für einen Juden keinen größeren Segen geben kann, als wenn er das Gesetz lernt, das Gesetz zitiert, über das Gesetz nachdenkt und es natürlich auch befolgt. Ein solcher Mann werde sein »wie ein Baum, gepflanzt an den Wasserbächen, der seine Frucht bringt zu seiner Zeit, und seine Blätter verwelken nicht . . .« (Ps 1,3).

Paulus aus Tarsus jedoch hatte nie große Ähnlichkeit mit einem Baum, der festverwurzelt und allen Stürmen trotzend in der Erde steht. Wir wissen zwar nicht und können es nicht beweisen, daß er an dem Tag, an dem Jesus starb, in Jerusalem war, doch mir scheint das sehr wahrscheinlich zu sein. Ich vermute, daß er ein niederer Diener des Hohenpriesters war, vielleicht sogar an der Festnahme Jesu und der Übergabe des falschen Messias an die Römer beteiligt. Das könnte vielleicht erklären helfen, weshalb sich Paulus – mehr als jeder andere neutestamentliche Verfasser – so sehr mit dem Kreuz beschäftigt. Das Kreuz wurde zu seiner fixen Idee, so sehr, daß er sich selbst »rühmt«, mit Christus gekreuzigt worden zu sein. Kein anderer Verfasser stellt eine solche Behauptung auf.

Wir haben schon auf die Versicherung des Paulus gegenüber den Galatern hingewiesen, er habe zur Zeit seiner Bekehrung keinen Kontakt zur Jerusalemer Urgemeinde gehabt. In der Apostelgeschichte lesen wir, daß Paulus für die Verfolgung des Stephanus verantwortlich gewesen sei, des ersten christlichen Märtyrers, der sich der Gotteslästerung schuldig gemacht hatte; dies dürfte jedoch mit größter Wahrscheinlichkeit nicht den historischen Tatsachen entsprechen. Falls Paulus tatsächlich etwas mit der Verurteilung nicht des Stephanus, sondern Jesu zu tun gehabt hat, dürfte ihn dies so stark belastet haben, daß er damit auch in der christlichen Phase seines Lebens nicht ins reine kam. Die synoptischen Evangelien und die Apostelgeschichte berufen sich auf christliche Überlieferungen, die durch Paulus' Darstellung und Deutung der Ereignisse stark beeinflußt worden sind. Ihre Unterdrückung der Historie beziehungsweise die Verzerrung der Wahrheit würde, falls meine Theorie korrekt ist, der seelischen Unterdrückung der Wahrheit in Paulus selbst entsprechen. Ferner: Wenn, wie aus dem Galaterbrief zu ersehen, Paulus völlig andere Ansichten als Petrus vertrat, wäre es nur natürlich, wenn wir in der paulinischen Tradition eher auf Berichte über Petrus' Verleugnung Jesu stoßen statt auf Paulus' tatsächliche Verurteilung des Herrn zum Tode.

Das Märtyrertum des Stephanus, der gesteinigt wurde, liest sich selbst in der Apostelgeschichte wie ein Echo auf Jesu Tod am Kreuz. Sowohl Stephanus als auch Jesus sterben mit dem gleichen Gebet auf den Lippen: »Herr, rechne ihnen diese Sünde nicht an!« (Apg 7,60) – »Vater, vergib ihnen; denn sie wissen nicht, was sie tun!« (Lk 23,34).

In der Apostelgeschichte lesen wir, daß Paulus nach der Steinigung des Stephanus nach Damaskus aufbrach: »Saulus aber schnaubte noch mit Drohen und Morden gegen die Jünger des Herrn...« (Apg 9,1). Es gibt im Neuen Testament nicht weniger als vier Berichte über Paulus' Bekehrung, drei in der Apostelgeschichte (Apg 9,1–30; 22,1–21; 26,4–23) und einen im Galaterbrief (Gal 1,11–24). Alle diese Berichte vermitteln den Eindruck, daß sich Saulus, wie er sich um diese Zeit noch nannte, in einem Zustand erheblicher seelischer Verwirrung befindet. Warum? Vermutlich weil die Widersprüche, die in jedem Absatz seiner Briefe wüten, ihm ständig im Kopf herumgingen: der Widerspruch zwischen der Idee von der Gerechtigkeit Gottes, der von den Juden Rechtschaffenheit fordert und den Unredlichen Bestrafung androht, und der ungeschuldeten Gnade Gottes andererseits, einer so tiefen Gnade, einer so übervollen Liebe, daß sie das Gebet des sündigen Zöllners erhört und vergibt, während sie sich für den rituellen religiösen Eifer des Pharisäers nicht interessiert. Genau in diesem Augenblick sieht der verzweifelte, schuldbeladene Saulus ein blendendes Licht vom Himmel und hört eine Stimme, die auf hebräisch zu ihm spricht. Es ist nicht die Stimme des Stephanus: »Saul, Saul, was verfolgst du mich? Es wird dir schwer sein, wider den Stachel zu löcken. Ich aber sprach: Herr, wer bist du? Der Herr sprach: Ich bin Jesus, den du verfolgst« (Apg 26,14–15). Wohlgemerkt nicht: »Stephanus, den du verfolgst«, sondern: »Jesus, den du verfolgst«. Als er sich mit dieser harten Wahrheit über sich selbst konfrontiert sah und erkannte, was er getan hatte, brach Saulus zusammen.

Nach einer Zeit der »Erholung« in Damaskus brach Saulus, der sich jetzt Paulus nannte, für drei Jahre nach Arabien auf, bevor er sich wieder in die Nähe Jerusalems zurückwagte. Erst nachdem sich sein christlicher Glaube herausgebildet hatte, begab er sich in die Hauptstadt, wo er Kephas (Petrus) begegnete, jedoch keinem der zwölf Jünger Jesu, außer Jakobus, dem Bruder des Herrn. In der für ihn so bezeichnenden egozentrischen Manier sagt Paulus, Kephas und Jakobus hätten »Gott über mir gepriesen« (Gal 1,24), obwohl dies ganz entschieden nicht der Eindruck ist, den andere Teile des Neuen Testaments vermitteln – etwa der Brief des Jakobus, der die paulinische Lehre der Rechtfertigung durch den Glauben nicht nur ablehnt, sondern sich sogar darüber lustig macht.

Der Glaube des Paulus ist nicht der Glaube der Galiläer, die mit Jesus eng befreundet gewesen waren. Paulus' Glaube erwuchs aus einem Haß, einer Faszination, am Ende aus einer besitzergreifenden Liebe, die um einen bestimmten Aspekt in der Lehre Jesu kreist, den die Jünger übersehen zu haben scheinen: nämlich um den Kern des Gleichnisses vom Pharisäer und Zöllner. Für Petrus, Jakobus und die anderen Anhänger des »Wegs«, wie sie Jesu besondere Spielart des Judaismus nannten, war Jesus der letzte große jüdische Prophet, der zwar wie alle seine Vorgänger mißverstanden wurde, mit seiner Lehre jedoch in der Überlieferung des Judentums stand. Erst aus der Konfrontation des Paulus mit Jesus erwuchs allmählich der Gedanke, das Judentum selbst müsse gestürzt werden.

Diese Erkenntnis brauchte lange Zeit, um in Paulus heranzureifen; sie war weder eine feststehende noch eine vollständig entfaltete Idee. Da er glaubte, die *parousia* (das Kommen Jesu aus den Wolken) könne sich jede Minute ereignen, hatte Paulus nicht den Ehrgeiz, eine formalisierte neue Religion zu entwerfen, eine Religion der Art, wie sie der Prophet Mohammed mit dem Islam gründete. Seit den Tagen des Paulus bis heute sind viele der Meinung gewesen, er habe die Botschaft Jesu im Kern verfälscht und aus seiner übersprudelnden Phantasie heraus einen merkwürdigen neuen Kult kreiert, das »Kreuz-tum«, wie man ihn genannt hat. Wenn dies aber uneingeschränkt wahr wäre, würde man sich schwertun zu erklären, weshalb er sich auf Jesus als Objekt seines Interesses konzentriert hat, statt bloß seine eigenen religiösen Ideen zu verkünden. So schwer es auch fällt, aus Paulus klug zu werden, so muß man davon ausgehen, daß er subjektiv überzeugt war, seinen Anhängern die Wahrheit über Jesus zu erzählen. Es gelang ihm allmählich, Jesus und dessen Tod zu bewältigen, aber auch dessen Botschaft. Er erkannte in beidem einen Sinn, den andere »Christen«, die Jesus gekannt hatten, nur ansatzweise erfaßten oder der ihnen verschlossen blieb, aber wir finden in seinem umfangreichsten theologischen Werk, dem Brief an die Römer, ein Bild von der Beziehung des Menschen zu Gott, das mit einigen der aufrüttelndsten Aussprüche, die in den Evangelien von Jesus überliefert werden, nicht unvereinbar ist.

Der Römerbrief ist eins der einflußreichsten Bücher, die je geschrieben wurden. Er hatte zum Beispiel tiefe, das Leben verändernde Wirkung auf Gestalten wie Augustinus von Hippo, Luther und Calvin, so daß man durchaus sagen kann, es ist eins der Schlüsselbücher zum Verständnis der intellektuellen und sozialen Entwicklung der westlichen Welt. Paulus legt die bedeutende Theorie von der Erbsünde dar. Gott ist gut, rechtschaffen und gerecht. Diese Rechtschaffenheit drückt sich in dem aus, was die Menschen »Gesetz« nennen. Doch da die Menschheit weder rechtschaffen noch gerecht ist, wirft die Existenz des Gesetzes nur ein Schlaglicht auf den sündigen Zustand der Menschheit. Selbst denjenigen, mit denen Gott einen besonderen Bund geschlossen hat, den Juden, wurden nur ihre Sünden vorgehalten, als das Gesetz auf dem Berg Sinai in Steintafeln gemeißelt wurde. Denn wie kann Gott, der in allem Gerechte und Rechtschaffene, Sünde beiseite schieben, Sünde vergeben, ohne dabei den Anschein zu erwecken, Sünde sei ohne Bedeutung? Für die Sünde mußte ein Preis gezahlt werden. Dieser Preis ist der Tod. Die Menschheit ist durch ihre Sündhaftigkeit zu Leid und Tod verdammt. Menschen können nur durch den Glauben gerettet und erlöst werden. Es ist der Glaube an die Gnade Gottes, so daß wir uns ihm nähern und ihn »Vater« nennen können, wie Jesus es gelehrt hat. Dies war natürlich so lange niemandem möglich, bis der hohe Preis dafür nicht entrichtet worden, bis der Lohn der Sünde nicht von Jesus gezahlt worden war.

Seit Jesus für die Sünder gestorben ist, ist eine überwältigende Hoffnung in die Welt gekommen. Die Liebe Gottes wird durch den Tod Jesu ohne jede Bedingung ausgegossen: »Gott aber erweist seine Liebe zu uns darin, daß Christus für uns gestorben ist, als wir noch Sünder waren« (Röm 5,8). Der Brief an die Römer ist ein Werk, in dem Argumente oder Vernunft oft durch Abwesenheit glänzen. In leidenschaftlicher und poetischer Weise bietet Paulus seinen Lesern ein unvergleichliches Geschenk an: die Botschaft, Gott löscht Sünde durch Liebe aus. Jahrhunderte bevor Freud die zerstörerische Wirkung der Schuld auf das Leben des Menschen entdeckte und vergleichbar mächtige Mythen anbot, mit denen die Menschen ihre Schuld abwälzen können, bot Paulus den von ihm Bekehrten das noch viel tiefere Mysterium der Vergebung durch Christus an.

Paulus ist ein Mann der Gegensätze, und seine Dialektik erwächst aus einem heftigen inneren Aufruhr: dem Widerstreit zwischen Gesetz und Gnade, zwischen Gottes Gerechtigkeit und der gefallenen Natur des Menschen, zwischen Sinai und Golgatha. Sieben Jahre nachdem er den Brief an die Thessalonicher geschrieben hatte, hielt sich Paulus für drei Monate in Achaja auf, der Provinz, deren wichtigste Stadt Korinth war; und hier hat er vermutlich Muße gefunden, an die römische Kirche zu schreiben, die er noch nicht besucht hatte.

Niemand weiß, wie oder wodurch in Rom um diese Zeit eine Gruppe von Christen entstand. Der neue Glaube war gewiß nicht durch Petrus dorthin gebracht worden, da dieser immer noch der Leiter der christlichen Gemeinde in Antiochia war, und im Neuen Testament wird auch an keiner Stelle behauptet, Petrus habe die

Hauptstadt des Reiches besucht.[11] Mit einem Edikt verbannte Kaiser Claudius die Juden aus Rom, »weil sie, von Chrestus aufgehetzt, fortwährend Unruhe stifteten«[12], und das legt den Schluß nahe, daß viele der aufsässigen Juden als zum »Weg« Bekehrte aus Jerusalem zurückgekommen waren. In Juvenals 6. Satire wird angedeutet, daß sich viele Römer von jüdischen Ideen angezogen fühlten, und Seneca stellte in einem von Augustinus zitierten, verlorenen Fragment fest, daß »die Eroberten den Eroberern Gesetze gaben«[13]. Möglicherweise war es in der Synagoge von Rom zu einer Auseinandersetzung zwischen den stürmischen Anhängern des »Chrestus« und orthodoxen Juden gekommen. Bei den Römern, denen Paulus seinen Brief schrieb, setzt er Grundkenntnisse über die jüdischen Vorstellungen vom Gesetz voraus, ebenso, daß sie mit den Schriften (des Alten Testaments) vertraut sind; es läßt sich jedoch eindeutig herauslesen, daß ein großer Teil von ihnen nichtjüdischer Herkunft ist. Wie auch immer: Es muß sich um eine sehr kleine Gruppe gehandelt haben. Hundert Jahre später, zur Zeit des Irenäus (etwa 130–200 u. Z.), zählte die Kirche von Rom immer noch nicht mehr als einhundert bis einhundertfünfzig Menschen.

Im religiösen Bewußtsein des Paulus stellt der Römerbrief eine bemerkenswerte Entwicklungsstufe dar. Noch fünf Jahre zuvor hatte er sich fast ausschließlich mit dem Tod Jesu beschäftigt. In diesem Brief findet sich keinerlei Hinweis auf das Kreuz Jesu. Was seine Haltung zu Jesus betrifft, gibt es drei Phasen in Paulus' Leben: Zunächst ist da die Periode bitterer Feindseligkeit, in der er Gift und Galle spie und Morddrohungen ausstieß. Dann, wie wir wohl annehmen müssen, erleidet Paulus einen Zusammenbruch, der als seine Bekehrung überliefert ist, wohl als Ergebnis eines tiefen und unerträglichen Schuldgefühls, weil er Jesus verfolgt hatte. Danach »rühmt« er sich »im Kreuz des Herrn«, verdrängt, was seine größte Schuld ausmacht, und stilisiert es zum Mittel der Befreiung. In seiner letzten, mitteilsamsten Lebensphase hat er Jesus völlig verinnerlicht. Er erkennt, daß der Kampf zwischen Christus und Satan, der in ihm selbst stattfindet, ein allgemeines Phänomen ist. »Denn das Gute, das ich will, das tue ich nicht; sondern das Böse, das ich nicht will, tue ich« (Röm 7,19). In seinem Brief an die Römer wird das Dilemma nicht als spezifisch jüdische Angelegenheit gesehen, sondern als universales Problem. Das bloße Vorhandensein moralischer Gebote kann uns nicht »erlösen«, da wir alle, ob Juden oder Nichtjuden, Vertriebene aus unserer wahren Heimat bei Gott sind. Paulus bestreitet die Fähigkeit zur Sittlichkeit grundsätzlich nicht. Er weiß, daß es tugendhafte Männer gibt, wie etwa die Stoiker und Pharisäer. Doch es ist unmöglich, das Gesetz ohne göttlichen Beistand zu halten. Die wahre Bestimmung des Menschen liegt darin, Gott »Abba«, »Vater«, zu nennen (Röm 8,15). Einige der provokantesten Lehren Jesu lassen vermuten, daß ihm Gerechtigkeit und Rechtschaffenheit nicht genug sind. Wir müssen nicht gleich einen Mord begehen, aber dennoch tragen wir den zerstörerischen Impuls des Zorns in uns. Das Gesetz des Mose kann uns durch Verbote lehren, enthaltsam zu sein. Damit sind die allgegenwärtigen Dämonen der Lust jedoch nicht gebannt. Den Evangelien zufolge lehrte Jesus, daß Sittlichkeit nicht genügt; er wurde deshalb von seinen Feinden – mißverstandenermaßen – sogar beschuldigt zu glauben, es komme auf Sittlichkeit gar nicht an. Für Jesus begann das Leben mit der Versöhnung des Menschen mit Gott – Gott in seiner absoluten Gerechtigkeit, der Mensch in seiner absoluten Erdgebundenheit und Sündhaftigkeit. Diese gähnende Kluft zwischen der Vollkommenheit Gottes und der Unvollkommenheit des Menschen könne durch bloße Befolgung religiöser Vorschriften nie überbrückt werden.

Angesichts dieser tiefgründigen Gedanken hatte Paulus das Gefühl, die gesamte Schöpfung habe sich in Schmerzen gequält und gestöhnt, bis zu jenem Moment der Geschichte, in dem Jesus erscheint. Jesus bot seinen Anhängern nicht die Chance, in moralischer Hinsicht besser zu sein, sondern eine neue Freiheit, die »herrliche Freiheit der Kinder Gottes« (Röm 8,21). Ich kann nicht glauben, daß diese befreiende und ungewöhnliche Idee nicht aus einer Begegnung mit Jesus hervorgegangen sein soll, des »Jesus, den du verfolgst«. Paulus' Schriften enthalten Gedanken, die sehr gut die Gedanken Jesu gewesen sein können – etwa die das Leben verändernde Möglichkeit, zu Gott »Abba«, »lieber Vater«, sagen zu können.

Ob Paulus den historischen Jesus persönlich kannte oder nicht, hat sich nicht beweisen lassen; vielleicht kommt es darauf auch gar nicht so sehr an, da Jesus für Paulus zum verinnerlichten, liebenden Erlöser wurde: »Denn ich bin gewiß, daß weder Tod noch Leben, weder Engel noch Mächte noch Gewalten, weder Gegenwärtiges noch Zukünftiges, weder Hohes noch Tiefes noch eine andere Kreatur uns scheiden kann von der Liebe Gottes, die in Christus Jesus ist, unserm Herrn« (Röm 8,38-39). Die religiöse Erfahrung des Paulus berührt die menschliche Seele in ihren tiefsten Tiefen, was vielleicht der Grund dafür ist, warum Samuel Taylor Coleridge einmal gesagt hat, der Brief an die Römer sei »das tiefgründigste Buch, das je geschrieben worden ist«. Der Anspruch, daß der Römerbrief zu Jesus hinführe, holt diesen aus dem Raum der Geschichte und weist ihm eine einzigartige Stellung zu, nämlich die des einzigen Versöhners zwischen Gott und Mensch. »Der unausforschliche Reichtum Christi«[14], den Paulus bei seiner Zwiesprache mit dem Höchsten fand, wird jetzt auch über seine bedürftigen Bekehrten ausgegossen, Labsal für die tiefsten Abgründe menschlicher Schuld, Balsam für die tiefsten menschlichen Ängste: die Angst vor Versagen, vor Unzulänglichkeit und vor dem Tod.

Paulus fand in Jesus seinen persönlichen Erlöser, den einen, der die Zwiesprache mit Gott möglich macht. Seine Schriften und sein unbändiges, tatendurstiges Leben lassen sich als Kommentar zum Gleichnis vom Pharisäer und Zöllner lesen. In Paulus' Briefen spiegelt sich die Geschichte des Pharisäers, der sich danach sehnte, an der Stelle des Zöllners zu sein, der ohne das Brimborium einer formalisierten Religion fähig war, sein Herz in Reue der absoluten Liebe zu öffnen. »Protestanten haben immer ihre Affinität zu diesem Institutionalisten gespürt, und Mystikern ging es ebenso, obwohl sie in ihm eher den Zuchtmeister sahen. Der Grund ist kurz gesagt dieser: Paulus begriff, was sich die meisten Christen nie klarmachen, nämlich daß das Evangelium Christi nicht *eine* Religion ist, sondern die Religion schlechthin im universellsten und tiefsten Sinn.«[15] Die ersten drei Evangelien des Neuen Testaments wurden von Männern geschrieben, die von Paulus gelernt hatten: Sie sehen die Person Jesu durch die Brille des Paulus von Tarsus. In diesem Sinn sind sie unhistorisch. Paulus selbst rückt Jesus in den Mittelpunkt einiger ungewöhnlicher Bilder; er sieht in ihm einen Mann, in dem Gott selbst am Werk war:

»Aber das alles von Gott, der uns mit sich selber versöhnt hat durch Christus...« (2 Kor 5,18).

Jesus war für Paulus ein neues Wesen, das eine neue Form der Menschlichkeit ankündigt. Das Hohelied der Liebe im 13. Kapitel des 1. Briefs an die Korinther ist Paulus' Meditation über die Bedeutung Jesu für sein Leben und seinen Tod. Generationen von Forschern haben darüber gestritten, ob die Liebe oder Barmherzigkeit, die Paulus in dieser berühmten Passage preist, die Liebe Gottes zum Menschen ist oder die Liebe, die der Mensch seinem Nächsten erweisen sollte. Doch jeder, der Paulus in seinem Ringen mit Jesus gefolgt ist, wird wissen, daß die Unterscheidung sinnlos geworden ist.

In Texten wie dem Gleichnis vom Verlorenen Sohn zeigt Jesus, wie er über Gottes Liebe zum Menschen denkt. Nach Paulus und den synoptischen Evangelien verkörperte Jesus schon in seiner Person eine gottähnliche Liebe. Er verkörperte und verkündigte das Prinzip des Lebens schlechthin: daß nämlich aller Grausamkeit der Menschen und der Gleichgültigkeit der Natur zum Trotz das Prinzip des Lebens die Liebe ist. Ein Leben ohne diese Agape macht die Moral zur Heuchelei. Wer so lebt, entstellt den Sinn religiöser Pflichterfüllung. Paulus' berühmte Sätze über die Liebe berechtigen zu dem Schluß, daß er – und seit ihm die christliche Kirche – nur allzugern bereit gewesen wäre, das Wort »Liebe« durch das Wort »Jesus« zu ersetzen: »Die Liebe ist langmütig und freundlich, die Liebe eifert nicht, die Liebe treibt nicht Mutwillen, sie bläht sich nicht auf, sie verhält sich nicht ungehörig, sie sucht nicht das Ihre, sie läßt sich nicht erbittern, sie rechnet das Böse nicht zu, sie freut sich nicht über die Ungerechtigkeit, sie freut sich aber an der Wahrheit« (1 Kor 13,4–6).[16]

Für den heutigen Leser gibt es einen beunruhigenden Unterschied zwischen dem, wie wir die »Wahrheit« wahrnehmen sollten, und dem, was Paulus darunter verstand. In seinem großartigen Hohenlied der Liebe erinnert er uns daran, daß seine Art, die Person Jesu zu betrachten, rein mystisch und visionär war. Was er »nach dem Fleische« sah, ist ohne Bedeutung. Jesus und sein Leben nehmen erst dann Gestalt an, wenn man sie lange mit den Augen des Glaubens betrachtet hat; und das gleiche gilt vermutlich für das menschliche Leben ganz allgemein. »Wir sehen jetzt durch einen Spiegel ein dunkles Bild; dann aber von Angesicht zu Angesicht« (1 Kor 13,12). Paulus hat in seiner mystischen Begeisterung vergessen, daß wir normalerweise kein anderes Gesicht sehen als unser eigenes, wenn wir in einen Spiegel blicken. Wie auf einem surrealistischen Gemälde von Magritte blickt er in den Spiegel und sieht einen anderen.

3. KAPITEL

Der gekochte Fisch oder wie man ein Evangelium liest

So gut wie alles, was wir über Jesus wissen, stammt aus den vier Evangelien, wie sie uns im Neuen Testament vorliegen. Doch bevor wir uns daranmachen, sie nach »Beweisen« zu plündern – wissen wir überhaupt, wie wir sie lesen müssen? Was ist ein Evangelium? Im Griechischen bedeutet das Wort »*euaggelion*« »Frohe Botschaft«, aber ein »Evangelium« ist keine bekannte literarische Form. Wenn man sich in eine Bibliothek der Antike begibt, kann man dort Geschichtswerke finden, Briefe, (eine Art) Biographien, Prosadichtung, Epen, Dramen, philosophische Werke, philosophische Streitgespräche, Werke über Mathematik, Magie und Medizin. Nach »Evangelien« wird man jedoch vergeblich suchen. Sie sind ein einzigartiges literarisches Genre. Sie sollen uns Theologie lehren, tun dies jedoch mit weitgehend erzählerischen Mitteln. Sie sind keine historischen Berichte, aber gleichwohl reich an Informationen. Tatsächlich erwecken sie den Anschein, als würden sie mehr biographische Informationen enthalten als viele antike Biographien. Aber können wir den Informationen trauen, die sie enthalten?

Die ersten drei Evangelien sind eng miteinander verwandt. Sie verwenden zu einem großen Teil das gleiche Material, und wenn man sie »zusammen betrachtet« (griechisch »*synopsis*«), miteinander vergleicht, erkennt man, daß sich alle drei auf die gleichen Zeugen und Zeugnisse berufen. Da es sinnvoll ist, sie »synoptisch« zu analysieren, nennt man sie allgemein die synoptischen Evangelien. Die meisten Sachkenner des Neuen Testaments sind zu dem Schluß gekommen, daß das Markusevangelium das älteste ist und daß Matthäus und Lukas für ihre Evangelien jeweils mehrere Quellen herangezogen haben, die sie miteinander kombinierten –

nämlich das Markusevangelium und eigene, klar unterscheidbare Überlieferungen. Manche Forscher setzen die Existenz einer inzwischen verschollenen Quelle voraus, die in der wissenschaftlichen Literatur als Logienquelle Q bezeichnet wird.[1] B. H. Streeter meinte vor fast siebzig Jahren, das Markusevangelium sei etwa um das Jahr 60 u. Z. in Rom geschrieben worden, das Matthäusevangelium etwa um das Jahr 85 u. Z. in Antiochia und das Lukasevangelium um das Jahr 80 u. Z. in Korinth. Andere Forscher vertreten andere Meinungen, und es hat einige beachtenswerte Verfechter der These gegeben, der zeitliche Vorrang gebühre dem Matthäusevangelium.[2] In jüngerer Zeit ist die vergleichsweise späte Datierung der Evangelien in Frage gestellt worden.[3] Obwohl seit Jahrhunderten gelehrte Männer über diesen Dokumenten brüten, bleibt eines der merkwürdigsten Kennzeichen der gesamten neutestamentlichen Forschung, daß es niemandem bisher gelungen ist, so einfache Fragen zweifelsfrei zu klären wie: Wo wurden die Evangelien geschrieben? Wann wurden sie geschrieben? Von wem wurden sie geschrieben? Sie sind bis auf den heutigen Tag über (mehr oder weniger) geistreiche Vermutungen nicht hinausgekommen. Wahrscheinlich haben alle vier Evangelien mindestens zwei Stadien durchlaufen: das der mündlichen Jesusüberlieferung bis zu ihrer schriftlichen Fixierung und das der redaktionellen Um- und Neugestaltung durch die Evangelisten im Blick auf ihre jeweilige Zielgruppe.

Das vierte Evangelium unterscheidet sich von den ersten drei in Stil, Ursprung und Theologie. Weil es von dem Glauben geprägt ist, Jesus sei der präexistente Logos, der Fleisch geworden ist und unter uns gewohnt hat, dessen wahre Natur sich aber nur jenen erschließt, die ihn mit den Augen des Glaubens sehen, hat man angenommen, dieses Evangelium sei als letztes geschrieben worden, vielleicht erst sogar um das Jahr 100 u. Z. Aber selbst diese Datierung ist fragwürdig. Es besteht jedoch keine zwingende Notwendigkeit, das vierte Evangelium auf einen späteren Entstehungszeitpunkt zu datieren, obwohl es sich in seinem Wesensgehalt offenkundig von den ersten drei unterscheidet. Wenn wir Datierung und Entstehung erst einmal außer Betracht lassen und uns statt dessen auf die Texte in der uns vorliegenden Form konzentrieren, erkennen wir, daß das vierte Evangelium ebenso viele »Beweise« zu Jesus enthält wie die drei anderen – sogar etwas konkretere »Beweise«, was Daten, Schauplätze und Menschen betrifft.[4] Manche Forscher bezweifeln, daß diese »Beweise« historisch etwas hergeben, da das vierte Evangelium offenkundig von einem »theologischen« Standpunkt aus geschrieben worden ist.

Doch dieses Grundproblem stellt sich beim vierten Evangelium nicht allein, sondern betrifft die synoptischen Evangelien ebenso. Wir, die Geschichtsforscher, die objektiven Betrachter sowie die Mehrheit der heutigen Christen, möchten natürlich gerne wissen, inwieweit man diese sonderbaren Bücher wörtlich nehmen oder für sich als nützlich ansehen kann, inwieweit sie glaubwürdiges historisches Material enthalten. Ein Nichtgläubiger kommt vielleicht zu dem Schluß, daß alles »unwahr« ist, nachdem er ein Evangelium gelesen hat, während ein Gläubiger vielleicht zu der Überzeugung gelangt: »Ja, ich glaube, daß Jesus Wasser in Wein verwandelt hat, daß er fähig war, auf dem Wasser zu wandeln, und daß er im ursprünglichen Sinn des Wortes aus dem Grab auferstanden ist.« Aber beide Arten von Lesern, der gläubige wie der nichtgläubige, werden das Neue Testament nicht verstehen, wenn sie sich ihm, um mit Paulus zu sprechen, »im Fleisch« nähern. Sie befinden sich sozusagen in einem fremden Land und haben es nur noch nicht bemerkt. Wie die drei anderen Evangelien des Neuen Testaments liefert uns das vierte eine Reihe historischer Anhaltspunkte, die mit Mitteln der modernen historischen Analyse verifizierbar zu sein scheinen. Je nach unseren religiösen Glaubensvorstellungen oder je nach Intensität unseres Wunschs, der Geschichte, wie sie die Evangelien erzählen, historische Details zu entlocken, können wir entscheiden, ob diese Einzelheiten »authentisch« sind oder nicht.

In der Wundererzählung des vierten Evangeliums über die Speisung der Fünftausend beispielsweise lesen wir, daß der Fisch, der bei dieser wundersamen Mahlzeit gegessen wird, nicht einfach *»ichthus«* ist (das reguläre griechische Wort für »Fisch«, das von den anderen Evangelisten verwendet wird), sondern mit *»opsarion«* bezeichnet wird. Dies ist eine Verkleinerungsform des Worts *»opson«*, das »gekochte Speise« bedeutet. Mit *»opsarion«* ist vermutlich »eingelegter Fisch« gemeint, etwa »Bückling« oder »Räucherhering«, also Fisch, der von einem Händler tischfertig zubereitet worden ist. »*Opsarion*« ist ein Wort, das Matthäus, Markus oder Lukas jedoch nie verwendet hätten, da sie mit dem Fischhandel ebensowenig zu tun hatten wie mit den in ihren Evangelien erzählten Ereignissen. Die Verwendung eines solchen »kaufmännischen« Begriffs wie »*opsarion*« legt den Schluß nahe, daß der Verfasser eine Überlieferung verwendet hat, die tatsächlich auf Fischer, die damals Handel betrieben, zurückgeht. Für John Robinson stellt die Verwendung des Begriffs »*opsarion*« einen Beweis für die Echtheit des »Evangeliums der Nazarener« dar. Dieser Begriff macht es nach Robinson durchaus vorstellbar, daß der Verfasser des vierten Evangeliums tatsächlich Johannes der Fischer war, der Freund und Jünger Jesu, der aufgrund seiner Stellung als wichtiger Fischhändler durch das Händlertor Zugang zum Haushalt des Hohenpriesters hatte und deshalb in der Lage war, das Verhör Jesu in der Nacht vor dessen Tod mitzuerleben.[5]

Wie vieles im vierten Evangelium scheint das Wort »*opsarion*« ein kleiner Spalt zu sein, durch den das klare Licht der Geschichte auf uns fällt. Im Neuen Testament gibt es zahlreiche ähnliche Details – etwa im Bericht des vierten Evangeliums über die Gefangennahme Jesu: Es kommt zu einem Handgemenge, Simon Petrus schlägt nach dem Knecht des Hohenpriesters, und er »hieb ihm sein rechtes Ohr ab«. Auch in den anderen drei Evangelien wird diese Szene festgehalten, doch nur das vierte nennt den Knecht des Hohenpriesters beim Namen: Malchus (Joh 18,10).

Solche Details, die so realistisch und vermeintlich verifizierbar wirken, können den heutigen Leser zu der Annahme verleiten, er lese eine ganz bestimmte Art von Erzählung, während er in Wahrheit etwas ganz anderes liest. Derlei kann in ihm die irrige Meinung erzeugen, er sei so etwas wie ein »Goldsucher«, der mit einem Sieb in der Hand im Fluß herumwatet, um »Tatsachen« zu suchen wie irgendein Prospektor während des Goldrauschs 1849 bei der Suche nach Goldklumpen. Ein solcher Leser meint vielleicht, inmitten all der Schlacke, der »Mythologie«, den gelegentlichen Goldklumpen zu finden – ein Stück eingelegten Fisch, einen Knecht mit Namen. So könnte ein skeptischer »Goldsucher« vielleicht darauf hinweisen, daß dem vierten Evangelium zufolge das Amt des Hohenpriesters einer alljährlichen Rotation unterworfen war (Joh 18,13), während die historischen Hohenpriester der Juden nicht nach nur einem Jahr im Amt abtreten mußten. Der Gläubige hingegen wird denken, das vierte Evangelium sei voll authentischer kleiner Details: Es wird beschrieben, wie die Dunkelheit anbricht, die Darstellung des Zeitablaufs ist mehr oder weniger plausibel... der Fisch... der Knecht. Dann wird er vielleicht in eine auf den ersten Anschein fundierte Diskussion darüber einsteigen, ob das vierte Evangelium nicht aus historischen Gründen berechtigt gewesen sei, eine Chronologie des Leidens und Sterbens Jesu anzubieten, die sich von der der Synoptiker so radikal unterscheidet. Die Synoptiker sagen, Jesus habe vor seinem Tod die »Eucharistie eingesetzt« (wovon im vierten Evangelium nichts erwähnt wird) und sei nach dem Passafest gekreuzigt worden. Das vierte Evangelium – dem beispielsweise bekannt ist, daß es Juden an Passa verboten war und ist, ein Schwert zu tragen – verlegt Gefangennahme und Verurteilung Jesu in die Zeit vor dem Fest. Die Kreuzigung findet nach dem vierten Evangelium etwa um die Zeit statt, in der die Passalämmer im Tempel getötet werden.

Doch wenn wir solchen Details wie dem Namen des Knechts nachgehen, kehren sie sich gegen uns, falls wir sie als Tatsachen anzusehen geneigt sind, wie etwa den eingelegten Fisch. »Hat Johannes tatsächlich geglaubt, daß der Knecht Malchus hieß?«[6] fragt etwa Aileen Guilding, eine Kennerin des Neuen Testaments. Sie ist überzeugt, daß der Verfasser des vierten Evangeliums es *tatsächlich* geglaubt hat, demonstriert jedoch auf höchst eindrucksvolle Weise, wie er zu dieser Annahme gekommen sein mag. Jedenfalls nicht dadurch, daß er die bei der Festnahme Jesu Anwesenden befragte. Sein Gedächtnis dürfte er ebenfalls nicht bemüht haben. Guilding legt in ihrem Buch *The Fourth Gospel und Jewish Worship* dar, daß dieser Verfasser den Wunsch hatte, das Christentum als das neue Israel zu etablieren, als Ersatz für das alte Israel und die alte Religion des Judaismus. Er tut dies, indem er die Geschichten über Jesus nach einem Muster anordnet, das analog zu den Lesungen verläuft, die in den Synagogenlektionaren für die verschiedenen Feste des jüdischen Jahres vorgesehen sind. In der ersten Hälfte seines Evangeliums folgen die Perikopen den Festen Passa, Neujahr, dem Laubhüttenfest, dem

Fest der Tempelweihe (Chanukka) und Purim. In der zweiten Hälfte des Evangeliums mit dem Bericht über das Abendmahl und den Abschiedsreden Jesu an seine Jünger, denen seine Festnahme und Kreuzigung folgen, zeigt sich, daß alle diese Feste in der gleichen Reihenfolge in den Handlungsverlauf eingebaut sind, um zu betonen, daß Jesus in seinen letzten Stunden die jüdische Religion zu einer neuen Religion umformte, eine neue gründete, nämlich das Christentum. So stellt die Fußwaschung Jesu eine Entsprechung zu den Synagogenlesungen an Passa aus dem Buch Numeri dar, in dem die Israeliten aufgefordert werden, »Wasser zur Entsündigung« auf die Leviten zu sprengen, die Priesterklasse, »damit sie den Dienst des Herrn versehen können« (Num 8,11).

Solche Entsprechungen zu Schriften des Alten Testaments finden sich in den Schlußkapiteln des Evangeliums häufig. Die Lesungen für das jüdische Neujahr beispielsweise enden mit Dt 2,13 – »So macht euch nun auf« – beziehungsweise Ex 33,1: »Geh, zieh von dannen.« In einer seiner letzten Abschiedsreden macht der Jesus des vierten Evangeliums die im Kontext verwirrende Bemerkung: »Steht auf und laßt uns von hier weggehen« (Joh 14,31). Wenn wir uns vergegenwärtigen, daß er hier zum Ende seiner »Neujahrsansprache« gekommen ist, die genau den Synagogenlesungen für das neue Jahr entspricht, ergeben diese Worte Jesu einen Sinn. Für sich genommen bleiben sie unverständlich, da die Jünger an dieser Stelle gar nicht aufstehen und weggehen. Ähnliches findet sich in den Lesungen für den Monat Tebeth, den vierten Monat des bürgerlichen Jahres und den zehnten Monat des Festjahres im jüdischen Kalender. In 1 Kg 2,37 heißt es: »An dem Tag, an dem du hinausgehen und über den Bach Kidron gehen wirst – so wisse, daß du des Todes sterben mußt...« Und in dem scheinbar »zuverlässigen« Bericht über die Gefangennahme Jesu lesen wir beim Evangelisten Johannes: »Als Jesus das geredet hatte, ging er hinaus mit seinen Jüngern über den Bach Kidron...« (Joh 18,1).

In den Lesungen zum Chanukkafest im jüdischen Kalender ist von Gott als dem Hirtenkönig die Rede. Der Messias werde kommen, um das wahre Israel um sich zu scharen, das auserwählte Volk Gottes, wenn treulose Männer die Herde zerstreut haben.

»So sprach der Herr, mein Gott: Hüte die Schlachtschafe! Denn ihre Käufer schlachten sie und halten's für keine Sünde, und ihre Verkäufer sprechen: Gelobt sei der Herr, ich bin nun reich! Und ihre Hirten schonen sie nicht. Darum will ich auch nicht mehr schonen die Bewohner des Landes, spricht der Herr. Und siehe, ich will die Leute fallen lassen, einen jeden in die Hand des andern und in die Hand seines Königs [hebr. *Malko*]; sie werden das Land zerschlagen, und ich will sie nicht erretten aus ihrer Hand« (Sach 11,4–6). Nach mindestens einer der handschriftlichen Überlieferungen, in denen dieses Evangelium erhalten ist (in altsyrischer Sprache[7]), scheint Johannes' griechischer Ausdruck »*Malchos*« eine bloße Transkription der semitischen Form zu sein.

Dies war eine lange Vorrede, und viele Leser mag sie überrascht haben, ob sie nun Skeptiker oder gläubige Christen sind. Wir können mit Guilding annehmen, daß der Knecht tatsächlich Malchos hieß oder daß der Evangelist wirklich dachte, der Mann heiße so. Doch er tat dies ausschließlich »unter Hinweis auf die Heilige Schrift«[8]. Aus anderen Evangelien wissen wir, daß Jesus der Überlieferung folgte und den soeben zitierten Abschnitt aus dem Propheten Sacharja bis zum Augenblick seiner Festnahme selbst verwendete: »Ich werde den Hirten schlagen, und die Schafe werden sich zerstreuen« (Sach 13,7 in Mk 14,27). Die Prophezeiung des Sacharja wird im vierten Evangelium in jener letzten Nacht des Lebens Jesu Punkt für Punkt erfüllt. Der Verräter Judas bereichert sich. Die Anhänger Jesu werden in die Hände von Malko, Malcho, Malchus gegeben, wobei daran erinnert sei, das dieses Wort ursprünglich »der König« bedeutet.[9] Die Tatsache, daß Johannes dieses und viele andere ähnliche Details den Synagogenlesungen entnommen hat, wiegt schwer; denn da diese Lesungen einem »heiligen« Schrifttum entstammten, besaßen sie für ihn eine Autorität, die weit schwerer wog als jedes menschliche Zeugnis, wie gut es auch belegt sein mochte. Jeder Teil der alttestamentlichen Schriften – die fünf Bücher Mose, die Lehr- und Prophetenbücher – hatte im voraus von Christus gesprochen. Tatsächlich wird ein Gebot in der Thora über die Zubereitung des Passalamms (»Ihr sollt ihm kein Bein zerbrechen«, Ex 12,46) mit der Kreuzigung als buchstäblich erfüllt angesehen: »Denn das ist geschehen, damit die Schrift erfüllt würde« (Joh 19,36).[10]

Die Frage, die sich dem heutigen Leser des vierten Evangeliums stellt, lautet: Was war zuerst da? Schlug sich das Ereignis im Neuen Testament nieder, das heißt, wurde die Schrift tatsächlich »erfüllt«, oder hat die entsprechende Stelle in der Schrift das Ereignis nur »angekündigt«? Es ist eine unabdingbare Voraussetzung, daß diese Problemstellung gleich zu Anfang erkannt und verstanden wird; sonst wird der Leser des Neuen Testaments und da vor allem seiner Erzählungen zu dem Glauben verleitet, die Evangelisten seien Schriftsteller oder Historiker in einem modernen, postaufklärerischen Sinn dieses Worts gewesen. Dann könnte man schlußfolgern, ihre Aussagen ließen sich durch Hinweise auf andere Historiker oder auf neutrale Ereignisse belegen, die sich nicht in den Erzählungen der Evangelien finden.

Die Wahrheit ist verzwickter. Die Methode der Evangelisten, ihre Erzählungen so zu gestalten, daß sie schriftliche Überlieferungen ausdeuten, mag einen heutigen Schriftsteller befremden. Matthäus beispielsweise stilisiert Jesus zu einem neuen Mose, der seinem Volk auf einem Berggipfel ein neues Gesetz verkündet. Nach Markus führt Jesus/Josua wie sein Namensvetter im Alten Testament eine Gruppe von Anhängern durch die Wüste zu einem verheißenen Ziel. Außerdem hat Jesus ein Pendant im altbiblischen Joseph, der, wie jener von Judas, von Juda an gottlose Männer verraten wurde, jedoch als Anführer von Nichtjuden ein neues Leben beginnt. Das ist etwa so, als würde ein heutiger Biograph des 1963 ermordeten US-Präsidenten John F. Kennedy dessen Lebensgeschichte schreiben, indem er mit dem Leben Abraham Lincolns beginnt und seine Darstellung mit einer endlosen Reihe von Reflexionen und Querverweisen zwischen den beiden unterlegt. Die Verfasser der Evangelien sind nicht in eine üppig bestückte Bibliothek gegangen und haben auch nicht *alle* »Tatsachen« ausgebreitet, um ein Sachbuch zu schreiben. Sie begannen mit einer Reihe theologischer Glaubensvorstellungen über Jesus im Hinterkopf, schnitten ihre Erzählungen auf diese Glaubensvorstellungen zu und nicht etwa umgekehrt. Es ist durchaus denkbar, daß das vierte Evangelium manche Überlieferungen und Erinnerungen an den historischen Jesus enthält, die auf seine Zeitgenossen zurückgehen. Doch selbst wenn wir um der Argumentation willen annehmen, das vierte Evangelium sei tatsächlich von Johannes, dem Sohn des Zebedäus, geschrieben worden und dieser greife auf seine Erinnerungen an Jesus von Nazareth zurück, müssen wir uns seinem Buch gleichwohl mit dem Vorbehalt nähern, daß das, was er »Erinnerung« nannte, nicht das gleiche ist, was ein heutiger Journalist oder Historiker »Erinnerung« nennen würde. Der Evangelist hätte vermutlich dem Satz der Weißen Königin Lewis Carrolls »Das muß ein armseliges Gedächtnis sein, das nur rückwärts funktioniert«[11] applaudiert. Unter heutigen Zeitgenossen ist es zu heftigen Streitigkeiten über die Frage gekommen, ob die Evangelien »wahr« seien oder nicht, und viele diese Auseinandersetzungen unterstellen, daß »Wahrheit« für den vierten Evangelisten das gleiche bedeuten müsse wie für uns selbst. Pilatus' berühmte Frage an Jesus während seines Verhörs (Joh 18,38) wird in diesem Evangelium weder von Jesus noch von dem Evangelisten beantwortet, aber im Erzählzusammenhang ist diese Frage wichtig. Diese beiden haben sie also nicht beantwortet, doch wir müssen es tun: »*Ti estin aletheia?*« – »Was ist Wahrheit?« Unsere Antwort darauf wird darüber entscheiden, wie wir das Evangelium lesen. Nehmen wir einmal an, es gäbe so etwas wie eine sachliche, von keinem Gefühl gefärbte Erinnerung, eine Erinnerung, die auf die Deutung von Tatsachen verzichtet! Falls es Menschen mit einem solchen unbestechlichen Gedächtnis gibt, dann war es dem Verfasser des vierten Evangeliums sicher nicht zu eigen. Johannes »erinnerte« sich nicht »zuverlässig« an Jesu Leben und Tod, um dann die hebräischen Schriften zu lesen und auszurufen: »Seht her! Wie erstaunlich! Die Prophezeiungen haben sich erfüllt! Beim Propheten Sacharja heißt es, die Leute würden Malko, dem König, in die Hand fallen. Wie war doch der Name dieses Mannes im Garten – der am Abend der Festnahme des Herrn mit Petrus kämpfte? War es nicht Malchus? Malcho? Etwas in dieser Richtung. Nun, das nenne ich einen Zufall!«

Ganz im Gegenteil. Unser Verfasser *begann* mit der Annahme, daß die Geschichte Jesu in den Schriften Parallelen hatte. Es war nicht etwa so, daß er eine »glaubwürdige« Geschichte zu einem Mythos stilisierte. Er begann mit einem Mythos.[12] Der Mythos lautet: »Im Anfang war das Wort« – sozusagen die schöpferische

Kraft Gottes:».. . und Gott war das Wort. Dasselbe war im Anfang bei Gott. Alle Dinge sind durch dasselbe gemacht, und ohne dasselbe ist nichts gemacht, was gemacht ist« (Joh 1,1–3). Und dieses Wort, die präexistente Gottheit, tritt in seine Schöpfung ein. Denjenigen, denen er *gnosis*, das heißt Wissen oder Erkenntnis verleiht, enthüllt er seine Herrlichkeit – mit Hilfe von »Zeugnissen« oder »Zeichen«. Den widerspenstigen und sündhaften Menschen, unter denen er weilte, wurde diese Herrlichkeit jedoch nicht enthüllt. Solche Menschen sind durch Unwissenheit ebenso wie durch Sünde ausgeschlossen – tatsächlich ist es sehr schwer, diese beiden Begriffe im vierten Evangelium voneinander abzugrenzen. Es ist ein Buch, das mit dem »*kosmos*«, der »Welt«, hart ins Gericht geht. Denn obwohl Gott »die Welt« liebte und sich für sie hingab, weist die unwissende »Welt« Gott hartnäckig zurück. Diese »Welt« ist ein Ort der Finsternis. Die Menschen sind blind. Diejenigen aber, denen die Herrlichkeit enthüllt worden ist, erhalten die »Macht, Gottes Kinder zu werden« (Joh 1,12) wie Jesus. Wie die Gemeinde von Qumran, deren religiöse Vorstellungen wir durch die seit 1947 aufgefundenen Schriftrollen inzwischen ziemlich genau kennen, sieht das vierte Evangelium das Leben als einen ewigen Antagonismus zwischen Licht und Finsternis, wobei die Finsternis nie fähig sein wird, das Licht »zu ergreifen«, es zu verstehen oder es zu besiegen. Die »Welt« haßt Jesus. Er braucht sie nicht zu richten oder zu verdammen, denn sie verdammt sich selbst durch ihre Unwissenheit. Die Liebe Gottes zur »Welt« ist in diesem Evangelium durchaus begrenzt. In Johannes' mythologischer Betrachtungsweise wird die unaufgeklärte Menschheit von den »Judäern« vertreten, welche die Herrlichkeit des Galiläers Jesus nicht einmal erkannten, als er unter ihnen Zeichen und Wunder tat. Diese *Ioudaioi* werden so dargestellt, als hätten sie von Pilatus den Tod Jesu verlangt.

    Der heutige Leser hat zweifellos recht, wenn er darin die Anfänge des späteren christlichen Antisemitismus sieht. Doch in diesem vierten Evangelium findet sich auch ein starker antichristlicher Zug oder zumindest ein Zug, der gegen das paulinische Schrifttum und die Evangelien des Markus und Lukas gerichtet ist. Im vierten Evangelium wird weit weniger als in anderen Teilen des Neuen Testaments auf die Kirche verwiesen, auf die Gemeinschaft des Volkes Gottes. Vielleicht wäre dem Verfasser eine solche Gemeinschaftsidee abstoßend erschienen. Wer an das vierte Evangelium glaubt, wird als einzelner wiedergeboren, in das Licht Jesu. Diese Menschen finden Jesus nicht in der Gemeinschaft der Heiligen. Es gibt keine Eucharistie. Der Glaube der Anhänger Jesu, die dieses Evangelium lesen, ist genau das: der Glaube. Der Glaube basiert nicht auf Wissen oder Sehen, auch wenn dieses Evangelium geschrieben worden ist, um diejenigen in ihrem Glauben zu bestärken, die nicht mit eigenen Augen die Herrlichkeit geschaut haben, die den Freunden und Jüngern Jesu enthüllt worden ist.

Obwohl schon Tausende von Büchern über das vierte Evangelium geschrieben worden sind, ist es noch niemandem gelungen, dieses Werk nach Zeit oder Ort einzuordnen. Der Zeitpunkt der Entstehung, der/die Verfasser, die Herkunft sind wie bei den anderen Evangelien so gut wie unbekannt. Wenn ich darüber spekulieren wollte, aus welcher Gruppe das vierte Evangelium hervorgegangen ist, würde ich sagen, es war eine Sekte, die entweder in oder in der Nähe von Samaria zu Hause war: Sie muß der Jerusalemer Gemeinde gegenüber feindlich eingestellt gewesen sein, ebenso auch gegenüber Paulus; ferner muß sie im Besitz von mündlichen und schriftlichen Überlieferungen gewesen sein, die mit Jesus und seiner Familie zu tun hatten, die den Verfassern der synoptischen Evangelien unbekannt waren. Es wäre nicht im mindesten überraschend, wenn diese Gruppe irgendwie mit den Söhnen des Zebedäus verwandt gewesen sein sollte.

Doch ob das vierte Evangelium nun aus Samaria oder aus Ephesus stammt (wie einige antike Quellen vermuten lassen), entscheidend ist, daß es sich nur als Zeugnis lesen läßt und nicht als neutrale geschichtliche Darstellung. Es ist die Geschichte des göttlichen Logos (was nicht ganz das gleiche ist wie »Gott« – das vierte Evangelium behauptet nicht, daß Jesus Gott sei, geschweige denn, daß er die zweite Person der Dreieinigkeit gewesen sei), der in der unwissenden »Welt« wohnt und sich nur den Auserwählten, dem neuen Israel, durch Zeugnisse seiner selbst zu erkennen gibt. »Tatsachen« – wie etwa der Überquerung des Bachs Kidron am Abend seiner Festnahme oder der Episode, daß Jesus und seine Jünger eine Auseinandersetzung mit einem Mann namens Malchus hatten, in der Petrus sein Schwert zog – ist nicht durch historische »Nachforschungen« auf die Spur zu kommen. Alle diese »Tatsachen« entstammen den mythologischen Prämissen des Evangelisten. Wenn man den Mythos zertrümmert, lösen sich auch die »Tatsachen« in Luft auf. Wer den Tempel zerstört, hat keine Chance, ihn wieder aufzubauen.

Damit soll jedoch nicht gesagt werden, daß es in allen Evangelien nichts gibt, worüber ein Historiker mit Gewinn nachdenken könnte. Der sauberste und gefälligste Ansatz zum Verständnis des Neuen Testaments ist natürlich der, den Rudolf Bultmann und seine Anhänger gewählt haben. Es ist viel leichter zu sagen, das vierte Evangelium und sogar das gesamte Neue Testament seien ausschließlich aus sich selbst heraus zu verstehen. Es sei unmöglich, so Bultmann, ihnen eine Art von »Realität« abzutrotzen, die der Weltsicht des Neuen Testaments fremd oder gleichgültig ist. Aus diesem Grund, sagt Bultmann, müsse man akzeptieren, daß *alles* Mythologie sei! Ein faszinierender Ansatz, nicht zuletzt wegen seiner großen Geste und seiner intellektuellen Sauberkeit. Dann braucht man nämlich gar nicht erst die Frage zu stellen, ob hinter diesen Geschichten so etwas wie eine historische Realität steht. Man braucht diese Geschichten nur in ihrem jeweiligen Kontext zu untersuchen, um Aufschluß über die Glaubensgemeinde zu gewinnen, aus der sie stammen. Hat Jesus die Eucharistie eingesetzt? Nach Bultmanns Maßstäben eine törichte Frage. Es gibt Bücher des Neuen Testaments, in denen jenes behauptet wird. Doch es gibt auch andere, etwa das vierte Evangelium, die kein Wort darüber verlauten lassen, die aber Jesus als das Brot des Lebens ansehen, mit dem er Gläubige »speist«, wenn sie im Glauben zu ihm kommen. Das vierte Evangelium legt Jesus diese »Lehre« im Anschluß an die Speisung der Fünftausend in den Mund. Doch ob sich die Speisung der Fünftausend oder das Letzte Abendmahl oder überhaupt etwas aus dem Leben Jesu »tatsächlich ereignet hat«, läßt sich unmöglich beweisen und sei daher, so Bultmann, nicht von Interesse. Er meint, sämtliche Bücher des Neuen Testaments verkündeten uns nur den Glauben und die Glaubenspraxis bestimmter Gruppen von Menschen. Die »Suche nach dem historischen Jesus« läßt sich somit ohne weiteres als Zeitvertreib gefühlsbetonter Menschen oder methodologischer Analphabeten zu den Akten legen.

Es bleibt jedoch die unabweisbare Tatsache, daß nichts je so einfach ist, wie Wissenschaftler es gern hätten. Wie wirr, antiquiert und unmethodisch es auch erscheinen mag, Historiker sind berechtigt zu fragen: Wie war der historische Jesus tatsächlich? Was hat er gelehrt? Läßt sich das den uns vorliegenden Dokumenten überhaupt noch entnehmen, mit welchen Vorbehalten auch immer?

Immerhin beginnen die Evangelien mit einigen Prämissen, die unserer Weltsicht fremd sind, doch das bedeutet nicht, daß sie nur »mythologische« Wahrheiten und keine »Tatsachen« enthalten. Trotz seines mythologischen Vorspanns erweckt das vierte Evangelium beispielsweise immer noch den Eindruck, es habe einen historischen Hintergrund. Selbst wenn wir berücksichtigen, daß das Buch mehrere Entwicklungsstufen durchlaufen hat und im modernen Sinn nicht das Werk eines einzigen »Autors« ist, so ist es doch ein Buch, das in seiner endgültigen Fassung das Andenken an eine bestimmte Person zu bewahren behauptet. Nach der Schilderung der Kreuzigung wird uns mitgeteilt, daß die Soldaten kamen, um Jesus und den neben ihm gekreuzigten Männern die Beine zu brechen. Wenn wir dies wörtlich nehmen, bestand der Zweck des Beinebrechens darin, die Opfer an Erstickung sterben zu lassen. Denn nach dem Brechen der Beine würden die Opfer nur an den Armen hängen, und damit würde der Druck auf Herz und Lungen zu groß werden. Eine andere Deutung würde darauf abheben, daß man nach Ex 12,46 dem Passalamm vor dem Verzehr nicht die Beine brechen sollte – folglich ist Jesus das Lamm Gottes, das stirbt, um die Sünde von der Welt zu nehmen. In Wahrheit geht es hier nicht um die eine oder die andere Lesart; beide sind richtig. Die Erzählung erschöpft sich nicht in ihrem Rückbezug auf die Worte der Schrift, andererseits ist sie auch nicht rein »historisch«. Doch dann ist da noch der ärgerliche, herausfordernde Satz, der dieser grausamen Szene am Fuß des Kreuzes folgt: »Und der das gesehen hat, der hat es bezeugt, und sein Zeugnis ist wahr, und er weiß, daß er die Wahrheit sagt, damit auch ihr glaubt« (Joh 19,35).

Diejenigen, die Jesus für eine reine Fiktion halten, gehören zu einer sehr kleinen Minderheit neutestamentlicher Forscher. Wir dürfen nicht unbedingt davon ausgehen, daß die Evangelisten die gleichen Ziele verfolgten wie heutige Historiker. Sie schrieben, wie es im vierten Evangelium heißt, »damit auch ihr glaubt«. Doch man würde den Bogen überspannen, wenn man leugnete, daß die Evangelisten Menschen beschreiben, die tatsächlich gelebt haben, und Orte, die es tatsächlich gegeben hat, gerade wenn es sich um Ereignisse wie zum Beispiel die Kreuzigung Jesu handelt. Die Vorstellung, daß Jesus je behauptet hat, die zweite Person der Dreieinigkeit zu sein, oder daß er je behauptet hat, Gott zu sein, können wir getrost außer Betracht lassen, da im Neuen Testament an keiner einzigen Stelle derartiges gesagt wird. Wir können getrost auch außer Betracht lassen, daß Jesus sich je für den präexistenten Logos gehalten hat, der vom Vater gesandt war, um den erleuchteten Wenigen Gott zu offenbaren, wie es im vierten Evangelium heißt. Diese Stellen, an denen der Jesus des vierten Evangeliums derartige Behauptungen über sich aufstellt, weichen so stark vom Selbstverständnis Jesu in den synoptischen Evangelien ab, daß man sie unmöglich als »historisch gesichert« ansehen kann. Doch die Annahme, es habe keinen galiläischen Prediger, Teufelsaustreiber und Wundertäter gegeben, der im oder um das Jahr 30 u. Z. am Kreuz gestorben ist, würde den Glauben schon auf eine harte Probe stellen.

Ein vor vergleichsweise kurzer Zeit erschienenes Buch über das vierte Evangelium[13] hat bewiesen, daß es möglich ist, aus dem vierten Evangelium eine Chronologie der letzten drei Lebensjahre Jesu zu rekonstruieren, ohne das Werk zu überstrapazieren. Das soll jedoch nicht ausschließen, daß die Reihenfolge der Ereignisse in diesem Evangelium einen höchst symbolischen Charakter hat. Es soll auch nicht ausschließen, daß die »Zeichen«, die jüdischen Feste und die Worte Jesu hier auf sehr künstliche Weise angeordnet sind. Es geht einzig darum, daß das vierte Evangelium (anders als die drei anderen) uns eine Chronologie liefert und daß es *per se* keinen Grund gibt, die *annähernd* genaue Zeittafel der Ereignisse in Frage zu stellen:

27 u. Z. (Herbst?)	Auftreten Johannes' des Täufers
28 u. Z. März (?)	Taufe Jesu
	Jesus in Kana und in Kapernaum, in Jeru-

	salem vor und während des Passafests und des Fests der ungesäuerten Brote (28. April bis 5. Mai)
Mai	Taufen in Judäa Festnahme Johannes' des Täufers
Juni–Oktober	in Galiläa
21.–31. Oktober	in Jerusalem zum Laubhüttenfest
November–April	in Galiläa
29 u. Z. (Anfang?)	Tod Johannes' des Täufers
April	Speisung in der Wüste vor dem Passafest (18. April)
Mai–September	in Phönizien, Ituräa und Galiläa
15. Oktober	in Jerusalem zum Laubhüttenfest (12.–19. Oktober)
November–Dezember	in Judäa und Peräa
20.–27. Dezember	in Jerusalem zum Chanukkafest
Januar–Februar	in Bethanien jenseits des Jordan
30 u. Z. Februar (?)	in Bethanien in Judäa
März	in Ephraim
2.–6. April	in Bethanien und Jerusalem
7. April	Kreuzigung

Ich erinnere mich noch lebhaft an die erste öffentliche Aufnahme von John Robinsons Buch *The Priority of John*. Einige postume Vorlesungen (die Bampton-Vorlesungen von 1984) wurden von einem anderen neutestamentlichen Forscher, Charles Moule, der Gemeinde von St. Mary's Church in Oxford vorgetragen. Die versammelten Gelehrten des Neuen Testaments schüttelten den Kopf und dachten wohl, der arme Bischof Robinson sei vor seinem Tod völlig durchgedreht. Ausgerechnet der Rebell, der in den sechziger Jahren (im Gefolge der »Gott-ist-tot-Theologie«) mit einem schmalen Buch mit dem Titel *Honest to God* berühmt wurde, das den orthodoxen christlichen Glauben in Frage zu stellen schien, hatte offenbar seine letzten Lebensjahre darauf verwandt, verschrobene Theorien über das vierte Evangelium aufzustellen.

Ich denke, daß die angesprochenen Wissenschaftler durch ihr Kopfschütteln gezeigt haben, daß ihnen das Wesentliche entgangen war. Ich bin davon überzeugt, daß Robinson sein Buch zum Teil aus Stichelei geschrieben hat. Er wollte uns zum Nachdenken zwingen. Er forderte die Theologen auf, ihre Vorurteile beiseite zu räumen und einen neuen, unbefangeneren Blick auf das Neue Testament zu wagen. Nehmen wir einmal an, die meisten Wissenschaftler hätten uns nicht seit dem neunzehnten Jahrhundert klarzumachen versucht, das früheste Evangelium sei das von Markus und Matthäus habe Markus sowie eigenes Material verwendet; Lukas habe Markus und eigenes Material verwendet; beide hätten eine rätselhafte gemeinsame Quelle benutzt, die sogenannte Logienquelle Q. Nehmen wir weiter an, niemand habe uns je weiszumachen versucht, daß das vierte Evangelium ein sehr spätes Werk sei. Nehmen wir schließlich an, es sei tatsächlich – was immer bei späteren Redaktionen mit ihm geschehen ist – das Werk von einem der Jünger Jesu, von Johannes, dem Sohn des Zebedäus. (Diese Zuschreibung erfolgt zum ersten Mal bei Theophilus von Antiochia, um etwa 170 u. Z., und etwa zehn Jahre später behauptete Irenäus, dieses Evangelium stamme »von Johannes, dem Jünger des Herrn, demselben, der an seiner Brust ruhte«[14].)

Bischof Robinson hat nicht bewiesen, daß das vierte Evangelium das Werk von Johannes, dem Sohn des Zebedäus, ist. Das könnte niemand. Wenn wir aber versuchen, nur als geistige Übung, das vierte Evangelium wie Robinson zu lesen – als wäre es tatsächlich eine Fundgrube plausibler historischer Details –, dann entdecken wir viele Einzelheiten, die historisch gesehen wohl einen Sinn ergeben, jedoch keine unmittelbar einleuchtende gleichnishafte Bedeutung haben. Da ist so ein wichtiges Wort wie »opsarion«, »eingelegter Fisch«, ein Wort, das wohl nur einem Fischhändler einfallen konnte. Als die Jünger im 21. Kapitel des

Evangeliums im See fischen, werden beide Wörter für »Fisch« verwendet. Auf Jesu Rat hin werfen die Jünger das Netz auf der rechten Seite des Boots aus und machen einen wundersamen Fang von hundertdreiundfünfzig Fischen. Solange die Fische noch lebendig im Netz zappeln, werden sie als »*ichthues*« bezeichnet; übrigens verweist Robinson an dieser Stelle auf den beruflichen »Hintergrund« unseres Evangelisten, wenn dieser festhält: »Und obwohl es so viele waren, zerriß doch das Netz nicht« (Joh 21,11). Nachdem sie die Fische an Land gebracht haben und diese zur Eßware geworden sind, heißt es wenig später: »Da kommt Jesus und nimmt das Brot und gibt's ihnen, desgleichen auch die Fische« (Joh 21,13). Jetzt wird das Wort »*opsarion*« verwendet. Warum sollte jemand, der nicht im Fischhandel tätig ist, eine solche Unterscheidung machen?

Der Name des Knechts war Malchus. Dies scheint den Absichten des Evangelisten verdächtig gut zupaß zu kommen. Primär war gewiß der alte biblische Text, und der Evangelist hat seine Geschichte so zurechtgebogen, daß sie zu der »Prophezeiung« paßt. Die ebengenannte Verwendung des Worts »*opsarion*« zeigt, daß wir uns plötzlich mitten in einer Welt leibhaftiger Fischer befinden. Das deutet zumindest auf mündliche Überlieferungen hin; wir könnten sogar versucht sein zu glauben, daß dies tatsächlich die Erinnerung eines alten Mannes ist, der, wie im Evangelium behauptet wird, die geschilderten Ereignisse als Augenzeuge miterlebt hat.

Anhand dieser Wörter – dem Namen des Knechts, Malchus, und dem Wort für »Fisch« – läßt sich folglich in einem Mikrokosmos erkennen, was die Lektüre der Evangelien so schwierig macht. Einerseits müssen wir immer im Auge behalten, daß das Neue Testament keine nackte Tatsachenbeschreibung ist. Es enthält kaum ein Wort, das nicht im Blick auf die Unterweisung der Gläubigen geschrieben worden wäre. Mehr noch: Seine Weltsicht – was Geschichte, Geographie, ja die Wahrheit selbst betrifft – ist eine völlig andere als unsere. Andererseits enthält es sehr viele Einzelheiten, die für einen modernen Historiker ungeheuer verführerisch sind.

Eines darf man jedoch nie tun – die Fäden entwirren und sagen: Wir erkennen an, daß dieses bestimmte Ereignis von jemandem erzählt wird, der das Palästina des ersten Jahrhunderts aus erster Hand kannte; die Chronologie stimmt in etwa, die Geographie ist mehr oder weniger korrekt, die Einzelheiten könnten alle wahr sein – so werden wir diese Erzählung als etwas lesen, was sie nicht ist, als historischen Bericht in der Art der Nachaufklärung. Wir können nicht einige Stücke der Erzählung herauspicken und akzeptieren und die übernatürliche Verpackung, in der sie stecken, wegwerfen. (Wir möchten gern so verfahren, wir werden auch so verfahren, sind aber nicht berechtigt, diese Texte so zu behandeln.) Wir können nicht sagen: Jesus und seine Jünger machten mal ein Picknick am See. Sie fingen eine ungewöhnlich große Menge Fische; wir weigern uns aber zu glauben, daß es eine übernatürliche Erklärung dafür gibt, was an diesem Tag geschehen ist. Der Grund, weshalb wir den »gekochten Fisch« nicht einfach akzeptieren, das Wunder hingegen außer acht lassen können, ergibt sich aus der obigen Erläuterung zum Namen Malchus. Warum erzählt uns der Evangelist diese Geschichte von einem großen Fischfang? Warum diese Geschichte, warum keine andere? Immerhin sagt er selbst: »Es sind noch viele andere Dinge, die Jesus getan hat. Wenn aber eins nach dem andern aufgeschrieben werden sollte, so würde, meine ich, die Welt die Bücher nicht fassen, die zu schreiben wären« (Joh 21,25). Und so schließt das Buch mit vollendeter und spöttischer Eleganz. Es hatte mit dem »Wort« begonnen. Es endet mit der Aussicht auf eine Sintflut von Wörtern. Es beginnt mit einigen Jüngern Johannes' des Täufers, die an einem Flußufer stehen. Es endet damit, daß Jesus am Ufer eines Sees steht und ebendiese Jünger mit einem Netz voller Fische kämpfen. Der wundersame Fang ist ein Symbol. Auch die Zahl einhundertdreiundfünfzig ist ein Symbol – niemand weiß genau, wofür sie steht, vermutlich steht sie für die Zahl der zum Christentum Bekehrten.[15]

Gleichwohl läßt sich die Erzählung vom wunderbaren Fischfang nicht auf ein Gleichnis oder Symbol reduzieren. Dieses Buch weigert sich, als »tatsächliche« Geschichte (was immer darunter zu verstehen ist) *oder* bloß »symbolisch« gelesen zu werden; denn die Bedeutung aller »Zeichen« ist in jeder Einzelheit, in der vielschichtigen Struktur der Ereignisse enthalten. Das Zahlenrätsel der hundertdreiundfünfzig Fische ist in eine Erzählung eingebettet, die plausibel sein soll; das Gleichnis steckt in den tatsächlichen Ereignissen und Dingen – dem Fisch, dem Kohlenfeuer, der Gestalt am Ufer; vorher sogar in den Wunden des Leibs Jesu: »Selig sind, die nicht sehen und doch glauben« (Joh 20,29). Und damit nähert man sich einer weiteren Facette des vierten Evangeliums, einer weiteren seiner schier endlos vielen Schichten, einem weiteren Ingrediens seines unerschöpflichen Reichtums und seiner Faszination als literarischer Text: Wir selbst nämlich, die Leser oder Hörer, sollen Figuren in der Geschichte sein. Das vierte Evangelium beansprucht nicht, ein historisches Werk zu sein wie etwa ein Buch von Tacitus oder Livius, in dem wir die Quellen des antiken Historikers mit anderen Befunden vergleichen können, mit Erkenntnissen der Archäologie oder der Numismatik. Das, was Jesus sagte und tat, ist im vierten Evangelium nicht von dem zu trennen, was er in den Augen des Erzählers darstellte.

Weil die literarischen Prozesse dieses ungewöhnlichen Buches sozusagen zur Schau gestellt werden und weil sein Stil, seine Theologie und seine Manierismen sich so auffallend von denen der synoptischen Evangelien unterscheiden, könnten wir versucht sein zu glauben, die Schwierigkeit läge ausschließlich in der Art und Weise, wie wir dem vierten Evangelisten begegnen. Wenn wir also eine »einfachere« Version der Ereignisse wünschen, dann wenden wir uns doch an Markus, Matthäus oder Lukas! Das wäre ein Fehler. Es stimmt zwar, daß das vierte Evangelium dazu tendiert, die Taten Jesu ins Zeichen- und Gleichnishafte zu überhöhen. So verwandelt Jesus beispielsweise im galiläischen Kana Wasser in Wein. Das Wasser ist in »steinernen Wasserkrügen für die Reinigung nach jüdischer Sitte« (Joh 2,6), und diese Geschichte wird nicht erzählt, um uns mit irgendwelchen Partytricks Jesu zu unterhalten, sondern weil sie ein Zeichen sein soll: Die jüdischen Wasserkrüge stehen für das alte Israel, sie enthalten etwas, was sowohl erfrischend als auch nährend ist, nämlich Wasser, welches darüber hinaus der Reinigung dient, aber nicht berauscht. Jesus selbst ist der neue Wein, der die Steinkrüge füllt. Gott ist dabei, ein neues Israel zu erschaffen. Was ein bloßes, leeres Ritual gewesen war – die Reinigung mit Wasser vor dem Essen, das Waschen des vorgeschriebenen Kochgeschirrs zur vorgeschriebenen Zeit und in der vorgeschriebenen Art und Weise –, wird zu etwas völlig Neuem: zu einem Trunkensein vom lebendigen Gott! Die synoptischen Evangelien drücken das gleiche aus – jedoch tun sie es, indem sie Jesus einen seiner sinnreichen Sätze sagen lassen: ». . . man soll neuen Wein in neue Schläuche füllen« (Mk 2,22). Es wäre jedoch ein Trugschluß anzunehmen, die im vierten Evangelium so gehegte Symbolik fehle in den ersten drei. Bei Matthäus beispielsweise begleiten die Jünger Jesus auf einer Bootsfahrt, bei der sich ein gewaltiger Sturm erhebt. Jesus aber schläft, bis die Jünger zu ihm treten, ihn aufwecken und anflehen: »Herr, hilf, wir kommen um!« (Mt 8,25). Jesus wacht auf, gebietet dem Wind und dem Meer, und da wird es ganz still. Das Boot symbolisiert die Kirche. Die Jünger sind die frühe Kirche, ihnen setzen die Stürme der Verfolgung zu. Sie rufen Christus an, der zu schlafen scheint; doch als er aufwacht, wird es ganz still.

Matthäus dürfte Jesus zweifellos die Gabe, das Wetter zu beherrschen, zugetraut haben; doch er erzählt die Geschichte, um die Kirche im Blick auf Zeiten der Not zu unterweisen. Wie Johannes glaubt er, daß sich alle Dinge im Leben Jesu ereignet haben, um die Schrift »zu erfüllen«. Das heißt, er hat die Schrift studiert, um sich ungeniert geeignete Details zu holen – um dann die »Tatsachen« zu erfinden, die zu den »Prophezeiungen« passen. Der Prophet Micha prophezeite, der Messias werde in Bethlehem zur Welt kommen; folglich wird Jesus in Bethlehem geboren, obwohl das für einen Galiläer höchst unwahrscheinlich ist. Während Johannes das Leben Jesu nach einem Muster strickt, für das das Synagogenlektionar Pate stand, hält sich Matthäus an den Pentateuch, die fünf Bücher des Mose. Jesus ist Mose, der sein Gesetz auf dem Berg verkündet und sein Volk zur Erlösung führt, es in der Wüste speist, und so weiter. Markus ist ebenso einfallsreich, wenn es darum geht, »Prophezeiungen« durch »Geschichte« deuten zu lassen, statt es andersherum zu versuchen; eins seiner Vorbilder ist die Geschichte von Joseph und seinen Brüdern; ein anderes ist die Geschichte von Josua/Jesus (der gleiche Name), der das Gelobte Land erobert.

So gewinnen die Evangelien scheinbar unverfänglich unser Vertrauen. Sie sind jedoch keine Geschichtsbücher, sondern vielmehr Traktate – und obendrein höchst schöpferische Werke. Ich benutze das Wort »schöpferisch« in dem Sinn, in dem es von den romantischen Dichtern und Malern benutzt worden ist – William Blake, Samuel Taylor Coleridge und anderen. Gemeint ist nicht etwa »phantasievoll« oder »unehrlich«, sondern »mit der Fähigkeit ausgestattet, die Welt neu zu erschaffen«. Genau dies drückte William Blake aus, als er schrieb: »›Was‹, wird gefragt werden, ›siehst du nicht eine runde Feuerscheibe, wenn die Sonne aufgeht, etwa wie eine Goldmünze?‹ O nein, nein, ich sehe die unzähligen himmlischen Heerscharen, die ausrufen: ›Heilig, heilig, heilig ist der Herr, der allmächtige Gott.‹«[16] Natürlich ist es mühsam, die Texte des Neuen Testaments zu entschlüsseln, wenn man sich ihnen, wie so viele Leser, eher »im Fleische« (um das Wort des Paulus noch einmal aufzugreifen) nähert statt mit schöpferischer Phantasie. »Warum ist die Bibel unterhaltender und lehrreicher als jedes andere Buch?« fragte William Blake einen Mann, mit dem er in Briefwechsel stand, und gab gleich selbst die Antwort: »Liegt es nicht daran, daß sie sich an die Phantasie wendet, die eine geistige Empfindung ist, und nur mittelbar an das Verständnis oder die Vernunft?«[17] Viele neutestamentliche Forscher haben »Theologien« und Kommentare, textliche und historische Analysen der Evangelien unter sträflicher Mißachtung dieser Wahrheit zusammengestellt.

Der aufmerksame Leser des Neuen Testaments muß sich der Weltsicht öffnen, die es repräsentiert, und die Dinge mit den Augen der Männer und Frauen betrachten, deren Hoffnungen, Glaubensvorstellungen und vorgeprägte Meinungen nicht nur über Jesus, sondern auch über Gott und alle Dinge des Lebens in völligem Gegensatz zu denen des »modernen« Menschen der Nachaufklärung stehen und ebenfalls von denen ihrer hellenistischen Zeitgenossen abweichen, wenn auch nicht so stark. Bultmann, einer der größten Theologen des zwanzigsten Jahrhunderts, der die Notwendigkeit, diese Bücher schöpferisch zu lesen, erkannt hatte, stellt die hellenistische Vorstellung von der Welt *(kosmos)* der Verwendung des Worts im vierten Evangelium gegenüber. Für so unterschiedliche griechische Autoren wie Äschylus und Platon war es eine unstrittige Wahrheit, daß der Mensch ein Teil der natürlichen Ordnung ist. Insofern steht der heutige Mensch Sokrates näher als Johannes. »Die Weisen aber behaupten, o Kallikles, daß auch Himmel und Erde, Götter und Menschen nur durch Gemeinschaft *(koinonia)* bestehen bleiben und durch Freundschaft und Schicklichkeit und Besonnenheit und Gerechtigkeit, und betrachten deshalb, o Freund, die Welt als Ein Ganzes und Geordnetes, nicht als Verwirrung und Zügellosigkeit.« Bultmann zitiert diese Passage aus Platons *Gorgias*[18], um zu demonstrieren, daß in der hellenistischen Vorstellung des *kosmos* Götter und Menschen alle ein Teil des gleichen harmonischen Ganzen sind. Von der Zeit Homers bis zu der Zeit Jesu galt es in der antiken Welt als unumstößlich, daß Unsterbliche und Sterbliche, Engel, Tiere und Materie durch die gleiche Kette von Verlangen, Trauer und Verfall aneinandergeschmiedet sind. Es gibt ein Gesetz *(nomos)* der Natur, das in seiner reinsten Form durch die Mathematik zum Ausdruck kommt, das aber auch im Ethischen erkennbar ist und in dem, was wir Naturwissenschaften nennen – ein Gesetz, dem niemand entrinnen kann, obwohl der Platoniker sich wünschen würde, sich von den Banden des Körperlichen zu lösen und in die Sphäre des Geistigen aufzusteigen, sich der Welt der Natur zu entledigen, die ja nur ein Schatten der himmlischen Wirklichkeit ist, die sich nur im intensiven Nachdenken, in der Askese und im Gebet auftut.

Für den vierten Evangelisten sowie für die anderen neutestamentlichen Verfasser jedoch ist der *kosmos* nicht die höchste Wirklichkeit. Das Neue Testament interessiert sich nicht einmal am Rande (wie der angeblich so auf das Jenseits fixierte Platon) für Ideenlehren oder Begriffe der Mathematik, der Politik, des Rechts. Das Neue Testament fordert eine ganz andere Art, den *kosmos* zu betrachten, einen Weg, den wir auf den Seiten des Alten Testaments und in den Schriftrollen vom Toten Meer finden, doch nicht bei den Griechen. Die verwandteste Analogie im nicht-theologischen Bereich ist die »Vorstellung«, wie sie von den Romantikern gedacht wurde, die natürlich ihren Begriff von Vorstellung ebensosehr aus der Schrift wie von Kant herleiteten. Bultmann resümiert: »... *der Glaube ist keine Weltanschauung*. Eine Weltanschauung will auf Grund eines allgemeinen Verständnisses von Welt und Mensch auch je mein Schicksal verständlich machen als einen Fall des allgemeinen Geschehens. Nach der Meinung des NT entfliehe ich damit gerade meinem eigentlichen Sein, da ich nicht im Allgemeinen meine Existenz gewinne, sondern im Konkreten, im Hier und Jetzt, in meiner individuellen Verantwortung und Entscheidung, in der ich mich wagend gewinnen oder verlieren kann; d. h. ich stehe als Einzelner vor Gottes Augen.«[19]

In diesem Licht sollten wir die durchgängige Haltung des vierten Evangeliums gegenüber dem begreifen, was es den »*kosmos*«, die »Welt« nennt. Es tut die »Welt« als nebensächlich ab, nimmt jedoch letztlich eine zutiefst paradoxe Haltung ein: »... denn ich bin nicht gekommen, daß ich die Welt richte, sondern daß ich die Welt rette« (Joh 12,47). Oder: »In der Welt habt ihr Angst; aber seid getrost, ich habe die Welt überwunden« (Joh 16,33). Für das vierte Evangelium ist Jesus der ewige Logos, der Punkt, an dem die Gottheit wahrgenommen werden kann, obwohl sie von der Welt ungesehen und mißverstanden bleibt; sie kann nicht von der Menschheit im allgemeinen und auch nicht von der Kirche, sondern nur von dem einzelnen wahrgenommen werden.

»Mein Reich ist nicht von dieser Welt« (Joh 18,36), sagt Jesus im Johannesevangelium beim Verhör vor Pilatus. Das bedeutet, daß der Leser, der immer noch »von dieser Welt« ist, der immer noch die Sonne ansieht und nichts als »eine runde Feuerscheibe« sieht, »etwa wie ein Goldstück«, einfach nicht in der Lage sein wird zu »sehen«, worum es in diesem Buch geht. Der Leser, der es begreift oder der seine Sinne schärft, um es zu verstehen, wird wie Nikodemus sein, der in der symbolträchtigen Finsternis der Nacht zu Jesus kommt. Die Finsternis ist die Finsternis des Körperlichen im Gegensatz zum Geistigen. Nikodemus ist ein »Lehrer der Juden«, und im Johannesevangelium sind die »Juden« nicht so sehr die Anhänger des Judaismus (wie Jesus und seine Jünger es sind); sie sind vielmehr die Menschen, die von der »Welt« sind, die eine *Weltanschauung* und keinen Glauben haben, Menschen, für die Gott und Mensch und Recht Teile desselben Räderwerks sind. Um diesem System zu entkommen, muß der »Lehrer der Juden« wiedergeboren werden. Er kann nicht mehr in den Schoß seiner Mutter zurückkehren noch im alten Tempel beten. Er muß aus Wasser und Geist wiedergeboren werden, das heißt eine geistige Krise durchmachen (Joh 3,5).

Auch wir, die Leser oder Hörer des Evangeliums, kommen in der Nacht zu Jesus; das heißt, wir werden von dem Verlangen getrieben, den Dingen einen Sinn zu geben, sind aber begrenzt durch Verstand, Schablonen, durch ethische und wissenschaftliche, der »Welt« zugehörige Begriffe. Wir klammern uns an unseren Wittgenstein, glauben, daß »die Welt das ist, was der Fall ist«, und wollen wissen, ob das Evangelium in diesem Sinn »der Fall« ist, ob die Geschichten darin in irgendeiner Weise oder wenigstens in kleinen Teilen nachprüfbar sind. Das ist unser Kommen in der Nacht. Die Evangelien selbst scheinen uns dazu aufzufordern, ihr Zeugnis an »realistischen« Werten zu messen und auf die Probe zu stellen. Nehmen wir die Geschichte des zweifelnden Thomas. Ein Jesuit hat mir einmal gesagt, er würde sich von seiner religiösen Berufung lossagen, wenn er nicht an die buchstäbliche Wahrheit dieser Geschichte glaubte. Viele Tausende, ja Millionen von Lesern dieser Geschichte müssen von ihr ähnlich fasziniert gewesen sein und sich herausgefordert gefühlt haben. Sie ergibt keinen Sinn, wenn man nicht am Ende mit Thomas vor Jesus niederknien und sagen kann: »Mein Herr und mein Gott!« (Joh 20,28), als Jesus ihn auffordert, die Hand in seine Wunden zu legen. Von all den Geschichten, die dieser höchst begabte Verfasser in seinem kurzen Buch erzählt, hat diese vielleicht die größte Überzeugungskraft. Selig sind die – das heißt die Leser –, die nicht gesehen und gleichwohl geglaubt haben. »Noch viele andere Zeichen tat Jesus vor seinen Jüngern, die nicht geschrieben sind in diesem Buch. Diese aber sind geschrieben, damit ihr glaubt...« (Joh 20,30-31).

Wissenschaftler haben über dem vierten Evangelium wahre Berge aufgetürmt: Spekulationen über seine Ursprünge, seine Herkunft, seine Beziehung zur Gnosis, über Parallelen in den Schriftrollen vom Toten Meer, Anleihen beim hellenistischen Judentum, über seine Echtheit oder Unechtheit. Doch der heutige, »umnachtete« Leser, der von der »Welt« ist, möchte letztlich wissen: Ist es wahr? Hat die Begegnung des zweifelnden Thomas mit dem auferstandenen Herrn so stattgefunden, wie es das vierte Evangelium schildert? Haben die Jünger nach der Kreuzigung Jesu in einem Haus zusammengesessen? Ist dies eine gesicherte historische Tatsache? Und ist er ihnen am Abend jenes Sonntags erschienen? Ist er ihnen tatsächlich eine Woche später wieder erschienen, und hat er dabei Thomas aufgefordert, die

Hand in seine verwundete Seite zu legen? Ist dies eine verifizierbare historische Tatsache?

Wer auf diese Frage mit Ja antworten kann, hat die Herrlichkeit Jesu geschaut und ist zu einem der Söhne Gottes geworden. Einem solchen Menschen wird die Welt in neuem Licht erscheinen. Wie Paulus sagte: »Ist jemand in Christus, so ist er eine neue Kreatur; das Alte ist vergangen, siehe, Neues ist geworden« (2 Kor 5,17). Wie schnell jedoch wird es dem Gläubigen mißfallen, im Meer des Glaubens zu schwimmen, wie schnell wird er sich wünschen, nach dem Rettungsring historischer Plausibilität zu greifen. Wie schnell »glaubt« er, weil er sich in diese Szene mit dem zweifelnden Thomas hineinversetzt und sich einzureden versucht, dies sei ein Bericht, wie ihn ein zeitgenössischer Beobachter etwa über die Skagerrak-Schlacht hätte schreiben können – und hat sich dabei von der reinen Glaubenshaltung des Nichtsehenden entfernt! Um dann festzustellen, daß die ganze Geschichte doch nicht stimmt.

Wer an die Geschichte nicht glaubt, zerbricht sich vielleicht den Kopf noch über einen weiteren Aspekt. Wenn die Geschichte unwahr ist – offenkundig unwahr, da es in unserer »Welt« nicht möglich ist, daß Tote auferstehen –, wie versöhnen wir uns dann mit dem Paradoxon, daß das Neue Testament anerkanntermaßen das Werk von Männern ist, die danach strebten, redliche Menschen zu sein? Wie können wir damit ins reine kommen, daß das vierte Evangelium mit seinem ausdrücklichen Gebot, den Nächsten so zu lieben, wie Jesus seine Jünger liebte, eine so faustdicke Lüge ersonnen hat wie die Geschichte von Jesu Auferstehung?

William Blake war ein sehr redlicher Mensch. Ernsthaft und ohne Täuschungsabsicht erzählte er seinen Freunden immer wieder, er habe mit Engeln gesprochen oder von Julius Cäsar oder dem Propheten Jesaja Besuch erhalten, und zwar in einer bestimmten Woche gegen Ende des achtzehnten Jahrhunderts in seinem Londoner Haus. Wenn seine Freunde den Kopf schüttelten oder ihn fragten, wo man diese erlauchten Persönlichkeiten der Vergangenheit zu Gesicht bekäme, tippte sich Blake an die Schläfe.

Menschen haben eine so grenzenlose Fähigkeit zu phantasieren, vor allem auf dem Gebiet religiöser Erlebnisse, daß wir die Aufrichtigkeit der Evangelisten nicht anzuzweifeln brauchen, wenn sie die Auferstehung Jesu aus dem Grab beschreiben. Auch heute noch gibt es viele Menschen, welche die Jungfrau Maria gesehen haben wollen, entweder über den Dächern Kairos oder am Himmel über Jugoslawien. Doch mir geht es nicht darum, die Glaubwürdigkeit oder Unglaubwürdigkeit bestimmter Geschichten in den Evangelien zu untersuchen. Ich will nur darauf hinweisen, welche Art Bücher das Neue Testament enthält. Jeder, der so blind oder so naiv ist, das Neue Testament in der Hoffnung aufzuschlagen, dort einen historischen Tatsachenbericht zu finden, wird in einen Orkan geraten, der ihn von den Füßen reißt. Das Neue Testament aufzuschlagen heißt, die Büchse der Pandora mit persönlichen Herausforderungen und ethischen Geboten zu öffnen. Am Ende wird die Frage nach der Wahrheit zum Letzten gehören, worüber man sich Gedanken macht, da man unversehens selbst zu einer beteiligten Figur geworden ist.

Und doch. Es bleibt diese Gestalt im Zentrum des Geschehens, die uns verfolgt und nicht aus dem Sinn geht. Manchmal sehen wir Jesus wie die Fischer im letzten Kapitel des vierten Evangeliums kaum wahrnehmbar in der Ferne und sind nicht sicher, ob wir ihn gesehen haben oder nicht. Manchmal, wie in den großen Abschiedsreden des vierten Evangeliums (Kapitel 13–17), vermissen wir seinen vertrauten Tonfall. Er ist hier durch ein anderes Wesen ersetzt worden; er ist reines Wort. Doch selbst im vierten Evangelium, das die Reden Jesu ganz anders anlegt als die Synoptiker seine Aussprüche, werden wir Zeugen kleiner Wortwechsel, die zu dem durchgehend erhabenen Ton im Widerspruch stehen: der plötzliche, recht barsche Wortwechsel mit seiner Mutter bei einer Hochzeit (seiner eigenen?): »Was geht's dich an, Frau, was ich tue?« (Joh 2,4) – die (scherzhafte?) Bosheit, mit der er Nikodemus reizt: »Bist du Israels Lehrer und weißt das nicht?« (Joh 3,10) – die, gelinde gesagt, unkonventionelle (nach den strengsten jüdischen Maßstäben sogar ungesetzliche) Unterhaltung mit einer Samariterin an Jakobs Brunnen: »Die Frau antwortete und sprach zu ihm: Ich habe keinen Mann. Jesus spricht zu ihr: Du hast recht geantwortet: Ich habe keinen Mann. Fünf Männer hast du gehabt, und der, den du jetzt hast, ist nicht dein Mann . . .« (Joh 4,17–18). Ist dies nicht der unnachsichtige und strenge Ton, dem wir in den Streitgesprächen der anderen Evangelien begegnen? Und dann ist da noch wie ein winzig kleiner Hinweis in einer Detektivgeschichte dieser sprachliche Manierismus, den der Christus des vierten Evangeliums mit dem Jesus der Synoptiker teilt: »*Amen, amen, lego soi*« – »Wahrlich, wahrlich, ich sage euch...« Das ist keine idiomatische Redewendung, sondern individueller Sprachgebrauch. Wir finden eine solche Formulierung im Griechischen nirgendwo sonst und auch im Hebräischen oder Aramäischen nichts, was ihr gleichkommt.

Trotz alldem, was die Evangelisten mit Jesus angestellt haben, als wären sie schöpferische Künstler, die ein Gemälde oder die Ikone einer Gestalt derart zurechtmodeln, daß es kaum mehr möglich ist, das wirkliche Erscheinungsbild des Modells zu erraten, gelingt es ihnen nicht, die Gestalt Jesu in ihren Schriften völlig zu verdecken. Jesus ist mehr als eine Schöpfung der Evangelisten. Seine Gestalt scheint durch die Stilisierungen der Evangelisten hindurch und fasziniert uns. Und so ist es unvermeidlich, daß wir uns wie die Jünger im Matthäusevangelium die nicht zu beantwortende Frage stellen: »Was ist das für ein Mann?« Selbst angesichts der menschlichen Fähigkeit, alles und jeden zu mythologisieren und aus wenig vielversprechendem Material unsterbliche Götter wie Julius Cäsar oder Elvis Presley zu machen, bleibt die Frage: Was war es an Jesus, was die Phantasie seiner frühen Anhänger so entzündete? Die Wissenschaft möchte uns eine solche Fragestellung ausreden, weil sie mit Fallstricken und Gefahren verbunden ist. Es wäre jedoch unnatürlich, sie nicht zu stellen. Unsere Neugierde befriedigt das rückblickende Argument nicht, da ihm eine solche Hingabe zuteil wurde, müsse er ihrer schließlich auch würdig gewesen sein. Das muß keineswegs stimmen. Was uns dazu bringt, dem historischen Jesus nachzuspüren, in eine Sackgasse hinein, sind die Kraft seiner überlieferten Worte und die faszinierende Gestalt, welche die verschiedenen Evangelisten vor uns haben erstehen lassen. Obwohl die Verfasser des Neuen Testaments offenbar ihr möglichstes getan haben, um den historischen Jesus hinter einem Phantasiegemälde völlig zu verdunkeln, haben sie ihn doch nicht ganz in den Griff bekommen. Manchmal entwindet er sich ihnen: »Himmel und Erde werden vergehen, doch meine Worte werden nicht vergehen« (Mk 13,31; Mt 24,35; Lk 21,33).

Natürlich kann niemand beweisen, daß Jesus das gesagt hat; aber die Wirkung, wenn wir seine Worte lesen, besteht letztlich darin, daß man sich einer unverwechselbaren Gestalt und einer ebenso unverwechselbaren Stimme gegenübersieht: jüdisch, ein Kind seiner Zeit, vor allem aber unverwechselbar. Es ist jedoch mehr als die Lehre Jesu, was uns blinzeln und wünschen läßt, wir könnten diese Gestalt etwas deutlicher erkennen, die in einem Augenblick auf einem Berg verklärt wird und im nächsten auf der Erde hockt und Fische brät.

Es sind die Fische, die uns anlocken. Es sind diese kleinen Details: ein Mann, der scheinbar übergeschnappt seinen Zorn an einem Baum ausläßt – ein Mann, der weiß, daß ein kleines Mädchen großen Hunger haben wird, wenn es sich vom Fieber erholt hat – der Mann, der sich nach seiner Festnahme nicht scheut, einem seiner besten Freunde ins Gesicht zu sehen, und den Freund zum Weinen bringt, weil dieser weiß, daß er nicht bis zum Ende loyal geblieben ist. Diese kleinen erzählerischen Details können natürlich sämtlich erfunden sein, obwohl kaum zu erkennen ist, welchem Zweck ihre Erfindung hätte dienen sollen. Oft, etwa wenn er mit seiner Familie streitet, sich über Angehörige seiner Familie hinter ihrem Rücken beleidigend äußert oder in einer Streitfrage seine Gegner austrickst, scheinen diese Einzelheiten der Sündenlosigkeit Jesu in der Theologie zu widersprechen. Niemand könnte eine Biographie im modernen Wortsinn über eine Gestalt schreiben, die auf so wechselvolle Weise und durch so verschieden gefärbte Brillen betrachtet wird wie in den Büchern des Neuen Testaments. Andererseits können wir uns jedoch auch seiner Macht nicht entziehen. Ich spreche hier weder von der Macht der christlichen Kirchen noch von der Wirkmächtigkeit der Schriften des Neuen Testaments. Ich spreche von den Augenblicken, in denen Vorstellungskraft und Intuition sich zu blitzhafter Erkenntnis vereinen – und dann steht er vor uns: »Da ging Jesus heraus und trug die Dornenkrone und das Purpurgewand. Und Pilatus spricht zu ihnen: Seht, welch ein Mensch!« (Joh 19,5).

4. KAPITEL

Seine wundersame Kindheit

Jesus verkündete seine Gottheit in der Wiege, wie eins der apokryphen Evangelien bezeugt.[1] Für den wahren, rechtgläubigen Christen ist das Christuskind der fleischgewordene Gott; er glaubt, dieser Säugling sei mit allem Wissen, aller Macht und aller Herrschaft ausgestattet gewesen. Als Jesus in der Krippe lag, kannte er also schon die gesamte künftige Weltgeschichte im voraus bis zum Augenblick der Verkündigung des Jüngsten Gerichts. Er verstand alle Geheimnisse der Schöpfung. Er verstand auch, wie es kein antiker Wissenschaftler oder Mathematiker hätte verstehen können, die Geheimnisse der Astrophysik, die in den fortschrittlichsten Labors des zwanzigsten Jahrhunderts noch nicht einmal bekannt sind. Er besaß die Fähigkeit, durch ein bloßes Augenzwinkern die gesamte Schöpfung zum Stillstand zu bringen, ebenso wie einst nur durch den Willen Jesu, des wahren Gottes und wahren Menschen, die Schöpfung überhaupt erst entstanden war.

Dieser Glaube hat die Vorstellungskraft des Christentums achtzehnhundert Jahre lang beflügelt. Fast alle Bilder und Abbilder des Säuglings Jesus, die uns überliefert sind, sind von dieser Idee umwoben. Es wäre hoffnungslos, dieses Christuskind seiner Göttlichkeit entkleiden zu wollen. Das ist, als würde man Aphrodite und Artemis als zwei gewöhnliche sterbliche Frauen ansehen oder sich auf eine Diskussion über die »menschliche Seite des Apoll« einlassen. Das Jesuskind ist eine Gottheit, und so überrascht es nicht, daß man es mancherorts verehrt, als wäre es eine Gottheit, die sich irgendwie von der leidenden Gestalt auf Golgatha unterscheidet. (Ich denke dabei etwa an die Anbetung des Prager Jesuskindes in der römisch-katholischen Kirche.)

Andererseits muß gesagt werden, daß es keine logische Rechtfertigung für die Trennung der Erzählungen über Jesu Kindheit von seiner weiteren Lebensgeschichte im Neuen Testament gibt. Viele christliche Fachgelehrte würden dies am liebsten tun, indem sie auf den offenkundig legendären Charakter von Geburt und Kindheit Jesu bei Matthäus und Lukas verweisen. Erst später, so unterstellen sie, komme man zu den gesicherten Fakten. Aber die Geburt in Bethlehem, die von Engeln besungen wird, ist genauso »historisch« wie das Wandeln des erwachsenen Jesus auf dem See Genezareth. Es läßt sich nicht sagen, der eine Vorgang sei mehr Legende als der andere.

Die Lebensgeschichte Christi ragt in den Raum der Historie, aber das bedeutet nicht, daß sie »historisch« ist. Es wird uns nie gelingen, sie mit Techniken moderner Historiker freizulegen; wir können sie nur des schmückenden Beiwerks entkleiden, jedoch ohne jede Hoffnung, die historische Gestalt zu rekonstruieren. Das Lukasevangelium etwa macht auf das ungeübte Auge den Eindruck einer historischen Erzählung, deren Irrtümern man mit einem wissenschaftlichen Apparat zu Leibe rücken könnte. Lukas verlegt die Geburt Jesu in ein bestimmtes Jahr der Regierungszeit Herodes' des Großen und in die Zeit der von Kaiser Augustus angeordneten großen Volkszählung. Historiker mögen sagen, Lukas' Angaben stimmen oder sie stimmen nicht. Christen behaupten weiterhin, ihr Glaube sei historisch fundiert: Die Menschwerdung Gottes sei ein geschichtliches Ereignis wie die Belagerung von Paris im Jahre 1870 oder die Tatsache, daß der Zweite Weltkrieg 1945 zu Ende ging. Sie sei ein »Ereignis«, das sich anhand der Zeugnisse anderer Historiker nachprüfen lasse. Lukas ist zum Teil für diese Überzeugung verantwortlich. Er erzählt uns, der Erzengel Gabriel sei zu einem bestimmten Zeitpunkt vom Himmel nach Nazareth geflogen, um Maria zu verkünden, sie werde, obwohl Jungfrau, den Sohn Gottes zur Welt bringen – so wie Semele Dionys gebar, den Sohn des Zeus. Kurz vor der Zeit ihrer Niederkunft habe ihr Verlobter Joseph Galiläa verlassen und sich nach Bethlehem in Judäa, die Stadt seiner Vorfahren, begeben müssen, um sich der von Rom angeordneten Volkszählung zu unterziehen. Und so sei es gekommen, daß Jesus in Bethlehem in Judäa geboren wurde, der »Stadt Davids«. Jesus sei sogar königlicher Abstammung gewesen, denn er war der Sohn Josephs, der wiederum der Sohn Elis, dieser der Sohn des Mattats, dieser der Sohn des Levi, und so weiter. Die Genealogie lasse sich über König David bis hin zu Adam zurückverfolgen, dem Sohn Gottes.

Wie auch immer: Es hat den Anschein, als wäre Jesus in jedem Fall der Sohn Gottes. Lukas verfährt doppelgleisig, indem er uns einerseits mitteilt, Jesus sei auf wundersame Weise in einem jungfräulichen Schoß – parthogenetisch – gezeugt worden; andererseits (für den Fall, daß jemandem diese Idee nicht gefällt) stellt er uns Jesu lineare Abstammung von Adam und Eva über die königlich-jüdische Familie Davids vor. Die Volkszählung geschah, so Lukas, zu der Zeit, als Quirinius Statthalter in Syrien und Herodes König von Judäa war. Herodes herrschte von 37 v. u. Z. bis zum Jahr 4 v. u. Z., und Quirinius war während dieser Periode zu keinem Zeitpunkt Statthalter in Syrien. Über die historische Wahrscheinlichkeit der Geburt Jesu in Bethlehem zu streiten ist ebenso ergiebig oder sinnlos, als wollte man über die historische Wahrscheinlichkeit seiner Göttlichkeit debattieren. In diesem Zusammenhang können wir festhalten, daß es im vierten Evangelium ausdrücklich heißt, Jesus sei nicht in Bethlehem geboren und stamme nicht von David ab (Joh 7,42). Die Menschenmenge dort verneint die Möglichkeit, er könne der Messias sein, da er aus Galiläa komme und nicht aus Bethlehem. Dies bedeutet jedoch nicht, daß das vierte Evangelium »historischer« ist als Lukas'. Wir können nur feststellen, daß in den Evangelien zur Herkunft Jesu unterschiedliche Angaben gemacht werden. Lukas und Johannes lassen in ihren Evangelien jeden Ehrgeiz in Sachen Authentizität vermissen, der allenfalls einen akribischen Historiker packen könnte. Man kann nur sagen, die Geburt Jesu ist in der »wirklichen« Geschichte nicht zu belegen, sondern nur aus sich selbst heraus, und es ist sinnlos, ihre historische Echtheit erweisen zu wollen.

Es gibt keinerlei Hinweise darauf, wo man sich vergewissern könnte, daß die Geburt Christi tatsächlich etwas mit der »wirklichen« Geschichte zu tun hat. So findet sich beispielsweise bei keinem einzigen antiken Historiker auch nur der kleinste Hinweis auf die angeblich von Kaiser Augustus angeordnete allgemeine Volkszählung. Josephus erwähnt in seinen *Jüdischen Altertümern* eine Volkszählung in Judäa im Jahre 6 u. Z. und sagt, man habe vor der Einführung einer Kopfsteuer die Bevölkerungszahl ermitteln wollen. Die Unbeliebtheit dieser Steuer und der Volkszählung führte zu dem von einem gewissen Judas dem Galiläer angeführten Volksaufstand (den Lukas in Apg 5,37 erwähnt). Der Zweck dieser Volkszählung war rein statistisch. Es gibt keinen Grund zu der Annahme, daß irgendein Teilnehmer an dieser Volkszählung in ein bestimmtes Dorf hätte zurückkehren müssen, in dem irgendein unbekannter Vorfahr vor mehr als tausend Jahren gelebt hatte.

Das Lukasevangelium erweckt den Eindruck geschichtlicher Echtheit, und liberale christliche Forscher sind bei ihrer ersten Berührung mit diesem Evangelium stets der Meinung gewesen, sie brauchten in Fragen der Datierung nur einige unbedeutende Irrtümer zu korrigieren. Erst wenn man etwas tiefer in dieses Werk eindringt, erkennt man, daß das Evangelium mit Geschichte nicht das geringste zu tun hat. Die Gestalten »Augustus«, »Herodes« und »Quirinius«, die den verwirrenden Eindruck stiften, als würde in Lukas' Erzählung zumindest der *Versuch* unternommen, geschichtliche Fakten in einem modernen Sinn dieses Begriffs darzubieten, haben mit der Realität nicht mehr und nicht weniger zu tun als »Richard Löwenherz« oder der »Sheriff von Nottingham« in den Geschichten und Balladen über Robin Hood.

In den Erzählungen der Evangelisten geht es um eine übernatürliche Wirklichkeit. Im Kanon des Neuen Testaments ist Jesus ein ganz besonderes, von Gott auserwähltes Wesen, das von Gott auf die Erde gesandt und nach seinem Tod auferweckt worden ist. Jesus ist zwar nie ganz Gott selbst, jedoch mit quasigöttlichen Eigenschaften ausgestattet. In den nichtkanonischen (apokryphen) Evangelien ist Jesus sogar Gott selbst. Doch ob wir nun im Neuen Testament oder in den späteren apokryphen Evangelien von seiner göttlichen Geburt lesen – wir erkennen, daß diese Geschichten, die sich um seine Geburt ranken, mit den Ikonen der orthodoxen Kirche, mit Folklore, Volkstraditionen, Weihnachtsliedern und -spielen, mit gemalten oder bildhauerisch gestalteten Szenen der Verkündigung oder der Geburt Christi mehr gemein haben als mit allem, was man seit dem Ende des achtzehnten Jahrhunderts »Geschichte« nennen kann. Es gibt bis zum heutigen Tag keine historische Methode, mit deren Hilfe man bestimmen könnte, *wo* Jesus geboren wurde, *wer* seine Eltern waren oder *wie* seine Mutter schwanger geworden ist.

Man bewegt sich auf einigermaßen sicherem Boden, wenn man sagt, daß die Geschichte von der jungfräulichen Empfängnis Jesu in den frühesten christlichen Gemeinden unbekannt war. So fällt beispielsweise auf, daß im Markusevangelium oder in den Briefen des Paulus nichts davon erwähnt wird. Alle neutestamentlichen Evangelien sind sich darin einig, daß Jesus in Nazareth aufwuchs. Es wäre einigermaßen überraschend, wenn er dort nicht auch geboren wäre, sondern während einer historisch nicht verbürgten Volkszählung zu einem historisch nicht belegten Datum in dem judäischen Bergdorf Bethlehem zur Welt gekommen sein sollte. Wer unbedingt glauben möchte, daß er während der Regierungszeit des Königs Herodes zur Welt kam, sollte den Zeitpunkt in die Jahre vor dem Jahr 4 v. u. Z. verlegen, in dem Herodes starb.

Der heidnische Philosoph Celsus, der in seiner *Wahren Lehre*[2] um das Jahr 178 u. Z. das Christentum angriff, kannte das Gerücht, Jesus sei der uneheliche Sohn Marias und eines römischen Legionärs.[3] Einige Forscher sind überzeugt, daß es eine sehr frühe jüdische Überlieferung gegeben hat, wie sie der Talmud bewahrt hat, daß Jeschu oder Jesus der Sohn eines römischen Soldaten namens Panthera, Pantera oder Pandera gewesen sei. Unter der Voraussetzung, daß der Jeschu, der in diesen Texten überliefert ist, derselbe Jesus ist, dem wir im Neuen Testament begegnen, dürfte es nicht uninteressant sein, darauf hinzuweisen, daß er manchmal Jeschu ben Pantera genannt wird, das heißt Jesus, der Sohn des Pantera. Allerdings war der Name Jesus im Judäa des ersten Jahrhunderts sehr geläufig – so häufig wie der Name Joshua heute etwa in den Vereinigten Staaten. Ein Blick in das Register des Josephus-Opus zeigt allein dort eine ganze Reihe von Männern dieses Namens. Die Rabbiner haben jedoch nicht beweisen können, daß Jeschu ben Pantera derselbe Mann ist wie der Heilige aus Galiläa. Wissenschaftlern mit vorgefaßten Meinungen bieten diese Texte ebenso wie die des Neuen Testaments reichlicher Beweise als solchen, die sich ihnen nüchtern und leidenschaftslos nähern.

Das Protevangelium des Jakobus, von Origines (etwa 185–254 u. Z.) als ein Werk des Herrenbruders angesehen, beschreibt Maria als eine der sieben Tempeljungfrauen, die von dem Hohenpriester in Jerusalem gehalten wurden. In diesem Buch sowie im Matthäusevangelium ist es Maria und nicht Joseph, die von dem königlichen Geschlecht Davids abzustammen behauptet. Der Engel des Herrn – der hier nicht mit dem Namen Gabriel bezeichnet wird – verkündet ihre Bestimmung, als sie sechzehn Jahre alt ist. Sie ist schon sechs Monate schwanger, als Joseph sie kennenlernt. Zu seiner Bestürzung über ihren Zustand gesellt sich die Peinlichkeit, daß die Tempelpriester ihm vorwerfen, eine ihrer Jungfrauen geschändet zu haben. Als »Augustus der König« alle Bewohner Bethlehems zur Volkszählung aufruft, gestalten sich die Umstände für Maria und Joseph noch schwieriger. Joseph fragt sich, was er mit seiner jungen Braut tun soll. Nach der dem Protevangelium des Jakobus bekannten Überlieferung war Joseph schon einmal verheiratet gewesen [4], denn er sagt in einem Selbstgespräch: »Ich werde meine Söhne [bei der Volkszählung] aufschreiben lassen, – was aber soll ich mit diesem Mädchen [d. h. Maria] machen? Wie soll ich sie aufschreiben lassen? Als meine Frau? Da schäme ich mich. Oder als Tochter? Aber es wissen ja alle Söhne Israels, daß sie nicht meine Tochter ist.«[5]

Joseph löste das Problem, indem er eine Eselin sattelte und Maria zu einem Ort auf einem Hügel ein paar Kilometer außerhalb von Bethlehem brachte. Wenn er sich manchmal umdrehte, um sie anzusehen, wie sie auf der Eselin saß, die er führte, lachte sie; manchmal sah sie traurig aus; folglich fragte er sie nach dem Grund. Und Maria sagte: »Joseph, ich sehe zwei Völker mit meinen Augen, ein weinendes und klagendes und ein fröhliches und jauchzendes.«[6] Als die Zeit ihrer Niederkunft näher rückte, versuchte Joseph immer noch vor allem das zu verbergen, was er für Marias »Schande« hielt. Er fand eine Höhle, in der sie sich hinlegen konnte. Er überließ sie der Fürsorge seiner Söhne und machte sich auf die Suche nach einer Hebamme, und just kam auch schon eine auf dem Abhang daherspaziert. Er erklärte ihr, er brauche ihre Dienste nicht für seine Frau, sondern für seine Verlobte, eine Tempeljungfrau, die auf übernatürliche Weise ein Kind empfangen habe. Die Hebamme glaubte diese Geschichte und begab sich zum Eingang der Höhle, wo Maria lag. Die Höhle war in strahlend helles Licht gehüllt, das in den Augen schmerzte. Nach und nach verblaßte das Licht jedoch, bis das Kind zum Vorschein kam und sich an die Brust seiner jungfräulichen Mutter legte.

Jetzt tritt in der Geschichte eine Gestalt namens Salome auf. Es wird nicht gesagt, ob sie irgendwie mit der Salome verwandt ist, die vor Herodes tanzte und den Kopf Johannes' des Täufers verlangte. Sie ist offensichtlich eine Art Zauberin. Als sie sich dem Körper der Jungfrau näherte, um ihn zu untersuchen, fiel die Hand jedoch »von Feuer verzehrt«[7] von ihr ab. Aus der Erzählung geht nicht hervor, ob Salome nur eine schmerzhaft brennende Empfindung hatte oder ob ihr tatsächlich die Hand abfiel; doch hier ist nur zum ersten Mal davon die Rede (in den apokryphen Quellen gibt es noch viele ähnliche Stellen), daß jeder, der sich in der Kindheit Jesu seiner göttlichen Person auch nur näherte, damit körperliche Züchtigung und Unglück auf sich zog. Nachdem Salomes Hand verletzt worden war, erschien ein Engel und forderte sie auf, das Jesuskind aufzuheben. In dem Augenblick, in dem sie der Aufforderung folgte, ward ihre Hand wieder gesund, und sie lobte Gott, der Israel errettet habe.

Die Episoden der Salome und der Hebamme erscheinen weder im Matthäus- noch im Lukasevangelium, den beiden einzigen Büchern des Neuen Testaments, die Jesu Geburt und Kindheit behandeln. Matthäus, der das Leben Jesu mit den alten jüdischen Prophezeiungen verknüpft, wann immer dies möglich ist, sieht seine Geburt im Buch des Propheten Jesaja geweissagt: »Siehe, eine Jungfrau wird schwanger sein und einen Sohn gebären, und sie werden ihm den Namen Immanuel geben« (Jes 7,14 in Mt 1,23) – was »Gott mit uns« bedeutet. Die ursprüngliche »Prophezeiung« wurde dem König Ahas von Juda um die Mitte des achten Jahrhunderts v. u. Z. zuteil. Dabei handelte es sich um die Versicherung, das Geschlecht Ahas' werde trotz der Bedrohung durch die Assyrer in Israels Zukunft fortbestehen. Der Vorschlag, der König solle seinen Sohn »Gott mit uns« nennen, hatte gerade in Kriegszeiten einiges für sich, da Namen magische Kraft besaßen und die Dinge bewirkten, die sie benannten. Es wäre freilich überraschend, wenn Jesaja, der rund siebenhundertvierzig Jahre vor Jesus lebte, bei seiner Prophezeiung für König Ahas an Maria und ihren Erstgeborenen gedacht hätte. Selbst wenn er mit der außerordentlichen Fähigkeit begabt gewesen sein sollte, in die Zukunft zu sehen, so hatte er doch keineswegs gesagt, daß die »junge Frau« eine Jungfrau sein würde. Das Wort *»almah«* bedeutet »junge Frau« und nichts weiter. Aber bis heute führen Christen diesen Text Jesajas als »Beweis« dafür an, daß Jesus von einer »Jungfrau« geboren wurde.

Ähnlich dürfte auch der Prophet Micha kaum in der Lage gewesen sein, die näheren Umstände der Geburt Jesu anzugeben, die sieben Jahrhunderte später stattfand. Micha lebte in den Jahren 721–701 v. u. Z. irgendwo westlich von Hebron. Sein Buch entstand während einer Reihe blutiger Kämpfe in der Gegend von Bethlehem, einem Dorf wenige Kilometer südlich von Jerusalem. Micha prophezeite die Zerstörung des Nordreichs Israel und Jerusalems, vor allem als Folge des göttliches Zorns über seine verderbten Herrscher. Micha versicherte jedoch, Gott werde am Ende all dieser Katastrophen Juda wiederauferstehen lassen. Der Jerusalemer Tempelberg werde in neuer strahlender Herrlichkeit erstehen. Die Babylonische Gefangenschaft werde ein Ende finden. Ein Herrscher werde geboren, der die Assyrer besiege. Mit Hilfe sieben anderer »Hirten« werde er »das Land Assur verderben mit dem Schwert, und das Land Nimrods mit ihren bloßen Waffen« (Mich 5,4–5). Dieser künftige »Befreiungskämpfer« werde bei seinem rücksichtslosen Kampf für die Bergdörfer in Judäa keinen Feind schonen. Er werde aus dem Dorf kommen, in dem König David einmal Schafe gehütet habe: aus Bethlehem.

Da die Hauptfigur des Evangeliums ihr Leben nicht als »Befreiungskämpfer« gegen die Assyrer verbracht hat, leuchtet es nicht unmittelbar ein, weshalb Matthäus ausgerechnet diesen Text als selbstverständlichen Hinweis auf Jesus ausgewählt hat. Matthäus erzählt, einige Weise seien »aus dem Morgenland« nach Jerusalem gekommen und hätten König Herodes mit dem Hinweis auf den Propheten Micha (Mich 5,1 in Mt 2,6) erschreckt, der die Geburt eines neuen Königs in Bethlehem vorausgesagt habe, und sie könnten dies mit Hilfe der Astrologie beweisen.

Bei Matthäus begeben sich diese »Weisen aus dem Morgenland« nach Bethlehem und finden Maria und ihr Kind in einem Haus (Mt 2, 10–11). Die Höhle, in der wir Maria im Protevangelium des Jakobus begegnet sind, wird nicht erwähnt. Und von *drei* Weisen aus dem Osten ist ebenfalls nicht die Rede, wie in zahllosen christlichen Weihnachtsspielen und -liedern unterstellt wird; Könige sind sie nach Matthäus auch nicht, ebensowenig werden ihre Namen genannt. Sie sind Astrologen, die von einem Stern geführt werden, der »über dem Ort stand, wo das Kindlein war« (Mt 2,9).

Das Lukasevangelium erwähnt diese Weisen nicht, enthält aber eine weitere exotische Ausschmückung der Weihnachtsgeschichte: Hirten. Hirten, die nachts ihre Herden bewachten, waren es, die von Engeln als erste von der Geburt Jesu erfuhren. Lukas verdanken wir das bezaubernde Detail, daß Maria Jesus nach der Geburt in eine Krippe legte, obwohl die Vorstellung, Jesus sei in einem Stall geboren worden, eher in den Bereich der Folklore gehört als in das Neue Testament. Lukas sagt, Maria habe ihren erstgeborenen Sohn in eine Krippe gelegt, da in der *kataluma* kein Platz *(topos)* gewesen sei. Das griechische Wort »*kataluma*« bedeutet jedoch häufiger »Zimmer« oder »Raum« als »Unterkunft« oder »Herberge«. Lukas behauptet also nicht, Maria und Joseph hätten sich in einer Herberge aufgehalten, geschweige denn in einer Herberge, in der kein Raum für sie gewesen sei. Daß sie deshalb gezwungen gewesen seien, jene Nacht in einem Stall zu schlafen, sagt Lukas gleichfalls nicht. Lukas sagt lediglich, in dem Zimmer, in dem Jesus geboren wurde, habe sich keine Wiege befunden. Wahrscheinlich wollte er nur zu verstehen geben, daß jemand improvisierte und eine Futterkrippe für Tiere als Ersatz für eine Wiege ins Zimmer brachte.

Unter den Weihnachtsliedern findet man ein mehr zu Herzen gehendes Bild, wie das folgende Beispiel belegt:

> »Ihr Kinderlein kommet, o kommet doch all,
> Zur Krippe her kommet in Bethlehems Stall,
> Und seht, was in dieser hochheiligen Nacht
> Der Vater im Himmel für Freude uns macht.

O seht in der Krippe im nächtlichen Stall,
Seht hier bei des Lichtleins hellglänzendem Strahl
In reinlichen Windeln das himmlische Kind,
Viel schöner und holder, als Engel es sind.

Da liegt es, ihr Kinder, auf Heu und auf Stroh,
Maria und Joseph betrachten es froh,
Die redlichen Hirten knien betend davor,
Hoch oben schwebt jubelnd der Engelein Chor.«[8]

Der Erlöser der Welt, der als hilfloser Ausgestoßener in seine Schöpfung eintritt, der auf Stroh gebettet ist und von bewundernden Kühen angeschnaubt wird, den Schafe, Hirten und drei weise Männer mit Königskronen auf dem Kopf anbeten – das ist eine der ergreifendsten und erschütterndsten Geschichten des Christentums. Es ist genau die Geschichte, die sogar »Ungläubige« einmal im Jahr in die Kirche treibt und ihnen die Tränen in die Augen schießen läßt, wenn sie der Szene in der Krippe ansichtig werden. Doch zu diesem bezaubernden Gemälde berechtigt auf den Seiten des Neuen Testaments kein Wort.

Beim nächsten Abschnitt im Leben Jesu – seiner frühen Kindheit – weichen Matthäus und Lukas voneinander ab. Lukas erzählt uns, daß Jesus wie alle jüdischen Knaben am achten Tag beschnitten wurde. Als die Tage von Marias Reinigung um waren, begab sie sich nach Jerusalem, um ein Opfer darzubringen: zwei Turteltauben. Diese Episode ist vielleicht der Ursprung der seltsamen, ornithologisch angehauchten Geschenke, die in einem alten englischen Weihnachtslied an den zwölf Weihnachtstagen »Meiner wahren Liebe« gemacht werden.[9] Im Tempel begegnen »die Eltern von Jesus«, wie Lukas sie nennt, einem alten Mann namens Simeon. Lukas scheint inzwischen vergessen zu haben, daß er nur wenige Zeilen weiter zuvor von jungfräulicher Empfängnis gesprochen hat. Simeon weissagt: »Siehe, dieser ist gesetzt zum Fall und zum Aufstehen für viele in Israel und zu einem Zeichen, dem widersprochen wird – und auch durch deine Seele [gemeint ist die von Maria] wird ein Schwert dringen –, damit vieler Herzen Gedanken offenbar werden.« Simeon spricht sein schönes »Herr, nun läßt du deinen Diener in Frieden fahren, wie du gesagt hast; denn meine Augen haben deinen Heiland gesehen« (Lk 2, 34–35.29–30). Maria und Joseph bringen das Kind zurück nach Nazareth, wo das Kind »wuchs und stark wurde« (Lk 2,40).

Nach Matthäus hatte Jesus eine erheblich ereignisreichere Kindheit. Matthäus erzählt von dem eifersüchtigen Zorn des Herodes, als dieser hörte, in Bethlehem sei ein neuer König der Juden geboren. Er befiehlt, alle Kinder in Bethlehem und in der ganzen Gegend zu töten, die zwei Jahre alt oder jünger sind. Wir wissen nicht, ob Herodes diese Unschuldigen tatsächlich abschlachten ließ, obwohl Josephus[10] von Herodes' Grausamkeit berichtet: Er ließ fünfundvierzig führende Juden wegen Widerstands gegen seine Besetzung Jerusalems töten und war überdies wegen seiner tyrannischen Herrschaft und seines zügellosen Lebensstils verhaßt (er hatte zehn Frauen). Seine Willfährigkeit gegenüber den Römern und die Tatsache, daß er kein Jude war, steigerten den Haß der Juden noch. (Er gehörte zum Volk der Idumäer, die zwischen 130 und 120 v. u. Z. von Johannes Hyrkan I. zwangsjudaisiert worden waren. Von Herodes wissen wir auch, daß er der Vielgötterei anhing.)

Um dem Massaker an den Unschuldigen zu entgehen, bringen Maria und Joseph Jesus nach Ägypten. Wie bei Matthäus (Mt 2,15) nicht anders zu erwarten, wird damit eine alte Prophezeiung erfüllt, diesmal eine des Propheten Hosea: »Als Israel jung war, hatte ich ihn lieb und rief ihn, meinen Sohn, aus Ägypten« (Hos 11,1). Wir wissen nicht, ob Maria und Joseph tatsächlich mit Jesus nach Ägypten flohen oder ob der Vers bei Hosea Matthäus zur »Flucht nach Ägypten« inspirierte. Wie auch immer: Zahlreiche weitere eindrucksvolle Geschichten entstanden, von denen manche Eingang ins Neue Testament fanden, die meisten jedoch nicht. Ich erinnere mich an einen meiner ersten Besuche in Israel, bei dem man mir einen Kreidefelsen in einer Höhle zeigte, in der die Heilige Jungfrau während der gefahrvollen Reise nach Ägypten ihr heiliges Kind gestillt haben soll. Da sie es eilig hatte, soll sie ein paar Tropfen Muttermilch vergossen haben, die im Lauf der Zeit zu weißer Kreide wurden. In einem nahe gelegenen Kiosk wurden Päckchen mit Kreidestaub, der Milchpulver nicht unähnlich war, an die Touristen verkauft.

Im Matthäusevangelium werden sämtliche Knaben in Bethlehem, die weniger als zwei Jahre alt sind, dem Schwert überantwortet. Dem Protevangelium des Jakobus zufolge versteckt Zacharias den kleinen Johannes den Täufer mit seiner Mutter Elisabeth in den Hügeln; da Zacharias sich weigert, den Aufenthaltsort Johannes' zu verraten, wird er umgebracht. Nach dem Thomasevangelium, einem koptischen Evangelium aus dem vierten Jahrhundert, das auf einem griechischen Evangelium aus dem zweiten Jahrhundert beruht[11], war Jesus zwei Jahre alt, als die Heilige Familie in Ägypten eintraf. Der kleine Junge hob zufällig ein paar Getreideähren auf, als er mit seinen Eltern über ein Feld ging, und zerkaute sie mit den Zähnen. Danach erntete der Eigentümer des Feldes »so viele Scheffel Weizen, wie Jesus Weizenkörner von ihm genommen hatte«. Die Heilige Familie wohnte für ein Jahr bei einer ägyptischen Familie. Jesus hatte gleichaltrige Spielgefährten, war jedoch kraft seiner Göttlichkeit in der Lage, sich interessantere Spiele auszudenken als andere Kinder. Ein Beispiel: Als er drei Jahre alt war, traf er einmal einige Jungen, die mit einer Wasserschüssel spielten. Jesus nahm einen getrockneten Pökelfisch und legte ihn mit den Worten »Verstreue dein Salz, das in dir ist, und gehe zum Wasser« in die Schüssel. Der Pökelfisch wurde lebendig, und die anderen Kinder liefen nach Hause, um es ihren Eltern zu erzählen. Die Aufmerksamkeit, die dieser Vorfall auf die Heilige Familie lenkte, hatte bedauerliche Folgen: Die Wirtin der Familie, eine ägyptische Witwe, forderte sie auf, das Haus zu verlassen.[12]

Das Thomas- und das Matthäusevangelium stimmen darin überein, daß ein Engel Maria und Joseph den Tod des Herodes verkündete; so konnten sie ohne Gefahr für Leib und Leben zurückkehren. Nach Thomas siedelten sie sich zunächst in der Stadt Kapernaum an, bevor sie, wie es in den kanonischen Evangelien heißt, nach Nazareth zogen, wo Joseph der Überlieferung zufolge den Beruf des Zimmermanns ausübte.

Als der herangewachsene Jesus beginnt, in der Synagoge von Nazareth zu predigen, fragen sich die Stadtbewohner: »Ist er nicht der Zimmermann?« (Mk 6,3) beziehungsweise: »Ist er nicht der Sohn des Zimmermanns?« (Mt 13,55). Das griechische Wort

»*ho tekton*« versucht ein Wort semitischen Ursprungs wiederzugeben. In alten jüdischen Schriften hatte das Wort »Zimmermann« oder »Handwerker« eine metaphorische Bedeutung. In der Sprache, die Jesus und Joseph gesprochen haben müssen, im Aramäischen, lautet das Wort »*naggar*«. »*Naggar*« bedeutet entweder »Handwerker« oder »Gelehrter«. Es gibt daher keinen Grund zu der Annahme, daß Markus den Joseph für einen »Holzarbeiter« oder Tischler hielt. Wie wir gesehen haben, hat die Erwähnung der Krippe bei Lukas, die dem eben geborenen Jesus ersatzweise als Bett diente, zur Entstehung einer umfangreichen Folklore geführt, in der diese Weihnachtsszene mit einer ganzen Reihe von Haustieren ausgeschmückt worden ist. Ebenso hat die Frage »Ist er nicht der Gelehrte?« oder »Ist er nicht der Sohn des Gelehrten Joseph?« zu einer starken Mythologisierung geführt. Wir stellen uns vor, wie der Knabe Jesus geduldig in der Zimmermannswerkstatt steht, während sein Ziehvater mit Säge und Axt hantiert. Die katholische Kirche hat – teils um den kommunistischen Parteien zuvorzukommen, teils um ihren festen Glauben an die Heiligkeit der Arbeit zu betonen – das Fest des heiligen Joseph, des Arbeiters, sinnigerweise auf den 1. Mai gelegt. Wie jeder, der eine christliche Erziehung genossen hat, habe ich Dutzende von Predigten über Jesus in dieser Zimmermannswerkstatt gehört – Predigten, in denen von seiner Demut die Rede war, da er als Sohn Gottes so niedere Arbeit verrichtet habe, ferner Predigten über die Segnungen der Arbeit, Predigten über den Gehorsam, Predigten über das Sakrament der Firmung. Bildlich wird uns das Ganze durch Gemälde wie Holman Hunts *Shadow of the Cross* nähergebracht, welches Jesus als Handwerker darstellt. Das Thomasevangelium läßt keinen Zweifel daran, daß Jesus ein eher ungewöhnlicher Zimmermannslehrling war: So konnte er beispielsweise Holzstücke nicht nur kürzer machen, sondern sogar verlängern.[13]

Über die Kindheit Jesu erfahren wir in den kanonischen Evangelien so gut wie nichts, aber die apokryphen Evangelien füllen diese enttäuschende Lücke aus. So soll Jesus beispielsweise im Alter von fünf Jahren am Sabbat einmal Sperlinge aus Lehm gemacht haben. Als seine jüdischen Glaubensgenossen, unter ihnen auch

Joseph, ihn wegen der Verletzung des Sabbats tadelten, breitete Jesus die Hände aus und befahl den Sperlingen: »Fort mit euch!« Und zur Verblüffung aller flogen die Lehmvögel davon.[14]

Die Erziehung eines solchen Kindes, das sich seiner Göttlichkeit voll bewußt war, dürfte nicht ganz leicht gewesen sein. Dem Thomasevangelium zufolge wurde ein Lehrer namens Zachäus mit der undankbaren Aufgabe betraut, Jesus das Alphabet beizubringen. Zachäus schrieb die ersten Buchstaben von A – T hin und bat Jesus, sie zu wiederholen. Jesus blieb stumm, so daß Zachäus ihm einen Schlag auf den Hinterkopf versetzte. Jesus antwortete frech, ihm seien schon alle Buchstaben bekannt und der Lehrer sei ein leeres Gefäß. Eine solche Sicht der Kindheit Jesu, wie sie uns das Thomasevangelium vermittelt, ist meilenweit entfernt von dem Jesusbild, das beispielsweise in der 5. Strophe des Kirchenliedes »Ermuntere dich, mein schwacher Geist« anklingt:

»O liebes Kind, o süßer Knab,
Holdselig von Gebärden,
Mein Bruder, den ich lieber hab
Als alle Schätz auf Erden,
Komm, Schönster, in mein Herz hinein,
Komm eilend, laß die Krippen sein,
Komm, komm, ich will beizeiten
Dein Lager dir bereiten.«[15]

Im Thomasevangelium offenbart das Jesuskind seine Macht, indem es Menschen irrsinnig, taub oder blind werden läßt, um sie anschließend zu heilen. Der kleine Jesus läßt Menschen sogar tot umfallen, nur um sich das Vergnügen zu leisten, sie wieder ins Leben zurückzuholen. Sein Lehrer Zachäus nimmt, was nicht verwunderlich ist, an, Jesus sei »irgendwie etwas Großes, ein Gott oder ein Engel«[16]. Eines seiner bemerkenswertesten Kunststücke ist in dem arabischen Kindheitsevangelium und in der syrischen »Geschichte der Jungfrau« festgehalten (jedoch nicht in griechischen oder lateinischen Texten). Es wird berichtet, wie Jesus bei den Spielen anderer Kinder mitmachen wollte. Die Kinder rannten alle vor ihm weg und versteckten sich in dem Keller (in manchen Versionen dem Backofen) eines Hauses. Die Frau des

Hauses versuchte die Kinder vor dem kleinen göttlichen Hexenmeister, der sie verfolgte, zu beschützen. Als Jesus sie fragte, ob sich Kinder in ihrem Haus versteckt hätten, verneinte sie. Da fragte Jesus, wer denn so laut im Keller unten rumore. Sie erwiderte, es seien Geißlein. Daraufhin befahl Jesus, die Geißlein herauszulassen. Als die Tür zum Keller aufging, entdeckte die Frau zu ihrem Entsetzen, daß Jesus alle Kinder in Geißlein verwandelt hatte.

Die Menschenmütter dieser Geißlein (der ehemaligen Kinder) kamen zu Maria und Joseph und flehten sie an, sich bei Jesus für sie zu verwenden. Dieser zeigte sich sehr entgegenkommend und verwandelte die Geißlein wieder in Kinder. »Kommt, Kinder«, rief er aus, »wir wollen fortgehen und spielen.« Nachdem die Geißlein wieder Menschen geworden waren, wiesen ihre Mütter sie an, den Befehlen Jesu zu folgen.[17]

Während Christen des neunzehnten und zwanzigsten Jahrhunderts sich daran ergötzten, in dem Jesuskind das »Muster ihrer eigenen Kindheit« wiederzuentdecken, betonen die frühen Geschichten über ihn allesamt sein unnachahmliches und merkwürdiges Verhalten. Es haben sich nur sehr wenige Geschichten über den jungen Jesus erhalten, in denen er sich, an normalen menschlichen Maßstäben gemessen, gut benimmt oder einfach nur liebenswürdig ist. Im Lukasevangelium beispielsweise lesen wir, daß er mit seinen Eltern nach Jerusalem zum Passafest zieht, als er zwölf Jahre alt ist. Als die Festtage vorüber sind, kehren die Eltern wieder nach Hause, nach Nazareth, zurück. Vermutlich befinden sie sich in einer größeren Gruppe von Familienangehörigen. Jesus bleibt einfach in der Stadt zurück, ohne sie über seine Absichten aufzuklären. Sie hatten angenommen, er sei bei den anderen, und als sie sein Fehlen bemerken, gehen sie in die Stadt zurück, um nach ihm zu suchen. Drei Tage später finden sie ihn im Tempel sitzend, unter den Lehrern, denen er zuhört und Fragen stellt.

Als sie Jesus im Tempel entdecken, macht ihm Maria Vorwürfe, wie es sicher jede Mutter getan hätte. »Mein Sohn, warum hast du uns das getan? Siehe, dein Vater und ich haben dich mit Schmerzen gesucht.« Jesus erwidert: »Warum habt ihr mich gesucht? Wißt ihr nicht, daß ich sein muß in dem, was meines Vaters ist?« (Lk 2,48–49). Eine andere Lesart dieser schroffen Zurechtweisung wäre: »Wißt ihr nicht, daß ich mich um die Angelegenheiten meines Vaters kümmern muß?« Falls es zwischen den knapp geschilderten Begebenheiten in Lukas' kurzem Buch so etwas wie eine Kontinuität gibt, hätte man eigentlich davon ausgehen müssen, daß Maria und Joseph sofort verstanden, daß Gott Jesus für eine besondere Aufgabe vorgesehen hatte. Immerhin hatte Maria ja von einem Engel erfahren, sie werde in ihrem jungfräulichen Schoß einen Erlöser tragen. Ihre Base Elisabeth hatte Maria »die Mutter meines Herrn« (Lk 1,43) genannt, als das Kind noch im Mutterleib ruhte. Der Geburt Jesu hatten himmlische Heerscharen beigewohnt, und wir erfahren, daß Maria die Worte der Hirten »in ihrem Herzen bewegte« (Lk 2,19). Gleichwohl ist sie nur ein paar Verse später völlig verblüfft, als Jesus sagt, er müsse sich um die Angelegenheiten seines Vaters – das heißt Gottes – kümmern. Vermutlich hat sie ebenso wie der Verfasser des Evangeliums für einen Augenblick vergessen, daß Jesus angeblich ein göttliches Wesen ist. Was Lukas von der Antwort Jesu an seine Mutter hält, läßt sich kaum ausmachen. Falls er sie wenig rühmlich findet, warum hat er die Geschichte dann überhaupt erzählt? Und was sollen wir im umgekehrten Fall von seinen moralischen Wertvorstellungen halten?

In den kanonischen Evangelien – in den apokryphen übrigens auch – stoßen wir interessanterweise fast immer auf Unstimmigkeiten, wenn von der Familie Jesu die Rede ist. Die Mutter ist natürlich besorgt, als sich ihr zwölfjähriger Sohn, wie sie meint, in der Stadt verlaufen hat. Doch Jesus weist ihren Tadel schroff zurück. Dieses Verhalten paßt genau zu seinen späteren Äußerungen, wenn er etwa das Verlassen von Heim und Familie preist oder wenn er Vorhaltungen der Familie unwirsch abtut. In den Evangelien ist er stets vor allem seiner Mutter gegenüber besonders unhöflich. Die Familie wiederum meint, zumindest in den synoptischen Evangelien, Jesus sei von Sinnen. Diese Gegensätze lassen sich vielleicht damit erklären, daß an tatsächliche Streitigkeiten Jesu mit seiner Familie erinnert werden soll. Vielleicht reflektieren sie aber auch einen Richtungsstreit von Teilen der »Kirche«, aus denen die Evangelien hervorgegangen sind, mit anderen, die eine innere Verwandtschaft mit Jesus für sich in Anspruch nahmen. (Wir besitzen einige Hinweise darauf, daß es schon recht früh eine von der Familie Jesu beherrschte Sekte gegeben hat. Falls diese Sekte nur »Verwandte des Gründers« anerkannte, wäre es nicht überraschend, wenn andere Teile der »Kirche«, vor allem Nichtjuden, Jesus gern als einen Mann darstellten, der bei seiner Familie weder Sympathie noch Unterstützung genoß.)

Die Zusammensetzung der Heiligen Familie läßt sich nicht mit absoluter Sicherheit feststellen. Wir haben die Möglichkeit angesprochen, daß Joseph schon einmal verheiratet war[18], bevor er Maria heiratete, doch davon verlautet in den Evangelien nichts. Vermutlich ist diese Geschichte nur dazu erfunden worden, um jenen entgegenzukommen, die, wie die Katholiken heute noch, an die lebenslängliche Jungfräulichkeit Marias glauben müssen. Das katholische Dogma läßt sich nur schwer aufrechterhalten, wenn man nicht eine frühere Ehe Josephs in Rechnung stellt, denn im Markusevangelium lesen wir, daß Jesus aus einer großen Familie mit vier Brüdern kam – Jakobus, Joses, Judas und Simon – und überdies noch einige Schwestern hatte (Mk 6,3). Die Überlieferung will wissen, daß einer von Jesu Brüdern, Jakobus, der Leiter der ersten Gruppe von Christen in Jerusalem gewesen sei, was darauf schließen lassen würde, daß die Familie Jesu vor der Zerstörung Jerusalems in der »Kirche« eine wichtige Position innehatte. Die erhaltenen Geschichten teilen uns jedoch nichts über Jesu Familienleben mit Jakobus, Simon, Judas oder Joses mit. Da die beiden Spezifika aus der Kindheit Jesu, die auf die Vorstellungswelt des Christentums, des westlichen Christentums zumindest, am stärksten abgefärbt haben – die Geburt im Stall und die Jahre rechtschaffener Arbeit in der Zimmermannswerkstatt –, im Neuen Testament nicht zu finden sind, würden wir möglicherweise auf Abwege geraten, wenn wir in den Evangelien nach zu vielen Einzelheiten aus seinem Familienleben suchen. Die ungeschriebenen Geschichten und die Legenden über Jesus sind seit den frühesten Zeiten mindestens ebenso einflußreich gewesen wie das geschriebene Wort.

Eine solche Legende, welche die Phantasie von William Blake anregte und die durch sein Gedicht »Jerusalem« in die britische

Nationalliteratur eingegangen ist, ist die Geschichte, Jesus habe als Knabe England besucht. Auch wenn schriftliche Quellen dieser Volkssage erst aus dem Mittelalter stammen, sind die mündlichen Quellen, auf denen die Geschichten beruhen, vermutlich viel älter. Englische Metallarbeiter murmelten früher, bevor sie eine Gußform herstellten: »Auch Joseph hat in Metall gemacht.« Als ein Vorarbeiter in den dreißiger Jahren einmal nach diesem Brauch befragt wurde, sagte er: »Wir Metallarbeiter gehören einer sehr alten Bruderschaft an, und wie andere Handwerker haben auch wir unsere Traditionen. Eine davon, deren Andenken in dieser Anrufung erhalten geblieben ist, spricht davon, daß Joseph von Arimathäa, der reiche Mann in den Evangelien, sein Geld in Cornwall im Metallhandel gemacht hat. Dieser Joseph darf allerdings nicht mit Marias Mann Joseph verwechselt werden. Wir kennen auch die Geschichte, daß er mit eigenen Schiffen Reisen nach Cornwall unternahm und daß er bei einer Gelegenheit sogar das Christuskind und Maria mitbrachte und am St. Michael's Mount mit ihnen an Land ging.«[19]

Der Ort in England, der am stärksten mit Joseph von Arimathäa in Verbindung gebracht wird, ist die Stadt Glastonbury in Somerset. Der Überlieferung nach soll Joseph dreißig Jahre nach der Passion Jesu Christi und fünfzehn Jahre nach Mariä Himmelfahrt den Heiligen Gral zur Aufbewahrung nach Glastonbury gebracht haben. In anderen Geschichten ist davon die Rede, daß sogar Jesus selbst »auf Englands grünen Bergen« gewandelt sei. Ein Brief des Augustinus von Canterbury an Papst Gregor I. im Jahr 597 u. Z. spricht davon, die frühesten Missionare, die Apostel Philippus, Jakobus und Joseph von Arimathäa, hätten eine Kirche gegründet. Sie »sei ein Werk menschlicher Kunst, doch von den Händen Christi selbst zur Erlösung Seines Volkes errichtet«. Jesus selbst soll sogar die Kirche von St. Mary's in Glastonbury zu Ehren seiner Mutter erbaut haben, als er den Ort im jungen Mannesalter besuchte.

Seltsamerweise haben sich nicht nur im Westen Englands solche Geschichten erhalten. Der zugegebenermaßen exzentrische E.V. Duff, »Graf des Heiligen Römischen Reiches«, hat in einigen Maronitendörfern des oberen Galiläa Menschen angetroffen, die davon erzählten, Jesus sei in seiner Jugend »als Schiffszimmermann an Bord eines Handelsschiffs aus Tyros nach Britannien gekommen und aufgrund von Stürmen den ganzen Winter an der Westküste Englands festgehalten worden«[20]. Wenn wir erst einmal anfangen, Jesus mit Glastonbury in Verbindung zu bringen, läßt er sich auch ohne weiteres in einem Atemzug mit einer anderen großen Persönlichkeit aus Glastonbury nennen, mit König Arthur (Artus). Historiker des frühen Mittelalters halten es für möglich, daß es dort einmal irgendwo im fünften Jahrhundert einen *dux bellorum*, einen Feldherrn, gegeben hat, der einige Schlachten gegen die Römer oder andere Eindringlinge in Britannien schlug und der sein Ende am Mons Badonicus oder Badon Hill fand. Doch diese dunkle »historische« Gestalt eines Kriegers aus dem unendlich dunklen frühen Mittelalter ist weit weniger greifbar als jene legendäre Gestalt des Artus von Camelot mit seiner Tafelrunde, seinem Hof und seiner Königin Guenievre, mit seinem Busenfreund Lancelot, der ihm Hörner aufsetzt, und so weiter. Von ihm lesen wir in den alten französischen Artus-Romanen und bei Malory, und zwar tausend Jahre nachdem er angeblich »gelebt« hat. Da Lancelot bei Malory ein Vetter achten Grades von Jesus ist, hängen die Geschichten vermutlich irgendwie zusammen.

Muß der nüchterne, leidenschaftslose Historiker der Existenz Jesu eine gewisse Glaubhaftigkeit zuerkennen? Oder ist der wirkliche Jesus ebenso schattenhaft wie der wirkliche Artus? Sind all die Geschichten, die wir über Jesus kennen, ähnlich den Geschichten über König Artus und seine Tafelrunde erfundene Volkssagen, die lange Zeit nach dem gegen Eindringlinge kämpfenden König entstanden sind? Einige Autoren, eine Minderheit zwar, jedoch nicht die Dümmsten, haben die historischen »Zeugnisse« untersucht und sind zu dem Schluß gekommen, daß eine Person namens Jesus nie gelebt hat – und es kann durchaus sein, daß der Leser nach der Lektüre dieses Kapitels über Empfängnis, Geburt und Kindheit Jesu sich zu dieser strengen Ansicht verleiten läßt.[21]

In den nichtchristlichen Quellen gibt es über Jesus kaum dokumentarisches Material. Was sie über Jesus zu sagen haben, ließe sich auf der Rückseite einer Postkarte unterbringen und liefert keinerlei Beweise, daß es ihn tatsächlich gegeben hat. Tacitus erzählt uns in seinen *Annalen*, der Anführer der »Christianer« sei »unter der Regierung des Tiberius durch den Prokurator Pontius Pilatus hingerichtet worden«[22]. Plinius der Jüngere empfahl in einem Brief an Kaiser Trajan höflich, man solle die Christen aus römischen Sicherheitsinteressen verfolgen, da »sie Christus Lobpreisungen darbringen wie einem Gott«[23] und das Opfer vor dem Bild des Kaisers verweigerten. Dies ist ebenfalls kaum ein Beweis, daß Christus gelebt hat. Der jüdische Historiker Flavius Josephus (etwa 37–100 u. Z.) erwähnt Jakobus als den Leiter der Jerusalemer Urgemeinde und sagt, er sei der Bruder Jesu, den man den Messias nenne. An anderer Stelle spricht Josephus von Jesus: »... ein weiser Mensch ... der Vollbringer ganz unglaublicher Taten und der Lehrer aller Menschen, die mit Freuden die Wahrheit aufnahmen ... Und noch bis auf den heutigen Tag besteht das Volk der Christen, die sich nach ihm nennen, fort.«[24] Einige Autoren haben gemeint, diese Passage sei von Christen später in das Werk des Josephus eingefügt worden. Dies ist jedoch nicht sehr wahrscheinlich. Kein christlicher Verfasser der neutestamentlichen Zeit bezeichnet Jesus irgendwo als einen »weisen Menschen«. Möglicherweise stellt dieser quälend kurze Hinweis bei Josephus ein authentisches, nahezu zeitgenössisches Zeugnis dessen dar, was die Juden seiner Zeit tatsächlich von Jesus hielten: daß sie ihn weder als Gott noch als Häretiker ansahen, sondern als einen weisen Menschen und einen Vollbringer ganz unglaublicher Taten.[25]

Abgesehen von diesen nur fragmentarischer Hinweisen müssen wir uns mit der Tatsache abfinden, daß sämtliche dokumentarischen Beweisstücke durch christliche Zeugen gefiltert auf uns gekommen sind und daß die Christen sich sofort eifrig daranmachten, jeden Beleg zu vernichten oder zu verändern, der zu der orthodoxen Ansicht über Jesus vielleicht im Widerspruch stand, nachdem ihre Religion unter der Herrschaft Kaiser Konstantins (der im Jahre 337 u. Z. starb) auf den Weg zur offiziellen Staatsreligion des Römischen Reiches gebracht war.

Am Ende müssen die Leser und Leserinnen selbst darüber entscheiden, ob Jesus eine mythologische Erfindung ist oder nicht. Ich selbst halte dies für ausgeschlossen, allein schon wegen der Beschaffenheit und der Vielfalt der Geschichten, die sich über ihn erhalten haben. Zugegeben, ein hoher Anteil dieser Geschichten, die von ihm sagen, er verwandle Kinder in Geißlein oder Wasser in Wein, er wandle auf dem Wasser oder erwecke Sperlinge aus Lehm zu fliegenden Vögeln, erscheinen auf den ersten Blick eher unglaubwürdig. Doch dann stößt man plötzlich auf ein winziges Detail, das zu seltsam anmutet, als daß es erfunden sein könnte. Etwa in der Geschichte von der Frau, die Jesu Füße mit Öl begießt und es mit ihrem Haar abwischt, oder in der Geschichte von der kanaanäischen (griechischen) Frau, die Jesus bittet, ihre von einem bösen Geist besessene Tochter zu heilen. Seine Antwort: ». . . es ist nicht recht, daß man den Kindern das Brot wegnehme und werfe es vor die Hunde« (Mk 7,27) – das heißt vor die Nichtjuden. Es gibt allzu viele und zu merkwürdige Details, die meiner Meinung nach ausschließen, daß alles von irgendeinem erzählerischen Genie des ersten Jahrhunderts u. Z. erfunden worden ist. Andererseits stehen diesen Details unendlich viel mehr »unbeweisbare« Geschichten gegenüber, die so sehr von »Lehre« durchdrungen sind, daß ich für jeden Leser Verständnis habe, der inmitten all der Religion und Folklore keinen »realen« Jesus mehr ausmachen kann.

Unsere bisherige Darstellung des Lebens Jesu umfaßt im wesentlichen den Zeitraum von seiner Zeugung bis zum Alter von etwa zwölf oder dreizehn Jahren. Dabei haben wir festgestellt, daß es für diesen Abschnitt seines Lebens keinerlei gesicherte Tatsachen gibt. So wird man es uns nachsehen müssen, wenn wir die einzelnen Ereignisse gleichermaßen für unwahrscheinlich halten – angefangen von Marias Begrüßung durch den Engel in Nazareth bis hin zum Auftauchen Jesu in Cornwall als Schiffszimmermann. Weit beachtenswerter – und auch entmutigender – als das Wuchern dieser Volkssagen ist ihre moralische Leere. Eine weniger erbauliche Sammlung von Geschichten läßt sich nur schwer finden. In ihrer Albernheit, um nicht zu sagen schieren Dummheit, sind sie in der Weltliteratur fast ohne Beispiel. Sie waren unter Menschen verbreitet, die nicht nur an die Göttlichkeit, sondern auch an die Sündenlosigkeit Jesu glaubten. Gleichzeitig machen uns diese Geschichten heilsam bewußt, daß die Vorstellungen von Recht und Unrecht wie die menschliche Phantasie überhaupt sich verändern können. Wenn man die Kindheitserzählungen Jesu bei Matthäus und Lukas liest, und zwar ausschließlich diese Erzählungen, und wenn man ferner von keinen weiteren »christlichen« Schriften oder Lehren wüßte, würde man nie auf die Idee kommen, daß die christliche Religion einen Anspruch auf moralische Ernsthaftigkeit erhebt.

Jesus dagegen war ein moralisch ernsthafter Mensch, dies können wir aufgrund der ihm in den Evangelien zugeschriebenen Aussprüche sicher sagen. Ob er diese überhaupt getan hat oder ob er sie in der in den Evangelien überlieferten Weise getan hat, spielt dabei keine Rolle. Es ist genug da, um ein Lehrgebäude sichtbar zu machen, das auf der inneren Fülle und den Binnenkonflikten des Judentums beruht. In den fünfziger Jahren unseres Jahrhunderts noch wurde weithin die Auffassung vertreten, daß es ausschließlich auf den Christus des Glaubens ankomme und daß der historische Jesus nicht nur im Dunkel der Geschichte verschüttet, sondern auch nicht so wichtig sei. Bei einigen seriösen Wissenschaftlern hat sich in den letzten zwanzig, dreißig Jahren der wissenschaftliche Schwerpunkt jedoch verlagert. Jüdische, nichtchristliche wie christliche Forscher erkennen heute viel klarer als ihre Vorgänger, welche Dokumente das Neue Testament wirklich enthält.

Der überraschenden Entdeckung gnostisch-christlicher Schriften 1945 in der Nähe von Nag Hammadi in Oberägypten – etwa das schon mehrfach erwähnte Protevangelium des Jakobus sowie die Apokalypsen des Petrus und des Paulus – folgte 1947 die sensationelle Entdeckung der Schriftrollen vom Toten Meer in der Nähe von Qumran. Es handelt sich dabei um abweichende Versionen biblischer Schriften, um Vorschriften für das religiöse Leben, Werke der Astrologie, messianische Prophezeiungen, Apokalypsen und moralische Lehren in reicher Fülle, geschrieben von einer mönchisch lebenden Gemeinschaft, deren Mitglieder mehr oder weniger Zeitgenossen Jesu waren und die nur rund dreißig Kilometer von Jerusalem entfernt lebten. In dem Licht, das sie auf die Sektenbildung im damaligen Judentum werfen, auf seine messianischen Erwartungen und seine Vorstellungen von Gott, auf den ewigen Kampf zwischen Licht und Finsternis, bieten die Qumran-Dokumente viele aufregende Parallelen zu den Schriften des

Neuen Testaments, vor allem zum vierten Evangelium. Zu diesen Entdeckungen kamen noch die Beiträge anderer Forscher auf dem Gebiet der Semitistik hinzu, die viele Parallelen zwischen dem in den Evangelien dargestellten Jesus und den heiligen Männern, Ekstatikern und Teufelsaustreibern seiner Zeit aufzeigen. All die archäologischen Funde, das erst jüngst entdeckte schriftliche Material sowie die Betrachtung des Neuen Testaments im Kontext des damaligen Judentums haben die Hoffnung wiederaufleben lassen, es könnte uns gelingen, ein Bild des historischen Jesus zu rekonstruieren, das genauer ist als das, welches unsere Großväter von ihm zeichnen konnten.

Dank der Arbeiten heutiger Wissenschaftler wissen wir darüber, wie die Zeitgenossen Jesu dachten und schrieben, weit mehr als frühere Generationen. Inzwischen sind wir auch der nostalgischen naiven protestantischen Vorstellung entwöhnt, es könnte ein »ursprünglicher« Bericht über Jesus gefunden werden, der uns ein von der Theologie unabhängiges Bild des Mannes bietet. Theologie war jedoch von Anfang an im Spiel. Inzwischen sind wir auch von der Vorstellung abgekommen, die Evangelien müßten erst sehr spät entstanden sein, nur weil sie Jesus übernatürliche Eigenschaften zuschreiben. Viele der Gedanken, die uns im vierten Evangelium begegnen und die von früheren Wissenschaftlern mit großer Überzeugung als »spät« und »griechisch« erklärt worden sind, finden ein Echo in den Schriftrollen von Qumran, die mit hoher Wahrscheinlichkeit geschrieben wurden, als Jesus noch lebte.

Es gibt heute Wissenschaftler, welche die Entstehung des Markusevangeliums in eine sehr frühe Zeit verlegen, etwa um das Jahr 55 u. Z.[26], und andere sind der Meinung, das vierte Evangelium könnte in den Jahren 30 bis 50 u. Z. entstanden und etwa im Jahr 65 u. Z. einer Überarbeitung unterzogen worden sein.[27] Selbst wenn uns eine so frühe Entstehungszeit der Evangelien unwahrscheinlich erscheint, darf nicht mehr als axiomatisch gelten, daß ein Evangelium nur deshalb »spät« ist, weil es Glaubensvorstellungen von Jesus enthält, mit denen moderne Skeptiker nicht zurechtkommen. Das Neue Testament könnte Jesus zeitlich sehr wohl näher sein, als früher angenommen wurde.

Wir werden nie feststellen können, wie Jesus aussah oder welchen Klang seine Stimme hatte. Es gibt jedoch Momente im Neuen Testament, wo man das Gefühl hat, seine Gegenwart nur um Haaresbreite verpaßt zu haben. Es ist, als beträte man einen Raum, den ein anderer soeben verlassen hat – doch Spuren seiner Anwesenheit sind geblieben: der Abdruck seines Kopfs auf dem Kissen, das halbleere Glas auf dem Tisch, die noch glimmende Zigarette im Aschenbecher.

5. KAPITEL

Der Wegbereiter

Jesus wurde in ein Land von überwältigender Schönheit der Natur hineingeboren, aber es war von Aufruhr und politischer Instabilität geschüttelt. Herodes der Große, der von 37-4 v. u. Z. regierte und in dieser Zeit den Jerusalemer Tempel in altem Glanz wiederhergestellt hatte, galt den Juden als Kollaborateur, als Tyrann, und er wurde von seinen Untertanen gehaßt. Selbst als Herodes schon im Sterben lag, entfernten die Rabbiner mit unverhohlener Schadenfreude die Büsten und Statuen, mit denen er – wie sie meinten, in gotteslästerlicher Weise – die Tempelhöfe geschmückt hatte. Aus Sicht der Juden hatte Herodes sie an die Römer verkauft und zugelassen, daß das ferne Rom die Juden in ihren religiösen Freiheiten einschränkte und sie einer überzogenen Besteuerung unterwarf.

Dieses Kapitel der Geschichte gab den Juden keinen Anlaß zu nationalem Selbstvertrauen und Selbstbewußtsein. In der Erinnerung des Volkes waren die heroischen Kriege des Judas Makkabäus im zweiten Jahrhundert v. u. Z. noch lebendig, als die jüdische Religion »abgeschafft« und im Tempel ein gotteslästerliches Standbild des Zeus aufgestellt worden war. In noch jüngerer Zeit, im Jahre 63 v. u. Z., hatte Pompeius das Allerheiligste des Tempels betreten und damit entweiht. Was er dort sah, erstaunte ihn zutiefst. Einerseits beeindruckte ihn die Pracht, die er dort vorfand – »der Leuchter mit den Lampen, der Tisch, die Opferschalen und Räuchergefäße, alles aus massivem Gold, die gestapelte Menge von Räucherwerk und der Tempelschatz von annähernd zweitausend Talenten«[1]. Pompeius rührte nichts davon an. Andererseits beunruhigte den römischen Feldherrn das, was er nicht fand. Da war kein sichtbarer Gott, kein Götzenbild, keine Statue, kein Delphisches Orakel, keine Inschrift. Am Ende eines Krieges, in dem die Juden zwölftausend Mann verloren und die Römer so gut wie keine Verluste erlitten hatten, waren der Tempel und damit auch die Religion, die er symbolisierte, dem Zugriff des Eroberers preisgegeben. Pompeius hatte erwartet, im Tempel einen mächtigen Gott zu finden, irgendeine ungeheure Gottheit, wie sie von den Kretern oder den Ägyptern verehrt wurde. Statt dessen entdeckte er das Geheimnis der Verwundbarkeit der Juden und ihrer Unbezähmbarkeit: ein leeres Heiligtum, einen Tempel, der dem unsichtbaren und unschaubaren Gott geweiht war.

Die Juden hatten sich schon immer mehr für das interessiert, was andere Nationen »Religion« nannten, als für Politik. Für sie war jedoch »Religion« mehr als nur ein Teil des Lebens. Sie sahen ihr Schicksal mit Gott verbunden, und ihre »Religion« umfaßte das ganze Leben. Ihre nationale und ethnische Identität war in den Glauben eingebunden, den das leere Allerheiligste symbolisierte. Obwohl sie bereit waren, für die Verteidigung ihres Glaubens und der Thora zu sterben, waren diese letztlich unzerstörbar. Das haben auch Machthaber nach dem Ende des Römischen Reiches zu ihrer Verärgerung immer wieder erfahren müssen. Man kann ein Götzenbild zerstören. Eine Vorstellung von Gott läßt sich jedoch nicht so leicht zerstören.

Es war nicht überraschend, daß in der Zeit des politischen Umbruchs, die dem Tod Herodes' des Großen folgte, die Juden in ihren religiösen Gefühlen erneut gereizt und irritiert wurden. Zunächst war im Jahre 4 v. u. Z. kein neuer Kollaborateur in Sicht, der die Position des Herodes einnahm. Kurz vor seinem Tod hatte dieser noch seinen Erben hinrichten lassen, und seine Nachfolger waren unfähig und zerstritten. Es herrschte eine solche Anarchie, daß, wie Josephus berichtet, ein großer und wilder Zorn sich im Volk ausbreitete. Es gab Unruhen und Vergeltungsmaßnahmen. Die Römer töteten die Querulanten und Rebellen allenthalben. Allein in Jerusalem wurden in dieser Zeit mehr als zweitausend Juden gekreuzigt. Dies war die bei den Römern übliche Hinrichtungsmethode für Verbrecher.

Der Statthalter Archelaos, der für diese Schrecken verantwortlich war, galt als so tyrannisch und ungerecht, daß sich die Juden sogar an Rom wandten, um sein Verhalten untersuchen zu lassen.

Er wurde nach Rom zurückbeordert und ins Exil nach Gallien geschickt. Nach Archelaos war Judäa wieder einmal eine römische Provinz, der als erster Statthalter Koponius von 6 bis 9 u. Z. vorstand. Im Jahre 26 u. Z. wurde schließlich Pontius Pilatus Statthalter von Judäa. Diese Provinz Judäa schloß nicht die Gebiete Batanäa und Gaulanitis ein – das heißt das Territorium nordöstlich des Sees Genezareth, das heute zu Syrien beziehungsweise Jordanien gehört. Zur Zeit Jesu wurde dieses Gebiet von dem Tetrarchen Philippus beherrscht, einem Sohn Herodes' des Großen. Galiläa war ebenfalls eine Tetrarchie mit beschränktem Herrschaftsrecht – keine Provinz des Römischen Reiches –, in der Philippus' Halbbruder Herodes Antipas herrschte. Für die Römer in Judäa waren diese quasi unabhängigen Herrschaftsgebiete an den Grenzen ihrer Provinz ein Störfaktor. Sowohl vor dieser wie auch nach dieser Zeit konnten sich diejenigen, die den Römern in Judäa Schwierigkeiten machen wollten, in das Hügelland von Galiläa und Gaulanitis zurückziehen, um der Festnahme zu entgehen.

Es gab wiederholt Angriffe aus dem Hinterhalt und kleinere Aufstände gegen die Fremdherrschaft, die sämtlich niedergeschlagen wurden, meist mit großer Härte. Alle diese Aufstände waren religiös motiviert. Unterdessen erlebten die jüdische Apokalyptik und Mystik, die vor fast zweihundert Jahren während der Makkabäer-Kriege entstanden waren, eine Blüte wie nie zuvor. Seit die Archäologen Ende der vierziger Jahre die Tongefäße mit den Schriftrollen von Qumran entdeckt haben, können wir die Gedanken und Lehren der religiösen Gemeinschaft studieren, die dort zu Lebzeiten Jesu verbreitet waren. Es war eine Gruppe abgeschieden lebender, mönchischer Juden, die sich fleischlicher Vergnügungen enthielten und auf das unmittelbar bevorstehende Ende der Welt warteten. Sie achteten auf strengste Einhaltung des jüdischen Kalenders und strikte Befolgung der Feste und Fastenzeiten des liturgischen Jahres.[2] Sie glaubten, die römische Fremdherrschaft sei eine Strafe für die Nichteinhaltung dieser Feste sowie für die Laxheit im Umgang mit anderen Geboten. Sie betrachteten sich selbst als die Auserwählten, die »Söhne des Lichts«.[3] Viele der Dokumente aus Qumran stammen nicht von der Qumran-Sekte, sondern von anderen apokalyptischen Bewegungen. Die Entdeckungen von Qumran lassen unter anderem erkennen, daß es zu Lebzeiten Jesu im Judentum Dutzende von Gruppierungen gegeben haben muß, die sämtlich das Ende der Welt, ihre unmittelbar bevorstehende Zerstörung erwarteten. Alle glaubten, Gott werde seine »Heiligen« durch die Zerstörung des Römischen Reiches rächen und entweder auf der Erde oder in irgendeinem neuen himmlischen Reich einen Ort schaffen, an dem die Gerechten auf ewig glücklich leben könnten.[4]

Die Qumran-Gemeinde gehörte wahrscheinlich zur Sekte der Essener. Andere Gruppen, die diese Heilserwartung teilten, waren die Pharisäer und die Sadduzäer. Keine dieser Gruppen zählte mehr als ein paar tausend Anhänger, und jede meinte, authentisch für das Judentum zu sprechen. Manchmal entwickelten sie Gedanken, die sich radikal voneinander unterschieden. So glaubten etwa – Josephus zufolge – die Sadduzäer, die in Jerusalem ansässige Partei der Priester, nicht an ein Fortleben der Seele nach dem Tode. Wie ein anderer jüdischer Schriftsteller dieser Zeit hätten sie nur zu gern gesagt: »Ich habe keinen Körper, ich bin ein Körper.« Die Beziehung zu Gott und die Erfüllung seines Worts besaßen nach den Sadduzäern ausschließlich innerweltliche Gültigkeit, und wie die große Mehrheit der Bücher des Alten Testaments kannten auch sie weder eine Auferstehung des Leibes noch ein ewiges Leben. Gemeinsam war den Pharisäern, Sadduzäern und Essenern die Überzeugung, daß alles, was ein Jude in dieser Welt tat, wie trivial und nebensächlich es auch sei, für den Allmächtigen von Belang sei. Die Pharisäer glaubten darüber hinaus an einen Tag des Gerichts nach dem Tode, an dem die Bösen von Gott verdammt werden, während die Gerechten auferstehen, um ihn im Himmlischen Jerusalem anzubeten.

Die Essener waren Asketen.[5] Wir wissen nicht viel über sie, aber sie waren eine Priestersekte, die »390 Jahre nach der Zerstörung des 1. Tempels« entstand. Zwanzig Jahre lang suchten sie den Weg der Wahrheit, bis sie vom großen Lehrer der Gerechtigkeit unterwiesen wurden. Wie so viele religiöse Gruppen spalteten sie sich bald, und der Lehrer der Gerechtigkeit wurde durch den Frevelpriester oder Lügenprediger ersetzt. Die Wissenschaft ist sich nicht einig, auf welches historische Ereignis sich dieser Bruch bezieht und ob es überhaupt ein solches gegeben hat.

Alle diese Juden waren sich jedoch darin einig, daß Gott mit dem gegenwärtigen Zustand Israels höchst unzufrieden sei und die Dinge schon bald zum Besten wenden werde: Der Messias wird erscheinen, ihm geht der wiedergeborene Prophet Elia voraus. Der politischen Anarchie und der religiösen Auflösung wird durch die Ankunft eines Erlösers, möglicherweise aus dem königlichen Stamm Davids, ein Ende gesetzt.

»Und wenn all diese Dinge geschehen«, heißt es in der Gemeinderegel von Qumran, »in diesen Augenblicken wird sich die Gemeinde Israels von den Wohnstätten gottloser Männer entfernen und sich in die Wüste flüchten, um Seinen Weg vorzubereiten, wie geschrieben steht: ›Es ruft eine Stimme: In der Wüste bereitet dem Herrn den Weg, macht in der Steppe eine ebene Bahn unserm Gott!‹ (Jes 40,3).«

Wenn dies die Einstellung der Gemeinde von Qumran war, das in der Nähe des Toten Meeres unter dem Meeresspiegel liegt, was geschah dann im Norden des Landes, in der Tetrarchie Galiläa? Galiläa war an diesem Wendepunkt der Geschichte sowohl politisch als auch geographisch und religiös ein eigenständiges Gebilde. Wie jeder Besucher des heutigen Israel weiß, ist es ein aufregendes Erlebnis, wenn man im Frühling Judäa verläßt und nach Galiläa reist. Judäa ist ein trockenes, erdfarbenes, gebirgiges Land, Galiläa dagegen erscheint in üppigem Grün. Man glaubt sich in den fruchtbarsten Gegenden von Wales, der Dordogne oder Vermont zu befinden. Galiläa ist ein von der Landwirtschaft geprägtes Land. Selbst lange vor der Zeit der heutigen israelischen Siedler war es schon äußerst furchtbar; dort gediehen Obst und Gemüse. In der Mitte liegt der große See Genezareth. An diesem See blühte der Fischhandel, der durch seine ausgedehnten Beziehungen bis nach Jerusalem wesentlich zum Wohlstand der Gesamtbevölkerung beitrug.

Da Landwirtschaft und Fischerei florierten, war Galiläa die bei weitem reichste Region Palästinas. Sie war auch die unabhängigste, da die Galiläer weit weniger mit Rom zu tun hatten als die Jerusalemer oder Judäer. Zu Lebzeiten Jesu wurde das Land von dem Tetrarchen Herodes Antipas verwaltet (4 v. u. Z. bis 39 u. Z.), danach von Herodes Agrippa I. (39 bis 44 u. Z.). Galiläa verwaltete sich in religiöser und politischer Hinsicht weitgehend selbst. In regelmäßigen Abständen wurde auch ein eigenes religiöses Gremium einberufen, der Sanhedrin oder der Hohe Rat. Es gab zwar einige Pharisäer in Galiläa, jedoch weniger als in Judäa. In Jerusalem kritisierte man die religiöse Laschheit der Galiläer. »Galiläa, Galiläa, du haßt die Thora!« rief der Rabbi Jochanan ben Zakkai aus, der Mann, der den Fortbestand des Judentums nach der Zerstörung des Tempels im Jahre 70 u. Z. sicherte. Der Überlieferung nach siedelte er im Jahre 50 u. Z. in die galiläische Stadt Arab über, wo er mehrere Jahre gelebt und auf einer strengeren Einhaltung des Sabbats beharrt haben soll.

Galiläa war, zumindest die Gebirgsregionen Obergaliläas um Kapernaum herum, in denen Räuber ihr Unwesen trieben, auch ein politischer Unruheherd ersten Grades. Der größere Teil der Juden, die gegen die Römer aufbegehrten, waren Galiläer. Aufständische aus dieser nördlichen, quasi unabhängigen Region drängten die eher passiven Judäer, das römische Joch abzuschütteln. In den ersten siebzig Jahren u. Z. waren es immer wieder die Galiläer, welche die Aufstände planten. Judas der Galiläer – sein Vater war von Herodes dem Großen hingerichtet worden, weil er gegen die Römer agitiert hatte – wiegelte im Jahre 6 u. Z. die Juden auf, dem römischen Kaiser die Zahlung des Tributs zu verweigern. Seine Söhne Jakob und Simon wurden rund vierzig Jahre später wegen ähnlicher Delikte gekreuzigt. Während der Statthalterschaft des Pontius Pilatus fielen mindestens zweimal Banden aus Galiläa in Jerusalem ein, wiegelten die Bewohner der Stadt zum Aufstand auf und forderten die nationale und religiöse Unabhängigkeit. All diese Rebellionen wurden erbarmungslos niedergeschlagen und bestraft, die Anführer meist gekreuzigt. Hinter vielen dieser Aktionen standen die als Mordgesellen berüchtigten Zeloten aus Galiläa.

Galiläa hat nicht nur wohlhabende Fischer und politische Umstürzler hervorgebracht, sondern scheint auch ein fruchtbarer Nährboden für fromme Männer gewesen zu sein. Die Chassidim, eine Art charismatische Heiler und Wundertäter, sind für diese Zeit in Galiläa bezeugt. Anders als die Pharisäer oder Tempelpriester in Jerusalem erfreuten sich diese Chassidim bei den einfachen Menschen großer Beliebtheit, einmal wegen ihrer unmittelbaren

Nähe zu Gott, zum zweiten wegen ihrer Wundergabe. Sie zeichneten sich durch größeren religiösen Eifer aus als die Tempelpriesterschaft, übten dagegen bei kleineren rituellen Vergehen eher Nachsicht. Einer der berühmtesten Chassidim, Choni, der zur Zeit des Pompeius auf der Höhe seines Ruhms stand, besaß Macht über Wind und Regen, ebenso der Galiläer Chanina ben Dosa, der etwa sechzehn Kilometer nördlich von Nazareth lebte. Chanina erfüllte seine Rituale so strikt, daß er nicht einmal sein Gebet unterbrach, wenn sich eine Schlange um seine Füße ringelte. Er konnte die Kranken durch Gebet und Handauflegen heilen, und einmal heilte er, wie im 2. Kapitel erwähnt, einen Jungen, ohne ihn auch nur aufzusuchen. Wie Choni war auch Chanina ben Dosa in der Lage, es aus einem wolkenlosen Himmel regnen zu lassen. Wie andere fromme Männer dieser Zeit galt auch er den Menschen als der wiedergeborene Prophet Elia. Wie Elia führten die Chassidim ein sehr einfaches Leben. »Sie haßten ihr Geld und noch mehr den Mammon anderer Menschen«, lesen wir in der Mechilta. Sie scheinen Gott besonders nahe gestanden zu haben. Niemand hielt sie für göttlich, doch eine hebräische Quelle bezeichnet Choni als »Sohn der Pflanzung Gottes«, und eine himmlische Stimme deutet an, Chanina ben Dosa sei ein Sohn Gottes gewesen.

Aus diesem Galiläa der Heiler und Wundertäter, der Revolutionäre und Freiheitskämpfer, der religiös eigenständigen Bewohner des Nordens, der reichen Bauern und wohlhabenden Fischer sollte eines Tages Jesus kommen.

Wie im vorigen Kapitel ausführlich dargelegt wurde, gibt es keine historischen Zeugnisse über die Kindheit und die Jugendjahre Jesu. Diese Zeit seines Lebens ist von Legenden umwoben, und den wirklichen Kern können wir ebensowenig herausschälen, wie wir uns das wirkliche Aussehen eines katholischen Heiligen vorstellen können, wenn wir seine Knochen in einem mit Edelsteinen besetzten Reliquienschrein betrachten, der von der Aura jahrhundertelanger Verehrung umhüllt ist. Über das Leben des erwachsenen Jesus läßt sich ebenfalls herzlich wenig sagen, aber wir können vermuten und schlußfolgern, nämlich genau an den Stellen, an denen die Evangelien ihre Deckung preisgeben, einander widersprechen oder uns Auskünfte geben, die möglicherweise einen Reflex auf eine frühe historische Realität darstellen, weil sie den Intentionen der Evangelisten wenig dienlich zu sein scheinen.

Sogar das vierte Evangelium, das so lange Zeit als rein theologisches Traktat ohne jede historische Gültigkeit oder Ausrichtung galt, enthält einige historisch verbürgte Fakten. Sie sind wohl zufällig hineingeraten, etwa so, wie Muscheln sich zufällig an einem Schiff festsetzen: Es hätte für den Evangelisten keinen Sinn gemacht, sie zu erfinden. In der Wundererzählung von der Hochzeit zu Kana in Galiläa beispielsweise sollte uns auffallen, daß *Jesus* das Wasser in den Steinkrügen in Wein verwandelte. Wie es in diesem Evangelium heißt, offenbarte Jesus mit diesem »Zeichen« seine Herrlichkeit. Wie bei jedem Ereignis im vierten Evangelium verbirgt sich hinter dem äußeren Anschein der Dinge eine innere geistliche Wahrheit, die sich nur den wahren Gläubigen erschließt, welche die Frohe Botschaft lesen oder hören. Die Gläubigen wissen – im Gegensatz zu den Hochzeitsgästen –, daß der Mann, der den Dienern befiehlt, die Krüge mit Wasser zu füllen, der ewige Logos ist. Die Gläubigen wissen, daß die Wasserkrüge eine rituelle Bedeutung haben »für die Reinigung nach jüdischer Sitte« (Joh 2,6); sie sind Symbol der alten Religion, des traditionellen Judentums, aus dem eine neue Religion entspringen wird – das Christentum. Wenn wir uns aber nur dem Erzählten selbst zuwenden und die »Lehre« einmal außer acht lassen, stellen sich ein paar einfache, sachliche Fragen. Warum kamen die Diener zu Jesus, als sie erkannten, daß der Wein bei der Hochzeit auszugehen drohte? Warum gebot die Mutter Jesu den Dienern: »Was er euch sagt, das tut« (Joh 2,5)? Es ist nicht Sache der Gäste, bei einer Hochzeit für Speise und Trank zu sorgen, wohl eher des *Bräutigams*. Vielleicht – wer weiß? – enthält die Wundererzählung von der Hochzeit zu Kana eine dunkle Erinnerung an Jesu eigene Hochzeit. In keinem Buch des Neuen Testaments wird uns gesagt, daß Jesus unverheiratet gewesen sei. Wenn er zu seinen Jüngern sagt, einige seien »von Geburt an zur Ehe unfähig« und andere hätten sich selbst »zur Ehe unfähig gemacht... um des Himmelreichs willen« (Mt 19,12), gibt es für uns keinerlei Grund zu der Annahme, er habe sich hier selbst gemeint. In der damaligen Zeit wäre der Stand der Ehelosigkeit für einen jungen Juden ungewöhnlich gewesen. Wir können also mit einiger Sicherheit davon ausgehen, daß Jesus kein Mitglied der Qumran-Gemeinde war und daß er den rigorosen Vorschriften der Essener nicht folgte. Die Evangelien schildern ihn vielmehr als »Fresser und Weinsäufer« (Mt 11,19; Lk 7,34) – ganz gewiß nicht als Asketen!

Der Autor einer modernen Biographie würde es für unerläßlich halten, uns mitzuteilen, ob die Hauptperson seines Buchs verheiratet war oder nicht, doch ein Evangelium ist nicht das gleiche wie eine Biographie von heute. Wie sah Jesus aus? Welche Farbe hatten seine Augen? Hatte er Kinder? Wir werden es nie erfahren. Das Markusevangelium und das vierte Evangelium machen sich gar nicht erst die Mühe, uns Legenden über die Geburt Jesu und seine Kindheit zu erzählen. Zunächst lassen sie kein Wort über seinen familiären Hintergrund verlauten. Sie stellen die Gestalt des Jesus erst vor, nachdem sie uns mit seinem Wegbereiter bekannt gemacht haben, einem wilden, zornigen Mann in der jüdäischen Wüste, der ein Gewand aus Kamelhaaren trägt und sich von Heuschrecken und wildem Honig ernährt. Sein Name ist Johannes.

Wenn die Religion Johannes' des Täufers – wir wissen, daß es eine solche gegeben hat – statt der Jesusreligion zum beherrschenden Kult des Mittelmeerraums geworden wäre, wäre unser Interesse an dieser faszinierenden Gestalt sicher nachhaltiger. Sein Kult lebte bis mindestens Mitte der fünfziger Jahre fort, wie der Verfasser der Apostelgeschichte unvorsichtigerweise durchblicken läßt. Als Paulus nach Ephesus kam, begrüßte er die Gläubigen dort mit der Frage: »Habt ihr den heiligen Geist empfangen, als ihr gläubig wurdet?« (Apg 19,2). Diese Frage stößt auf blankes Unverständnis. Die »Jünger« aus Ephesus haben nämlich noch nie gehört, daß es einen heiligen Geist gibt, ebensowenig von dem, »der nach ihm [Johannes dem Täufer] kommen werde« (Apg 19,4), nämlich von Jesus.

Dies ist eine jener Stellen im Neuen Testament, wo der Erzähler eines bestimmten Buchs bei der Ordnung des Materials so ungeschickt vorgegangen ist, daß wir einen Blick hinter die Kulissen werfen können und eine Welt entdecken, die zur traditionellen Sicht der Dinge im Widerspruch steht. Christliche Kinder an unseren Schulen, die auf der Landkarte die Missionsreisen des Paulus verfolgen und denen beigebracht wird, die »Kirche« sei am

Pfingsttag gegründet worden, müssen davon ausgehen, daß die an Jesus glaubenden Menschen gemeint sind, wenn in der Apostelgeschichte von »Gläubigen« oder »Jüngern« die Rede ist, möglicherweise sogar Menschen, die an die Göttlichkeit Jesu glauben. Doch hier, in der Apostelgeschichte, einem Buch, das die Weitergabe der christlichen Religion an die nichtjüdische Welt beschreiben will, entdecken wir eine Gemeinde von Gläubigen, die noch nicht einmal den Namen Jesus kennen. In Ephesus war man der Meinung, der »Weg«, wie die Religion dieser frühen Gläubigen genannt wurde, bedeute, der »Taufe des Johannes« zu folgen. Dies hatten sie von einem Juden aus Alexandria namens Apollos (Apg 18,24) erfahren, und dieser war unverkennbar ein mit Paulus konkurrierender Missionar.

Als Paulus an die Korinther schrieb, mußte er entdecken, daß Apollos auch dort gewesen war: »Denn es ist mir bekannt geworden über euch, liebe Brüder, durch die Leute der Chloë, daß Streit unter euch ist. Ich meine aber dies, daß unter euch der eine sagt: Ich gehöre zu Paulus, der andere: Ich zu Apollos, der dritte: Ich zu Kephas, der vierte: Ich zu Christus. Wie? Ist Christus etwa zerteilt? Ist denn Paulus für euch gekreuzigt? Oder seid ihr auf den Namen des Paulus getauft?« (1 Kor 1,11–13). Ein Christ, der heute diese Verse vom Standpunkt des Gläubigen aus liest, wird wahrscheinlich der Meinung sein, es sei lächerlich, auch nur zu vermuten, jemand könne auf einen anderen Namen als den des Jesus getauft sein.

Paulus stellt jedoch klar, daß die Taufe nicht notwendig auf den Namen Christi erfolgen müsse. Für die Christen Korinths waren Paulus, Apollos, Jesus und Kephas offenkundig austauschbare Namen, von denen keiner mehr oder weniger göttlich war als die anderen. Es war von den Korinthern nicht zu erwarten, daß sie die Besessenheit des Paulus teilten, was die Umstände des Todes Jesu betraf. Bis sie die Briefe des Paulus zu lesen bekamen, konnten sie schlechterdings nicht davon ausgehen, daß ihre Religion – die »Taufe der Buße« – irgend etwas mit der Kreuzigung zu tun habe. Wie die Epheser waren die Korinther von Apollos unterwiesen worden, und die Religion des Apollos war die »Taufe des Johannes«.

Im Neuen Testament erfahren wir, daß Johannes eine eigene

Anhängerschaft hatte. Ob er sich darum bemüht hat, läßt sich nicht feststellen. Wie Jesus fiel er bei der Obrigkeit in Ungnade und wurde festgenommen. Wie an Jesus wurde an Johannes dem Täufer Justizmord begangen. Wie Jesus soll er von den Toten auferstanden sein (Mt 14,2). Als Herodes von Jesus und dessen Beliebtheit beim Pöbel erfuhr, vermutete er sofort, Johannes sei aus dem Grab auferstanden. In der damaligen Welt hielt man solche Wunder durchaus für möglich – seltsamerweise auch in Verbindung mit einer Wiedergeburt, denn die Evangelien belegen den zu Lebzeiten des Johannes weitverbreiteten Glauben, dieser sei der wiedergeborene Prophet Elia. Wäre Paulus eine schwächere Persönlichkeit gewesen als Apollos oder hätte er seine Briefe nie geschrieben, dann hätte sich vielleicht die »Taufe des Johannes« als die Religion durchgesetzt, welche die Phantasie der antiken Welt gefangennahm, und nicht die »Taufe des Christus«. Statt über die Bergpredigt würden die Gläubigen heute alles über die Predigt am Jordan-Ufer wissen. Statt der Überlieferungen über die heldenhaften letzten Stunden Jesu hätten sie die Geschichten über Johannes den Täufer im Gefängnis lebendig erhalten oder Geschichten von seiner Enthauptung. Vielleicht hätten wir auch erfahren, wie er nach seinem Tod seinen auserwählten Anhängern erschien. Vielleicht hätte sich der Kult sogar so weit entwickelt, daß heutige Johanniter oder Baptisten auf unwiderlegliche Beweise für die Göttlichkeit des Johannes im Neuen Testament verweisen könnten.

So ist es jedoch nicht gekommen. Die Geschichte hat es anders gewollt. Gleichwohl kann das Neue Testament die Bedeutung des Johannes nicht leugnen. So wird Jesus die Äußerung zugeschrieben: »Ich sage euch, daß unter denen, die von einer Frau geboren sind, keiner größer ist als Johannes.« Das hört sich wie eine Lobpreisung an. Doch dann fügt Jesus – oder der Verfasser des Lukasevangeliums? – hinzu: »... der aber der Kleinste ist im Reich Gottes, der ist größer als er« (Lk 7,28). Im Markusevangelium lesen wir: »Johannes der Täufer war in der Wüste und predigte die Taufe der Buße zur Vergebung der Sünden. Und es ging zu ihm hinaus das ganze jüdische Land und alle Leute von Jerusalem und ließen sich von ihm taufen im Jordan und bekannten ihre Sünden. Johannes aber trug ein Gewand aus Kamelhaaren und einen ledernen Gürtel um seine Lenden und aß Heuschrecken und wilden Honig« (Mk 1,4–6).

Als in Qumran die Schriftrollen entdeckt wurden, war es nur natürlich, daß Wissenschaftler sich fragten, ob Johannes dieser asketischen Gemeinde angehört hatte, das heißt, ob er ein Essener war. Wenn er tatsächlich einmal der Qumran-Sekte oder den Essenern angehört hatte, war dies zum Zeitpunkt seiner Bußpredigt am Jordan sicher nicht mehr der Fall, denn weder die Qumran-Gemeinde noch die Essener glaubten an das Heilsangebot für *alle* Israeliten, sondern erwarteten, Gott werde nur einen auserwählten Teil seines Volkes erlösen. Der Universalismus des Johannes wäre nicht nach ihrem Geschmack gewesen.

In den Schriftrollen vom Toten Meer werden nicht nur Waschungen erwähnt, sondern es ist auch von der Taufpraxis die Rede. Wissenschaftler haben mit guten Gründen gemeint, Johannes könnte einmal dieser Sekte angehört und sich dann von seinen Mitbrüdern getrennt haben, um in die Wüste zu gehen – zunächst als Einsiedler und dann als großer religiöser Volksprediger: »Und dann (das heißt, wenn das Ende gekommen ist, am Tag des Jüngsten Gerichts), wenn die Wahrheit der Welt für immer offenbar sein wird, wird Gott mit seiner Wahrheit alle Taten der Menschen läutern und einen Angehörigen des Menschengeschlechts für sich ausersehen, um aus dessen Fleisch jeden bösen Geist zu vertreiben, um ihn durch einen heiligen Geist von allem sündhaften Handeln zu reinigen, und ihn mit einem Geist der Wahrheit als reinigendem Wasser benetzen.«[6]

Johannes scheint einer dieser Juden gewesen zu sein, die das bevorstehende Ende aller Dinge und ein letztes Gericht über Israel erwarteten. Ein Messias werde erscheinen, der das Volk erlöse und ein Zeitalter der Glückseligkeit anbrechen lasse. Johannes wußte aus der Schrift, daß die Menschen gereinigt werden mußten, bevor dieses Zeitalter anbrechen konnte. Johannes hatte eine handfeste und keineswegs mystische Vorstellung davon. Seine Predigt hat mit den Weissagungen der großen Propheten der Mitte des achten Jahrhunderts v. u. Z. – Amos, Hosea und Jesaja – viel gemein. Wenn Johannes den Evangelien zufolge im Volk eine große Anhängerschaft hatte, muß dies daran gelegen haben, daß seine Botschaft so leicht verständlich und einfach war.

»Und die Menge fragte ihn und sprach: Was sollen wir denn tun? Er antwortete und sprach zu ihnen: Wer zwei Hemden hat, der gebe dem, der keines hat; und wer zu essen hat, tue ebenso. Es kamen auch die Zöllner, um sich taufen zu lassen, und sprachen zu ihm: Meister, was sollen denn wir tun? Er sprach zu ihnen: Fordert nicht mehr, als euch vorgeschrieben ist! Da fragten ihn auch die Soldaten und sprachen: Was sollen denn wir tun? Und er sprach zu ihnen: Tut niemandem Gewalt oder Unrecht und laßt euch genügen an eurem Sold!« (Lk 3,10–14).[7]

Einige Kommentatoren bezweifeln, daß der Täufer tatsächlich so gepredigt hat, oder werfen die Frage auf, ob Lukas ihm die Worte nicht in den Mund gelegt hat, um römische Leser seines Buches zu beruhigen, denen vielleicht zu Ohren gekommen war, Christen seien Anarchisten oder Gegner der bestehenden Ordnung. Die verschlüsselte Botschaft dieser Verse sowie anderer Stellen des lukanischen Schriftwerks, an denen römische Soldaten in einem günstigen Licht erscheinen, lautet: »Unsere Religion ist selbst in der Zeit ihrer Anfänge gut mit dem römischen Militär ausgekommen.«

Es gibt jedoch keinerlei Grund zu der Annahme, daß der Täufer die einfache Botschaft der Buße nicht gepredigt hat, die Lukas ihm zuschreibt. Die einfache Botschaft – »Bereut eure Sünden, seid gut, seid großherzig« – ist das Herzstück »des Gesetzes und der Propheten« in den jüdischen Schriften. Das große »Höre, Israel«, das bis heute von den frommen Juden gebetet wird, enthielt für Jesus die Essenz der Thora: »Höre, Israel, der Herr ist unser Gott, der Herr allein. Und du sollst den Herrn, deinen Gott, liebhaben von ganzem Herzen, von ganzer Seele und mit all deiner Kraft« (Dt 6,4–5). Von zentraler Bedeutung war auch die Botschaft des Buches Levitikus: »Du sollst deinen Nächsten lieben wie dich selbst« (Lev 19,18). Jesus sagte dazu: »In diesen beiden Geboten hängt das ganze Gesetz und die Propheten« (Mt 22,40). Johannes wäre mit Jesus einer Meinung gewesen. Johannes lehrte, die Juden sollten sich auf das Kommen des Reiches vorbereiten, jedoch nicht durch Hingabe an irgendein esoterisches »Mysterium«, wie sie unter Nichtjuden verbreitet waren, auch nicht durch das Trinken des Bluts von Mithras oder durch »Wiedergeburt aus dem Geist« wie die Gnostiker. Sie sollten vielmehr versuchen, tugendhaft zu leben: Sie sollten nicht habgierig sein, die Armen nicht ausbeuten und zu Hause sittsam und in Einehe leben. Der Religion Israels sind »Mysterien« freilich immer fremd gewesen: »Nun, Israel, was fordert der Herr, dein Gott, noch von dir, als daß du den Herrn, deinen Gott, fürchtest, daß du in allen seinen Wegen wandelst und ihn liebst und dem Herrn, deinem Gott, dienst von ganzem Herzen und von ganzer Seele, daß du die Gebote des Herrn hältst und seine Rechte, die ich dir heute gebiete, auf daß dir's wohlgehe?« (Dt 10,12–13). Israel glaubte, Gott habe *so* zu ihnen gesprochen, als die Thora ihnen in der Wüste gegeben wurde. So sprach er auch in der Zeit Johannes' des Täufers zu ihnen, daher war es nur recht und billig, daß sie sich in die Wüste begaben, um die Botschaft zu hören.

»Der Saum ihrer [der semitischen] Wüsten war mit Trümmern von Glaubenslehren übersät«, schrieb T.E. Lawrence. »Es ist bezeichnend, daß diese Reste gescheiterter Religionen gerade an den Grenzen zwischen Wüste und bebautem Land zu finden sind. Das weist auf die Entstehung all dieser Glaubenslehren hin (Judentum, Christentum und Islam). Sie stützten sich auf Behauptungen, nicht auf Beweisgründe, bedurften daher eines Propheten zur Verbreitung. Die Araber behaupten, daß es vierzigtausend Propheten gegeben hat; wir wissen von mindestens einigen hundert. Keiner von ihnen kam aus der Wüste; doch ihr aller Leben verlief nach dem gleichen Muster. Ihrer Geburt nach gehörten sie in volkreiche Ortschaften. Ein unverständlich leidenschaftliches Sehnen trieb sie in die Wüste hinaus. Dort lebten sie längere oder kürzere Zeit in Betrachtung und Einsamkeit; und von dort kehrten sie mit einer Botschaft zurück, die, wie sie meinten, ihnen zuteil geworden war, um sie früheren, nun zweifelnden Gefährten zu predigen. Die Gründer der drei großen Glaubenslehren haben alle diesen Kreis durchlaufen...«[8] Johannes in der Wüste und Jesus nach ihm erträumten keinen neuen oder radikal veränderten Judaismus. Sie sind entweder selbst zu Propheten geworden oder von ihren Jüngern in die Rolle des Propheten hineingedrängt worden – wie die alten Propheten: Männer mit einer Botschaft, aber auch Männer, die ihr Leben nach dieser Botschaft ausrichteten wie Jeremia oder Hosea. Ihre Verkündigung ließe sich in drei Worten zusammenfassen: »Seid bessere Juden.« Das meint das

Gesetz und die Propheten, soweit es Johannes und Jesus betrifft, obwohl Jesus später einige provokante Fragen stellte, etwa, was es heiße, ein Jude zu sein, oder was es bedeute, »gut« zu sein.

Wenn wir die Gestalt Johannes' des Täufers betrachten, drängen sich Fragen auf. Erstens: Wie verstand er sich selbst? Zweitens: Als was sahen ihn seine Zeitgenossen an, also auch Jesus? Und drittens: Für wen hielt Johannes Jesus?

Die Schriften des Neuen Testaments stammen überwiegend von Männern, die Jesus für den Messias hielten. Folglich überrascht es nicht, daß wir keinerlei Hinweis darauf finden, Johannes könnte sich als Messias bezeichnet haben. Selbst wenn man in Rechnung stellt, daß die Evangelisten parteiisch waren, ist es höchst unwahrscheinlich, daß Johannes je behauptet hat, der Messias zu sein. Der Grund für diese Annahme ist eines jener merkwürdigen Versehen in den Evangelien, wo der dargebotene Stoff im Widerspruch zu der Botschaft steht: die Stelle, an der Johannes nach seiner Gefangennahme vom Wirken Jesu hört, seine Jünger zu ihm schickt und ihn fragen läßt: »Bist du es, der da kommen soll, oder sollen wir auf einen andern warten?« (Mt 11,3).

Wenn fromme Christen im Evangelium diese Passage lesen, denken sie sicher, daß der in seiner Gefängniszelle sitzende Johannes mit Freude die Antwort vernehmen wird, daß Jesus Kranke geheilt, Tote auferweckt hat und den Armen das Evangelium predigt. Wenn Johannes Jesus aber für den Messias gehalten hätte, hätte er die Frage natürlich nicht zu stellen brauchen. Mit dieser bangen Frage – dazu an einem Ort, der, wie er gewußt haben muß, nur den Tod für ihn bereithielt – verrät Johannes also, daß er nicht an Jesus als den Christus glaubt (oder vielmehr nicht mehr glaubt). »Jesus antwortete und sprach zu ihnen: Geht hin und sagt Johannes wieder, was ihr hört und seht: Blinde sehen und Lahme gehen, Aussätzige werden rein und Taube hören, Tote stehen auf, und Armen wird das Evangelium gepredigt; und selig ist, wer sich nicht an mir ärgert« (Mt 11, 4–6). Diese eindrucksvolle Reihe von Taten ist jedoch nicht das, was von dem verheißenen Erlöser erwartet wurde. Was Jesus hier getan hat, ist voll und ganz *sui generis*. Die Frage des Johannes meint: »Bist du der Messias, oder bist du es nicht?« Und die

Antwort Jesu bedeutet: »Gott kann sich auch auf andere Weise zeigen – etwa dadurch, daß ich heile und den Armen predige.« Jesus hielt Johannes für einen Propheten und »mehr« als einen Propheten (Mt 11,9). Johannes kam über Jesus zu der gleichen Erkenntnis. Doch er hatte gehofft, Jesus sei etwas noch Größeres. Im vierten Evangelium kommen Priester und Leviten von Jerusalem in die Wüste, um Johannes zu fragen, ob er der Christus sei, und er verneint dies. Er bezieht nur den Text des Propheten Jesaja auf sich: »Ich bin eine Stimme eines Predigers in der Wüste« (Jes 40,3 in Joh 1,23).

Damit sind unsere beiden ersten Fragen beantwortet. Johannes bestritt, der Messias zu sein. Er leugnete, »der Prophet« zu sein, der dem Messias den Weg bereiten werde. Auf die Fragen der Obrigkeit nach seiner Person antwortete Johannes nur mit Verneinungen, was diese sehr erstaunte. Das war eine Methode, die Jesus später von Johannes übernahm und gelegentlich sehr wirksam einsetzte.

Jesus soll sich in der Zeit seines Wirkens auf Johannes bezogen haben, meist um die Obrigkeit zu ärgern oder seine Anhänger zu verblüffen. Als im Matthäusevangelium die Hohenpriester Jesus fragen, aus welcher Vollmacht er lehre, stellt Jesus die Gegenfrage, ob die Taufe des Johannes »vom Himmel oder von den Menschen« gewesen sei. Die Hohenpriester scheuen sich, diese Frage zu beantworten, und überlegen bei sich: »Sagen wir, sie war vom Himmel, so wird er zu uns sagen: Warum habt ihr ihm dann nicht geglaubt? Sagen wir aber, sie war von Menschen, so müssen wir uns vor dem Volk fürchten, denn sie halten alle Johannes für einen Propheten. Und sie antworteten Jesus und sprachen: Wir wissen's nicht. Da sprach er zu ihnen: So sage ich euch auch nicht, aus welcher Vollmacht ich das tue« (Mt 21,25–27). Vielleicht war es kein Zufall, daß Jesus diesen scharfen Wortwechsel gerade mit Priestern führte. Bei Lukas lesen wir, Johannes stamme von Priestern ab, sein Vater sei »ein Priester von der Ordnung Abija« (Lk 1,5) der Tempelpriester. Johannes' asketische Lebensweise, etwa seine Enthaltung von Alkoholgenuß, wurde von einem Engel geweissagt, als er noch im Leib seiner Mutter Elisabeth ruhte (Lk 1,5). Vielleicht hatte Lukas recht mit seiner Vermutung, daß Elisabeth und Maria, die Mutter Jesu, Cousinen waren. Wenn

Johannes aber der Vetter Jesu war, könnte dies erklären, weshalb Jesus den Norden des Landes verließ, um sich den Anhängern des Täufers in der Wüste anzuschließen.

Die synoptischen Evangelien heben hervor, daß Jesus eine ganz andere Sendung als Johannes hatte, doch vielleicht kommt das vierte Evangelium der Wahrheit näher, wenn es Jesus seine ersten Jünger als Jünger des Johannes kennenlernen läßt. Der Ruf nach Buße, die Versuchungen in der Wüste und die dramatische, emotionale Wirkung der Predigten des Johannes nehmen im Neuen Testament breiten Raum ein:

»Was seid ihr hinausgegangen in die Wüste zu sehen? Wollet ihr ein Rohr sehen, das der Wind hin- und herweht? Oder was seid ihr hinausgegangen zu sehen? Wollt ihr einen Menschen in weichen Kleidern sehen? Siehe, die weiche Kleider tragen, sind in den Häusern der Könige. Oder was seid ihr hinausgegangen zu sehen? . . .« (Mt 11,7–9).

Diese Fragen muß sich auch Jesus gestellt haben, als er dem Impuls seines Vetters nach seelischer Einkehr in der Wüste folgte. Die geistliche Selbstprüfung, die in den Evangelien dramatisch als »Versuchungen in der Wüste« bezeichnet wird, stellte einen Teil der damaligen Erfahrungen Jesu dar. Was T. E. Lawrence über den Glauben von Wüstenbewohnern sagte, die er neunzehnhundert Jahre nach Johannes dem Täufer kennenlernte, galt wohl auch für den Mann in dem Gewand aus Kamelhaar und vielleicht auch für seinen Vetter aus Galiläa: »Sie sind ein Volk der Grundfarben, oder vielmehr des Schwarz und Weiß und sehen die Welt stets nur in Umrissen. Sie sind dogmengläubig und verabscheuen den Zweifel, die Dornenkrone unserer Zeit... Der gemeinsame Grundgedanke aller semitischen Religionen, der erfolgreichen und der erfolglosen, war die immer gegenwärtige Idee der Nichtigkeit alles Irdischen. Aus tiefer Abneigung gegen die Materie predigten sie Entbehrung, Entsagung und Armut, und in der Luft einer solchen Lehre verflüchtigten sich rettungslos die Seelen der Wüste.« Und ihr Drang in die Ödnis, so Lawrence weiter, »sei stets unwiderstehlich gewesen, wohl nicht, weil sie Gott dort fanden, sondern weil sie in der Einsamkeit mit größerer Klarheit die Stimme hörten, die sie in sich trugen«[9].

Ich selbst habe nur einen Tag und eine Nacht in der Negev-

Wüste verbracht. Dort ließ mich ein arabischer Fahrer einmal allein zurück, als ich noch ein sehr junger Mann war. Es war in dem trockenen, felsigen Gebiet südlich von Jerusalem, wo die Wüste beginnt. Die ungewöhnliche Kälte und Klarheit der Nacht, die Helligkeit der Sterne am Himmel, die sengende Hitze des Tages schon kurz nach Sonnenaufgang, der Hunger und der Durst, die mich quälten, bis ich von einem anderen Araber gerettet wurde, der zufällig in einem klapprigen alten Wagen vorbeikam, all das ließ mich erahnen, was andere Autoren – vor allem T. E. Lawrence – über die Fähigkeit der Wüste gesagt haben, das Bewußtsein auf die einfachsten Dinge zu lenken.

Die Versuchungen Jesu in der Wüste ermangeln jeder Tiefe, wenn wir uns vor Augen führen, daß es der Teufel ist, der einem göttlichen Wesen etwas ins Ohr flüstert. Während Dostojewski in seinen *Brüdern Karamasow* einen großartigen mythologischen Gebrauch von diesen Versuchungen machte, um das institutionalisierte Christentum im allgemeinen und den Katholizismus im besonderen anzugreifen, verfolgten die Evangelisten natürlich andere Absichten, wenn sie schrieben, Jesus sei in der Wüste »versucht« worden. Mit seiner hartnäckigen Frage »Bist du Gottes Sohn« stellt der Teufel nicht die Göttlichkeit Jesu auf die Probe, sondern den *Menschen* Jesus. Der Teufel sagt nicht: »Bist du Gott – dann beweise es!« Weder bei Matthäus und Markus noch bei Lukas steht, daß Jesus Gott zu sein behauptete.

Die erste Versuchung besteht in der Aufforderung, die Steine der Wüste zu Brot zu machen. Damit wird Jesus in Versuchung geführt, seine charismatische Macht zum materiellen Nutzen anderer zu gebrauchen. Dies war eine Versuchung, der Jesus vermutlich sein Leben lang ausgesetzt war. Obwohl wir erfahren, daß er dieser Versuchung später nachgegeben hat – etwa als er fünftausend Menschen in der Wüste auf wundersame Weise speiste, Wasser in Wein verwandelte oder die klägliche Ausbeute einer Nacht zu einem riesigen Fischfang vermehrte –, berichten die Evangelien auch von ihm, er habe seine Anhänger getadelt, weil sie von ihm solche »Zeichen« forderten. »Der Mensch lebt nicht vom Brot allein, sondern von einem jeden Wort, das aus dem Mund Gottes geht« – das ist ein Zitat aus dem Buch Deuteronomium, mit dem Jesus den Impuls niederkämpft, sich mit materiellen Wohltaten bei seinen Anhängern beliebt zu machen (Dt 8,3 in Mt 4,4). Jesus entschließt sich vielmehr, so zu leben, als wäre er ein Kind Gottes, ein Sohn Gottes, und seine Mitjuden zu lehren, genauso zu leben; er versucht ihnen vorzuleben, daß man ein solches Vertrauen in Abba, den himmlischen Vater, haben kann, daß man sich um Speise, Trank oder Kleidung keine Sorgen zu machen braucht.

Er ist von dem Geist des 91. Psalms durchdrungen, der davon spricht, daß diejenigen, die Gott lieben, unter seinem Schutz stehen:

»Denn er errettet dich vom Strick des Jägers
und von der verderblichen Pest.
... daß du nicht erschrecken mußt vor dem Grauen
der Nacht,
vor den Pfeilen, die des Tages fliegen...
Denn er hat seinen Engeln befohlen,
daß sie dich behüten auf allen deinen Wegen,
daß sie dich auf den Händen tragen
und du deinen Fuß nicht an einen Stein stoßest«
(Ps 91,3.5.11-12).

Diese jahrhundertelang vor Jesu Geburt geschriebenen Verse waren Teil des jüdischen Gebetbuchs. Der fromme Jude, der sie sprach, hielt sich damit jedoch nicht für göttlich. Einigen der Jesus zugeschriebenen Äußerungen läßt sich entnehmen, daß er zu Übertreibungen neigte. So soll er etwa gesagt haben, der Glaube könne Berge versetzen. Das bedeutet aber nicht unbedingt, daß er dies im buchstäblichen Sinn für möglich hielt. Er hat auch sicherlich nicht geglaubt, daß Engel ihn auf den Händen trügen, wenn er sich von der Zinne des Tempels hinabstürzte. Im Matthäusevangelium steht nur, daß er vom Teufel *in Versuchung geführt wurde*, dies zu glauben. Wir spüren bei Jesus eine fast ständige Spannung zwischen der Unwirtlichkeit der Wüste und der Komödie des Familienlebens (wo sich eine verlorene Münze zu einer Katastrophe welterschütternden Ausmaßes auswachsen kann und wo rüpelhafte Nachbarn einen mitten in der Nacht wecken). Dieser Jesus lehnt die lemminghafte Entscheidung zur Selbstzerstörung ab, die, wie für seine jüdischen Zeitgenossen als nationale Wahlmöglichkeit erkennbar, von einigen der absonderlicheren Sekten auch mit Nachdruck vertreten wurde. Er lehnt es ab, sich von der Zinne des Tempels zu stürzen: »Du sollst den Herrn, deinen Gott, nicht versuchen« (Dt 6,16 in Mt 4,7).

Die dritte Versuchung ist die größte und zudem der wichtigste Teil des Mythos von der Begegnung Jesu mit dem Teufel in der Wüste: »Darauf führte ihn der Teufel mit sich auf einen sehr hohen Berg und zeigte ihm alle Reiche der Welt und ihre Herrlichkeit und sprach zu ihm: Das alles will ich dir geben, wenn du niederfällst und mich anbetest« (Mt 4,8–9).

Mit der Zurückweisung dieses Ansinnens lehnt Jesus zugleich politische Macht ab, jedenfalls bei oberflächlicher Betrachtung. Man kann davon ausgehen, daß sich ihm während seines Wirkens die Gelegenheit zu politischer Betätigung bot, wenn auch nicht unbedingt zu wirklicher Machthabe. Wir kommen noch darauf zu sprechen, wie das Volk ihn zum König machen wollte und wie er mit der Dornenkrone auf dem Haupt starb, über ihm am Kreuz die verspottende Inschrift »König der Juden«. Jesu Mißtrauen gegen das Königtum ist zutiefst jüdisch. Die Juden hatten es schon mehr als tausend Jahre vorher, zur Zeit Samuels, mit Königen versucht. Den Reichen Sauls und Davids waren jedoch nicht nur Erfolge beschieden gewesen. Seit der Zeit der mörderischen Kämpfe, die nach dem Tod König Salomos aufflammten, hatten die Juden zu politischen Dingen eine heilsame innere Distanz gewonnen. Ihr Gehorsam war der Gehorsam des einzelnen gegenüber Gott.

Wäre der Chassid Jesus aus Galiläa zu versuchen gewesen, seinen Einfluß in einem mehr als politischen Sinn auf die »Reiche der Welt« auszudehnen, wenn er dort in der Wüste in die Zukunft hätte blicken können? Wäre er zu versuchen gewesen, Paulus zu »bekehren« und in den Synagogen von Ephesus, Athen, Korinth und Rom Zwietracht zu säen und eine neue »Weltreligion« zu etablieren, die eines Tages die Religion des Reiches werden konnte? Wäre er zu versuchen gewesen, eine Kirche oder mehrere Kirchen zu gründen, von denen jede die andere der Häresie beschuldigte und ihre Mitgläubigen mit konziliaren Verdammungen, päpstlichen Bullen, Inquisitionen und Kriegen überzog, bis die Hauptstadt des Reiches voller Tempel gewesen wäre? Tempel, die der Anbetung Jesu geweiht waren, und Altäre, an denen nichtjüdische Priester durch bloße Wiederholung bestimmter Worte die Gegenwart Jesu hätten herabbeschwören können? Wenn er solche Dinge hätte vorhersehen können, kann man sich kaum vorstellen, daß der Jesus des Neuen Testaments sich dadurch hätte in Versuchung führen lassen, denn es wäre ihm alles wie Teufelswerk vorgekommen.

Mit der Zurückweisung der dritten Versuchung lehnt Jesus nicht nur politische Macht ab, sondern auch die Vorstellung von einer kollektiven, allen Menschen gemeinsamen Antwort auf das Leben. »Das Göttliche im Menschen ist trügerisch und ungreifbar, so daß er sich leicht versucht fühlt, es in eine konkrete Form zu gießen. Doch diejenigen, die sich allein darum bemühen, werden ihr Ziel gemeinsam erreichen, und diejenigen, die sich gemeinsam darum bemühen, werden jeder für sich allein untergehen.«[10] In seinen Erzählungen und Apophthegmen hat Jesus diesen Gedanken treffender zum Ausdruck gebracht als jeder andere »Denker« oder »Religionsstifter«, obwohl er weder das eine noch das andere war. Er lehnte es ab, sich »Meister« nennen zu lassen. Er hätte keinen Sinn darin gesehen, eine neue Religion zu gründen, da es für ihn nur eine gab, die Religion Israels, die es den Juden ermöglichte, Gott »Vater« zu nennen. Paradoxerweise überwand er mit der Zurückweisung der dritten Versuchung auch die Welt: nicht durch die Gründung einer Weltreligion – mit Päpsten, Konzilen und Theologen –, sondern durch sein eher spielerisches und zugleich von leidenschaftlichem Ernst erfülltes Gespür für den unendlichen Wert jedes einzelnen Menschen unter dem väterlichen Schutz Gottes. Als die Evangelien erst mal niedergeschrieben waren und die Lehren Jesu verbreitet werden konnten, dehnten sie sich weit über die Grenzen der Sprach- oder Volksgruppe Jesu hinaus aus.

Für Johannes den Täufer war die Wüste, die Menschen dazu befähigt, sich mit fester Entschlossenheit auf ihre Bestimmung zu konzentrieren, nur ein Vorspiel, eine Art »Training«. Dem vierten Evangelium zufolge glaubte er, daß der Messias aus dem Kreis seiner Anhänger hervorgehen werde.[11]

Die Pharisäer sowie andere Männer aus Jerusalem kamen, um mit Johannes zu sprechen. Wenn er nicht Elia sei oder der Prophet, der vom Erscheinen des Messias künde, oder der Messias selbst, wer sei er dann? Seine Antwort: »Ich taufe mit Wasser« (Joh 1,26). Einer seiner Zuhörer, ein Mann, der in der Menge stand, als er dies sprach, war der Messias. Dieser Wortwechsel fand in einem Dorf namens Bethanien statt, obwohl es nicht das gleiche Bethanien gewesen zu sein scheint, das später im Evangelium vorkommt.

Das vierte Evangelium enthält zwei erwähnenswerte Ergänzungen zu der Vorstellung Johannes' des Täufers, Jesus sei der Messias. Die erste: Andere Jünger des Johannes sind ebenfalls davon überzeugt. Der erste ist ein gewisser Andreas, ein Fischer aus Galiläa, der zu seinem Bruder Simon Petrus geht und verkündet: »Wir haben den Messias gefunden« (Joh 1,41). Andere Jünger zeigen sich skeptisch. »Aus Nazareth?« fragt Nathanael. »Was kann aus Nazareth Gutes kommen!« (Joh 1,46).

Dies ist ein typisches Beispiel für die Ironie des vierten Evangeliums. Die Leser wissen ja schon, daß Jesus der Weltschöpfer ist, der aus dem Schoß des Vaters auf die Erde kam. Nathanael nörgelt über die Herkunft aus diesem Dorf Nazareth. Andererseits legt das Evangelium den Schluß nahe, daß es zunächst einige Menschen gegeben hat, die die Messianität Jesu bezweifelten. Er hatte einfach nicht den richtigen »Hintergrund«. Bis zum heutigen Tag weisen die Juden die christliche Behauptung, Jesus sei der jüdische Messias gewesen, vornehmlich mit dem Argument zurück, er habe nicht das messianische Zeitalter eingeläutet, wie es in den Prophezeiungen verkündet worden sei.

Johannes der Täufer hingegen dürfte angenommen oder zumindest gehofft haben, daß Jesus dies tun würde. Bemerkenswerter als die verhaltenen Hinweise im vierten Evangelium ist die Aussage in den synoptischen Evangelien, die Sendung Jesu habe sich parallel zu der Johannes' des Täufers entwickelt. Johannes taufte Jesus, und wir erfahren, daß sich der Himmel auftat, »und er sah den Geist Gottes wie eine Taube herabfahren und über sich kommen, und siehe, eine Stimme sprach vom Himmel herab« (Mt 3,16–17) – entweder zu Jesus oder zu den Umstehenden –, was ihm das Prädikat göttlicher Sohnschaft verlieh. Wenn sich so etwas tatsächlich ereignet hat, ist es sehr seltsam, daß Johannes seine Jünger zu Jesus schickte, nachdem Herodes Antipas ihn ins

Gefängnis hatte werfen lassen, und diese Jesus fragen ließ: »Bist du es, der da kommen soll, oder sollen wir auf einen andern warten?« (Mt 11,3). Falls Johannes tatsächlich die Stimme Gottes vom Himmel herab gehört hatte, die Jesus zum Messias erklärte, mußte er sich dessen sicher nicht nochmals durch seine Jünger vergewissern. Seine Nachfrage läßt daher Verwirrung, wenn nicht gar tiefe Enttäuschung über seinen Anhänger erkennen.

Johannes war es bestimmt, von Herodes Antipas getötet zu werden und als Märtyrer zu sterben, jedoch nicht so sehr für den messianischen Traum als für den Grundsatz der Einehe.[12] Jesus und Johannes war das eiserne Festhalten an der Monogamie gemeinsam (zufällig vertrat auch die Gemeinde von Qumran diesen Grundsatz). Im Gefängnis hatte Johannes erfahren, daß Jesus gepredigt und Wunder gewirkt habe. Ich habe bereits mehrfach dargelegt, daß das in der damaligen Zeit keineswegs einzigartig war. Zu Lebzeiten des Johannes gab es viele Prediger und Wundertäter. Johannes, dem die Hinrichtung bevorstand, wollte wissen, ob das messianische Zeitalter anbrechen werde. Wenn Jesus der Messias war, brauchte er nur seine von Gott gegebene Macht zu verkünden, und das Volk würde sich um ihn scharen. Die Frage des inhaftierten Johannes ist eine andere Version der drei Versuchungen in der Wüste, mit denen Jesus dazu bewegt werden sollte, etwas für sich in Anspruch zu nehmen, was er immer abgelehnt hatte.

Der Austausch zwischen dem im Gefängnis einsitzenden Johannes und Jesus über die Jünger des Johannes setzt jedoch als »historisch wahrscheinlich [voraus], daß der inhaftierte Johannes Boten zu Jesus senden konnte – womit wir der Gefängnisverwaltung unter Herodes Antipas ziemlich liberalen Strafvollzug inklusive Besuchsstunden und freier Kommunikation mit der Außenwelt zuschreiben«[13]. Wenn dieser Textabschnitt aber reine Fiktion ist, läßt er gleichwohl einen interessanten Unterschied zwischen Johannes und seinen Erwartungen einerseits und Jesus andererseits erkennen.

Jesus macht dem Johannes im Verlauf des Gesprächs mit dessen Jüngern ein bemerkenswertes Kompliment: »Unter allen, die von einer Frau geboren sind, ist keiner aufgetreten, der größer ist als Johannes der Täufer; der aber der Kleinste ist im Himmelreich, ist größer als er« (Mt 11,11). Ein neues Zeitalter wird anbrechen, jedoch nicht ganz das messianische Zeitalter, das jeder erwartet hatte. Ein Reich soll kommen, in dem die Ersten die Letzten und die Letzten die Ersten sein werden, in das Sklaven und Kinder eher eintreten werden als die Weisen und die Frommen.

Johannes hielt wie jedermann in der damaligen Zeit nach »Zeichen« Ausschau. Jesus weist die Boten an, zu Johannes im Gefängnis zurückzukehren und ihm kundzutun, was sie gesehen und gehört haben: Blinde erhalten ihr Augenlicht zurück, Aussätzige werden gesund, und Lahme können wieder gehen. Doch der wichtigste Teil seiner Botschaft – der Satz, den er zuletzt äußert – lautet, daß das Evangelium den »Armen« gepredigt werde. Sämtliche Aussagen spielen auf die Propheten an, besonders auf das 1. Kapitel des Buchs des Propheten Jesaja über die Herrschaft Gottes auf Erden, doch fehlen ihnen das Feuer und das Geheimnisvolle der apokalyptischen Prophezeiungen Daniels. »Ihr werdet sicher wissen, daß Gott herrscht, wenn die Armen gerecht behandelt werden«, scheint Jesus zu sagen. Amos, der achthundert Jahre vorher lebte, hätte dies verstanden. Johannes jedoch, der im Gefängnis einsitzt, erwartet zuckende Blitze vom Himmel und begreift offenbar die Worte Jesu nur schwer. Jesus ist in der Wüste gewesen, und sein »lebendiges Wort« ist fast bis zum Schwachsinn vereinfacht worden. Mehr noch: Jesus scheint an diesem frühen Wendepunkt die asketischen Ideen des Johannes aufgegeben zu haben: »Mit wem soll ich aber dieses Geschlecht vergleichen? Es gleicht den Kindern, die auf dem Markt sitzen und rufen den andern zu: Wir haben euch aufgespielt, und ihr wolltet nicht tanzen; wir haben Klagelieder gesungen, und ihr wolltet nicht weinen. Johannes ist gekommen, aß nicht und trank nicht; so sagen sie: Er ist besessen. Der Menschensohn ist gekommen, ißt und trinkt; so sagen sie: Siehe, was ist dieser Mensch für ein Fresser und Weinsäufer, ein Freund der Zöllner und Sünder!...« (Mt 11,16–19).

Und so tönt es dann benebelt und seltsam anarchisch zu dem asketischen Täufer im Gefängnis zurück: »Das Evangelium wird den Armen verkündet.« Johannes müssen diese Worte ebenso verblüfft haben wie jeden anderen, der sie vernahm. Sicher war er bitter enttäuscht. Jesus wird ein Reich errichten, doch in seiner

Botschaft spricht er nicht von der Apokalypse, sondern von innerer Tugend. Es ist nicht von einem Messias die Rede, der aus den Wolken des Himmels auf die Erde kommt, sondern von einem Mann, der die Sünder lehrt, wie man bereut. Wie das vierte Evangelium ihn sagen läßt: »Das Reich Gottes ist in euch.« Es ist eine Botschaft, die gerade für die Armen von besonderer Bedeutung ist, da es vielleicht zum ersten Mal in der Geschichte geschieht, daß ein Lehrer die vollen persönlichen, politischen und religiösen Konsequenzen dessen ermessen kann, wenn jeder vor den Augen des allmächtigen Gottes als gleich gilt. Jesus ist jedoch nicht der Erfinder dieses Gedankens. Er steckt in den Psalmen und in den Büchern der Propheten, aber noch niemand hatte einen so aufsehenerregenden Gebrauch davon gemacht. Auf der Grundlage dieses Gedankens hatte noch niemand ein Reich errichtet.

Johannes dem Täufer, der auf Jesus so große Hoffnungen gesetzt hatte, war ein gewaltsamer Tod bestimmt. Er hatte Herodes Antipas immer wieder kritisiert, weil dieser die Frau seines Halbbruders Philippus geheiratet hatte. Herodes fürchtete sich vor Johannes, »doch hörte er ihn gern (Mk 6,20). Nicht so Herodias, die Ehefrau des Herodes. Dann kam das berühmte schaurige Geburtstagsmahl, bei dem Herodias' Tochter Salome vor Herodes tanzte und ihn so entzückte, daß er ihr jeden Wunsch zu erfüllen versprach. Salome – deren Namen wir von Flavius Josephus kennen, denn in den Evangelien wird er nicht genannt – eilt zu ihrer Mutter Herodias, um zu fragen, was sie vom König erbitten soll, der ihr die Hälfte seines Königreiches angeboten hat. Ihre Mutter weiß schon, was. Salome geht wieder zum König und bittet um das Haupt Johannes' des Täufers auf einer Schale – ein Wunsch, den Herodes nur nach großem Zögern und mit großer Betrübnis erfüllt.

Wie wir uns erinnern, war Herodes Antipas zwar Tetrarch von Galiläa, aber trotzdem Rom verpflichtet. Johannes starb nicht in der Wüste, wo er gepredigt hatte, auch nicht an den Ufern des Jordan, wo er getauft hatte, sondern in einem Gefängnis im Norden Palästinas. Vermutlich stammte er wie sein Vetter Jesus aus Galiläa. Kaum war er tot, da fand der König einen neuen Prediger, dem er lauschen konnte:

»Ich aber sage euch: Wer sich von seiner Frau scheidet... der macht, daß sie die Ehe bricht; und wer eine Geschiedene heiratet, der bricht die Ehe« (Mt 5,32). Herodes dachte, Johannes sei aus dem Grab auferstanden, um ihn zu peinigen. Nicht zum letzten Mal in dieser Geschichte erleben wir, wie ein Prophet, der in der südlichen Provinz Judäa für Unruhe gesorgt hat, nach der Auferstehung von den Toten im nördlichen Galiläa gesehen wird.

6. KAPITEL

Galiläa

Alle Evangelien stimmen darin überein, daß Jesus in Nazareth aufwuchs, einer kleinen Stadt in den Hügeln Galiläas. Wir erfahren auch, daß er Nazareth verließ und sich eine Zeitlang in Kapernaum am Nordufer des großen Sees niederließ, den wir als den See Genezareth kennen.

Bei Lukas lesen wir, daß Jesus Nazareth nach einem Streit verließ. Er war am Sabbat wie gewöhnlich in die Synagoge gegangen und hatte aus der Schrift den Text gelesen, der für diesen Tag vorgeschrieben war – einen Abschnitt aus dem Buch des Propheten Jesaja, in dem dieser sagt: »Der Geist Gottes des Herrn ist auf mir, weil der Herr mich gesalbt hat. Er hat mich gesandt, den Elenden gute Botschaft zu bringen...« (Jes 61,1). Nach der Lesung gab Jesus dem Synagogendiener die Schriftrolle zurück und sagte: »Heute ist dieses Wort der Schrift erfüllt vor euren Ohren« (Lk 4,21). Die Gläubigen in der Synagoge von Nazareth wurden so wütend, als sie hörten, wie Jesus diese Prophezeiung auf sich selbst bezog, daß sie ihn aus der Stadt jagten: »Und sie standen auf und stießen ihn zur Stadt hinaus und führten ihn an den Abhang des Berges, auf dem ihre Stadt gebaut war, um ihn hinabzustürzen« (Lk 4,29). Anschließend, so Lukas, begab sich Jesus nach Kapernaum.[1] Die ganz andere Überlieferung des vierten Evangeliums scheint darin mit den Synoptikern übereinzustimmen, daß Jesus sich mit den Leuten in seiner unmittelbaren Umgebung überwarf und auch mit seiner Familie zerstritten war. Im vierten Evangelium erfahren wir ferner, daß Jesus seine Mutter bei der Hochzeit zu Kana, einer anderen Stadt in Galiläa, grob anfuhr und sich dann nach Kapernaum begab, wohin ihn seine Mutter, seine Brüder und seine Jünger begleiteten (Joh 2,12). Wir erfahren in diesem Evangelium schließlich, daß die Brüder Jesu nicht an ihn glaubten (Joh 7,5), was zu der dem Markus bekannten Überlieferung paßt, daß die Familie Jesus festzuhalten versuchte, da sie den Eindruck hatte, er sei »von Sinnen« (Mk 3,21). Dies lag vermutlich daran, daß Jesus bei seinen Teufelsaustreibungen selbst besessen zu sein schien – ein Umstand, der bei vielen Exorzisten beobachtet worden ist.

Gleichwohl stoßen wir hier auf ein Rätsel, zu dessen Aufklärung das Neue Testament nichts beiträgt. Zu Beginn seines öffentlichen Wirkens lag Jesus mit seiner Familie offenbar im Streit. Die Überlieferungen seiner Aussagen über die Familie als Institution zeugen sämtlich von einer tiefen Abneigung. Obwohl er die Notwendigkeit der Einehe betonte, pries er jene, die ihre Mütter, Väter, Brüder, Schwestern und Frauen verließen, um seine Jünger zu werden. All dies legt den Schluß nahe, daß die Beziehungen zu seiner leiblichen Familie – sowie zu seiner Frau, sofern er eine hatte – gelinde gesagt stürmisch waren. Dennoch wird seine Familie am Ende seines Lebens äußerst wichtig für ihn. Nachdem seine Jünger und Freunde ihn verlassen hatten, war es seine Mutter, die am Fuß des Kreuzes stand. Und die Urgemeinde in Jerusalem wurde von Jakobus geleitet, dem Bruder Jesu, der in den Erzählungen der Evangelien fast nicht erwähnt wird.

Dafür muß es Gründe geben. Wir erfahren in den Evangelien, daß die Familie Jesu um seinen gesunden Menschenverstand fürchtete, und haben allen Grund zu der Annahme, daß sie an der Wahl seiner Gefährten etwas auszusetzen hatte, denn darunter befanden sich nicht nur abträgliche Typen wie Schwindler, Trunkenbolde und Huren, sondern auch weit gefährlichere Gesellen, welche die Herrschaft Roms durch einen bewaffneten Aufstand zu stürzen trachteten. Dies sind alles Einzelstränge, die in den Evangelien nicht zu Ende geführt werden, aber vielleicht gelingt es uns doch, sie miteinander zu verbinden, ohne allzuweit in das Reich der Phantasie abzuschweifen.

Nachdem Jesus sich mit Johannes dem Täufer zusammengetan hatte, bereitete er seinem Vetter, wie wir im letzten Kapitel gesehen haben, eine schwere Enttäuschung, weil er keine von dessen messianischen Verheißungen erfüllte. Dabei muß man berücksichtigen, daß die Evangelien in ihrer heutigen Form über die leibliche Familie Jesu kaum etwas aussagen können. Sie sind in griechischer Sprache für ein nichtjüdisches Publikum geschrieben worden. Selbst wenn sie in ihren Urfassungen sehr alte Überlieferungen enthalten haben mögen, sind sie im Lauf der Zeit sehr stark verändert und redigiert worden, um in ihren Lehren den Erfordernissen einer nichtjüdischen Kirche zu genügen, die von den tatsächlichen Lebensumständen Jesu nichts gewußt haben dürfte.

Die synoptischen Evangelien stellen den Streit Jesu mit seiner Familie infolgedessen vor allem als Zerwürfnis zwischen erdgebundenen, verständnislosen Menschen und dem göttlichen Erlöser dar, den jene nicht zu erkennen vermögen, obwohl er mitten unter ihnen lebt. Aus dem Grundton des Lukasevangeliums – der nach Meinung einiger Forscher in zeitlicher und örtlicher Hinsicht von Jesus am weitesten entfernt ist – können wir ungefähr heraushören, daß die Familie etwa so über ihn dachte: »Wofür hält er sich eigentlich? Er heilt die Kranken und predigt, dabei ist er nur ein gewöhnlicher Mensch wie wir alle.« Der Grundton des vierten Evangeliums läßt im Vergleich dazu einen interessanten Unterschied erkennen. Möglicherweise bewahrt es hier eine weit ältere und authentischere Überlieferung als die Synoptiker. Bei der Unstimmigkeit mit seiner Mutter während der Hochzeit zu Kana geht es nicht um die göttliche Berufung Jesu, sondern um sein »Timing«. Seine Mutter bittet ihn um ein »Zeichen« – die Verwandlung von Wasser in Wein. Mit anderen Worten: Sie bittet ihn, in der geistlichen Geschichte Israels eine neue Ära einzuläuten, nämlich dadurch, daß altes Wasser durch einen Wein ersetzt wird, der aus den Pressen Gottes kommt. Seine Antwort: »Meine Stunde ist noch nicht gekommen« (Joh 2,4).

Wie wir sehen werden, war es die Familie Jesu, die seine Botschaft nach seinem Tod bewahrte – eine Botschaft, die der der nichtjüdischen Kirche des Paulus diametral entgegengesetzt ist. Von Johannes, dem Wegbereiter, bis zu Jakobus, dem Bruder des Herrn, handelt es sich hier um die Geschichte gemeinsamer Familieninteressen, die von Jüngern Jesu, welche mit dem Familiengeheimnis nicht vertraut waren, unterbrochen und mißdeutet wurde. Falls sie nicht wirklich glaubten, daß Jesus der Messias sei, so glaubte seine Familie doch fest daran, daß er für die geistliche

Zukunft seines Volkes eine einzigartige Rolle zu spielen hatte, und die erhaltenen Zeugnisse lassen vermuten, daß Jesus nicht bereit war, die Rolle zu spielen, die sie sich für ihn ausgedacht hatten.

Wenn diese Überlegungen auch nur annähernd richtig sind, müssen wir unser Bild von dem Familienstreit korrigieren. Es ist nicht die Geschichte eines einfachen Tischlers, der sich etwas in den Kopf setzt, was nicht zu seinem »Sitz im Leben« paßt, und der von seiner Familie getadelt wird, weil er sich etwas anmaßt. Es geht vielmehr um einen von Gott Auserwählten, der in anarchischer Weise vom vorgesehenen Pfad abweicht. Statt nach dem Vorbild des Täufers streng Buße zu verlangen, verkündet Jesus den Armen eine »frohe Botschaft« (das Evangelium). Kein Wunder, daß seine Familie verblüfft oder enttäuscht war. Das war etwa so, als würde der Dalai Lama nicht ein mönchisch bescheidenes und sittenstrenges Leben führen, wie man es von einem geistlichen Oberhaupt erwartet, sondern es vorziehen, in Kneipen herumzuhocken, Stories zu erzählen und mit den einfachen Menschen zu trinken. Infolge eines tragischen Paradoxons konnte die Familie Jesu erst nach seinem Tod die Geschichte so weitergeben, wie sie sie einmal hatte erfüllt sehen wollen.

Dies ist natürlich nur Spekulation, doch sie paßt zu einigen Puzzlestücken der auf uns gekommenen Zeugnisse des Neuen Testaments. Falls Jesus seit frühester Jugend auf seine Aufgabe als religiöser Führer vorbereitet worden ist und eine Zeitlang als strenggläubiger Anhänger Johannes' des Täufers in der Wüste von Judäa gewirkt hat, würde dies erklären, weshalb wir in seiner Lehre auf Hinweise stoßen, die erkennen lassen, wie wenig er von dem alltäglichen Dasein der Menschen wußte, zu denen er sich so hingezogen fühlte, den einfachen Menschen, denen er mit Vorliebe predigte. Eines der bekanntesten Gleichnisse Jesu ist das Gleichnis vom Sämann, der auf dem Feld sät. Einiges fällt auf den Weg, und da kommen die Vögel und fressen es auf. Einiges fällt unter die Dornen, und die Dornen wachsen empor und ersticken es, und es bringt keine Frucht. Nur ganz wenig fällt auf gutes Land, geht auf, wächst und bringt Frucht (Mk 4,3–8). Im Jahre 1926 behauptete der deutsche Wissenschaftler Dallmann im *Palästina-Jahrbuch*, er habe in Palästina Bauern angetroffen, die noch immer diese bizarre Methode der Aussaat praktizierten. Außer ihm hatte noch niemand gesehen, daß Bauern auf ungepflügtem Land einfach Samen verstreuen und dann erwarten, daß er aufgeht. Die einfachste Schlußfolgerung wäre, daß Dallmann sich geirrt hat. Er besuchte Palästina im Mai und erfuhr dort von Anbaumethoden, die im Herbst angewendet wurden. In der Mischna, dem großen Sammelwerk jüdischen Wissens und jüdischer Rabbinerweisheiten, gibt es einen Katalog der am Sabbat verbotenen Arbeiten. Dazu gehören, und zwar in dieser Reihenfolge, Säen, Pflügen, Ernten, das Binden von Garben, und so weiter. Der Kommentator im Talmud meint verwundert, daß der frühere Schreiber zuerst »das Pflügen und dann das Säen« hätte verbieten sollen. Falls sich ein Bauer wie der im Gleichnis Jesu oder in der gleichermaßen weltfremden Mischna verhielte, würde er gar nichts ernten.

In einem glänzenden Kommentar zu diesem Gleichnis schrieb John Drury: »Entweder präsentiert man uns hier eine Anbaumethode, die so ineffizient ist, daß niemand, der seine fünf Sinne beisammen hat, sie lange benutzen würde, wie Raschi und der Babylonische Talmud feststellen, oder aber der ›Sämann‹ ist ein Gleichnis, das sich des bizarren Unsinns eines Rätsels bedient, um den Hörer oder Leser nicht etwa auf Probleme der Landwirtschaft, sondern auf das Mysterium des Evangeliums aufmerksam zu machen.«[2] Drury spricht es zwar nicht aus, aber es wäre eine durchaus berechtigte Schlußfolgerung zu sagen, daß der Mann, der einst das Gleichnis vom Sämann erzählte, in der Landwirtschaft völlig unerfahren war, obwohl er sich in den Gesetzbüchern der Rabbiner gut ausgekannt haben mag. Das würde die Vermutung von Professor Vermes bestätigen, der das griechische Wort »*tekton*« so auslegt, daß Jesus nicht Tischler oder Zimmermann war, sondern Gelehrter.

In einer seiner bekanntesten Wendungen, deren Material der Zimmermannswelt entliehen ist, zeigt Jesus erneut schöpferische Phantasie und Scharfsinn, verrät jedoch zugleich, daß er keinerlei praktisches Wissen von der Arbeit in einer Zimmermannswerkstatt besitzt: »Was siehst du aber den Splitter in deines Bruders Auge und nimmst nicht wahr den Balken in deinem Auge?« (Mt 7,3). Dieser Satz ist zum Sprichwort geworden. Er beinhaltet die zutiefst menschliche Neigung, bei anderen Menschen jeden

Fehler zu erkennen, während man den eigenen gegenüber blind ist. Wie in vielem von dem, was Jesus gesagt hat, finden wir auch hier eine ans Farcenhafte grenzende Übertreibung. Seine Bemerkung ist sogar sehr witzig. Doch im wirklichen Leben würde es keinem Zimmermann je passieren, daß er einen Balken im Auge hat. Ähnliches gilt auch für andere Lebensbereiche, etwa das Fischen oder das Bootfahren – in den Evangelien finden sich keinerlei Hinweise darauf, daß Jesus praktische Fertigkeiten besaß. Als Jesus seine Jünger zu einem Fischfang auf dem See begleitet und ein Sturm aufkommt, müssen seine Freunde entsetzt feststellen, daß er im Heck des Bootes auf einem Kissen schläft. Ihre Reaktion:»Meister, fragst du nichts danach, daß wir umkommen?« (Mk 4,38). Die einzige Ausnahme ist der wunderbare Fischfang im vierten Evangelium, der nach der Auferstehung Jesu von den Toten stattfand.

Jesus scheint also kein praktisch veranlagter Mensch gewesen zu sein noch sich in irgendeinem Gewerbe gut ausgekannt zu haben – anders als Paulus, der Zeltmacher war, oder als Petrus, Andreas, Jakobus und Johannes, die Söhne des Zebedäus, die ihren Lebensunterhalt als Fischer verdienten. Ebensowenig scheint er ein erfahrener Landmann gewesen zu sein. Wäre er ein aufmerksamer Beobachter gewesen, hätte er seinen Hörern nicht sagen können, daß das Senfkorn aufgehe und so große Zweige treibe,»daß die Vögel unter dem Himmel unter seinem Schatten wohnen können« (Mk 4,32). Dies ist wieder eine typische Übertreibung, die er vermutlich irgendeiner Lektüre entnommen hat; im Talmud steht nämlich tatsächlich, daß die Senfpflanze so hoch sei wie ein Feigenbaum (was aber nicht der Fall ist).[3] Ferner sagt Jesus seinen Jüngern, sie sollten sich»die Lilien auf dem Felde« (Mt 6,28) ansehen, doch er selbst hat es offenbar nicht mit den Augen eines Botanikers getan. Wie André Gide festgestellt hat, wird in keinem der Evangelien auch nur an einer Stelle eine Farbe erwähnt.[4]

Nichts von alldem läßt auf einen Zimmermann schließen, der aus religiösem Übereifer beschloß, eine Bewegung zu gründen. Wir kommen der Wahrheit vermutlich näher, wenn wir uns einen Jungen vorstellen, der dazu erzogen wurde, die Schriften zu studieren. Vielleicht enthält der Bericht des Lukas über den zwölfjährigen Knaben Jesus, der im Tempel von Jerusalem mit den Lehrern diskutiert, ein Körnchen Wahrheit. Als er erwachsen wurde, sein Evangelium zu predigen und als charismatischer Wunderheiler und Volksführer zu wirken begann, entzweite er sich mit seiner Familie und setzte sich nach Kapernaum ab.

Nazareth war zu Lebzeiten Jesu wahrscheinlich ein sehr kleiner Ort. Im Gegensatz dazu waren die Ufer des Sees Genezareth dicht besiedelt. Das ist heute nur noch schwer vorstellbar, wenn man am See entlangfährt und den gesamten Abschnitt zwischen Tiberias (heute ein beliebter Kurort mit Fünfsternehotels, Segelboot-Marinas und Cafés im Stil des Club Mediterranée) und den Golan-Höhen fast menschenleer vorfindet. Magdala beispielsweise, durch das man auf dem Weg nach Norden Richtung Kapernaum kommt, ist ein kleines Araberdorf, doch zu Lebzeiten Jesu war es eine blühende Stadt mit einer Bevölkerung von dreißig- oder vierzigtausend Menschen. Kapernaum, das wahrscheinlich eher kleiner gewesen ist, ist heute nur noch ein archäologischer Ausgrabungsort, ein Trümmerhaufen mit ein paar Ruinen. Für die Römer war Kapernaum eine Stadt von strategischer Bedeutung, da sie den Punkt im oberen Jordan-Tal markierte, an dem die Tetrarchie des Herodes Antipas endete und mit dem Golan-Territorium das Herrschaftsgebiet des Philippus begann. Handelsverbindungen der Stadt bestanden damals eher mit dem Norden als mit dem Süden: mit dem oberen Galiläa, dem Golan, Syrien, Phönizien, Kleinasien und Zypern. Dies kann man jedenfalls aus Münzen und Gefäßen schließen, die in jüngster Zeit dort ausgegraben worden sind. Mit dem südlichen Palästina scheinen die Bewohner des antiken Kapernaum kaum Handelsverbindungen gehabt zu haben.

Dieser Teil des Landes war reich und fruchtbar. Josephus, der dreißig Jahre nach dem Tod Jesu Oberbefehlshaber in Galiläa war, berichtet: »Denn so weit es sich erstreckt, ist ein fruchtbares Land, das über viel Weidefläche verfügt und über einen vielgestaltigen Baumwuchs, so daß sich auch der durch seine gesegneten Fluren angesprochen fühlt, der von der Arbeit des Bauern nichts wissen will. So kam es, daß die Bewohner das ganze Land bis in den letzten Winkel anpflanzten, so daß es nirgends eine Brache gibt. Und auch die Städte entwickelten sich deshalb in reicher

Fülle, und der fruchtbare Boden ließ die Bevölkerungsziffern in den Dörfern allenthalben gewaltig ansteigen, so daß schon das kleinste Dorf zum wenigsten seine 15 000 Einwohner zählte.«[5]

Mit seiner Wahlheimat Kapernaum folgte Jesus dem Beispiel der zwei anderen Jünger Johannes' des Täufers, Simon Petrus' und Andreas', die beide am See einen erfolgreichen Fischhandel betrieben. Erst seit 1969 werden in Kapernaum ernsthaft Ausgrabungen vorgenommen. Die Überreste der schönen Synagoge stammen von einem Bau, der hier im vierten Jahrhundert u. Z. gestanden hat. Archäologen haben inzwischen darauf aufmerksam gemacht, daß dieser großartige Bau mit hoher Wahrscheinlichkeit auf den Überresten einer anderen Synagoge aus dem ersten Jahrhundert errichtet wurde. Mag dieser Bau auch weniger großartig gewesen sein, so war es mit Sicherheit doch kein unbedeutendes Bauwerk. Im Lukasevangelium erfahren wir, daß die Synagoge den Bewohnern der Stadt von einem liberalen Zenturio, einem Hauptmann, geschenkt wurde (Lk 7,5). Auch wenn dies eher unwahrscheinlich ist, dürfen wir doch mit Sicherheit davon ausgehen, daß die Synagoge von Kapernaum von einem kosmopolitischen Juden gebaut wurde, vielleicht von einem Mann, der ins Ausland gegangen war, ein Vermögen gemacht hatte und dann in seine Heimatstadt zurückgekehrt war, um sich mit einer guten Nachbildung der Bauwerke, die er in Griechenland, Kleinasien oder Italien gesehen hatte, einen Namen zu machen.

Aus den synoptischen Evangelien wissen wir, daß Jesus in dieser Synagoge predigte. Einmal wurde er von einem Mann unterbrochen, der von einem Teufel besessen war, der mit lauter Stimme schrie. Jesus bedrohte den »unreinen Geist« und trieb ihn aus (Lk 4,31-37).

Offenbar war Jesus als Teufelsaustreiber sehr begabt und gefragt, was ihm zunächst einen weitverbreiteten Ruf in dieser Gegend eintrug. Dabei war er nicht der einzige, der »Teufel austreiben« oder Kranke heilen konnte. In allen primitiven Gesellschaften hat es Schamanen, fromme Männer, Exorzisten oder Hexenmeister gegeben, die mit Hilfe von Autosuggestion die Menschen heilten, die sich mit ihren Peinigungen an sie wandten.[6] Ein Großteil der Erzählungen in den Evangelien hat mit den Wunderheilungen Jesu zu tun. Heutigen Skeptikern wird es vermutlich leichter fallen, die Geschichten von Jesus dem Wunderheiler zu akzeptieren, als diejenigen, in denen von seiner Fähigkeit die Rede ist, auf dem Wasser des Sees Genezareth zu wandeln oder das Wetter zu beeinflussen. Wie ich an anderer Stelle schon dargelegt habe, gab es in Galiläa noch weitere fromme Männer, über die ähnliche Dinge behauptet wurden.

Nachdem Jesus den vom Teufel Besessenen in der Synagoge geheilt hatte, begab er sich, so erfahren wir bei Lukas, in das Haus des Simon Petrus. Markus erwähnt die Begebenheit ebenfalls, gleich zu Beginn seines Evangeliums. Er schildert, wie die Bewohner der Stadt die Kranken und Besessenen an die Tür des Hauses bringen, in dem Jesus auch die Schwiegermutter des Simon Petrus heilte, die an einem Fieber erkrankt war.

Seit byzantinischer Zeit haben fromme Menschen die Stelle in Kapernaum bezeichnet, an der dieses Haus gestanden hat, unweit der Synagoge. Der Überlieferung nach war es das Haus des Simon Petrus. Die Ausgrabungen seit 1969 haben gezeigt, daß sich unter der achteckigen byzantinischen Kirche, die um die Mitte des fünften Jahrhunderts u. Z. an dieser Stelle errichtet wurde, eine *Domus ecclesia*, eine Hauskirche, befand, die vom späten ersten Jahrhundert u. Z. an für religiöse Zusammenkünfte genutzt wurde, und daß diese Hauskirche aus dem Umbau eines anderen Hauses hervorging, das seinerseits in der späthellenistischen Periode entstanden war. Mit anderen Worten: Es ist also durchaus möglich, daß dieses Haus tatsächlich der Ort war, an dem Simon Petrus mit seiner Frau und seiner Schwiegermutter, mit seinem Bruder Andreas und eine Zeitlang sogar mit Jesus lebte. Die Archäologen haben handfeste Beweise für das Zeugnis einer Nonne aus dem vierten Jahrhundert, Ätherias, gefunden, bei der es heißt: »Das Haus des Apostelfürsten in Kapernaum wurde in eine Kirche umgewandelt; die Mauern jenes Hauses stehen jedoch heute noch so wie in der Vergangenheit.«[7] Das Haus wurde nach dem Muster einer römischen Villa erbaut und besaß einen Innenhof (Atrium), der von den Wohnräumen aus direkt zugänglich war, einer Klosteranlage nicht unähnlich. Es scheint ein recht komfortables und ansehnliches Haus gewesen zu sein, womit das beliebte Klischee Lügen gestraft wird, Petrus und die frühen Anhänger Jesu seien alle bettelarm gewesen.

Gleichwohl waren es gerade die Armen, die »verlorenen Schafe aus dem Hause Israel« (Mt 10,6), denen sich Jesus zuwandte. Im Markusevangelium lesen wir, daß es in Kapernaum einen Gichtbrüchigen (Gelähmten) gab. Der Ruf Jesu als Heiler ist inzwischen gewachsen, und als bekannt wird, daß er im Haus des Simon Petrus weilt, versammeln sich dort viele Menschen. Jesus hält sich vermutlich in einem der Räume auf, die zum Innenhof führen, und die Menschen drängen sich so sehr, daß die Familie des kranken Mannes, der von vieren getragen wird, wegen der vielen Menschen zu Jesus nicht durchkommt. Doch die Not macht sie erfinderisch: Sie decken das Dach des Hauses auf und lassen das Bett des Gelähmten in das Zimmer nieder, in dem Jesus sitzt. Jesus zeigt sich von dem Glauben dieser Menschen gerührt und verkündet, dem kranken Mann seien seine Sünden vergeben. Dabei erfahren wir, daß sich Jesus in Gesellschaft einiger »Schriftgelehrter« befindet, das heißt von Männern, die sich im jüdischen Gesetz auskannten. Dieses Detail läßt auf den Umgang schließen, den Jesus gewöhnlich, von der Menge ungestört, zu Hause pflegte. Vielleicht waren diese »Schriftgelehrten« seine Brüder. Sie denken »in ihren Herzen«, niemand außer Gott könne Sünden vergeben. Jesus erkennt, was sie denken, und entgegnet, die körperliche Krankheit des Mannes und seine innere Krankheit der Sünde seien ein und dasselbe. Der Menschensohn habe Vollmacht, Sünden zu vergeben und diesen Mann zu heilen. Der Gelähmte steht auf, nimmt sein Bett und geht nach Hause (Mk 2,1–12).

Die erhaltenen Schriften über die verschiedenen jüdischen Sekten dieser Zeit lassen vermuten, daß alle Sekten einen Ausschließlichkeitsanspruch vertraten. Die Essener und die Sadduzäer waren der Ansicht, daß Heil und Rettung des Judentums und des Volkes Israel nur in der strikten Befolgung des Gesetzes lagen. Die Meinungen darüber, ob auch die Pharisäer ähnlich ausschließlich dachten, gehen auseinander, doch im Neuen Testament erscheinen sie in diesem Licht, und die rabbinische Literatur steht dem nicht grundsätzlich entgegen.[8] Für die Durchschnittsmenschen mit ihren schlechten Gewohnheiten, vagen Glaubensvorstellungen und stark voneinander abweichenden Hochzeitsriten waren diese strengen Regeln zu anspruchsvoll. Religiöse Extremisten dagegen konnten durchaus der Meinung sein, die Anwesenheit römischer Soldaten in Jerusalem stelle eine Bedrohung des Judentums dar. Natürlich blieb es nicht aus, daß die Anwesenheit der Römer auch die Sekten beeinflußte. Ob sie sich nun die Einstellung der Qumran-Mönche zu eigen machten, die Israel durch ein zurückgezogenes Leben zu reinigen suchten, oder die der Zeloten-Bewegung, sie wollten ihr Land durch Waffengewalt von den Römern säubern.

Man darf nicht vergessen, daß die Anwesenheit römischer Legionäre für die Juden ein ständiges religiöses Ärgernis darstellte. Pompeius hatte ihren Tempel entweiht. Dabei wußten die Juden natürlich sehr wohl, daß sie gegen die Römer keine Chance hatten und deshalb Kompromisse schließen mußten. Mit ihren klugdosierten und wohlüberlegten Kompromissen in Fragen der Religion gerieten sie jedoch leicht in die Nähe offener Kollaboration; und dies ist auch der Grund, warum die Juden besonders die »Zöllner«, die Steuereinnehmer, so haßten: Juden, die sich bereit erklärt hatten, mit den Römern zusammenzuarbeiten und für das Reich Abgaben einzutreiben.

Hätte es Jesus vorgezogen, einer mönchischen und exklusiven Sekte beizutreten wie etwa die Gemeinde von Qumran, dann hätte er sich aus dieser schillernden chaotischen Szene heraushalten und weigern können, sich den Problemen zu stellen, die seine jüdischen Glaubensgenossen damals beschäftigten. Er hätte ein solches Zeichen auch setzen und sich einer der vielen damaligen Bewegungen, Sekten und Gruppen anschließen können, wenn er kein Mensch mit religiösem Sendungsbewußtsein gewesen wäre, der den Widersprüchlichkeiten auf geradezu selbstmörderische Weise verfallen war.

In den letzten hundert Jahren hat es keinen Mangel an Büchern gegeben, die trotz der vorhandenen historischen Zeugnisse nachweisen wollten, daß Jesus genau das getan hat. So haben wir von Jesus dem Revolutionär gelesen, Jesus dem Zeloten, Jesus dem Essener, Jesus dem Anhänger der Pharisäer. Allen diesen Werken ist eines gemeinsam: Sie machen es sich zu einfach. Sie machen Jesus »verständlich«, obwohl die einzigen Zeugnisse, die wir in den Evangelien besitzen, eher den Schluß nahelegen, daß er seinen Zeitgenossen unverständlich erschien. Gerade deshalb hielten sie ihn für verrückt oder vom Teufel besessen.

Die synoptische Überlieferung sowie das vierte Evangelium und die Schriften des Paulus lassen vermuten, daß Jesus zwölf Jünger erwählte, um mit ihnen ein neues »Reich« Israel zu gründen. Die Zahl war kein Zufall, denn sie entspricht der Zahl der Stämme des alten Israel. Der heutige Leser, der durch eine große zeitliche Lücke von Jesus und dessen Zeitgenossen getrennt ist, mag die Namen der Zwölf lesen, ohne zu bemerken, wie bezeichnend und hintergründig sie sind. Die Zwölfe waren: Simon, dem er den Namen Petrus gab; Simons Bruder Andreas, der im vierten Evangelium der erste der Jünger Jesu war; die Söhne des galiläischen Fischers Zebedäus, Jakobus und Johannes, denen er den Spitznamen »Söhne des Donners« gab; Philippus und Bartholomäus sowie Matthäus und Thomas der Zwilling; ferner Jakobus, der Sohn des Alphäus; Thaddäus; Simon der Zelot und Judas Iskariot.

Wer war Simon der Zelot, und was hatte er unter den auserwählten Freunden Jesu zu suchen? Josephus erwähnt die Zeloten häufig. Sie waren diejenigen, die sich während des bewaffneten Kampfes gegen die Römer im ersten Jahrhundert u. Z. am meisten hervortaten. Selbst nach der schrecklichen Zerstörung Jerusalems im Jahre 70 u. Z. durch Titus, bei der die Bevölkerung durch Aushungern zur Kapitulation gezwungen und anschließend niedergemacht wurde, gaben sich die Zeloten nicht geschlagen und zogen sich in die Bergfestung Masada am Toten Meer zurück, von wo aus sie noch weitere drei Jahre einen heldenhaften Partisanenkrieg gegen die Römer führten. Als die Römer schließlich die Festung belagerten, ergaben sich die Zeloten nicht; lieber begingen sie Massenselbstmord, als ihre Familien dem sicheren Tod durch das Schwert auszuliefern. Sie waren vor allem Männer der Gewalt, die sie für eine patriotische und edle Sache einsetzten. Es ist gewiß von höchstem Interesse, daß Jesus einen Zeloten zu einem seiner engen persönlichen Gefolgsleute wählte.

Eine weitere patriotische Gruppe, von Josephus als »Banditen« bezeichnet, waren die Sikarier: »Am hellen Tage und mitten in der Stadt [Jerusalem] brachten sie Menschen ums Leben, namentlich an Festtagen mischten sie sich unter die Menge und stachen mit kurzen Dolchen, die sie im Gewand versteckt hielten, jeden nieder, der mit ihnen in Streit geriet. Wenn dann ihre Opfer zusammenbrachen, dann waren die Täter mitten unter der empörten Menge und waren so wegen ihres gänzlich unverdächtigen Verhaltens nicht zu greifen. Zuerst fiel ihnen der Hohepriester Jonathan zum Opfer und nach ihm tagtäglich viele andere.«[9]

Es ist möglich, daß Judas Iskariot seinen Beinamen wegen der Mitgliedschaft in dieser gewalttätigen Gruppe der Sikarier erhielt. Daß Jesus einen Zeloten und einen Sikarier zu seinen Jüngern zählte, scheint darauf hinzudeuten, daß Jesus tatsächlich ein gutes Stück weit in die patriotische Bewegung der Juden verstrickt war und daß die Zwölf mehr waren als nur eine Gruppe bewaffneter Rebellen. (»Bewohner von Galiläa... pflegen nämlich von Jugend an das Kriegshandwerk«, heißt es bei Josephus[10].)

Doch dann finden wir unter den Jüngern den Namen Matthäus, der bis zur Begegnung mit Jesus »Zöllner« gewesen war, eine Gestalt, die Judas und Simon nicht ohne weiteres als natürlichen Verbündeten angesehen haben dürften. Im Jahre 66 u. Z. hielt König Herodes Agrippa II. eine leidenschaftliche Ansprache an die jüdischen Patrioten, die meinten, sie könnten gegen die Römer erfolgreich Krieg führen. Er sagte ihnen, die Forderung nach Freiheit komme zu spät; man hätte früher um ihren Erhalt kämpfen müssen: »... denn die erste Begegnung mit der Knechtschaft ist hart, und ihren Anfängen zu wehren, ist ein gerechter Kampf. Ist man aber einmal unterlegen, dann kann nur ein eitler Sklave daran denken, wieder zu entwischen, aber nicht einer, der die Freiheit wirklich liebt. Ja, damals hätte alles gegen eine Aufnahme der Römer in Bewegung gebracht werden müssen, als Pompeius seinen Fuß in unser Land setzte. Aber unsere Vorfahren und deren Könige – sie waren weitaus reicher, stärker und mutiger als ihr – vermochten sich doch nicht gegen einen bescheidenen Teil der römischen Truppenmacht durchzusetzen. Ihr aber, die ihr den Gehorsam schon als Erbteil übernommen habt und die ihr weitaus weniger Gegenmittel zur Verfügung habt als jene, die sich erstmals dem Druck der Feinde fügten, ihr wollt euch nun der gesamten römischen Macht widersetzen?«[11]

Vielleicht dachte Jesus dreißig Jahre davor ähnlich. Doch er wollte sein neues Reich zu einem Reich für ganz Israel machen. Seine zwölf Jünger bildeten keine elitäre Sekte. Politische Aktivisten gehörten ebenso dazu wie politische Kollaborateure; diese

Spannbreite spiegelte die herrschenden Verhältnisse im damaligen Israel wider. Unter den Zwölfen befanden sich schließlich auch Männer, die am See Genezareth ihren Geschäften nachgingen und darin sicher recht tüchtig waren, wenn sie nicht mit Jesus durch die Lande wanderten.

Diese Gruppe, die Zwölf, wurde für Jesus zu einer Art Familienersatz. Als seine Mutter und seine Brüder ihn einmal in Kapernaum besuchten, drängte sich jemand durch die Menge, um ihm zu sagen, seine Familie sei draußen und warte auf ihn. »Wer ist meine Mutter, und wer sind meine Brüder?« (Mt 12,48) fragte er. Er sah auf die Menge seiner Bewunderer und Anhänger und erklärte, sie seien seine wahre Familie, nicht die leibliche aus Nazareth. Nun ist es allerdings möglich, daß dieser Vorfall in den synoptischen Evangelien nicht etwa deshalb erwähnt wird, weil Jesus die Worte tatsächlich gesprochen hat, sondern weil die von den Zwölf ins Leben gerufenen Gemeinden des Mittelmeerraums der von der Familie Jesu beherrschten Urgemeinde Jerusalems alles andere als gewogen waren und den neuen Gemeindemitgliedern verdeutlichen wollten, daß Jesus sein eigenes Fleisch und Blut ablehnte. Es ist jedoch ebenso möglich, daß dieser Vorfall authentisch ist. Wir finden ja in den Evangelien auch Stellen, an denen Jesus nicht nur seine Familie verläßt, sondern sogar seine Jünger. Er, der einmal aus Nazareth vertrieben worden war, sollte später Kapernaum verwerfen.

Jesus scheint sich während seines Aufenthalts in Galiläa überwiegend auf der Wanderschaft befunden zu haben. Er predigte nicht nur in Kapernaum. Er besuchte die Nachbarstädte und -dörfer zu Fuß und überquerte auch gelegentlich den See, um den Menschen am anderen Ufer zu predigen. Manchmal sprach er sogar von einem Boot aus, während seine Zuhörer am Ufer standen. Daraus können wir schließen, daß er eine gebieterische Stimme besaß, die auch über einige Entfernung gut zu hören war.

Auf dem See herrschte reger Bootsverkehr, und in den Kämpfen gegen die Römer Ende der sechziger Jahre u. Z. ist es dort sogar zu kriegerischen Verwicklungen gekommen. Nachdem Vespasian im Jahre 67 u. Z. ein Geschwader von Flößen hatte bauen lassen, die sich gegen die jüdischen Boote wenden sollten, kam es zu einer schrecklichen Schlacht, bei der fast siebentausend Männer starben und nach der die Seeufer mit Wracks übersät waren. Die Überreste vieler Häfen rund um den See sowie literarische Zeugnisse belegen die blühende Schiffahrt im ersten Jahrhundert.

Infolge einer bemerkenswerten archäologischen Entdeckung am Ufer des Sees Genezareth im Jahre 1986 können wir uns jetzt eine bessere Vorstellung davon machen, in was für einem Boot Jesus den See überquert hat. Nach einer schweren Dürre hatte sich der Wasserspiegel des Sees gesenkt. Ende Januar 1986 fanden Mosche und Yuval Lufan, die dem Kibbuz Ginosar (Genezareth) am See angehörten, im Schlamm das Wrack eines vollständig erhaltenen Boots. Die Presse hatte dafür schnell einen Namen gefunden: »Das Jesusboot«. Es gibt zwar nichts, was dieses Boot mit Jesus in Verbindung bringt, doch es ist durchaus denkbar, daß es zu Lebzeiten Jesu in Gebrauch war. Experten haben erklärt, es sei ein typisches Exemplar der damaligen Zeit, obwohl sich bislang noch kein Boot von einem Binnensee in so gutem Zustand erhalten hat. Es ähnelt dem Boot in dem sogenannten Migdal-Mosaik, das Besucher Kapernaums in Augenschein nehmen können. Es ist 8,27 Meter lang und dürfte eine Mindestbesatzung von fünf Männern gehabt haben, vier Ruderer und ein Steuermann. In den Evangelien lesen wir, daß die von Petrus, Jakobus und Johannes benutzten Boote bis zu sieben Mann Besatzung haben konnten (Joh 21,2–3), wobei die Söhne des Zebedäus offenbar bezahlte Ruderer für sich arbeiten ließen (Mk 1,20). Das in der Nähe des Kibbuz Ginosar gefundene Boot hatte Kochgeschirre an Bord und gehört mit an Sicherheit grenzender Wahrscheinlichkeit zu der Art von Booten, in denen die Wadenetze im Heck aufbewahrt wurden. Diese bis zu vierhundert Meter langen Wadenetze hatten eine Doppelfunktion: Die Fischer, welche die ganze Nacht an Bord verbringen wollten, konnten sie auch zum Schlafen benutzen. Die Entdeckung dieses alten Boots sowie die Ausgrabungen in Kapernaum haben nichts über Jesus selbst zutage gefördert, lassen jedoch die Welt, in der er lebte, vor unseren Augen erstehen. Wie der »gekochte Fisch« im vierten Evangelium machen sie uns darauf aufmerksam, daß Jesus in einer realen Welt verwurzelt war, einer Welt, die sich aus archäologischen Entdeckungen gepaart mit historischer Phantasie rekonstruieren läßt.

Als ich J. Richard Steffys Bericht über die Konstruktion des

Bootes las, nachdem ich es mit eigenen Augen gesehen hatte, war ich sehr versucht, meine Ansicht zu revidieren, Jesus sei kein Zimmermann gewesen. »Auf den ersten Blick«, schrieb Steffy, »war das Boot eine Enttäuschung. Es erweckte den Eindruck, als wäre es nachlässig zusammengebaut worden, als hätte es keinerlei Ähnlichkeit mit den sorgfältig gearbeiteten, eleganten Booten im Mittelmeerraum der klassischen Zeit. Zudem schien es von einem Amateur häufig repariert worden zu sein. Doch das war nur ein oberflächlicher Eindruck, der sich bei näherem Hinsehen als unzutreffend erwies. Das zur Herstellung dieses Bootes verwendete Holz ließ zwar viel zu wünschen übrig, doch die Handwerksarbeit war von ganz anderer Qualität. Hier war ein kundiger Baumeister am Werk gewesen, der es geschafft hatte, trotz des Mangels an guten Krummhölzern ein seetüchtiges und praktisches Boot zu bauen. Was auf den ersten Blick wie eine Reihe laienhafter Reparaturen aussah, erwies sich als Ergebnis der Bemühungen jenes meisterhaften Bootsbauers, aus minderwertigem Material ein seetüchtiges Boot zu bauen.«[12] Könnte es eine bessere Umschreibung dessen geben, was Jesus zu tun versuchte, als er sich daranmachte, die »verlorenen Schafe aus dem Hause Israel« zu rufen?

Jesus soll sich den Quellen zufolge gern auf dem Wasser aufgehalten haben, was mir für seine Ruhelosigkeit typisch zu sein scheint. Offenbar hatte er sich noch nicht allzu lange in Kapernaum aufgehalten, als er des Orts plötzlich überdrüssig wurde. Nachdem er in der galiläischen Nachbarstadt Chorazin herumgewandert war und in Kapernaum zahlreiche Teufelsaustreibungen und Heilungen vorgenommen hatte, soll Jesus die Städte gescholten haben, da sie die Bedeutung dieser Wunder nicht verstanden. »Und du, Kapernaum, wirst du bis zum Himmel erhoben werden? Du wirst bis in die Hölle hinuntergestoßen werden. Denn wenn in Sodom die Taten geschehen wären, die in dir geschehen sind, es stünde noch heutigen Tages. Doch ich sage euch: Es wird dem Land der Sodomer erträglicher ergehen am Tage des Gerichts als dir« (Mt 11,23–24).[13]

Doch was hätten die Bewohner Kapernaums verstehen sollen? Beim Lesen der Evangelien gewinnt man den Eindruck, als hätte sich die Gefolgschaft Jesu vergrößert, je mehr Wunderheilungen und Teufelsaustreibungen er vornahm. Ob Jesus und seine Anhänger tatsächlich das gleiche wollten, lassen die Evangelien dahingestellt sein; doch sogar aus der ganz auf Christus ausgerichteten Sicht der Evangelisten lassen sich einige Hinweise darauf entnehmen, daß Jesus die Kontrolle über seine Anhänger in manchen Dingen entglitt.

Ein Beispiel dafür findet sich im 2. Kapitel des Markusevangeliums. »Und es begab sich, daß er am Sabbat durch ein Kornfeld ging, und seine Jünger fingen an, während sie gingen, Ähren auszuraufen. Und die Pharisäer sprachen zu ihm: Sieh doch! Warum tun deine Jünger am Sabbat, was nicht erlaubt ist? Und er sprach zu ihnen: Habt ihr nie gelesen, was David tat, als er in Not war und ihn hungerte, ihn und die bei ihm waren: wie er ging in das Haus Gottes zur Zeit Abjatars, des Hohenpriesters, und aß die Schaubrote, die niemand essen darf als die Priester, und gab sie auch denen, die bei ihm waren? Und er sprach zu ihnen: Der Sabbat ist um des Menschen willen gemacht und nicht der Mensch um des Sabbats willen. So ist der Menschensohn ein Herr auch über den Sabbat« (Mk 2,23–28).

In dieser kurzen Erzählung passiert allerhand. Einige Dinge betreffen den Text des Markus, die Lehre, die Markus uns vermitteln will. Anderes läßt sich aus den Ereignissen direkt herauslesen, vor allem deshalb, weil die beiden anderen Synoptiker, Matthäus und Lukas, die Geschichte so offenkundig mißverstanden haben und den Eindruck erwecken, als hätten die Pharisäer Jesus wegen einer Banalität – so würde es ein Nichtjude sehen – gezürnt, nämlich weil seine Jünger am Sabbat ein paar Ähren abrissen.

Zunächst einmal marschieren die Jünger durch ein Kornfeld – und schon damit dürften sie einem Bauern der Gegend keine Freude gemacht haben. Warum tun sie das? Weil sie eine Stadt »umgehen« wollen. Durch Umgehen einer Stadt konnte man deren Sabbatgrenze ausweichen und seinen Bestimmungsort erreichen, ohne durch diese Grenze behindert zu werden. Also verhalten sich die Jünger, als befolgten sie den Sabbat. Doch tun sie das wirklich? Warum läßt dann Markus Jesus den Vergleich mit König David anbringen, der in den Tempel trat und die Schaubrote aß? In der Version des Markus gibt es einen Grund dafür, obwohl sich dem Text kaum entnehmen läßt, inwieweit dieser Grund Jesus selbst oder seinen Jüngern bewußt war, als oder falls sich diese

Begebenheit tatsächlich zutrug. Die Jünger reißen die Ähren ab, als sie durch das Kornfeld gehen, weil sie Hunger haben, und der Hunger der Menschen wird in sämtlichen Evangelien zu einer Metapher dafür, was Jesus durch seine Lehre zu befriedigen versucht. Durch den eingeschobenen Hinweis auf Davids Unverblümtheit im Tempel macht Markus Jesus zum neuen König David. Doch gerade mitten in der Erntezeit gab es keine Entschuldigung dafür, daß jemand den Sabbat brach, so daß es nicht überraschen kann, daß die Pharisäer das Verhalten der Jünger am Sabbat kritisieren. Aber was hat es damit auf sich, daß die Jünger durch das Kornfeld gingen? Und was hat König David damit zu tun? Hat Jesus tatsächlich geglaubt, Abjatar sei der Hohepriester gewesen – er war es nicht –, oder ist dies ein Irrtum des Markus? David holte sich – so wird es in 1 Sam 21,1–7 überliefert – die Schaubrote am Sabbat in einer besonderen Situation und konnte sich über die rituellen Vorschriften hinwegsetzen, weil er der König war. Ähnlich gab es seit der Zeit der Makkabäer für Soldaten auf dem Marsch und für Männer im Krieg Ausnahmen vom Sabbatgebot. Folglich verstand Markus Jesus und seine Jünger als Männer auf dem Marsch, deren König Jesus war! Und welches Reich verkündeten sie? Ein Reich des Überflusses, in dem die Hungrigen gesättigt werden: Abjatar bedeutet »Vater des Überflusses«[14].

Jesus war im Begriff, ein neues Reich auszurufen, und die Menschen schickten sich an, ihn zu ihrem König zu machen. Aber wie sah das Manifest dieses Reichs aus? Während sich der heutige Leser, vor allem der geneigte agnostische Leser, hauptsächlich für Jesus wegen seiner Lehre interessiert, richteten seine Zeitgenossen ihr Augenmerk vor allem auf den Heiler und Wundertäter Jesus. Wenn wir von der Ungeduld Jesu mit seinen Jüngern lesen, weil sie seine Lehre nicht verstanden, und uns gleichzeitig vergegenwärtigen, wie viele Textabschnitte in den Evangelien dieser Lehre beispielhaft gewidmet sind, müssen wir uns auf den Kern dieser Lehre konzentrieren – und uns natürlich immer bewußt bleiben, daß es unmöglich ist, vollständige Gewißheit darüber zu erhalten, was Jesus gelehrt hat.

Als Sir Walter Scott seiner Leidenschaft für schottische Balladen nachging, hatte er einen Zusammenstoß mit der Mutter von James Hogg, dem Hirten von Ettrick. Margaret Hogg besaß ein ungeheures Wissen über diese alten Lieder, hielt jedoch wenig von Scotts *Minstrelsy of the Scottish Border*: »Keins meiner Lieder ist je gedruckt worden, bis Sie es getan haben, und Sie haben sie alle verdorben. Sie sind fürs Singen gedacht und nicht fürs Lesen. Jetzt haben Sie den Zauber gebrochen, und sie werden nie mehr gesungen werden.«[15]

Dies ist ein gutes Beispiel dafür, wie grundverschieden man an Dinge herangehen kann. Einmal gibt es eine im wesentlichen mündliche Überlieferung, zum anderen den Wunsch des Literaten, die Worte unserer Vorfahren auf bedrucktem Papier festzuhalten. Hätte Jesus eines der »Evangelien«, und da vor allem die Berichte über seine Lehre, je lesen können, wäre seine Reaktion vielleicht genauso ausgefallen wie die der Margaret Hogg auf Scotts *Minstrelsy*: »Sie sind fürs Singen gedacht und nicht fürs Lesen.«

Die Aussprüche jüdischer Lehrer wurden ebenso wie das Gedankengut anderer orientalischer Völker von ihren Anhängern nicht selten gesammelt, allerdings nicht unbedingt in schriftlicher Form festgehalten, sondern als mündlich überlieferte Redensarten, Märchen oder Sinnsprüche bewahrt. Sie wurden oft in eine rhythmische oder poetische Form gekleidet und in vielen Fällen, wie etwa die Balladen und Volkslieder belegen, auch gesungen. Es ist nicht ausgeschlossen, daß den Aussprüchen Jesu etwas Ähnliches widerfahren ist. Einige seiner berühmtesten Worte werden noch heute in den Kirchen des Ostens (bei griechischen und russischen Orthodoxen) als Kirchenlied gesungen. Sie haben einen besonderen Vorzug – sie prägen sich leicht ein:

>»Selig sind, die da geistlich arm sind;
>denn ihrer ist das Himmelreich.
>Selig sind, die da Leid tragen;
>denn sie sollen getröstet werden.
>Selig sind die Sanftmütigen;
>denn sie werden das Erdreich besitzen.
>Selig sind, die da hungert und dürstet nach der
>   Gerechtigkeit;
>denn sie sollen satt werden.
>Selig sind die Barmherzigen;

denn sie werden Barmherzigkeit erlangen.
Selig sind, die reinen Herzens sind;
denn sie werden Gott schauen.
Selig sind die Friedfertigen;
denn sie werden Gottes Kinder heißen.
Selig sind, die um der Gerechtigkeit willen verfolgt werden;
denn ihrer ist das Himmelreich.
Selig seid ihr, wenn euch die Menschen um meinetwillen
schmähen und verfolgen
und reden allerlei Übles gegen euch,
wenn sie damit lügen.
Seid fröhlich und getrost;
es wird euch im Himmel reichlich belohnt werden.
Denn ebenso haben sie verfolgt die Propheten,
die vor euch gewesen sind« (Mt 5,3–12).

Jesus hat nie ein Buch geschrieben. Er nahm also das Risiko in Kauf, daß man seine Aussprüche verzerrt oder entstellt wiedergab oder teilweise vergaß. Pedanten weisen zu Recht darauf hin, daß von keinem Ausspruch Jesu im Neuen Testament mit Sicherheit gesagt werden kann, daß es sich um die *ipsissima verba* des Meisters handelt. Das schmälert den Gehalt der Jesus zugeschriebenen Worte jedoch nicht. Vielmehr sind sie der Beachtung und Erinnerung wert, unabhängig davon, ob Jesus sie tatsächlich geäußert hat oder ein anderer. Auch läßt sich ihre Authentizität nicht rundweg in Abrede stellen. Insgesamt eignet den Herrenworten und Apophthegmen sowohl in den synoptischen Evangelien wie gelegentlich auch im vierten Evangelium ein unverwechselbarer Duktus, der sich nur schwer als Phantasieprodukt der vier Evangelisten begreifen läßt. Denn immerhin schrieben alle vier für ein jeweils anderes Publikum, an verschiedenen Orten und zu verschiedenen Zeiten. Wenn wir die Evangelien lesen, begegnet uns eine bestimmte Form von Rede und Gegenrede, eine ironische Dialektik, die mit der festen literarischen Form, in der sie eingefangen ist, manchmal völlig unvereinbar ist. Die Dialektik mit ihrem Anstoß erregenden, Widerspruch herausfordernden Impetus springt uns förmlich entgegen, so wie neuer Wein aus alten Schläuchen hervorschießt. Dies ist kein Beweis, daß Jesus all die

Worte, die ihm die Evangelien zuschreiben, gesprochen, nicht einmal dafür, daß er sich einer solchen Dialektik befleißigt hat. Doch wenn er es nicht getan hat, müssen wir anerkennen, daß irgendein anderer großer religiöser Genius den vier Evangelisten beigebracht hat, sich dieser Dialektik zu bedienen.

Es gibt in den Evangelien natürlich kein festes »Lehrgebäude«, keinen Entwurf einer neuen Religion. Jesus hat weder so etwas wie einen Koran oder ein Buch Mormon diktiert. Hinter all seinen Äußerungen stehen die hebräischen Schriften, an die er bedingungslos glaubte und die er weder verändern noch ersetzen wollte: »Ihr sollt nicht meinen, daß ich gekommen bin, das Gesetz oder die Propheten aufzulösen; ich bin nicht gekommen aufzulösen, sondern zu erfüllen« (Mt 5,17). Die ganze Vorwitzigkeit Jesu, seine aufhorchen lassenden und Ärgernis stiftenden Aussagen, ihre Sprengkraft sind vor diesem festumrissenen Hintergrund zu sehen. Ihn interessierte nur eins: Wie werde ich ein guter Jude? Er stellte sich selbst und seinem Volk diese Frage zu einem Zeitpunkt, als das Judentum bedroht war: bedroht von Gewalt und Verfolgung durch die Römer, die eines Tages sogar den Tempel in Jerusalem zerstören würden, und andererseits bedroht von der nichtjüdischen Welt mit ihrem Drang zum Bildnismachen und der Unfähigkeit, an der reinen Idee des Monotheismus festzuhalten.

Was bedeutete es für die Juden, sich an ihren Schriften auszurichten und an ihren Gott zu glauben, der ihnen in der Thora, in den Büchern der Propheten und den Lehrbüchern wie etwa den Psalmen und den Sprüchen Salomos offenbart worden war? Indem er sich mit diesem Thema beschäftigte, sagte und fragte Jesus Dinge, die von universaler Bedeutung sind, die über die Grenzen des Judentums weit hinausgehen und alle Menschen betreffen. Genau dies war schon immer das Paradoxon des Judentums gewesen, und selbst wenn Jesus nicht gekommen wäre, hätte man sich ihm stellen müssen: Das Judentum ist einerseits eine Religion mit Ausschließlichkeitsanspruch, nur für diejenigen bestimmt, die in sie hineingeboren oder – in selteneren Fällen – in sie aufgenommen worden sind; sie ist andererseits eine universale Religion, in der der Schöpfer des Himmels und der Erde und der Stifter eines allgemeingültigen Moralgesetzes angebetet wird. Die Juden sind ein »Gott gehörendes Volk« und sollten ihrer Bestimmung nach das Gewissen des Menschengeschlechts sein. Dennoch formieren sich die Worte Jesu nicht zu einer theologischen oder ethischen Summa, zu einem durchdachten Lehrgebäude, »wie man leben soll«. Wir können in den ihm zugeschriebenen Aussprüchen allerdings eine besondere Einstellung gegenüber dem Judentum erkennen, die einiges Aufsehen erregte und vielleicht sogar revolutionär war; auf jeden Fall ist sie dialektisch und nicht lapidar, organisch und nicht statisch. Für Jesus war ein Jude nicht einfach ein Mann oder eine Frau, die von Mose auf dem Berg Sinai eine Reihe von Wahrheiten auf steinernen Tafeln empfangen hatten. Nach dem Verständnis Jesu mußte der Jude stets die Folgerungen aus diesen Gesetzen mit dem Herzen prüfen und ihre gesellschaftliche Relevanz erschließen. So stellen die Seligpreisungen eine Art Vorschlag dar, wie das Reich Israel trotz der römischen Fremdherrschaft und der Verfolgung des jüdischen Volkes wiederhergestellt werden kann. Es gereicht zum Segen, lehrte Jesus, wenn man die Verfolgung annimmt, Frieden schafft in Demut, wenn man in erster Linie das Reich Gottes und seine Gerechtigkeit sucht. Dann mag das verheißene messianische Zeitalter anbrechen, in dem Gottes Reich Wirklichkeit wird.

Wir sehen, wie Jesus zum herausfordernden Kernpunkt vordringt und den Juden vorführt, welche Konsequenzen sich aus der Thora ergeben, etwa in seinen Gesetzesworten über die Ehe.

»Ihr habt gehört, daß gesagt ist: ›Du sollst nicht ehebrechen.‹ Ich aber sage euch: Wer eine Frau ansieht, sie zu begehren, der hat schon mit ihr die Ehe gebrochen in seinem Herzen . . . Es ist auch gesagt: ›Wer sich von seiner Frau scheidet, der soll ihr einen Scheidebrief geben.‹ Ich aber sage euch: Wer sich von seiner Frau scheidet, es sei denn wegen Ehebruchs, der macht, daß sie die Ehe bricht; und wer eine Geschiedene heiratet, der bricht die Ehe« (Mt 5,27–28.31–32). Matthäus stellt diese Worte in den »literarischen« Kontext einer »Predigt«, die auf einem Berg gehalten wird. Das ist eine bewußte Anspielung auf Mose, der den Juden bei ihrem Zug durch die Wüste auf dem Berg Sinai das alte Gesetz gab. Der neue Mose, so scheint der Evangelist hier anzudeuten, gibt seinem Volk demnach die neue Thora. Die zwölf Jünger sitzen wie Anführer der zwölf Stämme Jesus zu Füßen und empfangen seine Lehre. Ihnen ist die Aufgabe zugewiesen, die Lehre Jesu an die Menschen weiterzugeben, die außer Hörweite weiter unten sitzen. In der Gemeinde des Matthäus und in nachfolgenden Generationen des Christentums wird diese Aufgabe später für die Nachfolger der Zwölf – die apostolischen Bischöfe – zu einer Rechtfertigung, über Scheidungen ihrer Gläubigen richterlich zu befinden.

In ihrem ursprünglichen gesellschaftlichen Umfeld jedoch müssen die Gesetzesworte Jesu eine ganz andere Wirkung gehabt haben. Jesus war zwar, wie sein Vetter Johannes der Täufer, ein glühender Verteidiger der Einehe. Wie für die Gemeinde von Qumran war das mosaische Ehegesetz auch ihm zu lax; sie hielten Scheidung und Wiederheirat für inakzeptabel. Doch Jesus wollte nicht, wie Matthäus es darzustellen versucht, seinem Volk ein neues Gesetz geben. Er forderte seine jüdischen Zuhörer nur auf, eine Verbindung zwischen ihren religiösen und rituellen Pflichten und den tiefsten Regungen ihres Gewissens herzustellen, dann nämlich, wenn Gott direkt zum einzelnen spricht. Sie sollten nicht länger denken, sie könnten Gott durch ein Mindestmaß an Gesetzesbefolgung gefallen. Warum hatte Gott zu Mose gesagt, Ehebruch sei Sünde? Das ist die heikle Frage, die Jesus aufgreift. In der Sexualethik – ebenso wie in anderen Bereichen – entdeckt Jesus den Ursprung allen Übels im menschlichen Herzen, in dessen Neigung, sich selbst zu täuschen und etwas vorzumachen. Ein nichtjüdischer Leser der Evangelien muß manchmal daran erinnert werden, daß in der jüdischen Glaubensgemeinschaft dem einzelnen sein persönliches Urteil nicht verwehrt ist. So hat Jesus nicht sehr oft ethische Fragen beantwortet, weil er seine Zuhörer anhalten wollte, sich zu prüfen und diese Fragen selbst zu beantworten. Professor Vermes erwähnt ein legendäres Streitgespräch, das gegen Ende des ersten Jahrhunderts u. Z. zwischen Rabbi Eliezer ben Hyrkanus und seinen rabbinischen Kollegen stattfand. Streitpunkt war die »Festlegung der verbindlichen Verhaltensnormen« (Halacha). »Nachdem Eliezer alle seine Argumente vorgebracht hatte, ohne zu überzeugen, ließ er ein Wunder geschehen. Sogleich wurde er belehrt, daß in einer rechtlichen Diskussion für Wunder kein Raum sei. In seiner Entrüstung rief er: ›Wenn die Halacha meiner Position entspricht, möge es vom

Himmel bewiesen werden!‹ Daraufhin erklärte eine himmlische Stimme: ›Was habt ihr gegen Rabbi Eliezer, die Halacha ist, wie er sagt.‹ Doch diese Einmischung wurde als unzulässig zurückgewiesen, da die Schrift bestimmt, daß Entscheidungen durch das Votum der Mehrheit getroffen werden.«[16]

Jesus wollte die Juden seiner Zeit dazu bringen, in sich hineinzuhorchen und kollektive Antworten abzulehnen, ob es dabei nun um politische, militärische oder gruppenspezifische Fragen ging. Wie Rabbi Eliezer konnte auch er die Menschen nicht überzeugen, obwohl er Wunder vollbrachte und eine Stimme vom Himmel erscholl, weil seine Zuhörer nicht selbstbewußt genug waren, um aus der engen und verhängnisvoll bigotten Welt ihrer Sekten und Gruppen auszubrechen. Seine Konflikte mit den Schriftgelehrten und Pharisäern in den synoptischen Evangelien und mit den *Ioudaioi* im vierten Evangelium ähneln den Auseinandersetzungen Eliezers mit seinen rabbinischen Kollegen.

Jesus versicherte seinen Zuhörern nicht nur, daß sie zu einem persönlichen Urteil in religiösen Fragen berechtigt seien, sondern betonte, daß dieses sogar unerläßlich sei. Er konfrontierte sie mit einigen Fragen von großer gedanklicher Tiefe, die im Kern das Innerste des Menschen berühren. Ist es tugendhaft, wenn man auf Ehebruch bloß verzichtet, weil man nicht das sexuelle Chaos kennt, das im Menschen herrscht? Hat man der Thora gehorcht und seinen Frieden mit Gott gemacht, wenn das Herz voller Zorn, Bosheit und Rachsucht ist? Jesus sagt immer: »Ihr glaubt, ihr könntet Gott allein dadurch dienen, daß ihr eine Vorschrift befolgt. Doch dazu ist mehr nötig.« Und genau dieses Mehr führt den Gläubigen zur Begegnung mit Gott, zu einer Begegnung, die ihm keinen unnachsichtigen Gesetzgeber, sondern einen liebevollen Vater offenbart. Der religiöse Legalismus ist nicht von ungefähr Thema des berühmten Streitgesprächs über Reinheit und Unreinheit, das Jesus mit Pharisäern und Schriftgelehrten führt. Anlaß ist die Frage, ob seine Jünger die vorgeschriebenen Reinigungs- und Waschungsrituale eingehalten haben: »Und er rief das Volk wieder zu sich und sprach zu ihnen: Hört mir alle zu und begreift's! Es gibt nichts, was von außen in den Menschen hineingeht, das ihn unrein machen könnte; sondern was aus dem Menschen herauskommt, das ist's, was den Menschen unrein macht«

(Mk 7,14–15). Jesus entwickelt aus diesem recht heftigen Wortwechsel ein Gleichnis über das geistliche Leben. Speisen sind nicht schmutzig. Exkremente sind es. Ähnlich kann den Menschen nur das besudeln, was aus dem Herzen kommt: ». . . denn von innen, aus dem Herzen der Menschen, kommen heraus böse Gedanken, Unzucht, Diebstahl, Mord, Ehebruch, Habgier, Bosheit, Arglist, Ausschweifung, Mißgunst, Lästerung, Hochmut, Unvernunft. Alle diese bösen Dinge kommen von innen heraus und machen den Menschen unrein« (Mk 7,21–23).

Markus, der diese Worte Jesu zu den Speisegesetzen überliefert, fügt für seine nichtjüdischen Leser noch den kleinen Hinweis hinzu: »Damit erklärte er alle Speisen für rein« (Mk 7,19). Das geht allerdings in eine ganz andere Richtung – Jesus ermahnte die Juden nur, bei der Einhaltung ihrer Speisegesetze Augenmaß zu bewahren und sich einer ernsthaften Selbstprüfung zu unterziehen; denn solange sie nicht bereuten und sich reinigten, würden sie »Gott nicht schauen«.

Markus schreibt nun, wie wir wissen, für eine nichtjüdische Gemeinde, die sich um die jüdischen Speisegesetze nicht zu scheren braucht. Er erfindet Geschichten hinzu, wie Jesus mit Nichtjuden spricht. Er enthebt Pontius Pilatus jeder Verantwortung für die Hinrichtung Jesu, die nach römischer Art erfolgte, indem er behauptet, dies sei geschehen, weil Jesus am Vorabend des Passafestes von dem Hohen Rat der Juden verurteilt und Pilatus überantwortet worden sei. Markus berichtet uns sogar, ein römischer Hauptmann habe unter dem Kreuz Jesu stehend versichert: »Wahrlich, dieser Mensch ist Gottes Sohn gewesen!« (Mk 15,39). Doch an anderer Stelle greift Markus – wie alle Evangelisten – auf einen Teil der mündlichen Überlieferung zurück, der seinem »christlichen« Jesusbild diametral entgegensteht. Er erzählt uns, eine Griechin aus Syrophönizien sei an Jesus mit der Bitte herangetreten, »den bösen Geist von ihrer Tochter auszutreiben« (Mk 7,26). Jesus entgegnet brüsk: ». . . es ist nicht recht, daß man den Kindern das Brot wegnehme und werfe es vor die Hunde« (Mk 7,27). Dieser Ausspruch macht darauf aufmerksam, daß die Evangelien, sozusagen wider Willen, Worte enthalten, die mit an Sicherheit grenzender Wahrscheinlichkeit authentische Erinnerungen an seine Lehre sind. Diese Vermutung wird durch andere

Aussprüche Jesu untermauert, welche die Evangelisten wohl aus Versehen nicht getilgt haben – etwa daß Jesus gesagt habe, er wolle die Thora nicht abschaffen, man dürfe kein Jota vom Gesetz als überflüssig abtun, seine Botschaft wende sich ausschließlich an das jüdische Volk und an die »verlorenen Schafe aus dem Hause Israel« (Mt 10,6).

Doch auch bei anscheinend echten Jesusworten müssen wir auf der Hut sein. Nehmen wir etwas auf den ersten Blick so Einfaches wie die Ermahnung Jesu, sich nicht unnötig zu streiten. Der Ausspruch findet sich bei Matthäus (Mt 5,25–26) und bei Lukas (Lk 12,58–59). Bei Matthäus heißt es: »Vertrage dich mit deinem Gegner sogleich, solange du noch mit ihm auf dem Weg bist, damit dich der Gegner nicht dem Richter überantworte und der Richter dem Gerichtsdiener und du ins Gefängnis geworfen werdest. Wahrlich, ich sage dir: Du wirst nicht von dort herauskommen, bis du auch den letzten Pfennig bezahlt hast.« Der Sinn und die Vernünftigkeit der Ermahnung scheinen auf der Hand zu liegen. Wann immer möglich, soll man sich außergerichtlich vergleichen. Wir wissen aus dem 1. Korintherbrief des Paulus (1 Kor 6,5–7), daß die frühen Christen, wann immer möglich, zu vermeiden suchten, vor heidnische Richter gestellt zu werden. Es mag sein, daß dieser Ausspruch Jesu, wie authentisch er auch klingen mag, trotzdem durch die Erfahrungen der nichtjüdischen Kirche gefärbt ist. Lukas jedoch interpretiert den Ausspruch in seinem Evangelium völlig anders. Um ein Gefühl für seinen Tonfall zu bekommen, sollte man die dem Ausspruch vorausgehenden Verse lesen (Lk 12,54–57). Nach Lukas hat Jesus nämlich gerade dem Volk vorgehalten, es könne zwar die Wolken am Himmel als Anzeichen kommenden Regens deuten, aber über diese Zeit zu urteilen und die Anzeichen des kommenden Gerichts zu erkennen, verstünde es nicht. Und dann sagt Jesus: »Denn wenn du mit deinem Gegner zum Gericht gehst, so bemühe dich auf dem Wege, von ihm loszukommen, damit er nicht etwa dich vor den Richter ziehe, und der Richter überantworte dich dem Gerichtsdiener, und der Gerichtsdiener werfe dich ins Gefängnis.«

Der Leser wird selbst bei dieser Übersetzung bemerken, daß der Wortlaut der beiden Passagen völlig verschieden ist. Es scheint, als hätte Lukas einen Ausspruch direkt aus dem Aramäischen (der Sprache Jesu) übersetzt, während Matthäus offenbar den griechischen Wortlaut des Ausspruchs gekannt hat. Von den vierundvierzig griechischen Wörtern bei Matthäus und den fünfzig bei Lukas sind nur zwölf identisch. Es ist die gleiche Geschichte, wenn auch die Ursprünge verschieden sind. Dennoch haben die beiden Evangelisten ihr einen jeweils anderen Sinn verliehen. Bei Lukas ist sie fast zu einem Gleichnis über das kommende Gericht geraten, etwa der Art: »Du würdest dich mit einem gefährlichen Gegner vor Gericht einigen, bevor du vor den Richter kommst. Also gut – dann hüte dich vor dem Kommen des Richters!« Dieses Logion hat in der protestantischen Exegese eine wahre Flut kontroverser Auslegungen ausgelöst. Der große Bultmann glaubt, diese Äußerung sei ursprünglich ein Gleichnis mit eschatologischer Bedeutung gewesen: Gott ist der Richter. Wir sollten uns mit unseren Gegnern einigen, bevor wir sterben, sonst wird Gott uns verdammen.

Die meisten Forscher, vor allem die deutschen in den letzten hundert Jahren, sind zu dem Schluß gekommen, daß Jesus mit seiner Predigt vom Reich Gottes auf das Ende der Zeit blickte, an dem es sich mit Macht erfüllen werde.[17] Jesus, so heißt es, hat seinen Jüngern und Anhängern ein Gebet beigebracht. Obwohl viele neutestamentliche Forscher bezweifelt haben, daß Jesus die Worte gesprochen hat, sind sie doch für immer mit seinem Namen verknüpft. Dieses Gebet wird »Vaterunser« genannt, es ist ein Zeugnis monotheistischer Frömmigkeit reinsten Wassers:

»Unser Vater im Himmel! Dein Name werde geheiligt. Dein Reich komme. Dein Wille geschehe wie im Himmel so auf Erden. Unser tägliches Brot gib uns heute. Und vergib uns unsere Schuld, wie auch wir vergeben unsern Schuldigern. Und führe uns nicht in Versuchung, sondern erlöse uns von dem Bösen . . .« (Mt 6,9–13).

Gleich am Anfang dieses vollkommenen Gebets erscheint nach der Anerkennung der Vaterschaft und der Heiligkeit des Allmächtigen der Satz: »Dein Reich komme!« Vermutlich haben die Forscher mit ihrer Ansicht recht, Jesus habe geglaubt, Gott werde innerhalb sehr kurzer Zeit ein Reich besonderer Art auf Erden errichten. Die Reich-Gottes-Vorstellung ist im Alten Testament belegt und kommt in den rabbinischen Schriften sehr oft vor.[18] Der Begriff »Reich Gottes« ist eine Metapher für vieles. Es kann der Bund zwischen Gott und Mose gemeint sein, der am Berg Sinai geschlossen wurde, aber auch der Bund mit dem einzelnen Juden, der als gehorsames Kind Gottes leben soll.

Rabbi Joschua ben Karha sagte: »Warum steht der Abschnitt *Höre, Israel* (Dt 6,4–9) [vor dem Abschnitt] *... sondern sollt halten die Gebote des Herrn, eures Gottes, seine Vermahnungen und seine Rechte, die er dir geboten hat?* – so daß ein Mann vielleicht erst das Joch des Himmelreichs auf sich nimmt und danach das Joch der Gebote?« (Berakoth 2,2)[19]. Jesus hat seine Anhänger sicher gelehrt, das Gottesreich werde als zukünftig gedachtes Ereignis kommen, wie es im Buch des Propheten Daniel (Dan 7,13–14) geweissagt ist. Doch er muß auch das Gefühl gehabt haben, daß das Reich Gottes sehr nahe sei, so nahe, daß seine Anhänger darin würden leben können (Mk 1,15). Wie das Vaterunser verweisen andere Aussprüche Jesu die Juden auf einen absoluten und einfachen Glauben an den Schöpfer: Er »kleidet« die Vögel am Himmel und die Blumen auf dem Felde. Ebenso wird er die Menschen speisen und kleiden. Das jüdische Volk, Juden sind von Gott auserwählt, wie Lampen, die eine dunkle Welt erleuchten sollen, wie Salz der Erde, wie Hefe, ohne die das Brot nicht aufgeht.

Diese Worte Jesu bei *Matthäus* ergeben keinen Sinn, wenn man sie auf »Christen« anwendet, eine Personengruppe, deren bloße Vorstellung Jesus völlig fremd gewesen sein dürfte. Sie sind Ausdruck der jüdischen Berufung: »Ihr seid das Licht der Welt...« (Mt 5,14). Das vierte Evangelium, in dem Jesus das wahre Israel verkörpert, die wahre Antwort der Menschheit auf Gott in seiner Person, legt ihm die Worte in den Mund. »Ich bin das Licht der Welt...« (Joh 8,12). Jesus glaubte, die Juden seien das Licht der Welt und es sei seine Aufgabe, sie zu lehren, wie man dieses Licht strahlend leuchten lasse.

Was Jesus von vielen seiner Zeitgenossen unterschied, war seine Bereitschaft, auch »Zöllner und Sünder« in das Reich Gottes aufzunehmen: das heißt die »Verräter«, diejenigen, die das Gesetz Gottes sträflich mißachtet hatten. Der Grund für die Bereitschaft Jesu, diese Menschen in das Reich Gottes aufzunehmen, läßt sich beim Lesen seiner vielen Gleichnisse erkennen, die eine revolutionäre Gottesvorstellung beinhalten. Ein Mann hatte zwei Söhne. Einer bat um sein Erbteil und begab sich in ein fremdes Land, wo er sein Geld für Frauen und ein unzüchtiges Leben verschwendete. Irgendwann, als er verarmt ist, hungert und sich sogar als Schweinehirte verdingen muß (die denkbar unreinste Arbeit für einen Juden; er hungert so sehr, daß er mit diesen verbotenen Tieren sogar aus dem gleichen Trog ißt – und das bei den Speisegesetzen der Juden!), begibt sich dieser junge Mann wieder nach Hause. Er beschließt, seinen Vater um Vergebung zu bitten und zu fragen, ob er ihn als Knecht bei sich aufnehmen könne. Doch schon vor der Ankunft im Elternhaus erblickt ihn sein wartender Vater von weitem. Der alte Mann empfängt ihn mit offenen Armen. Er schlachtet das gemästete Kalb und gibt ein Festmahl. Der zweite Sohn ist verständlicherweise wütend. Wie kann der Vater den Bruder belohnen, einen Hurenbock, wo er den tugendhaften Bruder noch nie belohnt hat?

Ein anderes Beispiel: Jesus erzählt die Geschichte von einem Mann, der sich aufmacht, Arbeiter für seinen Weinberg zu suchen. Er vereinbart mit der einen Gruppe von Männern, daß sie für einen Silbergroschen am Tag arbeiten. Trotzdem findet er nicht genug Arbeiter für seinen Weinberg, so daß er immer wieder hinausgeht, um weitere Arbeiter zu suchen. Die Bedingungen sind immer die gleichen. Gegen Ende des Tages erhalten die Männer, die er als erste eingestellt hat, die in den heißesten und anstrengendsten Stunden des Tages gearbeitet haben, einen Silbergroschen als Lohn. Die Taugenichtse und Faulenzer, die als letzte gekommen sind und nur eine Stunde gearbeitet haben, erhalten den gleichen Lohn: einen Silbergroschen.

Noch ein Beispiel: Da waren zwei Männer. Der eine war reich, aß und lebte gut. Der andere war arm; sein Körper war mit schwärenden Wunden bedeckt, welche die Hunde des reichen Mannes leckten. Dann starben die beiden Männer. Der reiche Mann kam in die Hölle, der Arme in den Himmel. Nichts in dieser Geschichte deutet darauf hin, daß der arme Mann tugendhaft oder der reiche böse war. Der reiche Mann in der Hölle fleht, der arme Mann möge kommen und seine Leiden lindern, und sei es nur durch einen Tropfen Wasser. Abraham jedoch, in dessen Schoß der arme Mann ruht, erhört ihn nicht, da eine unüberbrückbare Kluft zwischen dem armen und dem reichen Mann bestehe.

Oder: Ein unehrlicher Aufseher wird aus dem Dienst seines Herrn entlassen. Er ruft die Schuldner seines Herrn zu sich und fragt den ersten, wieviel er seinem Herrn schulde. »Hundert Tonnen Öl«, antwortet dieser. Der Aufseher läßt den Mann einen Schuldbrief über fünfzig Tonnen ausstellen. Der nächste Schuldner tritt ein. Er schuldet dem Herrn hundert Scheffel Weizen, muß aber nur für achtzig zahlen. Als der Herr herausfindet, daß sein unehrlicher Aufseher ihn betrogen hat, preist er dessen Einfallsreichtum, »denn die Kinder dieser Welt sind unter ihresgleichen klüger als die Kinder des Lichts« (Lk 16,8).

Das Reich Gottes ist eine Welt, in der selbst einfachste moralische Regeln nicht so wichtig zu sein scheinen wie sonst. Warum zieht Gott im Gleichnis Jesu vom Pharisäer und Zöllner, die beide im Tempel beten, den Zöllner vor, während er den Pharisäer nicht einmal anhören will? Weil der Zöllner Gott erlaubt, Gott zu sein. Er ergreift selbst keine moralische Initiative. Er ist nur ein passives Werkzeug, über ihn kann die Vergebung Gottes kommen.

Im ganzen Alten Testament finden sich diese Züge des jüdischen Denkens über Gott:

> »So fern der Morgen ist vom Abend,
> läßt er unsre Übertretungen von uns sein.
> Wie sich ein Vater über Kinder erbarmt,
> so erbarmt sich der Herr über die, die ihn fürchten.
> Denn er weiß, was für ein Gebilde wir sind;
> er gedenkt daran, daß wir Staub sind« (Ps 103,12–14).

Dieser Gedanke hat sich bis heute im Judentum erhalten, etwa in der von einem Rabbi erzählten Geschichte von dem Sünder, der nach dem Tod vor seinem Gott steht. »Hast du die Thora gehalten?« fragt ihn Gott. »Nein«, erwidert der Mann. »Hast du immer daran gedacht, deine Gebete zu sprechen?« – »Nein.« »Bist du wenigstens deiner Frau treu gewesen?« – »Nein.« »Komm in mein Reich«, sagt Gott. »Warum?« fragt der Mann. »Ich habe doch gesagt, daß ich die Ehe gebrochen habe, daß ich meine Gebete nicht gesprochen und auch die Thora nicht gehalten habe.« »Eben, weil du die Wahrheit gesagt hast«, antwortet Gott.

In der Lehre Jesu finden wir diese Denkungsart wieder, doch er fügt etwas sehr Bezeichnendes hinzu: daß sich Gott nämlich nicht um die Gerechten kümmert, sondern vielmehr um die Sünder bemüht. Ein Hirte sucht einen Berg nach einem verirrten Schaf ab, obwohl er neunundneunzig andere Schafe in seiner Herde hat. Die Frau, die eine einzelne Münze verloren hat, durchsucht das ganze Haus und gibt für ihre Nachbarn – wie absurd! – noch ein Fest, als sie das kleine Geldstück endlich gefunden hat.

Dies ist das Maß von Gottes Liebe und Vergebung. Sie wird auch denen zuteil, die noch nicht bereut haben. Johannes der Täufer lehrte wie die meisten anderen religiösen Lehrer seiner Zeit, die Sünder sollten bereuen und zu Gott umkehren. Dies lehrten auch die Pharisäer, die jedoch nicht annähernd so streng waren wie etwa die Gemeinde von Qumran. Nach dem Glauben der Pharisäer durfte ein Jude auf das Kommen des Herrn hoffen, solange er ein gerechter Jude war. Jesus hat all das auf den Kopf gestellt. Der aktive Teil in der Beziehung zwischen Gott und Mensch ist Gott. Er belohnt nach eigenem Gutdünken, ob man, gemessen an irdischen Vorstellungen, nun tugendhaft oder mächtig gewesen ist oder nicht.

Exegeten des Neuen Testaments haben die Armut der Jünger Jesu falsch gewichtet und ihr einen sentimentalen Touch gegeben. Es war jedoch nicht ihre Armut oder ihre fehlende Bildung, die seine Zeitgenossen empörten. Es war die Tatsache, daß Jesus sie offenbar in sein Reich ließ, *bevor* sie bereut hatten. Dies hat ihm bei den Pharisäern mit Sicherheit keine Sympathien eingetragen. Allerdings machten auch die »Christen« keinerlei Anstalten, jene Offenheit Jesu zu beherzigen, wie wir der Apostelgeschichte oder den Briefen des Paulus entnehmen können. Da werden »Sünder« wegen ihrer Verfehlungen aus der Gemeinde ausgestoßen, bestraft und gelegentlich sogar erschlagen. Da die Zulassung von Sündern in der frühen Kirche nicht üblich war, gleichwohl aber ein so bezeichnendes Element der Evangelien geblieben ist, können wir davon ausgehen, daß es sich hier um einen authentischen Bestandteil der Botschaft Jesu handelt.

Dieses Credo geht viel tiefer und weiter als der Disput eines leichtlebigen Galiläers mit einem strenggläubigen Jerusalemer Priester über die Frage der rituellen Waschungen oder der Speisegesetze. Die Schriftgelehrten und Pharisäer hatten nicht nur rituelle Vorschriften im Kopf, und Jesus hat auch nicht alle rituellen Praktiken der Juden in Bausch und Bogen abgetan. Der Dissens zwischen ihm und den Schriftgelehrten und Pharisäern betrifft die Vorstellungswelt und theologische Fragen. Die Kluft zwischen ihnen ist ebenso tief wie die zwischen dem reichen und dem armen Mann, die Abraham in eben erwähntem Gleichnis für unüberbrückbar hält. Auf der einen Seite herrscht ein Verständnis von Religion vor, das das Handeln des Menschen in den Mittelpunkt rückt. Der Jude entscheidet selbst, inwieweit er den heiligen Gesetzen Gottes gehorchen will – er kann sie befolgen oder nicht, je nach Tugend oder Weisheit. Sollte er der Thora folgen, wird er das Wohlgefallen seines Schöpfers finden und damit auch Freude und Seelenfrieden. Doch für Jesus ist dies nicht genug. Ein solches System religiöser Pflichterfüllung könnte auch ohne einen lebendigen Gott oder sogar ganz ohne Gott auskommen – wie, nebenbei bemerkt, jedes System dieser Art. Nur wenige religiöse Denker haben sich weniger für Immanuel Kants »kategorischen Imperativ« interessiert als Jesus. Damit meine ich nicht so sehr eine Abkehr von jeder Moral – Jesus scheint vielmehr dem Menschen seiner Zeit die Frage gestellt zu haben: »Wie weit bist du nun damit gekommen?« Und die Antwort gab er gleich selbst: »Nicht sehr weit, wenn sich die Hoffnungen letztlich auf die Errichtung des Reiches Gottes auf Erden richten.« Für Jesus war dieses Reich erst vollständig, wenn es ganz Israel umfaßte. Und das schloß auch die Unberührbaren, die Unreinen, die Ausgestoßenen und die Sünder mit ein. Solchen Menschen streckt Gott die Hände in mitfühlender Liebe entgegen.

Diese Botschaft mußte in der Anfangsphase auf die Massen eine ungeheure Anziehungskraft ausüben, besonders auf das »Lumpenproletariat«. Bedenkt man außerdem, welche Begabung Jesus als Teufelsaustreiber und Heiler besaß, kann es nicht überraschen, daß ihm überall in Galiläa große Menschenmengen folgten, ebensowenig, daß man seine Predigt als höchst revolutionär ansah, wenn er »mit Vollmacht und nicht wie die Schriftgelehrten lehrte« (Mk 1,22).

7. KAPITEL

Schalom: Das Brotwunder

Am Anfang von Boris Pasternaks Roman *Doktor Shiwago* findet sich eine bemerkenswerte Unterhaltung über die geschichtliche Bedeutung Jesu Christi. Ein ehemaliger Geistlicher sagt: »Man kann Atheist sein und möglicherweise nicht wissen, ob es einen Gott gibt und wozu, aber man kann dennoch wissen, daß der Mensch nicht in der Natur lebt, sondern in der Geschichte, die aus heutiger Sicht von Christus begründet wurde, mit dem Evangelium als Grundlage... Da ist erstens die Nächstenliebe, diese höchste Form von Lebensenergie, die das menschliche Herz erfüllt und nach Hingabe und Verschwendung verlangt. Da sind ferner die Grundkomponenten des modernen Menschen, ohne die er nicht denkbar ist, nämlich die Idee von der freien Persönlichkeit und die Idee vom Leben als Opfer.«[1]

Der aus einer nichtchristlichen Tradition stammende Leser dieser Worte wird vielleicht überrascht sein zu erfahren, daß russisch-orthodoxe Christen glauben, das Vorhandensein von Güte und Selbstlosigkeit in der Welt sei allein Jesus zu verdanken. Gleichwohl präsentieren uns die Evangelien eine ganze Reihe verschiedener menschlicher Charaktere, denen Jesus dazu verhilft, sie selbst zu sein. Einer der Oberen der Juden, ein Rabbi namens Nikodemus, kommt bei Nacht heimlich zu Jesus. Zwar symbolisiert Nikodemus im vierten Evangelium die alte Klasse des Judaismus, die im Zustand der Unaufgeklärtheit zu Jesus kommt, doch das schließt nicht aus, daß tatsächlich eine solche Begegnung stattfand. Jesus sagt Nikodemus, er müsse von neuem geboren werden, seine alten Wertvorstellungen über Bord werfen und die Welt mit neuen Augen betrachten, wie ein neugeborenes Kind – kein Wunder, daß Nikodemus verwirrt ist (Joh 3,4.9). Nikodemus hat wirklich gelebt, wir können bei Flavius Josephus von ihm lesen.[2] Bei Begegnungen mit solchen Menschen können wir uns einen ersten Eindruck davon verschaffen, wer Jesus war.

In den Evangelien begegnen wir vielen Menschen. Die Evangelisten haben diese Menschen oft zu Symbolfiguren gestaltet, um sie ihren theologischen Zwecken dienstbar zu machen. Der Knecht des Hohenpriesters wird zu Malko, dem König. Es ist kein Zufall, daß Jesus im Markusevangelium gerade von Judas den Männern der Gewalt übergeben wird, so wie es in der Genesis Juda war, der Bruder Josephs, der den Träumer verriet und der Sklaverei überantwortete. Für Markus war nämlich die Patriarchengeschichte eine Art Schablone, in die sich das Leben Jesu einpassen ließ.

Hinter diesen Stilisierungen verbergen sich jedoch oft Menschen, die mit hoher Wahrscheinlichkeit wirklich gelebt haben. Vor allem durch seinen Umgang mit Menschen bekommen wir eine Ahnung davon, was für ein Mensch dieser Jesus war. Ihre Reaktion auf ihn besagt eine ganze Menge. Man schreibt ihm die Kräfte eines Teufelsaustreibers und Heilers zu. Allein im 5. Kapitel des Markusevangeliums begegnen wir einigen sehr verschiedenen Menschen, die mit ihren Bedürfnissen zu Jesus kommen.

Da ist zunächst der besessene Gerasener (Mk 5,1–20), der seine Wohnung in den Grabhöhlen am Ostufer des Sees Genezareth hat, eine beängstigende Gestalt. Menschen haben versucht, ihn mit Ketten zu fesseln, er hat sie jedoch immer wieder zerrissen. Niemand kann ihn bändigen. Bei Tag und bei Nacht läuft er in den Bergen herum, schreit und schlägt sich mit Steinen. Als Jesus diesem Mann begegnet, schreit der »unreine Geist« in dem Verrückten: »Quäle mich nicht!« Jesus fragt den Mann, wie er heiße. Er antwortet: »Legion heiße ich; denn wir sind viele« (Mk 5,9).

Dies ist ein Wortwechsel, der glaubwürdig erscheint und jederzeit an jedem Ort stattgefunden haben kann. Ein Mann mit einem gespaltenen Ich und ein geistig gesunder Mann sprechen miteinander. Jesus, der Teufelsaustreiber und Heiler, befiehlt dem »unreinen Geist«, von dem Menschen auszufahren; anschließend erlaubt er ihm, in eine in der Nähe an den Bergen weidende große Herde Säue zu fahren. Vermutlich waren die Schreie des bedauernswerten Mannes so entsetzlich, daß die erschrockenen Säue den Abhang hinunterstürzten und im See ersoffen. Kein Wunder, daß die Bauern der Gegend zu Jesus kommen und ihn bitten, aus ihrem Gebiet fortzugehen. Für Juden auf Besuch war es eine Sache, sich des Schweinefleischverzehrs zu enthalten; etwas völlig anderes war es jedoch, wenn sie in die Ländereien von Nichtjuden eindrangen und deren Existenzgrundlage zerstörten.

Wie alle Geschichten bei Markus ist auch diese so angepaßt worden, daß ein Prediger den Anhängern der frühen Kirche etwas von der Wahrheit über Jesus vermitteln konnte, wie sie sie verstanden: Zu seinen Lebzeiten auf Erden besaß Jesus die Kraft zu heilen. Jesus kann, so lehrt uns Markus, unsere inneren Konflikte lösen und unsere Zerrissenheit heilen, wenn wir zu ihm kommen. Das der Gemeinde nahezubringen ist Zweck der Erzählung. Der wilde Mann in den Grabhöhlen jedoch erweckt den Eindruck eines leibhaftigen Menschen. Seltsamerweise scheint er sogar wirklicher zu sein als Jesus.

Dann begegnen wir Jaïrus (Mk 5,21–43) – ein völlig anderer Mensch. Er ist einer der Vorsteher der Synagoge von Kapernaum, vermutlich genau der Synagoge, deren Fundamente in den letzten zwanzig Jahren bei Grabungen freigelegt worden sind. Jaïrus ist verzweifelt. Seine Tochter »liegt in den letzten Zügen« (Mk 5,23). Jesus geht mit ihm und begegnet unterwegs einer unglücklichen Frau, die seit zwölf Jahren den Blutfluß hat. Sie glaubt allein durch die Berührung des Gewandes Jesu geheilt zu werden. Von hinten tritt sie an ihn heran und berührt seine Kleidung. Jesus dreht sich um und fragt: »Wer hat meine Kleider berührt?« (Mk 5,30). Seine Jünger wissen es auch nicht, denn in dem Gedränge ist er von vielen Menschen berührt worden. Doch in dem Moment, da die Frau Jesus berührt, spürt Jesus – so läßt uns Markus wissen – »daß eine Kraft von ihm ausgegangen war« (Mk 5,30). Das heißt, Jesus merkt, daß seine Heilkräfte verbraucht sind. Die Güte verläßt ihn. Die Frau fürchtet sich, zittert und gesteht, daß sie ihn berührt hat. Und wird geheilt.

Anschließend begibt sich Jesus zum Haus des Jaïrus und sieht das »Getümmel«. Familie und Trauergäste wehklagen und weinen. Als Jesus sagt, das Kind sei nicht gestorben, sondern schlafe nur, lachen ihn die Menschen aus. Jesus treibt sie alle aus dem Haus und geht mit den Eltern zu dem Kind: »*Talita kumi!*« Das heißt übersetzt: »Mädchen, ich sage dir, steh auf!« (Mk 5,41). Als das kleine Mädchen die Augen aufschlägt, erkennt Jesus sofort, daß es Hunger haben muß. Und er gebietet der Familie streng, die Heilung geheimzuhalten und dem Kind zu essen zu geben.

Die Worte Jesu an die Tochter des Jaïrus wurden unter Feministinnen des neunzehnten Jahrhunderts zum Schlachtruf. »Mädchen, steh auf!« Diese Worte gingen in Colleges und Schulen von Mund zu Mund, in den Bildungsanstalten, die zum ersten Mal in der Geschichte ausdrücklich zu dem Zweck gegründet worden waren, Frauen zu erziehen. Dies war durchaus kein Zufall. Im Gegensatz zu Paulus und den frühen Christen hatte Jesus weder Angst vor Frauen, noch behandelte er sie als minderwertig. Offenbar legte er es darauf an, die gesellschaftlichen Konventionen herauszufordern und sich in einem Land und zu einer Zeit mit Frauen anzufreunden, da die Geschlechter in gesellschaftlicher Hinsicht alles andere als gleichberechtigt waren. Einige seiner engsten Vertrauten waren Frauen.

In der Nähe von Kapernaum lag die Stadt Magdala, heute nur noch ein kleines Dorf, doch zu Lebzeiten Jesu ein Gemeinwesen mit dreißig- oder vierzigtausend Einwohnern. Die Frau, die uns unter dem Namen Maria Magdalena bekannt ist, kam aus dieser Stadt. Im Lukasevangelium heißt es, Jesus habe »sieben böse Geister« aus ihr ausgetrieben. Dies bedeutet, daß sie wahrscheinlich unter epileptischen Anfällen litt. Sie wurde eine seiner Jüngerinnen und hielt sich um die Zeit seines Todes mit ihm in Jerusalem auf.

Dem Andenken an diese Frau ist insofern Unrecht widerfahren, als man sie in der frühen Kirche mit der Prostituierten gleichsetzte, die Jesus im 7. Kapitel des Lukasevangeliums im Haus des Pharisäers Simon die Füße salbte (Lk 7,37). Sie wurde ferner mit einer weiteren Maria identifiziert, die aus dem Dorf Bethanien in der Nähe Jerusalems stammte (siehe das nächste Kapitel). Im Neuen Testament findet sich kein Hinweis darauf, daß Maria Magdalena eine Prostituierte (oder »Sünderin«) war, von Hinweisen darauf, daß sie und Jesus ein Liebespaar oder verheiratet waren, ganz zu schweigen, wie es von interessierten Kreisen absurderweise behauptet worden ist. Ebensowenig ist die aus dem neunten Jahrhundert stammende Legende belegt, sie sei nach Frankreich emigriert und liege in Aix-en-Provence begraben. Ihre Erwähnung in den Evangelien, insbesondere als Zeugin der Auferstehung Jesu, ist allerdings von Gewicht und zeigt, daß sie ihm nahestand. Außerdem darf die Tatsache, daß Jesus so viele Frauen um sich versammelte, als Beweis dafür gewertet werden, daß er nicht vorhatte, eine paramilitärische Bewegung zum Sturz der römischen Herrschaft zu gründen. Andernfalls hätte er ausschließlich Männer um sich geschart.

Auch wenn Maria Magdalena keine »Sünderin« war, so erfahren wir in den Evangelien doch, daß Jesus die Gesellschaft von Sünderinnen nicht scheute. Da ist etwa die schon erwähnte Geschichte der Frau im Haus des Pharisäers Simon. Diese Erzählung steht in völligem Einklang mit den Gleichnissen Jesu, so daß der Reiz, den sie auf alle christlichen Generationen seit Entstehung des Lukasevangeliums ausgeübt hat, nicht verwundert. Jesus betritt das Haus eines Pharisäers, der ihn zum Essen eingeladen hat: »Und siehe, eine Frau war in der Stadt, die war eine Sünderin. Als sie vernahm, daß er zu Tisch saß im Haus des Pharisäers, brachte sie ein Glas mit Salböl und trat von hinten zu seinen Füßen, weinte und fing an, seine Füße mit Tränen zu benetzen und mit den Haaren ihres Hauptes zu trocknen, und küßte seine Füße und salbte sie mit Salböl« (Lk 7,37–38). Der Pharisäer protestiert und meint, wenn Jesus wirklich ein Prophet wäre, so wüßte er, was für eine Frau das ist. Jesus erwidert: »Simon, ich habe dir etwas zu sagen. Er aber sprach: Meister, sag es!... Und er [Jesus] wandte sich zu der Frau und sprach zu Simon: Siehst du diese Frau? Ich bin in dein Haus gekommen; du hast mir kein Wasser für meine Füße gegeben; diese aber hat meine Füße mit Tränen benetzt und mit ihren Haaren getrocknet. Du hast mir keinen Kuß gegeben; diese aber hat, seit ich hereingekommen bin, nicht abgelassen, meine Füße zu küssen... Deshalb sage ich dir: Ihre vielen Sünden sind vergeben, denn sie hat viel Liebe gezeigt...« (Lk 7,40.44–45.47).

Ein vergleichbares Fragment hat sich in einigen Handschriften des vierten Evangeliums erhalten; doch jeder kann erkennen, daß es sich nicht um einen Teil des Urtexts handelt. (Das Fragment trägt alle besonderen Kennzeichen der Überlieferung des Lukas.) Es ist die Erzählung von der beim Ehebruch ertappten Frau (Joh 7,53–8,11), die von den Pharisäern vor Jesus gebracht wird, damit er sie richte. Sie erinnern ihn daran, daß Mose im Gesetz geboten habe, solche Frauen zu steinigen. »Aber Jesus bückte sich und schrieb mit dem Finger auf die Erde. Als sie nun fortfuhren, ihn zu fragen, richtete er sich auf und sprach zu ihnen: Wer unter euch ohne Sünde ist, der werfe den ersten Stein auf sie. Und er bückte sich wieder und schrieb auf die Erde« (Joh 8,6–8). Es handelt sich hier um eine der eindrucksvollsten, wirklichkeitsnahsten Schilderungen in den vier Evangelien. Man stelle sich vor, wie dieser schweigende, brütende Mann in den Staub starrt und mit dem Finger auf die Erde schreibt. Die Pharisäer schämen sich und gehen weg, »einer nach dem anderen«, bis Jesus schließlich mit der Frau allein ist. Er fragt sie: »Wo sind sie, Frau? Hat dich niemand verdammt? Sie antwortete: Niemand, Herr. Und Jesus sprach: So verdamme ich dich auch nicht; geh hin und sündige hinfort nicht mehr« (Joh 8,10–11). Joh 7,53 – 8,11 unterscheidet sich in Stil und Wortwahl so stark vom übrigen Text des vierten Evangeliums, daß Exegeten die Erzählung als Einschub erkennen können. Sie steht gleichwohl nicht im Widerspruch zu den Grundgedanken oder der Theologie des vierten Evangeliums.

Im 4. Kapitel des Johannesevangeliums lesen wir von der erstaunlichen Begegnung Jesu mit der Samariterin an Jakobs Brunnen in Sychar (dem heutigen Nablus, dessen Name von »Neapolis« oder »neue Stadt« abgeleitet ist, hebräisch »Shechem«). Die Art, wie diese Geschichte erzählt wird, ist typisch dafür, wie das vierte Evangelium selbst den einfachsten Alltagserlebnissen eine mystische Bedeutung entlockt. Es ist Mittag. Jesus ist durstig. Seine Jünger sind in die Stadt gegangen, um Essen zu kaufen; Jesus ist allein. Da kommt eine Frau, um Wasser zu schöpfen. Jesus bittet sie, ihm zu trinken zu geben. Sie zeigt sich überrascht, daß ein Jude mit einer samaritischen Frau spricht, da die Juden keine Gemeinschaft mit den Samaritern haben. Jesus antwortet: »Wenn du erkenntest die Gabe Gottes und wer der ist, der zu dir sagt: Gib mir zu trinken!, du bätest ihn, und der gäbe dir lebendiges Wasser« (Joh 4,10). Die Frau bittet um dieses Wasser. »Jesus spricht zu ihr: Geh hin, ruf deinen Mann und komm wieder her! Die Frau antwortete und sprach zu ihm: Ich habe keinen Mann. Jesus spricht zu ihr: Du hast recht geantwortet: Ich habe keinen Mann. Fünf Männer hast du gehabt...« (Joh 4,16–18). Und dann folgt das hochgeistige Gespräch zwischen der Frau und Jesus über die rivalisierenden religiösen Vorstellungen der Samariter und der Juden – ob man Gott nun auf dem Tempelberg in Jerusalem oder auf dem Tempelberg der Samariter, dem Garizim, anbeten solle.

Der Aufbau dieser Szene ist typisch für das hochliterarische und überlegene theologische Genie des vierten Evangeliums. Im Hintergrund der Geschichte stehen die Synagogenlesungen, welche die vielleicht überraschenden Verbindungen erklären: das Gespräch über Wasser und seine religiöse Bedeutung, über Anbetung und Berge sowie das scheinbare Geklatsche über das bewegte Gefühlsleben der Frau. Später in diesem Kapitel werden wir auf die Jahreszeit hingewiesen – es ist vier Monate vor der Ernte (Joh 4,35). Die für eine bestimmte Zeit des jüdischen Kalenders jeweils vorgeschriebenen Synagogenlesungen dürften demnach gerade Rebekka zum Thema haben, die Abrahams Knecht und seinen Kamelen Wasser zu trinken gibt (Gen 24), sowie Mose, der vor dem Pharao flieht und von den sieben Töchtern des Priesters in Midian Hilfe erhält, als er sich müde bei einem Brunnen niedersetzt (Ex 2). Die Lesung von Hes 16 handelt vom treulosen Weib. Wenn wir ferner annehmen, daß die Geschichte von der Frau am Brunnen den Lesungen des zweiten Sabbats in Sebat entspricht, würde die Lesung im dritten Jahr eines solchen Dreijahreszyklus Dt 27 sein. In diesem Kapitel geht es um die Anweisungen Gottes an Mose, wie Israel den Herrn zu verehren habe, wenn es im Land Kanaan angekommen ist. »Und Mose gebot dem Volk an diesem Tage und sprach: Diese sollen stehen auf dem Berge Garizim, um das Volk zu segnen, wenn ihr über den Jordan gegangen seid . . .« (Dt 27, 11–12). Und er nennt die Stämme. Während Jesus und die Frau an Jakobs Brunnen beisammensitzen, sehen sie im Hintergrund den Berg Garizim. Mit anderen Worten: Dem vierten Evangelium ist es auf höchst einfallsreiche Weise gelungen, diese alltägliche Begebenheit mit Anspielungen auf die Schriften zu spicken; sie finden hier einen deutlich vernehmbaren Widerhall. Gleichzeitig vermittelt die Erzählung eine Vorahnung dessen, was Jesus noch bevorsteht. Es ist die sechste Stunde, und Jesus sagt, ihn dürste. Ihn wird später noch einmal um die sechste Stunde dürsten.

Im Mittelpunkt dieses Dialogs zwischen der Frau und Jesus

steht der Gedanke, daß der Katalog der rituellen Vorschriften der Juden – und, wie man dem Gespräch entnehmen kann, jedes rituelle Regelwerk oder jede feste religiöse Organisationsform – in Zukunft durch wahre und geistige Gottesverehrung ersetzt werde. Die Frau sagt: »Unsere Väter haben auf diesem Berge angebetet, und ihr sagt, in Jerusalem sei die Stätte, wo man anbeten soll. Jesus spricht zu ihr: Glaube mir, Frau, es kommt die Zeit, daß ihr weder auf diesem Berge noch in Jerusalem den Vater anbeten werdet ... Aber es kommt die Zeit und ist schon jetzt, in der die wahren Anbeter den Vater anbeten werden im Geist und in der Wahrheit ... Gott ist Geist, und die ihn anbeten, die müssen ihn im Geist und in der Wahrheit anbeten« (Joh 4,20 – 21.23–24).

Das 4. Kapitel ist eins der vorzüglichsten Beispiele dafür, wie das vierte Evangelium den Wesenskern seiner Frohen Botschaft in einer einzigen Begebenheit unterzubringen versteht. Ein Mann bittet eine Frau an einem heißen Tag um Wasser, ein Gespräch entwickelt sich – und wir vernehmen das Echo der Synagogenlesungen. Die Samariter oder Juden, die dieses Evangelium als erste gelesen haben, dürften sofort erkannt haben, worum es geht. Wir finden hier eine Vorausdeutung auf die sechste Stunde, in der Jesus am Kreuz dürstete. Wir haben die für das vierte Evangelium typische obrigkeitsfeindliche, antiritualistische Ansicht über wahre Anbetung und überdies die herrliche Symbolik des Brunnens, der ewig und immer aufs neue in uns entspringenden Quelle, damit uns nie wieder dürstet. Und doch ist es die Geschichte von Jesus und einer Frau. Es mag paradox erscheinen, wenn ich behaupte, dies sei eine realistische Geschichte, nachdem ich mich so ausgiebig über die kunstvolle Erzähltechnik ausgelassen habe; aber genau so liest sich das Ganze. Das ist das große Paradoxon bei Johannes: Je mehr er Kunstgriff an Kunstgriff reiht, Trope auf Trope türmt, um so wirklichkeitsnaher werden seine Bilder, so daß es uns am Ende fast unmöglich erscheint, nicht daran zu glauben, daß es so eine Unterhaltung Jesu mit einer Samariterin gegeben hat. Ohne die Historizität dieses oder irgendeines anderen Ereignisses in den Evangelien zu überanstrengen, können wir eines festhalten: Die Evangelien stellen Jesus als Freund der Sünder dar. In seinen Gleichnissen und, wie es scheint, in seinem Leben überhaupt predigte er, daß man Sündern vergeben solle.

Aus seinen Worten können wir schließen, daß er Sünder in sein Reich einließ. Und wir können einigermaßen sicher sein, daß dies die authentische Lehre Jesu ist, da die frühe Kirche ganz andere Ansichten vertrat.

Als Paulus erfährt, daß ein Korinther seine Stiefmutter geheiratet hat, erklärt er, die gesamte christliche Gemeinde solle trauern. Der Mann müsse aus der Mitte der Gemeinde verstoßen, wie ein Paria behandelt werden (1 Kor 5,1–5). Zwar hat sich Paulus diesem Unglücklichen gegenüber erweichen lassen, aber man kann sich unmöglich vorstellen, daß der Jesus der Evangelien so heftig auf einen Mann reagiert hätte, dessen Ehe er mißbilligte. In ähnlicher Weise ist in der Apostelgeschichte mit aller wünschenswerten Klarheit zu lesen, daß Sünder in der Jerusalemer Urgemeinde nicht willkommen waren. Hananias und Saphira hatten allen Grund, ihre Entscheidung, sich taufen zu lassen, zu bereuen, denn Petrus ließ sie tot zu seinen Füßen niederstürzen. Ihre Sünde: Sie hatten nur die Hälfte ihrer weltlichen Güter der Gemeinde geschenkt. Petrus hatte alles gewollt (Apg 5,1–11).

Es gibt in den Evangelien nur wenige so ungewöhnliche Momente wie die Verklärung Jesu, als drei seiner Jünger sahen, daß »sein Angesicht leuchtete wie die Sonne«. Da erkannten sie, daß er einer der Erleuchteten war wie Mose und Elia. Nach den synoptischen Evangelien ist die Verklärung eine der beiden Schlüsselszenen in der Lebensgeschichte Jesu. Die andere ist die wunderbare Brotvermehrung, die Speisung der Fünftausend. Diese Momente sind so wichtig, weil sie uns helfen zu erkennen, wie andere Menschen Jesus erfahren haben. Wir beginnen zu verstehen, wie diese Geschichten sich nicht nur in die Evangelien einfügen, sondern daß sie sogar die Entstehung der Evangelien erklären und somit auf ihre Bedeutung im Leben Jesu zurückverweisen.

Interessanterweise enthält das vierte Evangelium die Verklärung Jesu nicht, doch der Grund dafür ist einsichtig: Wegen der eigenen Theologie dieses Buches war es gar nicht nötig, ein solches Ereignis in den Erzählrahmen mit aufzunehmen. Für den vierten Evangelisten sind die Herrlichkeit Jesu und die Herrlichkeit Gottes in den Wunderzeichen Jesu schon wiederholt offenbart worden. Daher kann der Evangelist auf die Verklärung auf dem Berg verzichten.

Bei Matthäus, Markus und Lukas hingegen lesen wir, daß Jesus mit Petrus, Jakobus und Johannes auf einen Berg stieg. Vor ihren Augen wird er verklärt: »... und sein Angesicht leuchtete wie die Sonne, und seine Kleider wurden weiß wie das Licht« (Mt 17,2). Da erscheinen den drei Männern Mose, der Verkünder des Gesetzes, und Elia, der größte der Propheten. Die beiden reden mit Jesus. Darauf werden die Jünger von einer »lichten Wolke« überschattet, und eine Stimme spricht: »Dies ist mein lieber Sohn, an dem ich Wohlgefallen habe; den sollt ihr hören!« (Mt 17,5). Als sie schließlich die Augen aufschlagen und um sich blicken, sehen sie »niemand als Jesus allein« (Mt 17,8).

Dies ist ein Augenblick von unerhörter Intensität, und es scheint, als wäre es sogar den Evangelisten schwergefallen, ihn zu beschreiben. Im Leben des Buddha gibt es einen vergleichbaren Augenblick, als er auf der Straße einem Bettler begegnet, der zu ihm sagt: »Die Sinne von anderen sind unruhig wie Pferde, aber deiner ist gezähmt worden. Andere Wesen sind leidenschaftlich, aber deine Leidenschaften sind erloschen. Deine Gestalt leuchtet wie der Mond am Nachthimmel, und du scheinst von dem süßen Wohlgeschmack einer eben erst gekosteten Weisheit erfrischt zu sein. Deine Gesichtszüge leuchten vor geistiger Kraft; du bist Herr deiner Sinne geworden, und du hast die Augen eines starken Stiers.«[3] Von allen persönlichen Begegnungen Jesu mit Freunden und Bekannten ist die Erfahrung seiner Verklärung am bemerkenswertesten. Manche Kommentatoren haben uns einzureden versucht, dieses Ereignis sei in der synoptischen Tradition falsch plaziert, diese Vorstellung von Jesus müsse vielmehr nach seinem Tod entstanden sein, als die Jünger vom Glauben an die Auferstehung durchdrungen waren. Hauptargument ist folgendes: Wenn Petrus, Jakobus und Johannes diese Erfahrung und somit diese Vorstellung von Jesus schon zu seinen Lebzeiten gehabt hätten, wären sie gewiß nicht fähig gewesen, ihn am Ende im Stich zu lassen. Doch dies ist eines der menschlich verständlichen Dinge, die wir in den Evangelien finden: Selbst diejenigen, die, in den Worten des vierten Evangeliums, »seine Herrlichkeit gesehen« (1 Joh 1,14) hatten, waren zu der äußersten Illoyalität fähig.

Ich kann mir gut vorstellen, daß diese Geschichte von der Verklärung sich auf etwas bezieht, was während des irdischen Lebens Jesu tatsächlich geschehen ist. Es wäre jedoch dumm, einen Erklärungsversuch zu wagen. Gewiß hat sich keiner der dabei Anwesenden zu der Behauptung verstiegen, Jesus sei göttlich oder ein Gott oder die zweite Person der Dreieinigkeit. Der entscheidende Punkt ist, daß die drei Jünger die Offenbarung Gottes durch Jesus gesehen hatten und nicht etwa glaubten, er sei selbst eine Gottheit. Hätte dieses Ereignis in einer anderen Kultur oder zu einer anderen Zeit stattgefunden, wäre es ganz anders beschrieben worden. Wäre Jesus etwa Indianer gewesen, hätten seine Anhänger in ihm vielleicht ein göttliches Wesen oder die Inkarnation des Göttlichen gesehen. In der hellenistischen Welt war es nur natürlich, Jesus später ebenfalls zu einer Inkarnation zu machen, als die zum Christentum Bekehrten allmählich lernten, mit dem Mysterium des Monotheismus zurechtzukommen und die polytheistischen Legenden über Bord zu werfen, welche die alten Religionen getragen hatten. Ich halte es allerdings für sehr unwahrscheinlich, daß eine solche Symbolsprache im Vorstellungsbereich des reinen Monotheismus gelegen haben soll. Gleichwohl erscheint die Annahme sinnvoll, daß Jesus den Menschen, denen er begegnete, ein Gefühl von außerordentlicher Nähe zum himmlischen Vater vermittelte.

Seine Heilungen und seine Worte gehen hier Hand in Hand. Die Menschen scharten sich um ihn, und zwar nicht nur, weil er viele Menschen von ihren Krankheiten heilte, sondern auch, weil sie durch die Erfahrung der Heilung ein Verständnis für die Liebe ihres Schöpfers gewonnen zu haben glaubten. Aus diesem Grund hat Jesus – und darin stimmte er mit anderen Heilern überein – verkündet, man müsse einem Kranken seine Sünden vergeben. Die Pharisäer haben mehr als einmal daran Anstoß genommen, und wer dem Glauben anhängt, Jesus sei die zweite Person der Dreieinigkeit, oder der entsetzlichen Vorstellung, die Sünde des Menschen könne nur durch den Tod Jesu am Kreuz vergeben werden, dürfte den Sinn dieser Erzählungen in den Evangelien mißverstehen. Ihr himmlischer Vater *hatte diesen Menschen vergeben*. Das war der Kern der Lehre Jesu, genau das war es, was die Pharisäer oder Essener, die nur die Reinen der Vergebung für teilhaftig hielten, so skandalös fanden. Gleichzeitig scheint Jesus selbst ein hohes Maß an Reinheit und Erleuchtung erreicht zu haben. Die christliche Lehre von der Sündenlosigkeit Jesu freilich ist wie die Vorstellung, er sei eine fleischgewordene Gottheit, bestenfalls dazu angetan, die zentrale Gestalt der Evangelien ihrer moralischen Ernsthaftigkeit zu berauben.

Ein junger Mann kam einmal zu Jesus und fragte ihn, wie er das ewige Leben erlangen könne. »Guter Meister«, sagte er, »was soll ich tun?« Jesus wies ihn zurecht. »Was nennst du mich gut? Niemand ist gut als Gott allein« (Mk 10,18). Sogar in den Evangelien lesen wir, daß Jesus zornig werden kann, daß er mit seiner Familie streitet, Fehler macht, um anschließend klein beizugeben. Er wird uns als wahrhaftiger Mensch geschildert. Doch die, die ihn kannten, fühlten sich gerade in der Fülle seiner Menschlichkeit dem Himmel nahe.

Wir haben den Höhepunkt des Wirkens Jesu in Galiläa erreicht: jenes Ereignis, das im Markusevangelium die »Speisung der Fünftausend« genannt wird. Das vierte Evangelium unterscheidet diese Begebenheit von den »Zeichen« Jesu: »Ihr sucht mich nicht, weil ihr Zeichen gesehen habt, sondern weil ihr von dem Brot gegessen habt und satt geworden seid« (Joh 6,26).

Die Evangelien überliefern die Bestürzung Jesu darüber, daß selbst seine Jünger den Sinn der Brotvermehrung nicht verstanden. (In Mk 6,52 heißt es: ». . . denn sie waren um nichts verständiger geworden angesichts der Brote, sondern ihr Herz war verhärtet.«) Können wir dieses Ereignis heute überhaupt noch verstehen, nachdem nicht nur Jahrhunderte verflossen sind, sondern auch die Geschichte christlicher Auslegung unseren Blick verstellt? Letzte Gewißheit gibt es freilich nicht, aber ein Buch über Jesus, das vor einer Deutung, was es mit den Broten auf sich hatte, zurückweicht, verfehlt allzuleicht seine Person – schließlich hat Jesus selbst diesem Ereignis einen hohen Symbolwert zuerkannt. Wir sollten zunächst unsere Erinnerung ein wenig auffrischen.[4] Da die Version des vierten Evangeliums die christliche Symbolik dem heutigen Leser viel besser vermittelt, gebe ich diese hier in voller Länge wieder.

»Danach fuhr Jesus weg über das Galiläische Meer, das auch

See von Tiberias heißt. Und es zog ihm viel Volk nach, weil sie die Zeichen sahen, die er an den Kranken tat. Jesus aber ging auf einen Berg und setzte sich dort mit seinen Jüngern. Es war aber kurz vor dem Passa, dem Fest der Juden. Da hob Jesus seine Augen auf und sieht, daß viel Volk zu ihm kommt, und spricht zu Philippus: Wo kaufen wir Brot, damit diese zu essen haben? Das sagte er aber, um ihn zu prüfen; denn er wußte wohl, was er tun wollte. Philippus antwortete ihm: Für zweihundert Silbergroschen Brot ist nicht genug für sie, daß jeder ein wenig bekomme. Spricht zu ihm einer seiner Jünger, Andreas, der Bruder des Simon Petrus: Es ist ein Kind hier, das hat fünf Gerstenbrote und zwei Fische; aber was ist das für so viele? Jesus aber sprach: Laßt die Leute sich lagern. Es war aber viel Gras an dem Ort. Da lagerten sich etwa fünftausend Männer. Jesus aber nahm die Brote, dankte und gab sie denen, die sich gelagert hatten; desgleichen auch von den Fischen, soviel sie wollten. Als sie aber satt waren, sprach er zu seinen Jüngern: Sammelt die übrigen Brocken, damit nichts umkommt. Da sammelten sie und füllten von den fünf Gerstenbroten zwölf Körbe mit Brocken, die denen übrigblieben, die gespeist worden waren« (Joh 6,1–13).

Markus' Bericht ist knapper formuliert, im wesentlichen jedoch der gleiche. Bei Markus wird der Menge einfach Brot gegeben. Bei Johannes erhalten die Menschen Gerstenbrote: Damit will Johannes seine Leser an den Propheten Elisa erinnern, der im 2. Buch der Könige hundert hungrige Prophetenjünger auf wundersame Weise mit Gerstenbroten speist (2 Kg 4,42-44). Markus nennt die Jünger, die mit Jesus über das Problem der Speisung sprechen, nicht beim Namen. Bei Johannes ist Philippus der Skeptiker, Andreas dagegen derjenige, der den Weg weist. (Im Johannesevangelium sind Philippus und Andreas die ersten, die sich Jesus anschließen; vgl. Joh 1.) Außerdem fügt Johannes ein sehr »symbolisches« Detail hinzu: Die Speisung findet kurz vor dem Passafest statt. Damit fällt das Datum irgendwann in den April – Passa wird im jüdischen Kalender vom 15. bis zum 22. des Monats Nisan gefeiert – des Jahres 29 u. Z. Und dann ist da noch die Sache mit dem »eingelegten Fisch«, da das vierte Evangelium auch an dieser Stelle das Wort »*opsarion*« verwendet.

Ich halte es für zwecklos, die ganze Geschichte zu »entmythologisieren«, doch ist es für den Exegeten durchaus legitim zu fragen, warum Jesus sich sowohl bei Markus als auch bei Johannes so bestürzt darüber zeigt, daß sowohl seine Jünger als auch die Menge die Bedeutung der Brote nicht erkennen. Im Mittelpunkt des Wunders oder »Zeichens« steht die Speisung und nicht die Vermehrung von Brot. Im Markusevangelium fällt in der Tat auf, daß kein einziger der Anwesenden auch nur im mindesten über diesen Vorgang erstaunt ist. Wenn Jesus einen Aussätzigen gesund macht oder einen Blinden heilt, genügt das meist, um jeden zu »erstaunen« oder zu »verwundern«, der davon hört. Bei Johannes sagen die Menschen: »Das ist wahrlich der Prophet, der in die Welt kommen soll«, als sie das »Zeichen« sehen (Joh 6,14). Höchst aufschlußreich ist ebenfalls, daß die Menschen Jesus anschließend zum König machen wollen, worauf »er wieder auf den Berg entwich, er selbst allein« (Joh 6,15). Wenn wir diesen Text rein »naturalistisch« lesen, läßt sich das Fehlen jeder Verblüffung bei der Menge am besten durch die Tatsache erklären, daß keiner der Anwesenden wußte, daß die Menge des Brots vervielfacht worden war. Die Menschen gingen einfach davon aus, daß sie jetzt gespeist wurden und daß genug Brot da war.

Sowohl Johannes als auch die Synoptiker wollen uns die Vorstellung von den Jüngern Jesu als dem neuen Israel näherbringen; deshalb werden seine Anhänger von Gott gespeist, wie Mose und die Israeliten in der Wüste mit Manna, dem wunderbaren Brot vom Himmel, gespeist wurden. Für die Evangelisten war es folglich ganz selbstverständlich, diese Speisung zu einem übernatürlichen Ereignis zu machen und zu unterstellen, Jesus selbst habe die Zahl der Brote und Fische vervielfacht. Moderne Kommentatoren, die aus dieser Geschichte herauszufiltern suchen, »was wirklich passiert ist«, stellen sich vor, die Menge sei gespeist worden, weil die Menschen von Jesus gelernt hatten, wie man teilt. Er nahm die fünf Gerstenbrote des Kindes und die zwei Fische und gab sie irgendwem. Die Männer wiederum, die im Gras lagerten, sahen in ihren Beuteln nach und entdeckten, daß sie etwas zu essen mithatten, was sie mit anderen teilen konnten. Daher die »Vervielfachung«.

Diese »Erklärung« des Brotwunders wird dessen Sinn kaum gerecht. Das vierte Evangelium läßt dem Ereignis einen umfangreichen Kommentar Jesu folgen, in dem dieser sich selbst als das Brot oder Manna bezeichnet, das vom Himmel geschickt sei. Es gibt sogar eine Textstelle, in der christliche Wissenschaftler einen Hinweis auf die Eucharistie sehen, wenn nämlich Jesus die Worte in den Mund gelegt werden: »Wer mein Fleisch ißt und mein Blut trinkt, der bleibt in mir und ich in ihm« (Joh 6,56).

Daß dieser Satz von Anfang an Bestandteil des vierten Evangeliums gewesen sein soll, erscheint mir höchst zweifelhaft, da dieses Evangelium keine »Einsetzung der Eucharistie« erwähnt und offenkundig auch nicht davon ausging, daß Jesus die »Eucharistie eingesetzt« hat. Es ist sehr wahrscheinlich, daß die erste Fassung des Johannesevangeliums diese von Paulus erfundene Praxis, das Fleisch Christi zu essen und sein Blut zu trinken, noch gar nicht gekannt hat. Ein späterer Redaktor, den diese Lücke vielleicht verwirrt hat, dürfte die Verse über das Essen und Trinken Jesu eingefügt haben. Gleichwohl ist es schwierig, den Symbolgehalt dieser Worte genau zu verstehen, selbst in ihrer heutigen Form. Wäre es nicht notwendig gewesen, es bei Brot und *Fisch* zu belassen, statt zu Brot und *Wein* überzugehen, wenn das vierte Evangelium die Speisung der Fünftausend als Abendmahl/Eucharistie hätte vorwegnehmen wollen?

Der Schlüssel zum Verständnis des Brotwunders liegt in der ursprünglichen Fassung, die ich eben erwähnt habe, und nicht in den kunstvollen kommentierenden Einfügungen eines späteren Bearbeiters. Der Vers Joh 6,10 lautet: »Jesus aber sprach: Laßt die Leute sich lagern ...« Eine korrektere Übersetzung wäre: »Laßt die *Männer* sich lagern.«

Laßt die Männer sich lagern! Laßt die Essener sich lagern! Laßt die Pharisäer sich lagern! Laßt Judas Iskariot mit seinem Dolch sich lagern, laßt Simon den Zeloten sich lagern, und zwar mit seiner patriotischen Bande terroristischer Untergrundkämpfer! Lagert euch, ihr Männer Israels!

Jesus hatte viel getan, um die Frauen dazu zu bringen, sich zu erheben, und darin war er eigensinnig, um nicht zu sagen revolutionär (»Mädchen, steh auf!«, »Männer, lagert euch!«). Bekanntlich betreffen Krieg und körperliche Auseinandersetzungen in erster Linie die Männer. Wenn wir an die Schlachten der Weltgeschichte denken, haben wir immer Felder voller *Männer* vor Augen, die einander umbringen. Die Schlacht von Waterloo oder die an der Somme kann man sich einfach nicht vorstellen, wenn lauter Frauen aufeinander losgehen. Hätten Frauen in diesen Armeen gedient, wäre es ihnen irgendwie gelungen, mit dem Töten aufzuhören. Jesus sagte: »Laßt die Männer sich lagern!«

Wir können diesen Text durchaus als eine tiefe geistliche und psychologische Lehre lesen. Unterdrücke das Yang, wenn du kannst, und aktiviere das Yin! Bezwinge den Drang, zu beherrschen, zu gewinnen, zu triumphieren, zu kämpfen, und fördere den Geist der Versöhnung, des Verständnisses, der Hochachtung: »Ich werde auf meinem heiligen Berg weder verletzen noch zerstören.«

Vieles davon läßt sich tatsächlich dem biblischen Ereignis entnehmen. Aus der Sicht Jesu und seiner Zeitgenossen ist es jedoch ein Prinzip mit einem offenkundigen praktischen Nutzen: Die kämpfenden Männer Israels müssen sich lagern. Die einander bekämpfenden Sekten, die Sparringspartner, die Sektierer müssen sich lagern. Es ist durchaus denkbar, daß Jesus bewußt den großen jüdischen Propheten der Schriften nacheiferte. Bei Lukas lesen wir, daß Jesus zu Beginn seines Wirkens aus dem 61. Kapitel des Propheten Jesaja predigte (Lk 4,18–19). Vielleicht wollte der Evangelist uns damit einfach nur verdeutlichen, daß Jesus die Erfüllung dieser Prophezeiung zu sein schien. Es ist aber ebensogut möglich, daß Jesus mit diesem Text und vielen ähnlichen Zitaten aus den Schriften den Juden nahebringen wollte, wie sie seiner Vorstellung nach leben sollten: »Der Geist Gottes des Herrn ist auf mir, weil der Herr mich gesalbt hat. Er hat mich gesandt, den Elenden gute Botschaft zu bringen, die zerbrochenen Herzen zu verbinden, zu verkündigen den Gefangenen die Freiheit, den Gebundenen, daß sie frei und ledig sein sollen« (Jes 61,1).

Ich denke, daß dies die authentische Botschaft Jesu an sein Volk war. Wie die Pharisäer und Essener und so viele andere vertrat auch Jesus den Standpunkt, daß Israel im Geist der Reue und mit Freude zum Herrn zurückkehren solle. Anders als viele dieser Sektierer jedoch verkündete Jesus, jeder Jude könne sich wieder dem Herrn zuwenden und dazu seien weder große intellektuelle Gaben noch geistliche Anstrengung nötig. Seiner Ansicht nach erforderte dies nur einfaches Gottvertrauen, Liebe zu Gott und Liebe zum Nächsten. Damit, so lehrte Jesus, werde die Thora erfüllt. Jesus spürte, daß die Geschicke seines Volkes davon abhingen, ob es diesem gelang, jene Gesetze zu halten und sich von ihnen leiten zu lassen, oder nicht.

Das ist die einfache Moral der Geschichte von der Speisung. Jesus ging mit seinen Jüngern auf einen Berg und sah, daß viel Volk zu ihm kam. Er ließ die Menschen sich lagern. Viele von ihnen dürften Zeloten oder andere Patrioten gewesen sein, die dachten, jetzt werde ein weiterer bewaffneter Aufstand gegen die Römer erklärt oder geplant. Jesus brachte die Männer dazu, ihre Differenzen auf sich beruhen zu lassen. Er ließ sie gemeinsam das Brot brechen und eine einfache Mahlzeit einnehmen. Dabei ist es unerheblich, ob wir die »fünftausend Männer« wörtlich nehmen oder diese Zahl nur symbolisch verstehen, stellvertretend für die ganze Gemeinde Israels.

Die tiefe Bedeutung des Ereignisses sollte sich erst im letzten Lebensjahr Jesu enthüllen. Falls diese Versammlung am Berg in der Wüste tatsächlich – wenn wir dem vierten Evangelium folgen – kurz vor dem Passafest stattfand, hatte Jesus nur noch ein Jahr zu leben. Welche Umstände ihn scheitern lassen würden, war bei dieser Massenversammlung schon deutlich abzusehen. Da ist die wankelmütige Menge – von dem Wunsch nach Führung beseelt, voller Verlangen nach körperlicher und geistiger Nahrung (den Worten und Heilungen Jesu). Es ist keine homogene Menschenmenge. Von Intelligenz keine Spur. Unter den Männern befinden sich auch einige, etwa die durch Judas Iskariot vertretenen Sikarier oder die durch Simon repräsentierten Zeloten, die sehr darüber erfreut wären, wenn die Begeisterung der Menge für Jesus in einen allgemeinen Volksaufstand gegen die Römer münden würde. Diese fünftausend Männer sind Kämpfer. Sie sind auf selbstmörderische Weise der Sektiererei und der Gewalt verfallen. Jesus weiß das und möchte sie friedlich stimmen, vor den schrecklichen Gefahren warnen, die der jüdischen Religion und dem jüdischen Volk drohen, wenn es so weitergeht.

Er wendet sich jedoch erst von ihnen ab, als ihm ihre Unversöhnlichkeit klar wird: »Als Jesus nun merkte, daß sie kommen würden und ihn ergreifen, um ihn zum König zu machen, entwich er wieder auf den Berg, er selbst allein« (Joh 6,15). Während er ihnen ein Reich predigt, das nicht von dieser Welt ist, blicken die durch seine charismatische Beredsamkeit und seine Heilkünste gefesselten Zuhörer zu ihm auf, als wäre er der geborene Anführer, ihr militanter Anführer gegen die Römer. Einige der Heißsporne hielten ihn mit Sicherheit für den verheißenen Messias und dachten, die Speisung sei nur ein Vorgeschmack auf das messianische Mahl. Es ist unausweichlich, daß Jesus diese Männer der Gewalt beleidigt, wenn er darauf beharrt, sein Reich sei ein Reich der Liebe. Er spricht von jenem unzerstörbaren inneren Reich, dem alle Gesetzestreuen angehören. Er predigt die Einigung Israels, seine mystische und auflösliche Gemeinschaft, und drängt die Sektierer, ihre Meinungsverschiedenheiten hintanzustellen. Diese Äußerungen müssen Sektierer unweigerlich in Wut bringen und, was weit schwerer wiegt, bei den römischen Machthabern den starken Verdacht nähren, daß dieser Mann einen jüdischen Volksaufstand plant.

Damit sahen sich die Juden nicht zum letzten Mal in ihrer Geschichte durch einen äußeren Feind und durch innere Zerrissenheit von Vernichtung bedroht. Die Speisung ist das größte Zeichen Jesu: »Laßt die Männer sich lagern!« Jesus war nicht der Messias und wollte durch seine Predigten auch nicht diesen Eindruck erwecken. Er lehrte, das verheißene Zeitalter der Glückseligkeit könne erst dann anbrechen, wenn Israel seine wahre Bestimmung erkannt habe, wenn es sich so verhalte, als stünde das Kommen des Reiches unmittelbar bevor. Das bedeutete, daß sie in Frieden zusammenleben und ihre Einheit als Söhne und Töchter des Schöpfers anerkennen sollten.

Wenn die Speisung in der Wüste tatsächlich um die Zeit des Passafests stattfand, muß Jesus diejenigen im Auge gehabt haben, die sich zu diesem Fest nach Jerusalem begaben und auf ihrer Wanderung zu der Heiligen Stadt die Wallfahrtslieder sangen:

»Wünschet Jerusalem Glück!
Es möge wohlgehen denen, die dich lieben!
Es möge Friede sein in deinen Mauern
und Glück in deinen Palästen!
Um meiner Brüder und Freunde willen

will ich dir Frieden wünschen.
Um des Hauses des Herrn willen, unseres Gottes,
will ich dein Bestes suchen« (Ps 122,6-9).

Jesus war in Galiläa aufgewachsen und hatte dort gepredigt, unter den Menschen gewirkt. In Jerusalem jedoch wurden seine idealistischen Vorstellungen auf die Probe gestellt – mit ungeheuer weittragenden Konsequenzen für ihn selbst, für das jüdische Volk und letztlich auch für die Geschichte der Menschheit.

8. KAPITEL

Der Mann auf der Eselin

Jesus, dem großen apokalyptischen Propheten, dem visionären Lehrer, dem weithin bekannten und geschätzten Heiler und Teufelsaustreiber, war es bestimmt, durch die Römer in Jerusalem einen demütigenden Tod zu erleiden. Dieses Ereignis übergreift die Evangelien und erklärt ihre Form. Sie sind keine ausgewogenen Biographien; der Kindheit und der Jugend Jesu, den Einflüssen auf sein frühes Denken, seinem Freundeskreis, seinen Ambitionen, seinen Beziehungen zur leiblichen Familie, seinem sich allmählich entwickelnden Leben in der Öffentlichkeit wird nicht gleich viel Platz eingeräumt. Die Evangelien sind in Wahrheit alle Passionsgeschichten, so daß man die Erzählungen über ihn, die Berichte über seine Lehre durchaus als ein Vorspiel zu den Ereignissen der letzten Woche seines Lebens, seinem Prozeß, seinem Tod und seiner Auferstehung betrachten kann.

Die Art und Weise, wie die Evangelisten das Material zusammengestellt und neugeschrieben (»rewriting«) haben, macht es für den Historiker äußerst schwierig, Nutzen daraus zu ziehen. Wie wir in den vorigen Kapiteln wiederholt festgestellt haben, sind die Evangelien für jene Menschen geschrieben worden, die mangels eines besseren Worts »Christen« genannt wurden – obwohl sie sich vermutlich außerstande gesehen hätten, das Glaubensbekenntnis der späteren Kirche gutzuheißen, etwa das Bekenntnis von Nizäa von 325 u. Z. Sie glaubten vermutlich alle, Jesus werde auf den Wolken zur Erde zurückkehren, um seine Anhänger zu sich in den Himmel zu holen, obwohl sich das Lukasevangelium ebenso wie seine Fortsetzung, die Apostelgeschichte, mit der Tatsache abgefunden zu haben scheint, daß sich dieses erwartete Ereignis aus irgendeinem Grund verzögerte. Diese Werke waren in der Überzeugung geschrieben worden, daß Jesus von den Toten auferstanden sei, als Beweis dafür in Jerusalem ein leeres Grab zurückgelassen habe und einigen seiner Jünger mehrmals auf geheimnisvolle Weise erschienen sei.

Der Historiker ist verpflichtet, der Frage nachzugehen, wie die frühen Christen zu diesen Glaubensvorstellungen gelangt sind, und einen Erklärungsversuch zu wagen. Doch gleichzeitig wird er durch das schwer in den Griff zu bekommende Material der Evangelien daran gehindert. In den Evangelien werden die historischen Zeugnisse, nach denen Jesus der in den Schriften geweissagte Prophet oder Messias war, durch den Text selbst widerlegt. Die Evangelisten wissen, daß sein irdisches Leben mit einer Katastrophe endet, gleich was in der Zukunft bei der Rückkehr Jesu auch geschehen würde. Er hatte offenbar nichts von dem erreicht, was er hatte erreichen wollen. Sofern er mit dem Judentum in Konflikt geriet, läßt sich heute kaum noch rekonstruieren, worum es dabei ging. Es scheint, als hätte keine der beiden Seiten gewonnen: Die Römer töteten ihn, so wie sie vierzig Jahre später das Zentrum des jüdischen Kults, den Jerusalemer Tempel, zerstörten.

Die Tatsache, daß das Leben Jesu ein völliger Fehlschlag war und daß er mit seiner Sendung, welches Ziel sie ursprünglich auch gehabt haben mag, am Kreuz endete, hat die Evangelisten in zwei entgegengesetzte Richtungen geführt. Einerseits schildern sie Jesus als eine verwundbare Gestalt, die ausschließlich zum Opfer der Umstände wird, und das mit einer Anschaulichkeit und Eindringlichkeit, die ihre Passionsgeschichten zu einzigartigen Zeugnissen in der Weltliteratur machen. Jesus wird von einem seiner besten Freunde verraten und von den anderen im Stich gelassen. Er fleht den Allmächtigen an, er möge ihn von seiner Bestimmung entbinden, und am Ende verläßt ihn auch sein himmlischer Vater. Übrig bleibt allein die Familie, um seinen Leichnam vom Kreuz abzunehmen. Es wird in einem »realistischen« Sinn auch nie erklärt, warum all dies gerade Jesus widerfahren mußte. In Palästina wimmelte es geradezu von Männern, die sehr genaue Vorstellungen von der religiösen Bestimmung des jüdischen Volkes hatten. Wie wir im Neuen Testament lesen können, hat es so manchen falschen Messias gegeben; diese Männer wurden jedoch nicht umgebracht, geschweige denn gekreuzigt – diese Todesart war jenen vorbehalten, die den Unwillen der Römer erregt hatten. Diese Tatsache bereitet den Evangelisten viel Kopfzerbrechen, denn sie schreiben für Nichtjuden, für eine Welt, in der die Römer an den Juden für deren aufsässiges Verhalten als unterjochtes Kolonialvolk Vergeltung zu üben begannen. Daher versuchten diejenigen Evangelisten, die die Leserschaft an den Rändern des Römischen Reiches im Auge hatten, mit vollem Bedacht den Eindruck zu erwecken, Jesus sei durch die Juden umgekommen, die allgemein bekannten Unruhestifter (in der Schlußredaktion betrifft dies alle vier Evangelien, welchen Ursprung sie auch gehabt haben mögen). Daß er erwiesenermaßen von den Römern getötet wurde und ihrer Herrschaft damals als Bedrohung erschien, muß für die Evangelisten in politischer Hinsicht eine bittere Pille gewesen sein.

Vom Standpunkt des Glaubens aus muß sie der Gedanke verwirrt oder zumindest unangenehm berührt haben, daß sein Tod, der ihn in der Blüte seines Lebens traf, in irgendeiner Form ein Rückschlag gewesen sein sollte (sofern sie glaubten, Jesus war der große Prophet, den Gott auserwählt hatte, um der Welt eine neue Religion zu verkünden). Folglich fühlen sie sich verpflichtet, uns wiederholt zu erzählen, Jesus habe seinen Tod vorhergesehen und ebenso seine Auferstehung nach drei Tagen angekündigt. In diesem Fall wäre seine Furcht zum Zeitpunkt seiner Festnahme ebenso Theater gewesen wie die Schweißtropfen, die er in Gethsemane vergoß. Warum sollte ein göttliches Wesen, das völlig gewiß sein darf, nach drei Tagen wieder ins Leben zurückzukehren, überhaupt Angst vor dem Tod zeigen?

Folglich sieht sich der Historiker einem zweifachen Problem gegenüber: Einmal muß er herausfinden, was sich – falls überhaupt etwas – den Evangelien an gesichertem historischen Material entnehmen läßt, und zweitens muß er den Glauben erklären, der die Evangelien überhaupt erst hat entstehen lassen. Ich will mich hier nicht auf das abgedroschene Argument »Pfingsten« einlassen und nicht mit seinen Verfechtern die Frage stellen, wie sich eine Gruppe armer verängstigter Menschen, deren Meister gekreuzigt worden war, urplötzlich in eine Schar hochgebildeter Männer und Frauen verwandelte, die bereit waren, für die Verbreitung ihres Glaubens an die Frohe Botschaft in der Welt zu sterben (in solchen Diskussionen ist manchmal von der »Auferstehungserfahrung« die Rede). Die Dürftigkeit dieses Arguments besteht darin, daß es voraussetzt, wir wüßten, was für Menschen die Jünger vor dieser »Auferstehungserfahrung« waren. In der Historie gibt es schließlich viele Menschen, die um ihrer Überzeugung willen bereitwillig Verfolgung auf sich genommen haben. Wenn wir der Urkirche als dem Modell dessen folgen wollen, was der auferstandene Christus lehrte, ist die Auferstehung nicht wegen des Wandels von Bedeutung, den sie bei seinen Jüngern auslöste, sondern infolge des Wandels, den die Auferstehung bei Jesus selbst bewirkt zu haben scheint.

Auch auf die Gefahr hin, meiner Darstellung die Spannung zu nehmen, will ich bereits an dieser Stelle ausführen, was meiner Ansicht nach in der letzten Lebenswoche Jesu geschah. Ich betone nochmals, daß es sich dabei nur um Vermutungen handelt und daß ich mich ebenso irren kann wie so viele andere vor mir. Deshalb möchte ich auch jetzt schon festhalten, daß die Kernfragen letztlich ungelöst bleiben werden.

Wir wissen, daß Jesus mit seiner Familie zerstritten war, und wir wissen auch, was vor diesem Hintergrund seltsam anmutet, daß seine Angehörigen am Ende bei ihm waren. Seine Familie setzte ihm ständig Widerstand entgegen und umgekehrt. »Was geht's dich an, Frau, was ich tue?« (Joh 2,4) herrscht er seine Mutter an. Seine Familie sagt: »Er ist von Sinnen« (Mk 3,21). Er winkt ab: »Wer ist meine Mutter und meine Brüder?« (Mk 3,33). Und doch führen sie die Bewegung an, die mit dem Namen Jesu verbunden ist. Sie sind es, die, wie wir annehmen müssen, seinen Leichnam haben beisetzen lassen. Ich vermute, daß Jesus sich mit seiner Familie überwarf, weil er nicht ihrer Vorstellung von einem großen Propheten entsprach. Möglicherweise haben sie in ihm sogar den Messias gesehen. In diesem Fall müssen sie von ihm bitter enttäuscht gewesen sein, vor allem weil er lehrte, auch Sünder könnten des Reiches Gottes teilhaftig werden, und ungeniert mit ihnen verkehrte. Dies führt teilweise zu Szenen, die den »Anstand« verletzen – eine Prostituierte benetzt die Füße Jesu mit Tränen, Trunkenbolde sprudeln bei Tisch ihre Reue heraus, statt sich vor den Priestern in rituellen Akten der Zerknirschung zu ergehen,

Teufel fliegen aus dem Mund von Verrückten in unberührbare Schweine, Zöllner, der verhaßteste Stand der jüdischen Gesellschaft, finden sich unter seinen engsten Freunden. Als wäre diese augenscheinliche moralische Anarchie nicht schon genug, scheint Jesus auch noch die irrwitzigsten politischen Risiken auf sich zu nehmen, und entweder ist er zu naiv oder um seine Sicherheit allzu unbesorgt, um zu sehen, was er tut, was er anrichtet. Er lebt in einem Land, in dem es von Banditen, politischen Terroristen, religiösen Fanatikern, Rebellen und Aufständischen, die sich gegenseitig bekämpfen und manchmal auch verbünden, um die herrschende Macht zu stürzen, nur so wimmelt.

Solche Aktivitäten ließen schwerste Erschütterungen befürchten, die nicht nur die Rebellen selbst treffen würden, sondern auch das Leben ihrer Familien. Bis zum Wunder der Speisung der Fünftausend scheint Jesus durchaus bereit gewesen zu sein, dank seiner Beliebtheit bei den Massen die Unruhe unter den Zeloten und Sikariern, von denen auch Judas einer war, weiter zu schüren. Als die Massen nach diesem Wunder, wie wir im vierten Evangelium lesen, Jesus zum König machen wollten, erkannte er, daß er die Büchse der Pandora geöffnet hatte. Das Reich, das er errichten wollte, war nicht von dieser Welt; doch das Wort »basileia« bedeutet nun einmal »Reich« und sonst nichts. Man muß sich vorstellen, wie dem Kommandanten einer römischen Festung oder dem Statthalter einer römischen Provinz zumute gewesen sein muß, als er hörte, ein bei den Massen beliebter Guru mit einer Anhängerschaft von Tausenden von Menschen habe beschlossen, ein neues Reich zu errichten. Das mag für die Betroffenen alles andere als beruhigend gewesen sein, vor allem im Land der Juden, die nicht gerade für Unterwürfigkeit gegenüber den Römern bekannt waren.

Jesus hatte unterdessen einiges gelernt, was er als Prophet die Juden lehren wollte. Ob dies alles in der letzten Woche seines Lebens geschah, wie die synoptischen Evangelien vermuten lassen, oder sich über einen längeren Zeitraum erstreckte und mehrere Aufenthalte in Jerusalem einschloß, ist letztlich nicht wirklich entscheidend. Es klingt nicht unwahrscheinlich, daß Jesus die Tische der Geldwechsler im äußeren Hof des Tempels von Jerusalem umstieß und daß er um die Stadt weinte. Ebenso kann man gut nachvollziehen, daß die Römer die Juden und den Tempel vernichten würden, wenn diese ihre aufsässige Haltung nicht änderten. Schwer fällt allerdings, den Evangelisten Glauben zu schenken, wenn sie behaupten, Jesus habe seine Gefangennahme und seinen Tod vorhergesagt. Da erscheint es schon realistischer, daß seine Jünger ihn nach der Festnahme im Stich ließen.

Er wurde von den Römern verurteilt und gekreuzigt. Er wurde in einem Grab beigesetzt. Drei Tage später wurde dieses Grab leer vorgefunden. In Erscheinungen sagen junge Männer oder Engel den tiefbetrübten Anhängerinnen Jesu, er sei nach Galiläa gegangen. Bei anderen Erscheinungen bleibt zumindest eine der Frauen lange genug beim Grab, um eines Mannes gewahr zu werden, den sie zunächst für den Gärtner und dann für Jesus hält. Es folgen einige weitere Begegnungen, bei denen die Jünger zunächst einen Fremden vor sich zu haben glauben, den sie aber schließlich als den auferstandenen Jesus »erkennen«. Ihre Erregung und Exaltation ist ungeheuer und kommt der des Herodes gleich, der beim Anblick Jesu dachte, Johannes der Täufer sei von den Toten auferstanden.

Ich vermute, daß die Anhänger Jesu – Maria im Garten, die beiden Jünger auf dem Weg nach Emmaus, die Fischer am Ufer des Sees Genezareth – in Wahrheit Jakobus oder einen anderen der Brüder des Herrn gesehen haben. Die Engel oder jungen Männer, die den Frauen sagten, er sei nach Galiläa vorangegangen, dürften Angehörige Jesu gewesen sein, die zu dem Grab im Garten gekommen waren, um seinen Leichnam näher bei seiner Heimat in Nazareth beizusetzen. Jakobus und die anderen Brüder Jesu übernahmen die Leitung der Gruppe und lehrten die Jünger ein strengeres »Evangelium«, eines, das mit den Grundgedanken des jüdischen Glaubens mehr in Einklang stand. Die kleine Gruppe hatte alles andere als den Wunsch, sich vom Judentum loszusagen oder Nichtjuden aufzunehmen. Sie waren vielmehr »alle Zeit im Tempel und priesen Gott« (Lk 24,53). Wir wissen nicht genau, weshalb sie Gott priesen, doch sie hatten in Jakobus offensichtlich einen neuen Anführer gefunden, der ihnen genug Vertrauen einflößte, um auf das Kommen des Reiches zu warten, das sie trotz der schrecklichen Enttäuschung der Kreuzigung immer noch erhofften. So kam es, daß seine Anhänger nach einer kurzen Zeit, in der die anarchischen Ideen Jesu an Popularität zu gewinnen schienen, wieder in eine Glaubensstrenge zurückfielen, mit der sich auch Essener, Pharisäer und andere Gruppen, denen sie in mancherlei Weise ähnelten, hätten anfreunden können.

Vierzehn Jahre später merkten sie überrascht und zu ihrer großen Bestürzung, daß in den Synagogen der Diaspora eine neue »Religion« Wurzeln zu schlagen begann. Ein Jude namens Paulus, dem keiner von ihnen je begegnet war, predigte dort eine Lehre, die esoterisch und mystisch war (und in totalem Gegensatz zu dem stand, was die Gemeinde des Jakobus verkündete): die Lehre vom Sühnetod Christi, von der Rechtfertigung allein durch den Glauben – und am schlimmsten war, daß es nach dieser Lehre in der neuen »Kirche«, die im Zusammenwirken des Paulus mit dem auferstandenen Jesus gegründet worden war, keinen Unterschied mehr zwischen Juden und Nichtjuden geben sollte. Alle Speisegesetze waren über Bord geworfen worden. Keiner sollte mehr beschnitten werden. Es war nicht einmal klar, ob die altehrwürdigen Schriften von den kaum des Lesens und Schreibens mächtigen heidnischen Anhängern des Paulus zur Kenntnis genommen würden. In ihrer Besorgnis, diese bedauerliche Entwicklung könnte auf sie zurückfallen, zitierten Freunde und Verwandte Jesu Paulus zu einem Treffen nach Jerusalem.

So, vermute ich, hat es sich abgespielt. Ich kann es nicht beweisen, glaube aber aufgezeigt zu haben, daß diese Version wahrscheinlicher ist als das, was im Neuen Testament berichtet wird. Nach diesem Exkurs fahre ich mit meiner Darstellung fort.

Jerusalem ist eine Stadt in den Hügeln von Judäa rund hundertzehn Kilometer südlich von Nazareth. Zu Lebzeiten Jesu war Jerusalem die Hauptstadt der Provinz Judäa. Die Stadt war nicht nur das Kultzentrum der jüdischen Religion, sondern beherbergte auch eine römische Garnison in ihren Mauern. Wenn ein Besucher aus Galiläa sie zum ersten Mal sah, muß ihn die hohe architektonische Kunst einiger Gebäude ebenso beeindruckt haben wie die starke Präsenz römischer Soldaten. Wer die Stadt heute besucht und sich ein Bild vom damaligen Jerusalem zu machen versucht, sollte wissen, daß das antike Jerusalem ungefähr die Fläche der heutigen »Altstadt« einnahm – obwohl die heutigen Stadtmauern aus dem Mittelalter stammen und anders verlaufen.

Das heute bei weitem eindrucksvollste Gebäude ist der Felsendom. Er wurde nach der Eroberung der Stadt durch die Muslime im Jahr 638 u. Z. zum Gedenken an die heilige Stätte errichtet, an der angeblich Abraham seinen Sohn Isaak Gott opfern wollte und an der Mohammed gen Himmel fuhr.

Sechshundert Jahre vor der Geburt des Propheten war jedoch der Tempel das Wahrzeichen Jerusalems. Wir können uns sehr gut vorstellen, wie er aussah, denn wir besitzen die ausführlichen Tempelbeschreibungen des Flavius Josephus, der sich um die Zeit seiner Zerstörung in Palästina aufhielt und dessen Denken fast zwanghaft um den Tempel kreiste. Größe und Extravaganz des Herodianischen Tempels waren für alle, die ihn zum ersten Mal erblickten, eine Quelle höchsten Erstaunens. Römische Eroberer und Juden aus der Diaspora, welche die architektonischen Weltwunder kannten, standen gleichermaßen sprachlos vor diesem Bauwerk.

Das sogenannte zweite Heiligtum, das das Allerheiligste enthielt, war alles, was von dem im Jahre 986 v. u. Z. von Salomo errichteten alten Tempel übriggeblieben war. Um ihn herum hatte Herodes einen gewaltigen Komplex großartiger Innenhöfe errichten lassen. In den unteren Tempelhöfen waren die Steinquader achtzehn Meter lang. Es gab doppelte Kolonnaden, deren Säulen fast zwölf Meter hoch waren. Diese Vorhöfe hatten insgesamt eine Länge von zwölfhundert Metern. Der Besucher durchschritt dann eine Steinpalisade und betrat einen zweiten Innenhof.

In regelmäßigen Abständen waren Steintafeln angebracht, auf denen Besucher in griechischer und lateinischer Schrift an die rituellen Reinheitsvorschriften erinnert wurden, falls sie weitergehen wollten. Es durfte nämlich kein Angehöriger eines anderen Volkes das Innere des Heiligtums betreten, denn dieses zweite Heiligtum hieß »das Heilige«. Wer sich trotzdem weiter vorwagte, wurde zum Tode verurteilt. Dessenungeachtet legte der Evangelist Markus Jesus die phantasievolle und unverständliche Äußerung in den Mund: »Mein Haus soll ein Bethaus heißen für alle Völker« (Mk 11,17). Die Juden waren so sehr davon überzeugt, daß die Gegenwart eines Nichtjuden ihre heiligen Stätten entweihen würde, daß selbst die Bauarbeiter, die an der Errichtung des Tempels mitwirkten, zu Priestern geweiht werden mußten.[1]

Die Errichtung des Haupttempels wurde von den Bauarbeitern des Herodes in den Jahren 20–19 v. u. Z. innerhalb von achtzehn Monaten vollendet. Der gesamte Komplex mit Höfen und Nebengebäuden wurde jedoch erst im Jahre 64 u. Z. fertig, das heißt nur sechs Jahre vor der völligen Zerstörung des Tempels. Wir dürfen also davon ausgehen, daß zu Lebzeiten Jesu noch immer Baugerüste zu sehen waren und daß Steinmetze und Maurer bei der Arbeit waren, wenn Besucher des Tempels die verschiedenen Höfe betraten oder verließen.

Um zum Allerheiligsten zu gelangen, mußten insgesamt neun Tore vom äußeren Hof an durchschritten werden. Innerhalb des äußeren Hofs befand sich auch der Frauenhof. Die Frauen durften den für sie eigens abgetrennten Kultraum durch zwei Tore im Osten sowie vom Süden und vom Norden her betreten. Die anderen Tore durften sie nicht benutzen. Es war ihnen sogar verboten, bei ihrem Tor über die Scheidewand hinauszugehen. Dahinter lag der Hof mit dem Brandopferaltar. Auf diesem Hof wurde täglich ein Priester dazu bestimmt, die Opfer zu schlachten und zu verbrennen und sie in das dahinterliegende Heiligtum zu tragen, wo die Schaubrote und der Rauchaltar waren. Hinter dem Heiligtum befand sich das Allerheiligste. Dieses war durch einen Vorhang vom Rauchaltar getrennt, und nur der Hohepriester durfte diesen Raum einmal im Jahr betreten, am Großen Versöhnungstag.

Es versteht sich von selbst, daß der Unterhalt eines so riesigen Kultzentrums viel religiöses »Personal« erforderte, wenn alles reibungslos ablaufen sollte. Schon zu Lebzeiten Jesu gab es Juden, die sich mit der vorrangigen Bedeutung der Opfer bei der Anbetung im Tempel unzufrieden zeigten; dies war jedoch nicht auf Mitgefühl mit den zahlreichen Vögeln und anderen Tieren, die dazu getötet werden mußten, zurückzuführen; diese Männer befürchteten, die Priester könnten korrupt sein, und überdies mißfiel ihnen, wie die Opfer vorgenommen wurden. In den Augen der Kritiker verstießen sie gegen die Vorschriften über rituelle Reinheit. An hohen Festtagen, an denen jeder Pilger ein Lamm oder eine Taube opfern wollte, mußten pro Tag mehrere tausend Tiere getötet werden. Der Gestank von Blut und verbranntem Fleisch dürfte durch den Duft des Weihrauchs kaum überdeckt worden sein; ebensowenig dürften die Rufe der Händler oder die lauten Stimmen von betenden Priestern und Pilgern das Schreien der Tiere übertönt haben, denen die Kehle durchschnitten und deren Blut mit der altehrwürdigen Methode des Schächtens vergossen wurde. Wer eine Taube opfern wollte, mußte natürlich erst eine kaufen, und damit der Tempel durch fremde Währungen nicht entweiht wurde (die römischen Münzen etwa waren mit dem Haupt des vergöttlichten Kaisers geschmückt, für die Juden natürlich ein Götzenbild), mußte man das römische Geld in die heiligen Halbschekel, die Tempelwährung, umtauschen. Auf diesem System beruhte der Judaismus, und wenn es keine Geldwechsler gegeben hätte, hätten die Opferriten nicht durchgeführt werden können.

Diesen Tempel muß auch Jesus wie alle anderen praktizierenden Juden im Verlauf seines Lebens regelmäßig besucht haben. In dem legendären Bericht des Lukas lesen wir, wie Jesus nach seiner Beschneidung am achten Tag nach der Geburt von seinen Eltern »dem Herrn dargestellt« wurde. Seine Eltern mußten auch das vorgeschriebene Opfer darbringen, »ein paar Turteltauben oder zwei junge Tauben« (Lk 2,24). Hier soll der alte weise Simeon die Prophezeiung gemacht haben: »Siehe, dieser ist gesetzt zum Fall und zum Aufstehen für viele in Israel und zu einem Zeichen, dem widersprochen wird« (Lk 2,34). Im Tempel soll Jesus auch als zwölfjähriger Knabe mit den Lehrern diskutiert haben (Lk 2,41–52). Und wenn wir dem vierten Evangelium Glauben schenken dürfen, besuchte Jesus als Erwachsener den Tempel in regelmäßigen Abständen, um die jüdischen Festtage zu halten – das Passafest und das Fest der ungesäuerten Brote (Mazzot), die im Frühling stattfanden (April oder März), beide zum Gedenken an den Auszug der Hebräer aus Ägypten zur Zeit Moses, sowie das Wochenfest (Pfingsten) fünfzig Tage später, welches das Ende der Getreideernte anzeigte. Später im Jahr fand dann das Laubhüttenfest als Fest zur Weinlese statt, an dem die Pilger im Freien in Zelten oder provisorischen Hütten schliefen; am ersten Tag dieses Fests war der Tempel hell erleuchtet. Das vierte Evangelium, das diesen Festen so getreulich folgt, legt Jesus Worte in den Mund, die jedem dieser Feste angemessen sind. Am Tag des Weihefests Chanukka, an dem im Tempel Kerzen angezündet wurden, sagt er: »Ich bin das Licht der Welt...« (Joh 8,12).

Im vierten Evangelium lesen wir, daß Jesus sich mal in Jerusalem, mal in Galiläa aufhält; sein Konflikt mit den Juden und den Pharisäern hat sich nach diesem Evangelium schon Monate vor dem letzten Zusammenstoß zugespitzt. Um zu betonen, daß Jesus den Judaismus stürzen und durch eine neue religiöse »Ordnung« ersetzen wird, verlegt der Verfasser des vierten Evangeliums den Zornesausbruch gegen die Geldwechsler an den Beginn des öffentlichen Wirkens Jesu (Joh 2,13–25). In den anderen Evangelien findet sich dieser Vorfall am Ende. Den Synoptikern zufolge gibt es nur eine Reise Jesu nach Jerusalem, die auf Golgatha am Kreuz endet. Die Auseinandersetzungen Jesu mit der jüdischen Obrigkeit in Fragen der rituellen Reinheit oder der Einhaltung des Sabbats fanden in Galiläa statt; doch selbst hier hatten sie ein solches Ausmaß erreicht, daß Schriftgelehrte und Pharisäer auf Mittel sannen, wie sie Jesus töten könnten.

Alle Evangelien scheinen davon überzeugt zu sein oder wollen uns jedenfalls davon überzeugen, daß Jesus durch den Hohen Rat der Juden zu Tode gebracht wurde, obwohl sie keinerlei Beweise dafür anführen. Sehr wahrscheinlich hat es sich anders zugetragen. Der entscheidende Punkt ist, daß die Reise nach Jerusalem in den synoptischen Evangelien sinnbildlich zu verstehen ist. Es ist eine Reise, bei der Jesus selbst zum Opfer und zur Opfergabe wird. Daher bemühen sich die Verfasser der synoptischen Evangelien erst gar nicht, uns etwa mit topographischen Einzelheiten oder biographischen Details zu versorgen; sie sagen beispielsweise nicht, wo Jesus während seines Aufenthalts in Jerusalem wohnte, wer seine Freunde dort waren, wie gut er die Stadt kannte oder wie gut die Galiläer unter seinen Jüngern sie kannten. Gleichwohl finden wir eine Reihe von Texten, die alle davon berichten, wie Jesus sich mit seinen Jüngern vermutlich gegen Ende März des Jahres 30 u. Z. zum Passafest nach Jerusalem begab.

Da jedes der Evangelien eine in manchen Einzelheiten von den anderen abweichende Darstellung der Ereignisse während jenes Passafests gibt, werden wir an mehreren entscheidenden Stellen gezwungen sein, von einem Evangelium zum nächsten zu springen; der Einfachheit halber werde ich mich jedoch zunächst auf die Version des Markus konzentrieren. Sie ist äußerst direkt und reich an Details (beispielsweise nennt uns Markus sogar die Tageszeit, zu der bestimmte Ereignisse stattfanden). Nirgends jedoch wird das wohlbekannte »Messiasgeheimnis« des Markusevangeliums sorgfältiger gehütet als in den Kapiteln 11-14, die sich wie ein Mysterienspiel um eine einzigartige Gestalt lesen: ein Mysterienspiel, bei dem das Geheimnis nur einigen Personen bekannt ist und in dem die Erklärungen für viele der wichtigsten Andeutungen vom Verfasser höchstpersönlich zurückgehalten werden. Das ist zwar paradox, muß jedoch jedem aufmerksamen Leser des Markusevangeliums auffallen. Verständlicherweise hat dieses »Messiasgeheimnis« einige interessante Theorien gezeitigt.

Wir dürfen sicher nicht hoffen, die Motive Jesu für sein Handeln in seiner letzten Lebenswoche rekonstruieren zu können, aber einige begründete Vermutungen über das Geschehen anstellen – stets dessen eingedenk, daß sie außerordentlich anfällig für Fehler sind.

In der Version der Lebensgeschichte Jesu nach Markus ist recht deutlich zu erkennen, daß Jesus etwas wußte, was seinen Jüngern unbekannt war. Markus stellt uns Jesus als einen Galiläer vor, dem die jüdische Hauptstadt fremd war. Gleichwohl gibt es zwei Anlässe – den triumphalen Einzug in die Stadt und das Letzte Abendmahl –, zu denen Jesus schon bestimmte Vorkehrungen getroffen hat.

Jesus kommt mit seinen Jüngern am Sonntag der Woche vor dem Passafest des Jahres 30 u. Z. an. Er bleibt in dem Dorf Bethanien, das gut viereinhalb Kilometer von Jerusalem entfernt liegt. Er schickt zwei seiner Jünger in den gegenüberliegenden Ort. Dort würden sie ein Füllen angebunden finden, auf dem noch nie ein Mensch gesessen habe. Sie sollten es losbinden und zu ihm führen. Und wenn jemand versuche, sie aufzuhalten, sollten sie sagen: »Der Herr bedarf seiner« (Lk 19,31). Die Jünger befolgen die Anweisungen Jesu, und das Eselsfüllen wird ihnen von seinem Eigentümer oder seinen Hütern übergeben. Dies ist die einzige Stelle in den Evangelien, wo uns mitgeteilt wird, daß Jesus reitet und nicht zu Fuß geht, und die Evangelisten befrachten diese Episode mit jeder Menge Sinn – Matthäus so sehr, daß er die Zahl der Tiere verdoppelt. Jesus erfüllt die Weissagung des Propheten Sacharja: »Sagt der Tochter Zion: Siehe, dein König kommt zu dir sanftmütig und reitet auf einem Esel und auf einem Füllen, dem Jungen eines Lasttiers« (Sach 9,9 in Mt 21,5). Die ursprünglichen Worte des Propheten bedienen sich eines typisch hebräischen Parallelismus: »... und reitet auf einem Esel, auf einem Füllen der Eselin«. Matthäus, der eifrig darauf bedacht ist, daß Jesus die Prophezeiungen bis aufs Wort erfüllt, stellt sich vor, es gebe zwei Esel; nachdem er das zweite Tier eingeführt hat, muß er ihm eine Funktion zuteilen: Jesus reitet auf der Eselin, und die Jünger legen ihre Kleider auf das Füllen.

Natürlich zog »der König« in Zion ein. Er kam nicht, um ein weltliches Reich zu gründen – in diesem Fall wäre er auf einem Schlachtroß geritten –, sondern ein Reich der Sanftmut und des Friedens. So, wie Markus jedoch die Geschichte erzählt, bleibt eines rätselhaft: Jesus muß seine Jünger über diese Demonstration im unklaren gelassen haben. Warum? Offenbar hatte Jesus, wenn wir Markus folgen, mit dem Eigentümer der Eselin zuvor etwas ausgemacht, wovon die Jünger nichts wußten. Es war also etwas im Busch, wovon die Jünger, die losgeschickt wurden, die Eselin zu holen, keine Ahnung hatten. Die Verbindung mit dem Vers aus dem Buch des Propheten Sacharja legt die Vermutung nahe, daß dem Volk die messianische Sendung Jesu enthüllt werden sollte.

Ich denke, es war so etwas wie ein Komplott im Gange. Einige neutestamentliche Forscher haben höchst einfallsreiche Spekulationen darüber angestellt, was geplant gewesen sein könnte, doch besitzen wir leider für mehr als intelligente Vermutungen nicht genügend Beweise. So können wir beispielsweise nicht mit Sicherheit sagen, wie viele der in den Evangelien berichteten Einzelheiten einen Bezug zur historischen Wirklichkeit haben. Wie die Evangelisten selbst zugeben, wurden diese Berichte nach Quellen aufgeschrieben, die auf Hörensagen beruhten und von Freunden Jesu stammten, die ihn bei seiner Festnahme im Stich ließen. So können sie kaum die entscheidenden Phasen seines Prozesses miterlebt haben. Überdies ergibt keines dieser Zeugnisse einen sonderlich einleuchtenden Sinn. Zumindest eine Erklärung für diese Un-sinnigkeit könnte sein, *daß Jesus selbst zu diesem kritischen Zeitpunkt seines Wirkens unverständlich bleibt.* Die Prophezeiung oder Botschaft, die er für Israel bereithielt, war seit der Speisung der Fünftausend in der Wüste zu einer Angelegenheit von hohem öffentlichen Interesse geworden. Bei dieser Speisung hatte er ganz Israel symbolisch aufgefordert, die inneren Zwistigkeiten beizulegen, dem politischen Terrorismus abzuschwören und sich Gott zu unterwerfen: »Laßt die Männer sich lagern!« Und danach, so lesen wir im vierten Evangelium, versuchte die Menge, ihn zum König zu machen. Offenbar hielten sie bis zur letzten Woche seines Lebens daran fest, er werde ihr König sein.

Welche Rolle die Zwölf bei dem Ganzen spielten, ist nicht klar. Einige von ihnen wußten vermutlich besser Bescheid als andere. Beim Abendmahl macht Jesus Andeutungen auf Judas Iskariot, die von den anderen Anwesenden nicht verstanden werden. Später werden sie so interpretiert, als hätte Jesus von seiner bevorstehenden Festnahme gewußt. Das vierte Evangelium läßt Jesus zu Judas sagen: »Was du tust, das tue bald! Aber niemand am Tisch wußte, wozu er ihm das sagte« (Joh 13,27–28). Matthäus erzählt uns die in mancherlei Hinsicht höchst unwahrscheinliche Geschichte, daß Judas zu den Hohenpriestern gegangen sei und ihnen angeboten habe, Jesus für eine bestimmte Summe Geldes zu verraten (Mt 26,14–16). Was all diese verwirrenden Geschichten bewahrt haben, ist die Überlieferung, daß nur wenige aus dem engsten Freundeskreis Jesu wußten, was in der letzten Woche seines Lebens vor sich ging, und daß es später nur wenigen von ihnen möglich war, den Sinn seines Handelns zu verstehen. Wenn wir einmal von den theologischen Interpretationen absehen, welche der letzte Lebensabschnitt Jesu ihnen ermöglichte, sein Leiden und sein Tod, müssen den Jüngern die genauen Umstände seiner Festnahme und seines Prozesses rätselhaft geblieben sein. Wir können dies mit einiger Sicherheit sagen, weil sonst unerfindlich bliebe, weshalb sich diese verwirrenden Details in den theologisch geprägten Texten erhalten haben, aus denen später die Passionsgeschichten entstanden. Überdies stoßen wir im vierten Evangelium und bei den Synoptikern auf eine auffallende Übereinstimmung: Jesus war in Jerusalem außer mit den Zwölf auch mit anderen Menschen zusammengekommen; er plante etwas,

was seine Jünger nicht genau verstanden; er war in eine Reihe von Aktionen verwickelt, die seinen Tod als unvermeidlich erscheinen ließen.

Weiter kann sich der Historiker nicht vorwagen. Begründete historische Vermutungen zusammen mit sorgfältiger vergleichender Lektüre anderer semitischer Texte ermöglichen uns, ein Bild zu skizzieren, das von der Wahrheit vermutlich nicht weit entfernt ist. Eine Methode, die mögliche Authentizität von Worten Jesu zu rekonstruieren, besteht darin, daß man sie aus dem Griechischen, in dem sie geschrieben sind, ins Aramäische zu übersetzen versucht, in die Sprache, in der sie gesprochen worden sein müssen. Nach dem Lukasevangelium soll Jesus beispielsweise gesagt haben: »Denn wie der Blitz aufblitzt und leuchtet von einem Ende des Himmels bis zum andern, so wird der Menschensohn an seinem Tage sein« (Lk 17,24). Dieser Satz läßt sich nicht in ein verständliches Aramäisch übersetzen, und so kann man ihn getrost als eine Äußerung abtun, die nicht von Jesus stammt. Mindestens drei der Aussprüche jedoch, in denen Jesus seinen Tod vorhersagt (Mk 8,31; 10,45; 14,21), lassen sich hingegen ins Aramäische übertragen; darin kündigt Jesus an, daß der Menschensohn sein Leben geben werde als Lösegeld für viele, in Mk 8,31 sagt er außerdem die Auferstehung des Menschensohnes voraus. Ähnliche Prüfungen von Worten Jesu auf ihre Echtheit lassen es als durchaus möglich erscheinen, daß er solche Weissagungen über sich selbst machte. Er verwendete dabei Metaphern, sprach etwa vom Leeren eines bitteren Kelchs, von seiner Vorbereitung auf eine Taufe und der Vollendung eines großen Werks, wenn er sein Ende meinte. Es gibt auch keinen Grund, die Äußerung seinen Jüngern gegenüber nach Lk 13,33 zu bezweifeln: ». . . denn es geht nicht an, daß ein Prophet umkomme außerhalb von Jerusalem.«

Es wäre demnach nicht unmöglich anzunehmen, daß Jesus seinen Tod vorhersah und in gewisser Weise auch herbeiwünschte. Inzwischen sah er sich selbst als einen »König«, einen Mann, der Israel einigen und die neue »Herrschaft der Heiligen« begründen konnte. Allerdings ließe sich darüber streiten, ob dies auch bedeutet, daß sich Jesus für den Messias hielt. Entscheidend ist, daß er überzeugt war, durch sein in Galiläa begonnenes und in Jerusalem vollendetes prophetisches Zeugnis das neue Zeitalter einzuläuten:

Nach seinem Tod wird er auferstehen – dies impliziert, daß nicht nur er, sondern das ganze errettete Israel auferstehen wird. Die »Herrschaft der Heiligen« wird dann anheben. Jesus, der auf einer Eselin in die Stadt einritt, glaubte, dieses Zeitalter werde bald anbrechen. Wir wissen, daß unter seinen Freunden auch Zeloten waren, die meinten, diese »Herrschaft der Heiligen« könne erst nach einem neuen Aufstand gegen die Römer beginnen. Wir wissen außerdem, daß die Sikarier, zu denen Judas vermutlich gehörte, dachten, die »Herrschaft der Heiligen« werde durch einige wahllose Morde in der Menschenmenge um die Zeit des Passafests beschleunigt.

Jesus hatte inzwischen zweifellos soviel öffentliches Aufsehen erregt, daß auch die Obrigkeit, die religiöse wie die zivile, auf ihn aufmerksam wurde. Es ist denkbar, daß Hohepriester und der Hohe Rat für die Zeit des Passafests den begründeten Verdacht eines Aufstands hegten. Selbst wenn Jesus nicht an einem solchen paramilitärischen Komplott beteiligt war, wissen wir doch genug über ihn, um sicher sein zu können, daß er zu seinen Freunden auch Männer zählte, die darin verwickelt waren. Falls Jesus glaubte – und vieles spricht dafür –, er werde ein neues Zeitalter einläuten, mußten die Hohenpriester in Panik geraten, wenn ihnen solches zu Ohren kam: In diesem Fall würde es sicher zu Unruhen kommen und vermutlich auch zu einem größeren Aufstand in der Stadt, in deren engen Straßen und Gassen sich Zehntausende von Pilgern drängten. Die Römer würden zu Zwangsmaßnahmen greifen. Also war es notwendig, Jesus zu isolieren und Unruhen zu verhindern, bevor es zu einem offenen Aufstand kam. Die unziemliche Eile, mit der der Hohe Rat Jesus in den Evangelien vor Gericht stellen will, und der Wunsch, ihn noch vor dem Fest loszuwerden, lassen vermuten, daß die Mitglieder des Hohen Rats etwas von dem für die Zeit des Passafests geplanten Aufstand wußten.

Damit ist der Boden für ein äußerst verwirrendes Drama bereitet. Wir werden nie erfahren, ob Jesus davon wußte, was in der Stadt am Laufen war, oder nicht, aber wenn unsere bisherigen vorsichtigen Vermutungen auch nur annähernd stimmen, ist durchaus denkbar, daß Jesus von dem »Tip« an den Hohen Rat erfahren und bereits beschlossen hatte, aus seiner Festnahme und vielleicht auch aus seinem Tod eine Demonstration der Macht des Allerhöchsten zu machen, um so das messianische Zeitalter einzuläuten. Das Umfeld, in dem sich das alles abspielte, sei hier kurz skizziert: Da waren die Zeloten oder vergleichbare politische und militante Gruppen, die einen Aufstand planten und Jesus mit den passenden »Requisiten« für seinen Auftritt versorgten. Für sie war er der beste Anführer im Zuge einer Revitalisierung des Judentums, das auf ein Bündnis aller Klassen und Sekten gegen die Römer baute. Da waren auch die Sadduzäer, die zur Oberschicht gehörende Gruppe der Tempelpriester, sicher entschlossen, die Entstehung einer weiteren exzentrischen Sektenbewegung im Judentum notfalls im Keim zu ersticken, vor allem wenn sie häretisch war (Jesus wollte Sünder in sein Reich aufnehmen) und, was auf das gleiche hinauslief, obendrein aus Galiläa kam. Da waren ferner die Römer, die in wachsender Sorge lebten, das jüdische Volk könnte sich als unregierbar erweisen – was sich kurze Zeit später tatsächlich herausstellte –, was zur Folge hätte, daß man sie nur mit äußerster Gewalt niederhalten konnte. Dann gab es noch den kleinen Kreis von Eingeweihten, die Jesus nahestanden und vermutlich zu wissen glaubten, was in der Stadt vorging. Und schließlich waren da noch die Zwölf, von denen einige wie Judas tatsächlich wußten, was in der Luft lag, während andere offenbar völlig ahnungslos waren, als »der König« an jenem Sonntagnachmittag seine Eselin bestieg und in Jerusalem einritt.

Im zweiten Jahrhundert v. u. Z. – die Begebenheit ist im 1. Makkabäerbuch festgehalten – war ein großer hasmonäischer Reformer namens Simon Makkabäus nach Jerusalem gekommen: »[Er] ... ließ die Burg wieder reinigen von allem, was unrein macht, und nahm sie ein am dreiundzwanzigsten Tage des zweiten Monats im 171. Jahr und zog hinein mit Lobgesang und Palmenzweigen und Saitenspiel und dankte Gott, daß Israel diesen starken Feind endlich losgeworden war« (1 Makk 13,50–51). Vielleicht imitierte Jesus Simon bewußt, als er die Eselin bestieg. Falls der Bericht des Markus über den Einzug Jesu in die Stadt auch nur entfernt der Wahrheit entspricht, müssen wir annehmen, daß die Menschenmenge auf seinen Einzug vorbereitet war. Da von den frommen Juden erwartet wurde, daß sie zu einem Fest wie Passa zu Fuß in die Heilige Stadt kamen, fiel Jesus allein schon durch das

Reiten auf der Eselin auf; ohne vorherige Kenntnis dieser Demonstration dürfte kaum zu erklären sein, weshalb die Menschen hinter ihm hergerannt sein und ausgerufen haben sollen: »Gelobt sei das Reich unseres Vaters David, das da kommt!...« (Mk 11,10). Bei Markus lesen wir auch, daß Jesus am Tag seines Einzugs nichts weiter tat, als in die Stadt hineinzureiten, sich zum Tempel zu begeben und sich dort umzusehen. Sofern dies stimmt, dürfte er damit beabsichtigt haben, sich der Menge zu zeigen. Jesus war zwar in Galiläa eine bekannte Erscheinung, in Jerusalem jedoch so gut wie unbekannt. Nur wenige haben vermutlich gewußt, wie er aussah, und in dem dichten Gedränge auf den Straßen dürfte es schwergefallen sein, einen Mann mit verhülltem Haupt zu erkennen. Nach dem triumphalen Einzug in die Stadt kehrte Jesus dann zu später Stunde nach Bethanien zurück, wo er bei Freunden wohnte.

Da alle Evangelien darin übereinstimmen, daß Jesus die letzte Woche seines Lebens, bevor er festgenommen wurde, in Bethanien verbrachte, ist es um so überraschender, daß die synoptischen Evangelien sein spektakulärstes Wunder mit keinem Wort erwähnen. Bei ihnen kommt sein Freund Lazarus, den er von den Toten auferweckt, nicht einmal vor. Im vierten Evangelium erfahren wir, daß die Nachricht vom Tod des Lazarus Jesus und seine Jünger erreicht, als sie sich auf ihrem Weg nach Jerusalem noch im Norden befinden. Die Jünger bedrängen Jesus, nicht nach Judäa zu ziehen, denn dort, so befürchten sie, werde er mit »den Juden« in Konflikt geraten; doch Jesus kann sich nicht zurückhalten: »Lazarus, unser Freund, schläft, aber ich gehe hin, ihn aufzuwecken« (Joh 11,11). Es gibt im ganzen Neuen Testament keine dramatischere Geschichte als diese. Als Jesus in Bethanien ankommt, findet er Lazarus »schon vier Tage im Grabe liegen« (Joh 11,17). Die Beisetzung ist schon vorbei, aber die Trauernden singen noch immer ihre Klagelieder, und da wird Jesus von Gefühlen überwältigt. »Und Jesus gingen die Augen über. Da sprachen die Juden: Siehe, wie hat er ihn liebgehabt!« (Joh 11,35–36). Jesus begibt sich zum Eingang der Höhle, in der Lazarus beigesetzt worden ist, und bittet die Juden, die mitgekommen sind, den Stein wegzurollen, der den Eingang versperrt. Marta, die eine der beiden Lazarusschwestern, protestiert und sagt, der Leichnam liege schon vier Tage in der Höhle und stinke. Schließlich ruft Jesus mit lauter Stimme: »Lazarus, komm heraus!« (Joh 11,43). Und da kommt der Verstorbene heraus, »gebunden mit Grabtüchern an Füßen und Händen, und sein Gesicht war verhüllt mit einem Schweißtuch« (Joh 11,44).

Diese Schilderung bildet den Höhepunkt des ersten Teils des Johannesevangeliums, den Gipfel der »Zeichen und Wunder« Jesu. Die zweite Hälfte dieses Evangeliums ist seinen Abschiedsreden gewidmet und dem »Zeichen« seines Todes und seines Triumphs über den Tod, dessen Vorbote die Auferweckung des Lazarus ist. Wir werden bald auf eine weitere Erzählung stoßen, in der ein Grab und ein Stein vorkommen, der vor den Eingang gerollt ist und es verschließt. Es ist – wenn auch nicht sofort erkennbar – die Auferweckung des Lazarus, welche die Pharisäer davon überzeugt, daß Jesus versucht, ihre religiöse Autorität bei den Römern zu untergraben: »Lassen wir ihn so, dann werden sie alle an ihn glauben, und dann kommen die Römer und nehmen uns Land und Leute« (Joh 11,48). Und da spricht der Hohepriester Kaiphas seine prophetischen Worte: »Es ist besser für euch, ein Mensch sterbe für das Volk, als daß das ganze Volk verderbe« (Joh 11,50). Die Begebenheit ist in die johanneische Theologie eingebettet und mit jener literarischen Ironie durchtränkt, die wir von dieser Quelle erwarten dürfen: Der ungläubige jüdische Hohepriester spricht über den wahren Hohenpriester, Jesus, wahrere Worte, als er über diesen Mann wissen kann. Der Tod wird – wie die eherne Schlange, die Mose in der Wüste aufrichtete (Num 21,4–9) – alle wahren Gläubigen zu ihm hinführen und ihnen das Geschenk des ewigen Lebens geben.

Was steckt hinter dieser Geschichte? Ist sie vielleicht nur eine fromme Legende? Wie so oft bei Fragen, die das vierte Evangelium betreffen, muß die Antwort ambivalent ausfallen. Erst im Jahre 1958 hat Professor Morton Smith von der New Yorker Columbia University einen Brief aus dem achtzehnten Jahrhundert entziffert, der auf das Vorsatzpapier einer aus dem siebzehnten Jahrhundert stammenden Ausgabe der Werke des heiligen Ignatius von Antiochia gekritzelt war. Dieser Brief ist die Abschrift eines Briefs, den angeblich Klemens von Alexandria im zweiten Jahrhundert u. Z. an einen Mann namens Theodorus geschrieben hat. Darin ist von einem »geheimen Markusevangelium« die Rede – anscheinend eine gnostische Version –, »für diejenigen, die vervollkommnet« oder »in die größeren Mysterien eingeweiht« wurden.

Morton Smith' Theorie muß mit vielen Vorbehalten versehen werden, denn sie führt, wie wir schon erwähnt haben, zu der Schlußfolgerung, daß Jesus ein Magier war. *Wenn* dieser Brief aus dem achtzehnten Jahrhundert tatsächlich die Transkription eines vor sechzehnhundert Jahren geschriebenen Briefes ist... *Wenn* das »geheime Markusevangelium« tatsächlich eine authentische, auf Markus zurückgehende Überlieferung und nicht nur eine verstümmelte und veränderte gnostische Version des im vierten Evangelium Dargestellten ist... zwei große *Wenns*. Wir dürfen nicht etwa wähnen, derart exzentrische Berichte mit einer so dürftigen Textgeschichte würden uns zwangsläufig dem historischen Jesus näherbringen. Dies vorausgeschickt, bleibt dennoch festzuhalten, daß man Morton Smith' Theorien nicht einfach abtun sollte. Wir haben gelesen, daß Jesus nicht mit Wasser taufte, sondern mit Geist; wir erfahren in den Evangelien, daß er als Teufelsaustreiber eine starke Ausstrahlung, eine überwältigende Wirkung auf Menschen hatte. Es ist denkbar, daß eine solche Gestalt an den bizarren Riten teilgenommen hat, die Morton Smith beschreibt: Initiationsriten, bei denen der frischgebackene Katechumene in Grabgewänder gehüllt und dann »zu neuem Leben« im Geiste erweckt wurde. Vor einem solchen Hintergrund würde die »Auferweckung« des Lazarus im vierten Evangelium in einem völlig neuen Licht erscheinen. Nehmen wir einmal an, das verlorene Markusevangelium sei vor dem vierten Evangelium entstanden. Da hätten wir zunächst den Bericht über den Ritus. Als zweite Stufe hätten wir eine Erzählung, in der die innere Bedeutung des Ritus in ein Ereignis verwandelt worden ist, in ein »Zeichen«. Der Katechumene in seinen Grabgewändern wird zu einem wirklich toten Mann in Leichentüchern, dem der Initiationsritus der Taufe im Geist, der Taufe zum ewigen Leben, bevorsteht. Am Ende des Markusevangeliums werden wir noch einer weiteren Gestalt begegnen, die Leinengewänder trägt – einem seltsamen jungen Mann: einmal im Garten Gethsemane und einmal am Grab Jesu.

Bis es soweit ist, daß wir uns mit diesem jungen Mann befassen können, beschäftigen wir uns zunächst mit einem unverständlich erscheinenden kurzen Wortwechsel am Ende des vierten Evangeliums. Petrus fragt Jesus nach dessen Auferstehung von den Toten: »Herr, was wird aber mit diesem?« (Joh 21,21). Gemeint ist »der Jünger, den Jesus liebhatte« (Joh 21,20). Jesus spricht zu ihm: »Wenn ich will, daß er bleibt, bis ich komme, was geht es dich an? Folge du mir nach! Da kam unter den Brüdern die Rede auf: Dieser Jünger stirbt nicht. Aber Jesus hatte nicht zu ihm gesagt: Er stirbt nicht, sondern: Wenn ich will, daß er bleibt, bis ich komme, was geht es dich an? Dies ist der Jünger, der dies alles bezeugt und aufgeschrieben hat, und wir wissen, daß sein Zeugnis wahr ist« (Joh 21,22–24).

Es kann viele Gründe dafür geben, weshalb die Brüder sagten, der »geliebte Jünger« werde nicht sterben. Einer könnte sein, daß sie glaubten, er sei schon von den Toten auferstanden. Das heißt, bei dem »geliebten Jünger« hätte es sich um Lazarus gehandelt. Es ist durchaus denkbar, daß die synoptischen Evangelien aus entgegengesetzten Überlieferungen schöpften, welche die Behauptung, Lazarus sei buchstäblich von den Toten auferstanden, kategorisch ablehnten. In diesem Zusammenhang fällt auf, daß die Synoptiker von der Freundschaft Jesu mit der Familie in Bethanien berichten, während Lazarus mit keinem Wort erwähnt wird. Bei Markus erfahren wir lediglich, daß Jesus in Bethanien wohnte und einen Pharisäer namens Simon besuchte. Lukas erzählt uns die Geschichte von Marta und Maria. Jesus tadelt Marta: »Marta, Marta, du hast viel Sorge und Mühe« (Lk 10,41). Er macht ihr klar, daß »Maria das gute Teil erwählt« (Lk 10,42) hat. Marta hätte sich also wie ihre trägere Schwester lieber an der Unterhaltung mit Jesus beteiligen sollen. Sowohl die Überlieferung des Markus wie die des vierten Evangeliums gestaltet die Szene der Salbung Jesu durch die Frau (bei Markus ist es eine Prostituierte, bei Johannes Maria, die Schwester des Lazarus) als Vorausdeutung auf seinen Tod und sein Begräbnis. Bei Johannes ergibt sich dies aus dem Text, bei Markus spricht Jesus es offen aus: »Sie hat getan, was sie konnte; sie hat meinen Leib im voraus gesalbt für mein Begräbnis« (Mk 14,8). Wenn Morton Smith recht hat und die Symbolik von Leichengewändern und der Auferstehung zu einem neuen

Leben von den *Lebenden* bei ihren Taufriten vollzogen werden konnte, liegt hier möglicherweise ein Schnittpunkt vor, an dem tatsächliche Begebenheiten und Riten Verwirrung stiften können. Markus schreibt im Bewußtsein, daß Jesus den Tod überwunden hat und von Gott am dritten Tag auferweckt wurde. Markus glaubt auch, daß eine solche Auferweckung allen Gläubigen zuteil werden kann. Doch zugleich – und hier beginnt die Verwirrung – bewahrt er in seinem »geheimen Evangelium« absichtlich oder unabsichtlich eine Überlieferung, in der die Lebenden Tod und Auferstehung rituell darstellen.

Dies ist ein fruchtbarer Boden, auf dem sich subtile religiöse Symbolik und Gefühle entwickeln können. Schwieriger ist es schon, inmitten dieses üppigen Wildwuchses etwas zu finden, was sich als historische Tatsache festmachen läßt. Alles, was Jesus den Evangelien zufolge tat oder sagte, ist stark mit himmlischer Bedeutung befrachtet; für die Ereignisse nach seinem Einzug in Jerusalem gilt dies doppelt. Was ich meine, demonstriert beispielhaft die Szene, die Markus auf den Tag nach dem triumphalen Einzug Jesu in die Stadt verlegt, die Szene im Tempel, wo Jesus die Tische der Geldwechsler umstößt. Im vierten Evangelium ist dies ein rein symbolischer Akt: Es verlegt, wie schon erwähnt, diesen Auftritt Jesu an den Anfang seines Wirkens, in das 2. Kapitel. Einem in Galiläa gewirkten Zeichen korrespondiert, wie immer im Johannesevangelium, eines in Jerusalem, die beide das gleiche bezwecken. In Galiläa verwandelt Jesus das Wasser in den Steinkrügen (wie sie von frommen Juden für die rituelle Reinigung verwendet wurden) in berauschenden jungen Wein; in Jerusalem vertreibt er die Geldwechsler aus dem Tempel und sagt: »Brecht diesen Tempel ab, und in drei Tagen will ich ihn aufrichten« (Joh 2,19). Mit anderen Worten: Jesus stiftet hier eine neue Form, wie sich der Gläubige Gott nähern soll, mit der die Befolgung ritueller Vorschriften gemäß dem jüdischen Glauben – die rituelle Reinigung mit den Wasserkrügen oder die rituellen Opfer im Tempel – durch die freie Anbetung des Herzens ersetzt wird – wie er zu der mehrmals verheirateten Samariterin an Jakobs Brunnen sagte: »Aber es kommt die Zeit und ist schon jetzt, in der die wahren Anbeter den Vater anbeten werden im Geist und in der Wahrheit...« (Joh 4,23). Soviel zur Symbolik des vierten Evangeliums, das vermutlich nach der Zerstörung des Jerusalemer Tempels und nach der Trennung des frühen Christentums vom Judaismus eine letzte Bearbeitung erfahren haben muß, wie früh einige der Überlieferungen auch sein mögen, deren es sich bedient hat.

Bei Markus hingegen lesen wir, daß Jesus den Tempel in der letzten Woche seines Lebens mehrmals besucht hat. Bei einem Besuch stößt er die Tische der Geldwechsler um und betont ausdrücklich, der Tempel solle ein Bethaus heißen für alle Völker, »ihr aber habt eine Räuberhöhle daraus gemacht« (Mk 11,17). Die Hohenpriester sind über diesen Ausspruch bestürzt und beschließen deswegen, Jesus zu beseitigen. Wir erfahren ferner, daß Jesus bei seinem Wandeln im Tempel mit den Priestern wegen Johannes dem Täufer Streit bekam. Sie fragen Jesus, aus welcher Vollmacht er spreche und handle. Jesus entgegnet: »Ich will euch auch eine Sache fragen; antwortet mir, so will ich euch sagen, aus welcher Vollmacht ich das tue. Die Taufe des Johannes – war sie vom Himmel oder von Menschen?...« (Mk 11,29–30). Da die Hohenpriester, Schriftgelehrten und Ältesten Johannes zu dessen Lebzeiten nicht gefolgt sind, scheuen sie sich zu sagen, seine Taufe sei vom Himmel gewesen. Umgekehrt fürchten sie die Reaktion des Volks, wenn sie sagen, seine Taufe sei nicht von Gott.

Zu einem weiteren Zwischenfall im Tempel kommt es in dieser Woche, als die Jünger und Jesus sehen, wie Pilger Geld in den »Gotteskasten« (Tempelschatz) werfen. Da erscheint eine arme Witwe, die zwei Scherflein einlegt, Geld der kleinsten Münzeinheit. Jesus sagt zu seinen Jüngern: »Wahrlich, ich sage euch: Diese arme Witwe hat mehr in den Gotteskasten gelegt als alle, die etwas eingelegt haben. Denn sie haben alle etwas von ihrem Überfluß eingelegt; diese aber hat von ihrer Armut ihre ganze Habe eingelegt, alles, was sie zum Leben hatte« (Mk 12,43–44).

Als sie später den Tempel verlassen und sich die riesigen Steinquader des gewaltigen herodianischen Bauwerks ansehen, sagt Jesus zu einem seiner Jünger: »Siehst du diese großen Bauten? Nicht ein Stein wird auf dem andern bleiben, der nicht zerbrochen werde« (Mk 13,2). Hier erheben sich nun die Fragen, ob wir als Historiker die Einstellung des wirklichen Jesus zum historischen Tempel feststellen können, ob er die Zerstörung des Tempels vorhergesagt haben kann und ob dies für sich allein ausgereicht haben könnte, um die Hohenpriester und Schriftgelehrten in Jerusalem die Liquidierung Jesu betreiben zu lassen.

Die Evangelien in ihrer heutigen endgültigen Gestalt sind das Werk christlicher Gemeinden. Sie sind uns von religiösen Gruppen überliefert worden, die mit dem Judaismus nichts mehr zu tun hatten und nur wenig oder nichts darüber gewußt haben können, wie der Tempel aussah. Die Symbolik des Tempels, sowohl des Tempels Salomos in den jüdischen Schriften wie des 2. Tempels, den Jesus gekannt haben muß, erhält für sie deshalb eine überragende Bedeutung. Sie schrieben in dem Wissen, daß der Tempel zerstört worden war; und sie sahen sich durch diese Katastrophe vollauf gerechtfertigt: Der Judaismus in seiner sichtbaren Erscheinungsform war am Ende, das von Gott durch Christus gegründete neue Israel war die Kirche. Wir können uns gut vorstellen, daß Jesus von diesem »Sitz im Leben« aus sagte, er werde den Tempel abbrechen und in drei Tagen wieder aufrichten. (»Er aber redete von dem Tempel seines Leibes«; Joh 2,21.)

Falls die sogenannte Tempelreinigung tatsächlich stattgefunden hat – was hatte sie zu bedeuten? Jesus muß sie als Demonstration verstanden haben. Da die Evangelien nicht nur von der aufsehenerregenden Tempelreinigung berichten, sondern allenthalben kritische Äußerungen Jesu über den religiösen Formalismus allgemein wiedergeben, fühlt man sich versucht, seine zornige Geste als Aufruf zum Sturz des Judaismus zu deuten. Ein Unterschied in den Darstellungen des Markus- und des Johannesevangeliums sollte uns jedoch vor dieser Interpretation warnen. Im vierten Evangelium sagt Jesus zu den Juden: »Brecht diesen Tempel ab, und in drei Tagen will ich ihn aufrichten« (Joh 2,19). Im Markusevangelium sagt er: »Siehst du diese großen Bauten? Nicht ein Stein wird auf dem andern bleiben, der nicht zerbrochen werde« (Mk 13,2). Diese Äußerung wird durch die falschen Zeugenaussagen bei seinem Prozeß entstellt: »Wir haben gehört, daß er gesagt hat: Ich will diesen Tempel, der mit Händen gemacht ist, abbrechen und in drei Tagen einen andern bauen, der nicht mit Händen gemacht ist« (Mk 14,58). Jesus hat also nach keiner der beiden Fassungen tatsächlich gesagt, er selbst werde den Tempel zerstören, ob nun in einem übertragenen oder im wörtlichen Sinn. Vielleicht hat er mit seinen antiritualistischen Bemerkungen einige der religiösen Oberen so sehr gereizt, daß sie sich über seine laxe Einstellung zur rituellen Reinheit entrüsteten und dachten: »Jetzt reicht es – er zerstört alles. Als nächstes wird er noch den Tempel zerstören!«

Die faktische Zerstörung des Tempels ist eine Sache. Etwas ganz anderes ist es jedoch, wenn er gesagt hätte, er selbst werde den Tempel zerstören oder habe den Wunsch, ihn zu zerstören. In den Evangelien findet sich aber nirgends eine Jesus auf glaubwürdige Weise zugeschriebene Stelle, die den Schluß erlaubt, er habe eine neue Religion für Nichtjuden gründen, geschweige denn den Tempel für Nichtjuden zugänglich machen wollen. Wenn er sich also in den Tempelbezirk begab und die Tische der Geldwechsler umstieß, kann man darin unmöglich, wie Markus es tut, eine Demonstration gegen den Ausschluß von Nichtjuden aus dem Tempel sehen.

Im vierten Evangelium sagt er: »*Lusate ton naon touton*« – »Ihr seid diejenigen, die dieses Heiligtum zerstören.« Und er ist derjenige, der es aufbauen wird! Es ist überzeugend dargelegt worden, daß dieses prophetische Handeln Jesu nicht als Bedrohung, sondern als Ermahnung gedacht war. Laut Professor Sanders[2] sieht Jesus das Kommen des Reiches voraus: Indem er die Tische der Geldwechsler umstößt, bringt er nicht sein Entsetzen über die Idee des Tieropfers zum Ausdruck (denn Tieropfer waren ein integraler Bestandteil der jüdischen Anbetung, von der sich Jesus nicht ausnahm), noch äußert er dadurch Mißtrauen gegenüber dem Tempel – immerhin lesen wir in den Evangelien, daß sich die Jünger nach der Auferstehung Jesu immer wieder im Tempel aufhielten. Vielmehr kündigt er eine Zeit an, in der Gott die herrschende Ordnung umstürzen und Jesus zusammen mit seinen Jüngern in drei Tagen erhöhen wird. Ich stimme Sanders zu, wenn er die Interpretation einiger Wissenschaftler, das Umstürzen der Tische der Geldwechsler sei als Protest zu verstehen – entweder gegen die Korruptheit der Geldwechsler oder gegen die Religion des Tempels –, ablehnt. Die jüdischen Propheten bevorzugten traditionell dramatische Gesten, um ihren Worten Nachdruck zu verleihen. Daß Jesus auf einer Eselin in Jerusalem einritt, war eine solche Demonstration, ebenso sein Vorgehen gegen die Geldwechsler. Im Gegensatz zu Sanders bin ich jedoch eher zu glauben

bereit, daß Jesus vielleicht tatsächlich schon vierzig Jahre vor der Zerstörung Jerusalems vorhergesehen hat, daß die Juden durch die Römer ihre bislang schlimmste Niederlage erleiden würden.
 »Lusate ton naon touton!«: »Ihr beschwört selbst eure Zerstörung auf euch herab!« Das ist, wie ich glaube, die Botschaft Jesu. Es ist die gleiche Botschaft wie bei der Speisung der Fünftausend: *»Laßt die Männer sich lagern!«* Jesus teilte mit den religiösen Enthusiasten des Judentums im ersten Jahrhundert das Gefühl, daß das Reich erst dann kommen werde, wenn die Juden umkehren, zu treuen Söhnen Gottes werden. Er unterschied sich jedoch von vielen seiner Zeitgenossen darin, daß er dieses Reich als ein die Juden einigendes und nicht spaltendes Ideal sah. Er träumte von einem »entrümpelten« Judaismus, der seiner althergebrachten Laster der moralischen Verwerfung anderer und des Sektierertums entkleidet ist. Die Asketen von Qumran und die Pharisäer glaubten, das Reich werde kommen, weil sie nicht so sind wie andere. Jesus lehrte, daß das Reich nicht kommen werde, solange sie sich der Einsicht verschlössen, daß sie nicht anders sind als andere. Das Reich könne erst dann kommen, wenn sie ihre Gotteskindschaft ebenso an- wie die gotteslästerliche Anwesenheit der Römer in ihrer Mitte gleichmütig hinnähmen.
 Die Tempelreinigung im Markusevangelium paßt daher vorzüglich zu der Fangfrage, die ihm von den Pharisäern und Herodianern gestellt wird und die sicher nicht ironisch oder sarkastisch gemeint war: »Meister, wir wissen, daß du wahrhaftig bist und fragst nach niemand; denn du achtest nicht das Ansehen der Menschen, sondern du lehrst den Weg Gottes recht. Ist's recht, daß man dem Kaiser Steuern zahlt oder nicht? Sollen wir sie zahlen oder nicht zahlen?« (Mk 12,14). Jesus bittet sie um einen römischen Silbergroschen und hält ihn hoch. Er zeigt den Kopf des vergöttlichten Kaisers. Die lapidare Antwort Jesu ist so vernichtend weltfremd wie seine Geste, die Tische der Geldwechsler umzustoßen: »So gebt dem Kaiser, was des Kaisers ist, und Gott, was Gottes ist!« (Mk 12,17). Wie konnte er eine solche Ansicht mit der verhaßten Steuer an die Römer vereinbaren, die seine zelotischen Freunde nicht nur für eine ökonomische Belastung, sondern auch für eine Gotteslästerung hielten!?
 Die Juden hingen dem Glauben an, Gott werde sein Reich auf

Erden errichten. Jesus glaubte dies wahrscheinlich auch, doch er konnte absehen, daß jeder Versuch, diesem Reich durch einen bewaffneten Aufstand oder durch zivilen Ungehorsam nachzuhelfen, zu einem verheerenden Ergebnis führen würde. Er ermahnte sein Volk, dem Traum der Makkabäer zu entsagen. Aus dieser Sicht kommt dem Umstoßen der Tische der Geldwechsler eine ganz besondere Symbolik zu: Die Juden müssen ihre Aufsässigkeit gegen die Römer aufgeben, denn sonst werden ihre Stadt und der Tempel zerstört. Und die Aufforderung, ihren Stolz fahrenzulassen, entsprang nicht der Feigheit. Jesus kannte die innere Zerrissenheit des jüdischen Volkes und dessen Besessenheit, die Römer unbedingt vertreiben zu müssen – doch darüber vergaßen sie den Grund, weshalb der Tempel überhaupt errichtet worden war. Das Gebet Salomos bei der Einweihung des 1. Tempels trug der Einsicht Rechnung, daß die Architektur dem Monotheismus zwar zur Zierde gereiche, daß er dieser jedoch nicht bedürfe: »Aber sollte Gott wirklich auf Erden wohnen? Siehe, der Himmel und aller Himmel Himmel können dich nicht fassen – wie sollte es dann dies Haus tun, das ich gebaut habe?« (1 Kg 8,27).

Dieser Satz liegt auf einer Linie mit Joh 4,21.24, wenn Jesus zur Samariterin sagt: »Glaube mir, Frau, es kommt die Zeit, daß ihr weder auf diesem Berge noch in Jerusalem den Vater anbeten werdet... Gott ist Geist, und die ihn anbeten, die müssen ihn im Geist und in der Wahrheit anbeten.« Jesus wollte dieser grundlegenden und einfachen Forderung zu neuer Geltung verhelfen; dafür trat er ein, und dafür starb er auch, ob er dies nun beabsichtigt hatte oder nicht.

9. KAPITEL

Der Mann mit dem Wasserkrug und der nackte Jüngling

Das Fest der ungesäuerten Brote stand bevor, und Jesus bereitete sich mit seinen Jüngern und den hunderttausend Pilgern, die in die Stadt drängten, auf das Passafest vor. In der Regel hatte die Stadt eine Bevölkerung von etwa fünfundzwanzig- bis dreißigtausend Menschen – die Straßen waren also überfüllt. Das Passalamm mußte von den Pilgern innerhalb der Mauern der Heiligen Stadt verzehrt werden. Bethanien, das Dorf, in dem Jesus Quartier genommen hatte, lag außerhalb der »Speisefläche«. Jeder Jude, der das Passalamm außerhalb des vorgeschriebenen heiligen Bezirks zu essen versuchte, konnte mit vierzig »Geißelhieben« bestraft werden.[1] So kam es, daß sich die hunderttausend Pilger in die Stadt begaben, um dort das Mahl einzunehmen. Trotz der um diese Jahreszeit herrschenden extremen Kälte (Joh 18,18) mußten viele Pilger das Mahl im Freien einnehmen, vor ihren Zelten, auf irgendeinem Hausdach oder gar auf einem Innenhof des Tempels nahe der Stelle, an der die Lämmer geopfert wurden. Im Markusevangelium erfahren wir, daß der Hohe Rat in Jerusalem die Beseitigung Jesu bereits beschlossen hatte, obwohl er dazu keinerlei äußeren Anlaß bot. Wie immer steckt hinter der Darstellung des Markus mehr, als wir verstehen oder vielleicht sogar ihm selbst bewußt ist. Gestalten, über die kein erklärendes Wort gesagt wird, etwa die Männer, die für den triumphalen Einzug Jesu in die Stadt die Eselin bereitstellten, tauchen wiederholt unverhofft in den Erzählungen auf, ohne eingeführt oder vorgestellt zu werden. Eine solche Gestalt ist auch der Mann mit dem Wasserkrug.

Wir lesen bei Markus, daß die Jünger am ersten Tag des Festes der ungesäuerten Brote Jesus fragten, wo sie das Passalamm essen sollten. Da sie keinerlei Vorkehrungen getroffen hatten, erwarteten sie vielleicht, das Mahl im Freien einnehmen zu müssen wie die ärmeren Pilger, die für nichts vorgesorgt hatten. Jesus schickte sie in die Stadt, wo sie einen Mann mit einem Wasserkrug sehen würden. Diesem sollten sie folgen. »Und wo er hineingeht, da sprecht zu dem Hausherrn: Der Meister läßt dir sagen: Wo ist der Raum, in dem ich das Passalamm essen kann mit meinen Jüngern? Und er wird euch einen großen Saal zeigen, der mit Polstern versehen und vorbereitet ist; dort richtet für uns zu« (Mk 14,14–15).

Wir werden nie erfahren, wer dieser Mann mit dem Wasserkrug war. Astrologen haben in ihm den Wassermann gesehen. Andere sind zu der etwas prosaischeren Erkenntnis gelangt, daß es die Aufgabe von Frauen war, Wasser zu tragen, so daß dieser Mann mit dem Wasserkrug allen, die ihm begegneten, sehr verdächtig vorgekommen sein muß. Er mußte ja auch eine auffällige Erscheinung sein, wenn die Jünger ihn in dem dichten Gedränge auf den engen Straßen finden sollten. Wir erfahren nicht, wer das Geld für das komfortabel ausgestattete Gemach zur Verfügung stellte, obwohl es Hinweise darauf gibt, daß Judas das Geld für Jesus verwaltete (Joh 12,6; 13,29). Vielleicht hatte Judas auch den Saal gemietet. Zu diesem Saal also brachen die Freunde Jesu an jenem kalten Abend auf (am 14. Nisan oder 7. April des Jahres 30 u. Z.?). Man kann sich ausmalen, welch ein Lärm in Jerusalem herrschte und wie die Düfte die Luft erfüllten, als die hunderttausend Menschen ihr heiliges Mahl bereiteten. Jedes Mahl wurde gemäß den Bestimmungen des Buches Exodus vollzogen:

»Ihr sollt aber ein solches Lamm nehmen, an dem kein Fehler ist, ein männliches Tier, ein Jahr alt. Von den Schafen und Ziegen sollt ihr's nehmen und sollt es verwahren bis zum vierzehnten Tag des Monats. Da soll es die ganze Gemeinde Israel schlachten gegen Abend. Und sie sollen von seinem Blut nehmen und beide Pfosten an der Tür und die obere Schwelle damit bestreichen an den Häusern, in denen sie's essen, und sollen das Fleisch essen in derselben Nacht, am Feuer gebraten, und ungesäuertes Brot dazu, und sollen es mit bitteren Kräutern essen. Ihr sollt es weder roh essen noch mit Wasser gekocht, sondern am Feuer gebraten mit Kopf, Schenkeln und inneren Teilen. Und ihr sollt nichts davon übriglassen bis zum Morgen; wenn aber etwas übrigbleibt bis zum Morgen, sollt ihr's mit Feuer verbrennen. So sollt ihr's aber essen: Um eure Lenden sollt ihr gegürtet sein und eure Schuhe an euren Füßen haben und den Stab in der Hand und sollt es essen als die, die hinweg eilen; es ist des Herrn Passa. Denn ich will in derselben Nacht durch Ägyptenland gehen und alle Erstgeburt schlagen in Ägyptenland unter Mensch und Vieh und will Strafgericht halten über alle Götter der Ägypter, ich, der Herr« (Ex 12,5–12).

Die aktuelle Bedeutung des Ganzen dürfte jüdischen Zeitgenossen Jesu klar gewesen sein. Für »Ägypten« mußte man nur »Rom« einsetzen. Würde der Allmächtige das Wunder an seinem Volk wiederholen, das er einst vollbracht hatte, indem er eine Gruppe glaubenstreuer Juden aus der Sklaverei eines mächtigen Herrschers befreite?

Im Markusevangelium lesen wir, daß Jesus in dieser Woche eine große apokalyptische Rede an seine Jünger hielt, wobei er sich der Bilder und Vergleiche des Propheten Daniel bediente, um das Kommen des Herrn zu beschreiben: »Wenn ihr aber sehen werdet das Greuelbild der Verwüstung stehen, wo es nicht soll – wer es liest, der merke auf! –, alsdann, wer in Judäa ist, der fliehe auf die Berge. Wer auf dem Dach ist, der steige nicht hinunter und gehe nicht hinein, etwas aus seinem Hause zu holen ... Aber zu jener Zeit, nach dieser Bedrängnis, wird die Sonne sich verfinstern und der Mond seinen Schein verlieren, und die Sterne werden vom Himmel fallen, und die Kräfte der Himmel werden ins Wanken kommen« (Mk 13,14–15.24–25). Es ist ohne weiteres denkbar, daß Jesus den Tag des Herrn an diesem Passafest erwartete. Ebenso ist es möglich, daß seine Hörer die Worte unterschiedlich deuteten, trotz des Versuchs Jesu, die verschiedenen Gruppen des Judaismus in seinem Reich zu vereinen. Einige seiner Freunde waren Zeloten und Mörder, und an den großen Feiertagen zog Jerusalem solche Desperados immer in großer Zahl an. Ferner befanden sich auch Pharisäer unter den Freunden Jesu. So erfahren wir etwa, daß er in seiner letzten Lebenswoche einmal im Haus eines Pharisäers aß; zu seinen Freunden zählten auch Mitglieder des Sanhedrins, des Hohen Rats, wie Nikodemus und Joseph von Arimathäa. So, wie die Geschichte erzählt ist, scheint Jesus gerade diesem Passafest große Bedeutung beigemessen zu haben, als würde das messianische Zeitalter jetzt tatsächlich mit Zeichen und Vorboten am Himmel beginnen – und es ist nicht ausgeschlossen, daß der Wassermann mit seinem Wasserkrug einer dieser Vorboten war. (Die Asketen von Qumran waren wie die meisten ihrer Zeitgenossen Anhänger der Astrologie, und Jesus dürfte da keine Ausnahme gemacht haben.)

So versammelten sich die Zwölf in einem Zustand ungewöhnlicher Gespanntheit in dem großen Obergemach. Als symbolische Geste, wie seine Jünger mit ihren Mitmenschen umgehen sollten, legte Jesus sein Obergewand ab und »nahm einen Schurz und umgürtete sich« (Joh 13,4). Dann begann er wie ein gewöhnlicher Sklave seinen Gästen die Füße zu waschen. Simon Petrus protestierte dagegen. Er hatte noch nicht begriffen, welche außergewöhnliche Umkehrung der Hierarchien Jesus vornahm, geschweige denn, was Jesus verkündet hatte: daß in dem neuen Reich die Ersten die Letzten sein sollten und die Letzten die Größten. Petrus war in jener Nacht nicht für das Reich bereit, seine Freunde ebensowenig. Jesus schien ein völlig vereinsamter Mann zu sein; seine Gefährten verstanden ihn einfach nicht. Er hatte inzwischen von dem Plan seiner Festnahme erfahren, doch als er seinen Freunden ankündigte, einer von ihnen werde ihn verraten, waren sie alle höchst erstaunt und konnten sich nicht erklären, was er meinte.

Das Mahl begann. Jesus hat seinen Jüngern wahrscheinlich aus dem Buch Exodus vorgelesen oder zitiert: »Und wenn dich heute oder morgen dein Sohn fragen wird: Was bedeutet das?, sollst du ihm sagen: Der Herr hat uns mit mächtiger Hand aus Ägypten, aus der Knechtschaft, geführt« (Ex 13,14).

Das Mahl in dem großen Obergemach folgte zwar dem herkömmlichen Ritual, war jedoch in anderer Hinsicht ungewöhnlich. Zunächst fällt auf, daß nur Männer anwesend waren. Jesus hatte die Frauen ausgeschlossen. Er muß gespürt haben, daß der Abend irgendwie mit Gewalt enden würde. Das dürfte ihn dazu bewogen haben, seine Mutter sowie Anhängerinnen fernzuhalten. Beim Passamahl demonstrierten die Juden üblicherweise ihre Freiheit als Söhne des Herrn, indem sie bei Tisch lagen und nicht saßen. Jesus und seine Gefährten räkelten sich also. »Während Sklaven im Stehen zu essen pflegen, soll man hier [beim Passamahl] im Liegen essen, um kundzutun, daß man aus der Knechtschaft zur Freiheit herausgegangen ist«, erklärt ein jüdischer Autor des Jahres 300 u. Z.[2]

Mit zum Ritual gehörte, daß Wein gereicht wurde. Obwohl Jesus im Ruf eines Weinsäufers stand (Mt 11,19), dürfte es sehr unwahrscheinlich sein, daß er zu jeder Mahlzeit Wein trank. Nach den rituellen Vorschriften für diesen Tag mußte jeder bei dem Passamahl vier Becher Wein trinken, selbst die Armen. Daher war es an Passa allgemein üblich, den Ärmsten der Armen Almosen zu geben, damit sie die vorgeschriebenen vier Becher trinken konnten. Als Jesus gegen Ende des Mahls Judas Iskariot hinausschickte, nahmen die Jünger an, er solle den Armen Almosen geben.

In Wahrheit verließ Judas jedoch den Saal, um seinen Meister zu verraten: wie die Überlieferung wissen will, an den Hohen Rat. Es hat eine Vielzahl sentimentaler und phantasiereicher Erklärungen für seinen Verrat gegeben – von der Bestechung durch die Hohenpriester, so die Evangelien, bis hin zu der Annahme, Judas sei aus politischen Gründen von Jesus enttäuscht gewesen. Doch keine dieser Erklärungen scheint mir so recht zu passen. Falls Judas erwartet haben sollte, daß Jesus einen großen bewaffneten Aufstand gegen die Römer anführen werde, und jetzt erkannte, daß ein solcher Aufstand gar nicht geplant war, hätte er mit der Auslieferung Jesu an den Hohen Rat kaum etwas gewinnen können. Er durfte nicht damit rechnen, daß Jesus die Namen seiner Mitverschwörer nicht einmal unter der Folter preisgegeben hätte. Wenn Jesus, wie er bei seiner Festnahme selbst sagte, im Verlauf der letzten Woche in Jerusalem zu einer berühmt-berüchtigten Erscheinung geworden war, mutet es seltsam an, daß der Hohe Rat angeblich die Hilfe des Judas benötigte, um ihn zu *identifizieren* – obwohl die Festnahme sicher im Dunkeln erfolgte und man davon ausgehen kann, daß Jesus sein Haupt verhüllt hatte. Nur eines an dieser Geschichte ergibt einen Sinn: Judas konnte den religiösen Oberen dabei helfen, Jesus in dieser dunklen Nacht in der überfüllten Stadt *ausfindig zu machen*.

Die ganze Darstellung ist in geheimnisvolles Dunkel gehüllt. Wahrscheinlich hatten der Hohe Rat und die Hohenpriester kurz vor dem Passafest davon Wind bekommen, daß ein Aufstand geplant war. Vielleicht hatte der Hohe Rat Judas aufgespürt, der es dann vorzog, lieber Jesus zu verraten als das wahre Geheimnis des Aufstands. Vielleicht hatten die Äußerungen Jesu über das Reich, seine apokalyptischen Prophezeiungen, sein triumphaler Einzug in die Stadt und der Zwischenfall mit den Geldwechslern im Tempel bei den Hohenpriestern den Argwohn geweckt, daß er im Mittelpunkt eines solchen Aufstands stehen würde. Vielleicht hatten sie aus diesem Grund beschlossen, nachts zuzuschlagen, wenn die meisten Pilger noch beim Mahl saßen, statt mit einer Festnahme Jesu am hellichten Tag einen öffentlichen Aufruhr zu riskieren, wenn dieser zur Menge sprach oder sich auf den Höfen des Tempels aufhielt.

Als Judas beim Abendmahl hinausging, nahmen also seine Freunde an, er wolle den Armen Almosen geben. In Wahrheit wollte er dem Hohen Rat verraten, mit wem sich Jesus nach dem Mahl wo treffen wollte. Im vierten Evangelium lesen wir, daß der Satan in Judas gefahren war, und als der Elende anschließend hinausgeht, um Jesus zu verraten, fügt der Evangelist einen jener prägnanten kurzen Sätze hinzu, die das vierte Evangelium zu einem so denkwürdigen Buch machen: *»Und es war Nacht«* (Joh 13,30). Im Griechischen ist der Satz sogar noch kürzer: *».. . en de nux«* – einer jener Augenblicke, in denen sich in der wirkungsvollen sparsamen Prosa dieses Evangelisten Symbolik und Realismus vereinen. Es herrscht tatsächlich Finsternis: Jetzt rüsten sich die Mächte der Finsternis gegen den Herrn des Lichts.

Bezeichnenderweise unterscheiden sich das vierte Evangelium und die synoptischen gerade in dem, was geschah, nachdem Judas das große Obergemach verlassen hatte. Nach dem vierten Evangelium hielt Jesus jetzt eine lange Ansprache an seine Jünger, die im hohenpriesterlichen Gebet an den Vater gipfelte: Er, Jesus, der Vater und die Gemeinschaft der Glaubenden mögen eins sein. In diesen Kapiteln (Joh 13–17) finden sich Sätze von hoher Sublimität – »Ich bin der Weg und die Wahrheit und das Leben; niemand kommt zum Vater denn durch mich« (Joh 14,6) oder »In der Welt habt ihr Angst; aber seid getrost, ich habe die Welt überwunden« (Joh 16,33) –, doch sie sind offensichtlich eine rein literarische Schöpfung. Sie sind dem, was Jesus nach den synoptischen Evangelien gesagt hat, nicht im geringsten ähnlich; überdies haben sie auch kaum etwas mit seinen Worten im ersten Teil des vierten Evangeliums gemein. In diesen Kapiteln geht es um »Kirche«, um ein kollektives »christliches« Verständnis, das zu dem Individualisten Jesus nicht recht zu passen scheint, der Nikodemus und der Samariterin als Einzelperson gegenübertritt und sie lehrt, der Weg zum Vater sei die persönliche Wiedergeburt und nicht die Zugehörigkeit zu einer »Kirche« (»Ich bin der Weinstock, ihr seid die Reben...«; Joh 15,5). Diese Kapitel des vierten Evangeliums, in denen davon die Rede ist, die »Christen« würden wegen ihrer Verbundenheit mit dem Vater durch ihren Glauben an Jesus aus den Synagogen vertrieben werden (Joh 16,2), tragen deutliche Merkmale der Interpolation – sie sind erst später eingefügt worden. Es ist absolut unglaubwürdig, daß Jesus beim Abendmahl solche Worte über die Lippen gekommen sein sollen.

Für den vierten Evangelisten war das Abendmahl jedenfalls nicht das Passamahl, sondern ein Mahl der Vorbereitung und der Einstimmung auf das, was kommen würde. Zwar mag der Evangelist persönlich überzeugt gewesen sein, daß sich die Dinge tatsächlich in der geschilderten Weise zugetragen haben; die Symbolik des Texts ist jedoch offenkundig, und vielleicht handelt es sich hier sogar um das vollkommenste Beispiel dafür, wie der Evangelist das Material neu arrangiert hat, um seinen theologischen Standpunkt zu verdeutlichen. Sein Jesus, dieser Mann, der einen Tag früher stirbt als der Jesus der Synoptiker, ist das wahre Passalamm. Der Jesus des vierten Evangeliums offenbart den Glaubenden seine wahre Natur, indem er genau zu der Stunde, zu der die Passalämmer im Tempel geopfert werden sollen, ans Kreuz geschlagen wird. Eine Erklärung für das Schweigen des Johannes zum Thema »Eucharistie« könnte sein, daß er »die bei der Mahlfeier benutzte Formel vor Profanierung... schützen«[3] und nicht in falsche Hände geraten lassen wollte: Er bewahrte das Geheimnis des Ritus etwa so, wie heute Freimaurer ihre Rituale und die begleitenden Worte vor dem Rest der Welt geheimzuhalten wünschen. Wir wissen, daß Christen schon in den Anfängen ihrer Gemeinschaft zusammenkamen, um Brot zu brechen und Wein zu segnen, und wir wissen auch, daß dies nicht als eine gewöhnliche Mahlzeit verstanden wurde. Nur fünfundzwanzig Jahre nach dem Tod Jesu schrieb Paulus an die von ihm Bekehrten in Korinth und zitierte dabei etwas, was stark an das Element eines Ritus, eine Formel, erinnert:

»Denn ich habe von dem Herrn empfangen, was ich euch weitergegeben habe: Der Herr Jesus, in der Nacht, da er verraten ward, nahm er das Brot, dankte und brach's und sprach: Das ist mein Leib, der für euch gegeben wird; das tut zu meinem Gedächtnis. Desgleichen nahm er auch den Kelch nach dem Mahl und sprach: Dieser Kelch ist der neue Bund in meinem Blut; das tut, sooft ihr daraus trinkt, zu meinem Gedächtnis. Denn sooft ihr von diesem Brot eßt und aus dem Kelch trinkt, verkündigt ihr den Tod des Herrn, bis er kommt« (1 Kor 11,23–26).

Wie so oft in der Religionsgeschichte läßt sich auch hier unmöglich sagen, was als erstes da war – der Kult oder die Geschichte, die den Ursprung des Kults erklärt. Es dürfte außer Zweifel stehen, daß die frühen Christen zusammenkamen, um miteinander das Brot zu brechen. Es wird allgemein angenommen, daß sie dies einmal in der Woche taten. Diese mystische Handlung ist seit dem Abendmahl ohne Unterbrechung begangen worden – bis zum heutigen Tag. Dies hat mancherlei überschwengliche Huldigungen und Lobeshymnen gezeitigt, unter denen vor allem die des Thomas von Aquin zu nennen sind. Für Christen, die glauben, daß Christus in dem heiligen Brot, das sie heute noch verzehren, real präsent ist, ist es unabdingbar, daß Jesus einen Ritus als Sinnbild seiner Allgegenwärtigkeit in der Welt gestiftet hat. Genau das konnten sie von einem Mann erwarten, der eine neue Religion mit dem Ziel gründete, sie über die Grenzen des Judentums hinaus in die ganze nichtjüdische Welt auszubreiten.

Wenn man sich erst einmal über die Unwahrscheinlichkeit klargeworden ist, daß Jesus eine Kirche gegründet oder sich verpflichtet gefühlt hat, den benachbarten Nichtjuden in Palästina eine neue Lehre zu predigen, geschweige denn den Römern, den alten Briten oder den Hottentotten, werden die Ursprünge der Eucharistie noch rätselhafter. Eine andere Erklärung dafür, weshalb das vierte Evangelium zum Thema »Eucharistie« schweigt, warum der Auftrag Jesu fehlt, seine Jünger sollten zu seinem Andenken Brot brechen und Wein trinken, ist, daß er beim Abendmahl tatsächlich nichts dergleichen getan hat. Daß Jesus mit seinen

Freunden eine Mahlzeit einnahm, das kann man für möglich halten. Daß einer dieser Freunde – vielleicht Johannes, vielleicht Lazarus – Jesus besonders teuer war, so daß er bei Tisch an der Brust Jesu lag (Joh 13,23), ist eine fromme Geschichte und trotzdem möglicherweise wahr. Schwer fällt es jedoch, sich die Umstände vorzustellen, die Jesus veranlaßt haben sollen, die »Eucharistie einzusetzen«.

Alle neutestamentlichen Verfasser haben Jesus, vor allem in seinen letzten Tagen, als die Erfüllung alttestamentlicher Prophezeiungen dargestellt. Jesus selbst wird zum Opfer für die Sünden, zum Passalamm. Das Brechen des Brots und das Trinken von Wein werden ihrerseits zu einer Opferhandlung, einem Opfern dieses Lamms. Die Gefühlsmächtigkeit dieses Ritus, der die Vorstellungskraft so anregt, sowie die Tatsache, daß er bis zum heutigen Tag im Mittelpunkt des religiösen Lebens vieler Menschen steht, können uns dafür blind machen, wie unwahrscheinlich es ist, daß Jesus je die »Eucharistie eingesetzt« hat. Was hätte er damit bezwecken sollen? Das ergäbe nur dann einen Sinn, wenn man glaubt, daß er eine Kirche für Nichtjuden gegründet hat, um diese mit dem ganzen Anhang von Bischöfen, Priestern, Diakonen, Sakramenten und so weiter auszustatten. Um sich einmal klarzumachen, wie abwegig das ist, stelle man sich nur vor, Jesus würde heute auf die Erde zurückkehren und, sagen wir, einer Messe im Petersdom beiwohnen. Wie sollte man ihm erklären, was hier vorgeht? Entweder müßte man ihm sagen, der Priester verwandelt gerade das Brot in den realen Leib Christi, oder ihm irgendwie verständlich machen – und zwar auf eine Weise, die sich nur schwer in Worte fassen läßt –, daß der Priester so etwas wie die mystische Gegenwart Jesu beschwört.

Zwischen dem, was Paulus – katholisch verstanden – über die Eucharistie lehrt, und den rituellen Gebräuchen und Glaubensvorstellungen heutiger Christen gibt es keinen grundlegenden Unterschied. Doch zwischen den Christen von heute und Jesus scheint sich eine unüberbrückbare Kluft aufzutun. Wenn das Abendmahl Jesu mit seinen Jüngern, wie manche Christen glauben, tatsächlich die »erste heilige Messe« war, wie sollte dann seine Präsenz in Brot und Wein realer sein können als seine tatsächliche Gegenwart in dem großen Saal, in dem er an der Tafel lagerte? Wenn man dagegen, wie andere Christen, der Meinung ist, die »erste heilige Messe« sei Golgatha gewesen, als Christus dem Vater geopfert wurde, dann wäre das Abendmahl nichts weiter als eine Art Generalprobe für künftige Eucharistiefeiern gewesen. Man muß sich das vorstellen, Jesus habe die Theologie des Paulus – katholisch verstanden – vorweggenommen! Das ist historisch einfach undenkbar. Jesus befand sich immerhin in einem Zustand höchster Erregung. Ihm stand etwas bevor, wovon seine Jünger nichts wußten oder was sie nicht verstanden. Jesus erwartete, daß entweder der Tag des Herrn anbrechen oder man ihn festnehmen werde. In beiden Fällen fällt es schwer zu erkennen, weshalb er sich die Mühe gemacht haben sollte, seine Anhänger einen neuen Ritus zu lehren. Sollten sich seine Prophezeiungen erfüllen, wären Riten gar nicht mehr nötig. Vielleicht ist dies der Sinn des merkwürdigen Satzes, den Jesus in diesem Zusammenhang spricht: »Ich werde von nun an nicht mehr von diesem Gewächs des Weinstocks trinken bis an den Tag, an dem ich von neuem davon trinken werde mit euch in meines Vaters Reich« (Mt 26,29).

Der Kult von Brot und Wein ist Christen so wichtig, daß für sie die ganze Bedeutung des Abendmahls darin begründet liegt. Sowohl Markus als auch Lukas und Matthäus wiederholen die Glaubensformel, die auch Paulus bekannt war. Ist sie von ihm gar erfunden worden? Die Einführung eines neuen Ritus zu diesem Zeitpunkt wirkt aufgesetzt. Das vierte Evangelium erscheint an dieser Stelle schlüssiger: Dort heißt es nämlich, daß Jesus beim Abendmahl zu seinen Jüngern sprach und sich mit ihnen anschließend über den Bach Kidron in den Garten Gethsemane begab (Joh 18,1).

Im Markusevangelium lesen wir, daß die Jünger einen Lobgesang sprachen, bevor sie zum Ölberg gingen (Mk 14,26). Dies muß das Halleluja gewesen sein, das bei solchen Anlässen zum Dank gesungen wurde. Der Text stammt aus den Psalmen 114 bis 118. Diese Psalmen sprechen von der Befreiung der Juden von den Ägyptern und von einer gnädigen Vorsehung Gottes: »Ich liebe den Herrn, denn er hört / die Stimme meines Flehens. / Er neigte sein Ohr zu mir; / darum will ich mein Leben lang ihn anrufen. / Stricke des Todes hatten mich umfangen, / des Totenreichs Schrekken hatten mich getroffen; / ich kam in Jammer und Not. / Aber ich rief an den Namen des Herrn: / Ach, Herr, errette mich!« (Ps 116,1–4).

Die bei diesem Anlaß traditionell gesungenen Worte geben vor, was geschehen wird. Jesus schwebt tatsächlich in Lebensgefahr, als er sich, so Lukas, »nach seiner Gewohnheit« (Lk 22,39) zum Ölberg begibt, was ein wenig merkwürdig anmutet, da der Jesus des Lukasevangeliums als Erwachsener Jerusalem kaum besucht hat. Der Ölberg muß tatsächlich ein Treffpunkt gewesen sein, ein Ort, über den Judas Bescheid wußte. Es ist schwer herauszufinden, was Jesus erwartete, als er mit seinen Jüngern in den Garten Gethsemane kam.

Man kann ihn noch heute aufsuchen. Uralte Olivenbäume wachsen dort, von denen einige vielleicht schon zu Lebzeiten Jesu gestanden haben. Bevor die israelische Regierung auf dem Ölberg ein Hotel errichten ließ, muß diese ganze Seite der Stadt fast genauso ausgesehen haben wie zu Lebzeiten Jesu. Die anderen sogenannten heiligen Stätten in Jerusalem sind zum größten Teil Erfindungen der Kaiserin Helena, die dreihundert Jahre nach dem Tod Jesu nach Jerusalem kam und mehr oder weniger willkürlich entschied, wo etwa Golgatha oder das Heilige Grab sich befunden haben soll. Ebenso ist der Kreuzweg Jesu durch die Straßen Jerusalems, die sogenannte Via dolorosa, für die christlichen Pilger erfunden worden, die in der Karwoche nach Jerusalem kommen. Bei Gethsemane jedoch verhält es sich anders. Dies ist tatsächlich ein Ort, der, wie wir aus den Evangelien wissen, etwas mit Jesus zu tun hatte. Hier hielt er sich in der letzten Nacht seines Lebens auf. Fast alle Besucher des Gartens Gethsemane empfinden unwillkürlich die besondere Atmosphäre dieses Orts, eine Atmosphäre tiefer Traurigkeit und Feierlichkeit.

Jesus bereitete sich auf das Ende vor – doch auf das Ende von was? Die Verfasser der Evangelien schreiben alle aus dem Rückblick, daß Jesus seinen sicheren Tod erwartete und in Gethsemane deshalb von Furcht und Trauer erfüllt war. In diesem Fall müßte Jesus irgendein Kapitalverbrechen begangen haben, von dem wir nichts wissen, das Jesus jedoch zu der Überzeugung veranlaßt hätte, daß ihm der sofortige Vollzug der Todesstrafe drohte. Da wir nirgends einen Beweis dafür finden, daß Jesus ein solches

Verbrechen begangen hat, können wir auch nicht weiter darüber spekulieren.

Wahrscheinlich oder zumindest möglich wäre, daß Jesus im Garten Gethsemane das Anbrechen der Apokalypse erwartete. Er hatte seinen Jüngern angekündigt, der Tag des Herrn stehe bevor und er werde schrecklich sein. Es mag uns schwerfallen, die Schreckensbilder des Buches Daniel, mit denen Jesus seine apokalyptischen Prophezeiungen ausgeschmückt haben soll, in Einklang zu bringen mit der Ironie, dem Humor und der Liebenswürdigkeit einiger seiner Apophthegmen. Doch Jesus war weder Theologe noch Philosoph. Er hatte kein System entwickelt. Er sah in die Zukunft, hinter die Dinge und dachte wirklich, die letzten Tage stünden bevor. Er hatte seinen Jüngern gesagt, daß selbst Frauen und Kinder nicht verschont würden, wenn dieser schreckliche Tag käme. Man könnte diese Prophezeiung einfach nur als nachträgliche Beschreibung der Belagerung und Zerstörung Jerusalems von Evangelistenhand lesen. So hat es die Mehrheit der liberalen protestantischen Kommentatoren des Neuen Testaments gehalten. Es gibt jedoch keinerlei Grund zu der Annahme, daß Jesus die Zerstörung der Stadt nicht vorhergesagt haben soll. Umgekehrt wäre die Auffassung irrig, Jesus habe rein politische Vorhersagen gemacht oder Stellungnahmen über Kriegsstrategien abgegeben, als er die Katastrophen vorhersah, welche die Zukunft für die Juden vielleicht bereithielt. Er sah diese Katastrophen als Strafgericht des allmächtigen Gottes über die Juden. Zweifellos glaubte Jesus an die Hölle und an eine künftige Bestrafung, und vielleicht beschäftigten ihn diese Dinge im Garten Gethsemane.

Es gibt jedoch noch eine weitere Möglichkeit: daß nämlich einige der militanten Anhänger Jesu gehört hatten, der Tag des Gerichts werde an jenem Abend hereinbrechen, und daraufhin beschlossen, ihn mit einem bewaffneten Aufstand gegen die Römer angemessen einzuläuten. Dann dürfte Jesus von einem solchen Komplott gewußt, ihn allerdings zutiefst mißbilligt haben. Die Jünger freilich kannten den Grund nicht – und wir haben noch weniger die Möglichkeit, ihn herauszufinden –, warum Jesus Judas Iskariot so früh vom Abendmahl wegschickte. Ihre Theorie des Verrats hat sich bis heute nicht beweisen lassen. Zwischen dem Verlassen des Abendmahlssaals und seiner Ankunft im Garten Gethsemane kann Judas alles mögliche getan haben oder ihm widerfahren sein. Vielleicht hatte ihn Jesus zu den Zeloten oder anderen Drahtziehern des geplanten Aufstands geschickt, um sie zu bitten, nach Gethsemane zu kommen und ein letztes Mal auf die Stimme der Vernunft zu hören. Jesus kann Judas sogar beauftragt haben, zum Hohen Rat und den Hohenpriestern zu gehen, um diese über den geplanten Aufstand ins Vertrauen zu ziehen. Vielleicht war inzwischen etwas davon durchgesickert. Die Hohenpriester gerieten in Panik und beharrten darauf, daß Judas ihre Soldaten zum Garten Gethsemane führte, um Jesus aufzuspüren und ihn zum Verhör zu holen. Oder: Jesus hat den Zeloten und anderen zur Gewalt Entschlossenen eine Nachricht des Inhalts zukommen lassen, sie *sollten* einen Aufstand in der Stadt an diesem Abend *in Betracht ziehen*. Vielleicht wurde Judas von Spähern abgefangen und gezwungen, in den Garten Gethsemane mitzukommen. Aus Mangel an Beweisen bleiben dem Historiker in diesem Punkt nur frustrierende und eher fruchtlose Vermutungen.

Für den gläubigen Christen und Theologen stellen die Augenblicke der Verzweiflung im Garten Gethsemane einen der ergreifendsten Momente der Passionsgeschichte dar: Jesus, der sich mit seiner menschlichen Natur wünscht, der Kelch des Leidens möge an ihm vorübergehen, mit seiner göttlichen Natur aber weiß, daß nur er allein den Sühnetod auf sich nehmen, die Welt von der Sünde erlösen kann. Solche Gedanken können dem historischen Jesus nicht durch den Kopf gegangen sein, doch ein Bericht über das, was tatsächlich im Garten Gethsemane vorging, wäre vermutlich nicht in der Lage, bis in die Tiefe des Leidens vorzudringen, wie es den Evangelien gelingt, so daß jeder Leser oder Hörer ihrer Schilderungen sich in die Agonie Jesu hineinversetzen kann und mit ihm leidet. Jesus ist nie mehr Mensch als in seinem Gebet an den Vater, dieser möge den Kelch des Leidens von ihm nehmen. Er befindet sich jetzt in Begleitung von dreien seiner Jünger: Petrus, Jakobus und Johannes, dieselben, die auf dem Berg, wo er verklärt wurde, den Augenblick der *shechinah* geschaut hatten, den Moment der unaussprechlichen Herrlichkeit. Jetzt sind sie aufgerufen, Jesus in seinem Leid beizustehen, und können es nicht. Sie schlafen ein. Das schiere, nackte Leiden Jesu in diesem Augenblick – und damit ist auch das schiere, nackte Leiden der Menschheit gemeint – ist zuviel für sie. Die Jünger, den Alkoholgenuß nicht gewöhnt, sind nach den vier rituellen Bechern Wein beim Abendmahl leicht angetrunken. So bekommen sie das Ringen Jesu mit seinem himmlischen Vater nicht mit. Da die Jünger schlafen und Jesus kaum noch in der Lage gewesen sein dürfte, vor seiner Kreuzigung am nächsten Tag einen Bericht über seinen Abend im Garten Gethsemane zu verfassen, ist sein Gebet in den Augenblicken seiner tiefsten Verzweiflung zwangsläufig eine literarische Schöpfung – eine der herrlichsten aller Zeiten, die selbst die besten Abschnitte in Homers *Ilias*, von Äschylus und Shakespeare übertrifft.

Wir lesen bei Lukas: »Und er rang mit dem Tode und betete heftiger. Und sein Schweiß wurde wie Blutstropfen, die auf die Erde fielen« (Lk 22,44). Es gibt eine ganze Schule von »forensischen« Lesern des Neuen Testaments, die großes Vergnügen daran finden, sich die unwahrscheinlichsten Details in den Evangelien herauszupicken und auf den Prüfstand moderner Erkenntnisse zu stellen, meist Medizinstudenten und -dozenten in den Vereinigten Staaten. Für diejenigen Leser, denen derlei zusagt, ist es vielleicht interessant zu erfahren, daß es einen Zustand namens Haemhidrosis gibt, bei dem Blutgefäße reißen und sich in die exokrine Schweißdrüse ergießen, was den Patienten buchstäblich Blut schwitzen läßt.[4]

Jesus ist jetzt jedem menschlichen Vorstellungsvermögen entzogen; ein englisches Kirchenlied drückt dies treffend aus: »Wir können weder wissen noch sagen, welche Schmerzen er erdulden mußte.« Von jetzt an können wir nur noch zusehen. Die Tropfen blutigen Schweißes, die er vergießt, entspringen einer unvorstellbaren Verzweiflung. Vielleicht werden sie mehr durch höchste Erregung als durch Furcht verursacht. Wir wissen, daß sich im Garten Gethsemane noch andere Gestalten herumtreiben, als die Jünger schlafen. Kurz darauf betritt wieder eine dieser skurrilen Gestalten des Markus die Szene, bei denen wir das Gefühl haben, der Erzähler weiß nicht recht, was er mit ihnen anfangen soll, wie etwa dem Mann mit dem Wasserkrug. Es ist der junge Mann (*neaniskos*), der mit einem Leinengewand (*sindon*) auf der bloßen

Haut bekleidet ist (Mk 14,51). Wir wollen ihn im Auge behalten, da er am Ende des Markusevangeliums noch einmal auftaucht. Es ist schwer auszumachen, was Markus von ihm hält. Professor Morton Smith, der Jesus als Magier betrachtet, meint, der junge Mann sei zu einem Initiationsritus im Garten Gethsemane erschienen, bei dem er nackt sein mußte.

Es bleibt ungewiß, ob er gekommen war, um sich taufen zu lassen, oder weil er gehört hatte, daß das Ende der Zeit an diesem Abend bevorstand. Wissenschaftler bemühen sich immer um Erklärungen; das ist unvermeidlich. Letztlich ist es jedoch falsch, alles erklären und dabei allzu viele lose Enden einzelner Stränge miteinander verknüpfen zu wollen. Wir sind in Gethsemane, und es ist Nacht. Wir tappen im dunkeln. Was sich in den nächsten zwölf Stunden ereignet, wird uns immer wieder vor Fragen stellen, sooft wir die Evangelien auch lesen. Auf noch unsichereres Terrain wagen wir uns vor, wenn wir darüber spekulieren, was Jesus wohl über die Vorgänge gedacht hat. Es gibt nur wenige Augenblicke in der Geschichte der Menschheit, die öfter dramatisiert, immer wieder neu gehört und gelesen, ritualisiert und mythologisiert worden sind, über die so häufig und intensiv nachgedacht worden ist wie über die letzten zwölf Stunden im Leben Jesu, über die »Leidensgeschichte« im Sprachgebrauch der Gläubigen. Dies schließt aus, auf einer anderen Ebene als der kultisch-religiösen zu begreifen, was da geschehen ist.

Bei der Schilderung der anschließenden Ereignisse stoßen wir auf eine Abfolge höchst plastischer Szenen. Es ist nicht überraschend, daß gerade von Jesus in seiner Verzweiflung, bei seiner Festnahme, vor Pilatus und so weiter so viele Bilder gezeichnet worden sind. Die Evangelien vermitteln uns davon auf der emotionalen Ebene ein höchst lebendiges Zeugnis. Als literarisches Paradoxon erweist sich dabei, daß ihre Technik alles andere als »realistisch« ist und sich vorwiegend am Midrasch orientiert, den Kommentaren zu den Texten des Alten Testaments. Folglich versucht man Jesus in diesem Stadium seines Lebens durch Vergleiche mit Joseph zu fassen, der von seinen Brüdern verraten und durch seinen Bruder Juda in die Sklaverei verkauft wird. Natürlich könnten wir uns zu Recht fragen, ob die Evangelien Jesus nicht auf wundersame Weise einen verräterischen Freund namens Ruben beigesellt hätten, wenn Joseph in der Genesis von Ruben in die Sklaverei verkauft worden wäre. Wir haben schon darauf hingewiesen, daß die gesamte Gethsemane-Episode als Auslegung der Prophezeiungen Sacharjas verstanden sein will – bis hin zu dem Detail, dem wir uns jetzt wieder zuwenden, daß der Knecht des Hohenpriesters Malchus heißt.

Im Garten Gethsemane befindet sich Jesus in quälender Erwartung des Kommenden. Es ist seine Schicksalsstunde. Frömmigkeit und Gelehrsamkeit verstummen davor. Seine Jünger sind eingeschlafen, um ihre Augen vor dem zu verschließen, was sie sonst hätten mit ansehen müssen. Noch beim Abendmahl haben sie ihm alle Treue geschworen, doch er hat angekündigt, daß einer von ihnen den Meister verraten werde. Da protestierte Petrus und erklärte, er werde mit ihm ins Gefängnis und in den Tod gehen, auch wenn alle anderen ihn verließen. Jesus entgegnete, Petrus werde ihn dreimal verleugnen, noch bevor der Hahn zweimal krähe. Und jetzt, im Garten, als Jesus eines großen unbekannten Ereignisses harrt, kann Petrus nicht die Augen offenhalten. Dann sehen sie durch die Olivenbäume die Lichter von Fackeln, hören das Klirren von Schwertern und Rüstungen: Ein Trupp bewaffneter Männer kommt auf sie zu.

Zunächst entsteht ein Handgemenge. Den Evangelisten zufolge sind die bewaffneten Männer von den Hohenpriestern geschickt worden, um Jesus festzunehmen. Judas ist bei ihnen. In den synoptischen Evangelien lesen wir, daß Judas sich Jesus nähert, um ihn zu küssen und so den Soldaten kenntlich zu machen. Lukas fügt jenes Detail hinzu, das bei Markus und Matthäus keine Entsprechung hat: »Judas, verrätst du den Menschensohn mit einem Kuß?« (Lk 22,48). Das Urbild menschlichen Verrats ist in diesen Worten enthalten – und damit wird ein weiteres Thema zahlloser Gemälde und Kunstwerke geboren. Bei Dante avanciert Judas zusammen mit Brutus und Satan zum Prototyp des Verräters und ist demnach zum niedrigsten Platz in der Hölle verdammt. Als historische Tatsache vermögen wir uns jedoch kaum vorzustellen, daß die Jünger Jesu vom Verrat des Judas gewußt haben. Daß Judas der Handlanger war, durch den die Hohenpriester der Person Jesu habhaft wurden (das Wort für »verraten« bedeutet im Griechischen »übergeben«), dürfte wahrscheinlich sein; möglicherweise ist Judas jedoch nur ein unwissentlicher Handlanger oder sogar ein Handlanger wider Willen gewesen. Beispielsweise ist denkbar, daß man ihn in der Zeit festgenommen hatte, in der Jesus mit seinen anderen Jüngern im Garten Gethsemane wartete, und daß man ihn gezwungen hatte, die Häscher zu Jesus zu führen. Die Tatsache, daß überhaupt jemand gebraucht wurde, um – so die Evangelien – Jesus zu bezeichnen, legt den Schluß nahe, daß die Anschuldigungen, die zu seiner Festnahme führten, recht vage waren – als hätten Hohepriester und Hoher Rat einen Aufruhr befürchtet und als stünde Jesus im Verdacht, Hauptverantwortlicher irgendeiner Untat oder eines aufrührerischen Akts zu sein. Eines kann man jedoch mit Sicherheit sagen: Falls Jesus erwartet hatte, daß sich der Himmel auftat und der Tag des Herrn anbrach, wurde er furchtbar enttäuscht.

Es kam also zu einem kleinen Handgemenge. Obwohl das Tragen von Waffen zur Passazeit allgemein verboten war, durften sich die Juden während der Festtage natürlich gegen Angriffe verteidigen (was noch heute gilt). So zog Simon Petrus dieser Tradition getreu sein Schwert und hieb nach dem Knecht des Hohenpriesters, der mitgekommen war, um die Festnahme Jesu zu überwachen. Im Markusevangelium wird ihm das Ohr abgeschlagen. Im Lukasevangelium rührt Jesus das Ohr an und heilt den Knecht des Hohenpriesters wie durch ein Wunder. Nur im vierten Evangelium wird der Name des Knechts überliefert – Malchus, was soviel wie »der König« bedeutet. An früherer Stelle haben wir dargelegt, wie die Festnahme Jesu zu einer Auslegung der Prophezeiung Sacharjas gerät. Dieser Prophezeiung (Sach 11,4ff.) verdanken die Evangelisten auch das Detail, daß Judas für den Verrat an Jesus mit dreißig Silberstücken bezahlt worden sei: »Und ich sprach zu ihnen: Gefällt's euch, so gebt her meinen Lohn; wenn nicht, so laßt's bleiben. Und sie wogen mir den Lohn dar, dreißig Silberstücke. Und der Herr sprach zu mir: Wirf's hin dem Schmelzer!...« (Sach 11,12–13). Im Matthäusevangelium liest sich das so, daß Judas nach der Verhaftung Jesu zu den Hohenpriestern geht und ihnen die dreißig Silberstücke vor die Füße wirft, das Geld, mit dem sie dann ein Stück Land kaufen, den sogenannten Töpfersacker.

Doch verweilen wir einen Augenblick bei dem Knecht des

Hohenpriesters. Im Kapitel über Paulus habe ich darauf aufmerksam gemacht, daß seine Besessenheit von dem Kreuz und der Kreuzigung Jesu nirgends erklärt wird. Neutestamentler behaupten immer wieder kategorisch, daß Paulus und Jesus einander nie begegnet sind, ohne plausibel zu machen, wie Paulus zu dieser Besessenheit gekommen ist. Wenn Paulus oder Saulus, wie er damals noch hieß, jedoch eine kleinere, aber bedeutsame Rolle in dem Drama der Kreuzigung gespielt hat, wie ich vermute, könnte dann nicht Malchus der Mann sein, den wir suchen? In seinem Brief an die Galater, in dem die autobiographischen Züge am stärksten hervortreten, gesteht Paulus: »...ich trage die Malzeichen Jesu an meinem Leibe« (Gal 6,17). Einige Kommentatoren haben die Frage aufgeworfen, ob Paulus nicht gar wie Franz von Assisi und viele andere christliche Mystiker die geheimnisvollen Stigmata, die Kreuzigungswunden an Händen, Füßen und in der Seite, getragen habe.

Bei der Bekehrung des Paulus spricht die himmlische Erscheinung Jesu zu ihm: »Es wird dir schwer sein, wider den Stachel zu löcken« (Apg 26,14). In der Erscheinung ist Jesus sowohl der Mann, den Paulus verfolgt, als auch derjenige, der Paulus mit einem scharfen Gegenstand sticht. Es läßt sich zwar nichts beweisen, doch kann man das Eingeständnis des Paulus gegenüber den Galatern wörtlich verstehen: Er trug an seinem Körper die Wundmale, die er sich bei der Festnahme Jesu zugezogen hatte. Wenn ich Gelegenheit hätte, in die damalige Zeit zurückzukehren und Paulus zu begegnen, würde ich mir seine Ohren sehr genau ansehen.

Man kann einwenden, daß es irgendwo in den Evangelien erwähnt sein müßte, wenn eine Gestalt wie Paulus, die für die Geschichte des Christentums so wichtig werden sollte, im Garten Gethsemane anwesend gewesen wäre. Nicht unbedingt. Für die ursprünglichen Hörer oder Leser des Markusevangeliums (Anhänger des paulinischen Kreuzkults) könnte die Wendung »Knecht des Hohenpriesters« ebenso leicht identifizierbar gewesen sein wie der »geliebte Jünger« für die Gemeinschaft der Gläubigen im vierten Evangelium. Für die späteren Generationen bleiben diese Sätze in ein undurchdringliches Dunkel gehüllt. Niemand kann mit Sicherheit sagen, wer der »geliebte Jünger«

war, aber diese Umschreibung war sicher nicht dazu gedacht, die ersten Hörer des Evangeliums zu verwirren.

In den achtziger Jahren war die Premierministerin Großbritanniens so berühmt, daß schon bestimmte Wendungen genügten, um Margaret Thatcher zu identifizieren – »Eiserne Lady« oder einfach »die Lady« oder gar »Die Sehr Ehrenwerte Abgeordnete von Finchley«, was sich darauf bezog, daß sie im Parlament den im Norden Londons liegenden Vorort Finchley vertrat. Falls London in einem verheerenden Krieg oder durch ein Erdbeben völlig zerstört würde und über die britische Geschichte des zwanzigsten Jahrhunderts nur ein paar Zeitungsartikel übrigblieben, die zunächst falsch abgeschrieben und dann in eine andere Sprache übersetzt würden, dann stünden spätere Historiker bei dem Ausdruck »Eiserne Lady« vor einem unlösbaren Rätsel. Manche kämen auf den Gedanken, es handle sich offenbar um ein mythologisches Wesen, während andere eher zu der Auffassung tendierten, eine solche Person habe vielleicht gelebt, doch ihr Name sei unbekannt. Dann würden Archäologen vielleicht eines Tages ein Bahnhofsschild mit der Aufschrift FINCHLEY ausgraben, und damit wäre ein Teil des Rätsels gelöst. Denn immerhin wäre jetzt bewiesen, daß Finchley ein Ort war, den es tatsächlich gab, obwohl die meisten Forscher sich inzwischen eingeredet hätten, die Dame sei eine reine Phantasiegestalt.

Ich möchte klarstellen, daß ich nur eine Vermutung anstelle, und manche werden sagen, ich begäbe mich damit allzusehr ins Reich des Phantastischen. Aber nehmen wir einmal an, die erste Generation der Christen bewahrte den jüdischen Erbteil Jesu, es mißfiel ihnen, was sie da über die Missionstätigkeit des Paulus hörten; nehmen wir also an, sie nannten ihn »den Knecht des Hohenpriesters«; nehmen wir ferner an, daß sie ihn »den König« nannten, da sein Name, Saul/Saulus, der Name des ersten jüdischen Königs war – »Der Name des Knechts war der gleiche wie der eines Königs/*Malcho*«, das heißt: »Der Name des Knechts war Saul/Saulus«; nehmen wir schließlich, gestützt auf Apg 15, an, es gab ein grundlegendes Zerwürfnis zwischen Petrus und Paulus und einen Dissens in ihrer Interpretation der Botschaft Jesu; dann wäre es durchaus verständlich, daß die Anhänger des Paulus – die Männer, welche die synoptische Tradition zusammenzutragen begannen – Saulus nicht als den Mann benannten, der entscheidend zum Scheitern Jesu beigetragen hatte. Sie hätten es vielmehr vorgezogen, Petrus als denjenigen zu verleumden, der sich nicht scheute, Jesus in der Stunde der größten Not zu verleugnen.

Was immer bei jenem Handgemenge im Dunkeln geschah – die Soldaten wußten jetzt, wer vor ihnen stand. Petrus oder wer es sonst war, der Malchus mit einem Schwert bedrängte, lief davon und verschwand in der Dunkelheit; alle anderen Jünger und Anhänger Jesu taten es ihm gleich. Die Soldaten erwischten gerade noch eine Person, einen jungen Mann, der wie ein Katechumene kurz vor der Taufe in ein Leinengewand gehüllt war, und griffen nach ihm. Der junge Mann ließ das Gewand fahren und floh wie die anderen vor ihm in die Dunkelheit – und mit ihm jede wissenschaftliche Erklärung für diese Szene. Er war nackt.

Jesus war mit seinen Häschern allein.

10. KAPITEL

Der Prozeß

Pontius Pilatus, der Statthalter von Judäa in den Jahren 26 bis 36 u. Z., wohnte normalerweise in der Hafenstadt Cäsarea, wo man die Ruinen aus der Römerzeit noch heute besichtigen kann. In Zeiten, da Unruhen der Juden zu befürchten waren, wie etwa an hohen Feiertagen, scheint er sich mit einer größeren Zahl Soldaten nach Jerusalem begeben zu haben. Er wohnte dann dort wahrscheinlich nicht in der Antoniafeste in der nordwestlichen Ecke des Tempelbezirks, sondern in dem Palast, der von Herodes dem Großen auf dem westlichen Hügel von Jerusalem erbaut worden war. Als er hörte, daß jemand bei einer großen Versammlung in der Wüste in Galiläa zum König ausgerufen worden war, muß er tief beunruhigt gewesen sein, obwohl Galiläa nicht seiner unmittelbaren Jurisdiktion unterstand. Und jetzt erfuhr er, daß Jesus, der König der Juden, in Jerusalem eingetroffen war. Das Volk hatte ihm als König gehuldigt, als er Anfang der Woche auf einer Eselin in die Stadt geritten kam. Dann hatte es einen Zwischenfall gegeben, als Jesus im Tempel die Tische der Geldwechsler umstieß. Die Berichte darüber, was Jesus tat, dürften widersprüchlich gewesen sein. Einige Informanten werden Pilatus mitgeteilt haben, Jesus habe in Fragen der rituellen Observanz mit den Schriftgelehrten und Pharisäern gestritten. Solche Nachrichten interessierten Pilatus wohl kaum, da die Juden untereinander ständig wegen religiöser Fragen stritten, die für einen Außenstehenden völlig undurchsichtig waren. Andere hatten Pilatus vielleicht erzählt, daß sich Jesus als Wundertäter, Heiler und Teufelsaustreiber großer Beliebtheit erfreue. Das klang schon eher besorgniserregend, da kein militärischer Machthaber große Menschenansammlungen liebt. Wo sich viele Menschen versammeln, kommt es leicht zu Unruhen und Aufruhr. Wieder andere dürften Pilatus erzählt haben, daß sich unter den Anhängern Jesu auch Mitglieder der Zeloten und der Sikarier befanden. In diesem Fall wäre es nicht im mindesten überraschend, wenn Pilatus selbst die Entführung des Judas veranlaßt haben sollte. Pilatus hatte schon einige jüdische Patrioten festnehmen lassen, die noch am selben Tag gekreuzigt werden sollten, unter ihnen ein Mann, der den gleichen Namen trug wie der König aus Galiläa – Jesus Barabbas. Um jeden Aufstand im Keim zu ersticken und weiteren Unruhen zuvorzukommen, dürfte der römische Statthalter keine Sekunde gezögert haben, Jesus zum Tode zu verurteilen.

Die Umstände, die zur Festnahme Jesu führten, sowie die Vorgänge bei seinem Prozeß – falls es im strengen Wortsinn überhaupt ein Prozeß war – werden dem Historiker für immer verborgen bleiben. Die Anhänger Jesu, auf deren Aussagen die frühen Überlieferungen vermutlich zurückgehen, die im weiteren Verlauf zur Entstehung der Evangelien führten, hielten sich seit der Festnahme Jesu versteckt, obwohl einer oder zwei von ihnen ihm in sicherer Distanz folgten. Bei seiner Vernehmung war niemand aus seiner Familie oder von seinen Anhängern zugegen, und wir wissen von niemandem, der Jesus vor seiner Kreuzigung noch gesprochen hat. Daraus folgt, daß alle Evangelisten die Prozeßszenen erfunden haben müssen und daß sie sehr wenig enthalten, was man als historisch gesichert einstufen kann. Historische Tatsache ist nur, daß Jesus gekreuzigt wurde, das heißt, daß er von den Römern verurteilt wurde – und genau diese Tatsache hat die frühchristliche Kirche nach Kräften verschleiert, da sie selbst Verfolgung durch die Römer befürchtete. So gaben diese frühen Christen den Juden die Schuld am Tod Jesu und erfanden das Märchen, Jesus sei wegen Blasphemie oder eines Komplotts zur Zerstörung des Tempels von den Juden verurteilt worden. Den Evangelien zufolge ist Pontius Pilatus nichts weiter als ein fast mitfühlender Bürokrat, der zunächst zögert, Jesus zu verurteilen, durch die abgründige Bosheit der Hohenpriester und anderer Sadduzäer-Führer aber dazu gedrängt wird. Eine solche Geschichtsfälschung wäre nicht so schwerwiegend, wenn sie nicht als Ausrede für zweitausend Jahre christlichen Antisemitismus hätte herhalten müssen. Selbst der wohlwollende Ernest Renan gibt in seinem Buch *La Vie de Jésus* den Juden die Schuld – nicht nur am Tod Jesu, sondern auch an den nachfolgenden achtzehnhundert Jahre währenden religiösen Verfolgungen der Juden durch die christliche Kirche: »Das Christentum ist intolerant gewesen; doch Intoleranz ist im Kern kein christlicher Wesenszug, sondern ein jüdischer.«[1]

Selbst wenn man anerkennt, daß die Darstellung der Evangelien mit einiger Vorsicht zu genießen ist, wäre es unbedacht, sie insgesamt als unwahr abzutun. Wie es scheint, gibt es in den Evangelien drei Überlieferungsstränge über die letzten Stunden Jesu: den des vierten Evangeliums, den des Lukasevangeliums und den des Markus- und Matthäusevangeliums. Von diesen erhebt nur das vierte Evangelium den Anspruch, Material zu verwenden, das auf Augenzeugenberichten beruht. Wenn der Historiker diese drei verschiedenen Überlieferungen klar voneinander unterschieden hat, muß er sich natürlich über ihren legitimen Gebrauch Rechenschaft geben. Ich habe dafür ein einfaches Kriterium: Was und wieviel von diesen Zeugnissen könnte auf Berichten aus erster oder zweiter Hand beruhen, wenn man sie auf ihre Plausibilität hin untersucht und an ihren eigenen Maßstäben mißt? Episoden der Passionsgeschichte, die diesen recht großzügigen Test nicht bestehen, müssen von vornherein als unhistorisch ausscheiden. Ich habe daher die Ereignisse, die ich kommentiere, als Anhang zu diesem Kapitel in einer Tabelle zusammengefaßt. M. steht für die Überlieferung von Markus/Matthäus, L. für Lukas und J. für das vierte Evangelium.

Was läßt sich diesen Zeugnissen entnehmen? Von dem Augenblick an, in dem Petrus Jesus auf dem Hof des Hohenpriesters verleugnet, bis zu dem Augenblick, in dem Jesus nach der Geißelung durch die römischen Soldaten als verspotteter König wiederauftaucht, angetan mit einem Purpurmantel und mit einer Dornenkrone auf dem Haupt, wissen wir nichts. Einiges läßt sich mit einer gewissen Aussicht auf Wahrscheinlichkeit den dürftigen Zeugnissen abtrotzen, die bis heute überlebt haben. Andere Wahrscheinlichkeitsprüfungen fallen jedoch negativ aus.

Petrus, Jakobus und Johannes wurden von den Römern nicht festgenommen. Wären sie in irgendeiner Form an einem Komplott oder einem bewaffneten Aufstand gegen die Römer beteiligt gewesen, könnten wir mit absoluter Sicherheit davon ausgehen, daß man sie eingefangen und hingerichtet hätte. Alle Evangelien legen den Schluß nahe, daß am Abendmahl ein engerer Kreis von Jüngern teilnahm, der nicht den ganzen Bekanntenkreis Jesu in Jerusalem abdeckte. Die Quellen, auf denen die Evangelien beruhen, wissen beispielsweise nicht, wer die Männer waren, welche die Eselin für den triumphalen Einzug in Jerusalem zur Verfügung stellten. Sie wissen ebenfalls nicht genau, wie es Jesus in der überfüllten Stadt gelang, ein großes Obergemach zu beschaffen, das für das Abendmahl hergerichtet wurde, geschweige denn, aus welchen Gründen Jesus vor Pilatus angeklagt und warum er zum Tode verurteilt wurde. Die Evangelien erwecken den Anschein, als wäre Jesus zusammen mit Fremden gekreuzigt worden; dies liegt jedoch nur daran, daß die Evangelisten nicht wußten oder uns nicht erzählen wollten, wer die *lestai*, die Banditen oder politischen Terroristen, neben Jesus am Kreuz waren.

Alle Evangelien stimmen darin überein, daß Jesus nach seiner Festnahme ins Haus des Hohenpriesters gebracht wurde. Sie unterscheiden sich jedoch darin, wer ihn dorthin gebracht hat. Die Behauptung von L., die Hohenpriester selbst hätten Jesus im Garten Gethsemane festnehmen wollen, können wir schon deshalb zurückweisen, weil sie völlig unwahrscheinlich ist. M. bleibt an dieser Stelle vage und sagt nur, einige Männer hätten Jesus festgenommen. Allein J. äußert sich klar über die Identität der Wache: Es waren die »*huperetai*«, »Gerichtsdiener«, die von einer »*speira*« unter dem Befehl eines »*chiliarchos*« unterstützt wurden (Joh 18,3.12). Das heißt, es waren römische Soldaten, eine Kohorte unter dem Befehl eines Tribuns in Begleitung von »Polizei« des Sanhedrins. Es besteht kein Grund zu der Annahme, daß die gesamte Kohorte erschien, um Jesus festzunehmen. Doch die Verwendung des Worts »*speira*« durch J. an dieser Stelle, vor allem in Verbindung mit dem bestimmten Artikel (»die Kohorte«, etwa so, wie Londoner von »The Guard« sprechen, dem Regiment, das die Königin von England an einem bestimmten Tag zu bewachen hat), verleiht dem Detail Authentizität. An hohen Festtagen gab es nämlich für die in der Antoniafeste stationierten Soldaten besondere Befehle: »Als nämlich das Volk anläßlich des Festes der ungesäuerten Brote versammelt war und sich eine römische Kohorte [*he speira*] oben auf dem Dach der Säulenhalle des Tempels postiert hatte – die Römer lassen nämlich immer an Festtagen eine bewaffnete Einheit auf Wache ziehen, damit das versammelte Volk kein Gelüste nach Aufruhr überkommt – ...«, heißt es bei Josephus.[2] Nach allen drei Überlieferungen der Evangelien überrascht die Ankunft der Soldaten Jesus. Er fragt sie, ob sie ihn für einen der *lestai*, der politischen Terroristen, halten, weil sie ihn nach militärischer Sitte festnehmen. Doch an einer späteren Stelle, als uns mitgeteilt wird, Jesus Barabbas habe sich beim »Aufruhr« (Mk 15,7) eines Mordes schuldig gemacht (welchem Aufruhr?), ebenso wie die zwei anderen *lestai*, die neben Jesus von Nazareth gekreuzigt werden, wird ganz deutlich, daß die Römer nicht zögerten, Juden festzunehmen, die sie gerade im Verdacht hatten, an einem Komplott beteiligt zu sein. Für die Römer muß Jesus in die schon mehrfach angesprochene Verschwörung verwickelt gewesen sein; zu diesem Schluß können sie jedoch nicht ohne stillschweigendes Eingeständnis oder Hinweise der Hohenpriester gelangt sein.

In dem Abschnitt, der vom Verhör Jesu im Haus des Hohenpriesters handelt, ist es wiederum J., der sich deutlich ausdrückt, während die beiden anderen Überlieferungen vage bleiben. J. nennt uns auch einen Grund dafür. Der »andere Jünger«, einer der Augenzeugen, auf deren Berichten die Darstellung von J. beruht, »war dem Hohenpriester bekannt« (Joh 18,15). Dies ist sehr wichtig, da weder M. noch L. beanspruchen können, zu diesem Zeitpunkt in der Nacht in der Nähe Jesu gewesen zu sein.

Während Hohepriester und Pharisäer Jesus verhören, werden wir Zeugen einer Szene, deren Einfachheit und Bitterkeit sich in der Literatur der antiken Welt einzigartig ausnehmen: der Verleugnung durch Petrus.[3] Auf dem Hof hat sich eine Menschenmenge versammelt, wo zum Schutz vor der großen Kälte Feuer brennen, und Petrus steht bei ihnen, um sich zu wärmen. Bei Markus ist es eine Magd, die Petrus erkennt. Sie sagt: »Und du warst auch mit dem Jesus von Nazareth. Er leugnete aber und sprach: Ich weiß nicht und verstehe nicht, was du sagst. Und er ging hinaus in den Vorhof, und der Hahn krähte. Und die Magd sah ihn und fing abermals an, denen zu sagen, die dabeistanden: Das ist einer von denen. Und er leugnete abermals. Und nach einer kleinen

Weile sprachen die, die dabeistanden, abermals zu Petrus: Wahrhaftig, du bist einer von denen; denn du bist auch ein Galiläer. Er aber fing an, sich zu verfluchen und zu schwören: Ich kenne den Menschen nicht, von dem ihr redet. Und alsbald krähte der Hahn zum zweiten Mal. Da gedachte Petrus an das Wort, das Jesus zu ihm gesagt hatte: Ehe der Hahn zweimal kräht, wirst du mich dreimal verleugnen. Und er fing an zu weinen« (Mk 14,67–72).

Bei J. ist es vielleicht – wie bezeichnend! – unser alter Bekannter, »der Knecht des Hohenpriesters«, der Petrus bezichtigt, und nicht die Magd, doch das sei nur nebenbei bemerkt. Der Leser dieser Szene kann sich der Rührung nicht entziehen. In der unter Fußnote 3 zitierten Passage erklärt der große Literaturhistoriker Auerbach die Einzigartigkeit dieses Ereignisses damit, daß es in kein vorhandenes literarisches Genre paßt: Es ist weder eindeutig tragisch noch eindeutig komisch, noch biographisch in dem Sinn, wie die Menschen der Antike diese Kategorien verstanden hätten. Noch ist es theologischer Natur. Selbst der sorgfältigste Versuch, jedes Wort der Evangelien zu einem Midrasch über das Alte Testament zu machen, würde hier auf Schwierigkeiten stoßen, und da diese Textstelle nichts dem hinzufügt, was wir als bekehrte Leser der Evangelien über Jesus glauben sollen, müssen wir davon ausgehen, daß diese Episode der Leidensgeschichte in den Grundzügen wahr ist. Die Szene hat überdies eine starke erzählerische Wirkung, denn sie lenkt unsere Aufmerksamkeit von dem ab, worum es eigentlich geht, nämlich der Auseinandersetzung zwischen Jesus und dem Hohenpriester.

M., der nicht einmal behauptet, auf Augenzeugen zurückgegriffen zu haben, liefert uns einen kunstvollen Bericht über einen »Prozeß« vor dem Hohenpriester. Dieser gipfelt (bei Matthäus) darin, daß der Hohepriester bei der »Gotteslästerung« Jesu seine Kleider zerreißt. Der Vorwurf der Gotteslästerung scheint sich hier auf zweierlei gestützt zu haben: Erstens auf die Behauptung zweier falscher Zeugen, Jesus habe gesagt, er werde den Tempel zerstören und in drei Tagen wieder aufbauen, und zweitens auf die Gleichsetzung mit dem Menschensohn in den Prophezeiungen Daniels durch Jesus selbst. Diese Vorstellungen – Jesus habe in einem geistigen Sinn »den Tempel wiedererrichtet« und sei der Menschensohn, dessen Erscheinen auf den Wolken wir am Tag des Herrn erwarten dürfen – sind natürlich christlicher Herkunft. Sie entstammen der Glaubenswelt, welche die Evangelien des Matthäus und des Markus hervorgebracht hat, und möglicherweise sind diese Behauptungen in irgendeiner Synagoge, in der sie zum ersten Mal aufgestellt wurden, von einem Rabbi als gotteslästerlich bezeichnet worden. Im strengen Wortsinn allerdings läßt sich kaum erkennen, weshalb sie blasphemisch sein sollen. Wie wir schon angemerkt haben, war es nicht gotteslästerlich zu glauben, man sei der Messias, selbst wenn Hohepriester und Hoher Rat anderer Meinung waren; und es gibt viele Fälle, in denen der Sanhedrin irregeleitete falsche Christusgestalten *nicht* verurteilt hat, die in der bewegten Zeit des Judaismus im ersten Jahrhundert u. Z. immer wieder an die Öffentlichkeit traten. Also ist es wenig wahrscheinlich, daß Jesus wegen Gotteslästerung vor Gericht gestellt wurde, selbst wenn es diesen »Prozeß« vor dem Hohenpriester und dem Hohen Rat tatsächlich gab.

Ein solches Verfahren ist allerdings wenig wahrscheinlich. Ich kann mir einfach nicht vorstellen, daß man den gesamten Sanhedrin oder auch nur einen größeren Teil der Mitglieder des Hohen Rats mitten in der Nacht aus dem Bett geholt hat, um sie an einer Art »Schauprozeß« teilnehmen zu lassen. Falls sich Jesus eines schwerwiegenden Verstoßes gegen die Religionsgesetze schuldig gemacht hätte, hätte es einen langen und komplizierten Prozeß gegeben. Die Angelegenheit wäre viel zu ernst gewesen, um sie mitten in der Nacht zu erledigen, wenn alle müde waren. Weder M. noch L. wissen etwas über das bei den Juden in solchen Fällen übliche Verfahren; und heutige wissenschaftliche Auseinandersetzungen über die Art des Prozesses vor dem Sanhedrin übersehen diesen sehr einfachen Umstand. Bei J. dagegen steht nichts von einem »Prozeß« vor dem Hohenpriester. Jesus wird von diesem lediglich vernommen; einer der Knechte des Hohenpriesters schlägt ihm ins Gesicht, weil er sich der Obrigkeit gegenüber ungehörig verhält. Dann wird er Pilatus übergeben.

Dies wiederum können wir uns sehr gut vorstellen. Bei Flavius Josephus steht, daß die jüdischen Herrscher und vor allem die Hohepriester Vermittler zwischen den Römern und der Bevölkerung waren. Wenn es zu Unruhen kam, wurden sie von den Römern verantwortlich gemacht.[4] Falls »König Jesus« tatsächlich vorhatte, einen Aufstand anzuzetteln, hätte sich Pilatus mit Sicherheit an die Hohenpriester gewandt und nachgefragt, warum deren Polizei davon nichts gewußt habe, warum sie nicht sofort gehandelt, den Rädelsführer festgenommen und ihn den Behörden überstellt hätten. Bei Josephus finden sich zahlreiche Beispiele solcher Ansinnen. So wurde Gessius Florus, römischer Prokurator von 64–66 u. Z., einmal von einigen Juden beleidigt und bestand darauf, daß die Hohenpriester und die »einflußreichen Persönlichkeiten« (»*dunatoi*«) die Schuldigen aufspürten und vor Gericht stellten.[5] Die »vornehmen Juden« entgegneten, es sei »nicht möglich, die Schuldigen festzustellen«. So griffen die Römer zu Repressalien. Gessius Florus befahl seinen Soldaten, »sie sollten den sogenannten Hochmarkt ausrauben und niedermachen, wer ihnen in den Weg komme«. Sie fingen »eine Menge friedlicher Bürger« ein und führten sie vor Florus, »der sie erst schmachvoll geißeln und dann ans Kreuz schlagen ließ. Insgesamt 630 Menschen kamen an diesem Tag um, Frauen und Kinder eingerechnet, nicht einmal die Kleinsten wurden verschont.« Nach dieser Katastrophe flehten die Hohenpriester die Menge an, nichts zu tun, was den Zorn des Statthalters erregen könnte.

Man muß den »Prozeß« gegen Jesus vor diesem schauerlichen Hintergrund sehen. Die christliche Überlieferung betrachtet ihn als Ereignis von großer theologischer Bedeutung: Der Mensch gewordene Gott wandelt unter den gotteslästerlichen Juden, die ihn als solchen nicht erkennen, aber gleichwohl bis in alle Ewigkeit für seinen Tod verantwortlich gemacht werden sollen, obwohl dieser Tod der Welt die Erlösung brachte. (Hier finden sich eine ganze Reihe Widersprüche, wie ich meine! Da die Juden offensichtlich nicht wußten, daß Jesus der Messias war, kann man ihnen ihre Unwissenheit kaum zum Vorwurf machen; und da nach christlichem Verständnis sein Tod die Sühne für die Sünden der Welt ist, scheint es mir pervers, den angeblichen Werkzeugen dieser Erlösung die Schuld zu geben, die obendrein um ihre Rolle nicht einmal wußten.) Für die damals an der Vernehmung Jesu Beteiligten dürfte keine dieser Fragen im Vordergrund gestanden haben. Ihnen kam es wohl nur darauf an herauszufinden, ob Jesus für die öffentliche Sicherheit eine Gefahr darstellte.

Vielleicht hatte es nicht einmal eine Rolle gespielt, ob er an einem Komplott mit dem Ziel eines Umsturzes beteiligt war oder nicht. Entscheidend war: Eine Menschenmenge hatte ihn zum König ausgerufen; er war durch die Straßen Jerusalems geritten und hatte erneut die Aufmerksamkeit der Menge auf sich gezogen. Dann hatte es im Tempel einen Zwischenfall gegeben – etwas, was mit den Geldwechslern zu tun hatte. Das reichte. Man wollte Jesus in Gewahrsam nehmen und ihn den Römern notfalls als Sündenbock übergeben.

Zweifellos hielten die Machthaber Jesus eines Kapitalverbrechens für schuldig. Ob sie vor seiner Festnahme zu diesem Schluß kamen oder während seiner Vernehmung im Haus des Hohenpriesters, läßt sich heute nicht mehr rekonstruieren. Die Juden waren unter der römischen Herrschaft nicht befugt, ihre Gefangenen selbst hinzurichten. Selbst die Römer konnten nach dem Gesetz ein Todesurteil nicht ohne weiteres vollstrecken. Diese Vollmacht war dem höchsten Machthaber vorbehalten.[6] Falls Jesus also ein Kapitalverbrechen begangen hatte oder auch nur im Verdacht stand, eines begangen zu haben, mußte er vor Pontius Pilatus gebracht werden.

In diesem Stadium der Ereignisse berichtet uns Matthäus vom Tod des Judas Iskariot. Jedes Wort dieser Geschichte kann man getrost als Legende abtun. Keiner der Jünger wußte nach eigenem Bekunden, aus welchem Grund Judas den Abendmahlssaal verlassen hatte, und so kann weder einer von ihnen dabeigewesen sein, als sich Judas angeblich von den Hohenpriestern bestechen ließ, noch später, als er mit den dreißig Silberlingen zurückkehrte und sie den Hohenpriestern vor die Füße warf. Die Geschichte fußt unmittelbar auf den Prophezeiungen Sacharjas, der uns vom Ende der Bruderschaft zwischen Juda und Israel berichtet: »Und der Herr sprach zu mir: Wirf's hin dem Schmelzer! Ei, eine treffliche Summe, deren ich wertgeachtet bin von ihnen! Und ich nahm die dreißig Silberstücke und warf sie ins Haus des Herrn, dem Schmelzer hin« (Sach 11,13). Bei Matthäus verwenden die Hohenpriester die dreißig Silberlinge zum Kauf des Töpfersackers, der »bis auf den heutigen Tag« als der »Blutacker« bekannt ist (Mt 27,8). Nur ein Punkt der Geschichte entspricht möglicherweise den Tatsachen: der Selbstmord des Judas. Vielleicht hat er sich aber eher aus Furcht vor Folter und Kreuzigung umgebracht statt aus Reue über einen »Verrat«, den er mit hoher Wahrscheinlichkeit gar nicht begangen hat.

Damit kommen wir zum »Prozeß« Jesu vor Pilatus, der am frühen Morgen stattfand, wie alle Zeugen übereinstimmend berichten. Wieder einmal ist es J., der zahlreiche historisch plausible Einzelheiten mitteilt, die in den anderen Überlieferungen fehlen. Wir erfahren hier nämlich, daß Jesus zum Prätorium geführt wurde. Die Priester folgen ihm jedoch nicht, aus Furcht, unrein zu werden, was ihnen verboten hätte, das Passamahl zu essen. Pilatus muß zu ihnen herauskommen und sich ihre Klagen anhören. Die Priester erklären Pilatus, sie hätten ihm Jesus nicht überantwortet, wenn er nicht ein Übeltäter wäre. Wie wir aus den Beispielen des Flavius Josephus schlußfolgern können, versucht der römische Statthalter auch hier, die Juden aus ihrer Verantwortung nicht zu entlassen. Er dürfte sich gesagt haben: Wenn es sich um eine religiöse Angelegenheit handelt, sollen die Juden doch selbst zu einer Entscheidung kommen. Bei L. finden wir das möglicherweise authentische Detail, daß Pilatus versuchte, Jesus an Herodes, den Tetrarchen von Galiläa, zu überstellen, damit der ihm den Prozeß mache, als er herausfand, daß Jesus aus Galiläa stammte. Wir spüren bei diesem Wortwechsel die große Furcht der Beteiligten. Die näheren Umstände, worum es bei dem befürchteten Aufstand oder Komplott ging, bleiben uns verborgen. Deutlich wird nur, daß die Juden römische Zwangsmaßnahmen befürchten, so daß sie ihren Sündenbock zu Pilatus bringen. Doch auch der römische Statthalter hat Angst. Wenn die Juden ihn bitten, den »König der Juden« zu bestrafen, kann dies nämlich darauf hinauslaufen, daß er einen beliebten Anführer des Volkes liquidieren soll. Pilatus befürchtet einen Aufruhr und Blutvergießen.

Mit dieser Szene vor dem Prätorium hat das vierte Evangelium einen dieser großartigen, dramatischen Wortwechsel geschaffen, deren poetische Kraft so überwältigend ist, daß die Frage nach der historischen Plausibilität der Ereignisse in den Hintergrund tritt. Der Repräsentant des Römischen Reiches in Gestalt des Statthalters sieht sich dem zerlumpten Opfer einer chaotischen Situation gegenüber. Pilatus muß das innerparteiliche Gezänk der Juden unverständlich erscheinen. Im Augenblick hat er nur eine Sorge:

Wie bestehe ich diese gefährliche Gratwanderung? Wie kann ich meine Autorität sichern und verhindern, daß mehr Gewalt ausbricht, als ich unterdrücke? Vor ihm stehen diese streitsüchtigen Priester mit ihrem Gefangenen. Die Anklage: Er hat sich zum König gemacht.

»Bist du der König der Juden?« (Joh 18,33) fragt Pilatus. Und Jesus erwidert: »Mein Reich ist nicht von dieser Welt« (Joh 18,36). Wenn der historische Jesus tatsächlich Worte wie diese geäußert hat, muß er damit wenigstens zum Teil gemeint haben, sein Reich sei kein gegenwärtiges, sondern ein zukünftiges: daß sein Reich, das messianische Reich, in dem Israel sich der »Herrschaft der Heiligen« erfreuen werde, mit dem jetzigen Säkulum nichts zu tun hat. Natürlich ist dies einer der bewegenden Momente im vierten Evangelium, in denen die Hauptfigur etwas so Großartiges und Denkwürdiges sagt, daß sie völlig aus ihrem historischen Zusammenhang gelöst und zum Archetyp erhoben wird. Die Repräsentanten der religiösen und säkularen Macht in dieser Welt – die Priester und der Statthalter – scheinen diesen Mann jetzt genau dort zu haben, wo sie ihn haben wollen. In Wahrheit hält er ihnen jedoch ruhig entgegen, ihre Macht sei eine Illusion; denn für diejenigen, die ihm im Geist und in der Wahrheit folgen, werden solche Erscheinungsformen menschlicher Macht – und seien sie noch so einschüchternd – immer Lug und Trug und lächerlich sein. »*Mein Reich ist nicht von dieser Welt*«: Mit dieser Wahrheit im Herzen konnte Tolstoi die Macht der Zaren untergraben, konnte Mahatma Gandhi, der die Bücher Tolstois kannte, die britische Vorherrschaft über Indien brechen. Die grundsätzliche Anarchie des Christus im vierten Evangelium zieht sich, wenn auch weniger dramatisch, wie ein roter Faden durch die Menschheitsgeschichte. Man braucht nur ein wenig daran zu rühren, schon stürzt das sorgfältig gezimmerte Gebäude des Christentums in sich zusammen. Dieser zerlumpte Mann vor dem römischen Statthalter zerstört es. Die Reiche und Kirchen und Papsttümer, die im Namen Christi errichtet worden sind, werden durch diese Szene als lächerlich entlarvt. Pilatus hat vermutlich Tausende von Menschen kreuzigen lassen, nicht nur Hunderte. Die Zahl der Unschuldigen, die im Laufe der Zeiten vor Statthaltern, Inquisitoren und Vernehmungsoffizieren gestanden haben, muß man nach

Millionen zählen. Jesus, das Urbild: Nicht, daß etwa die Mächtigen keine Macht hätten. Sie haben durchaus die Macht, zu foltern und zu töten und zu zerstören, doch es gibt noch ein anderes Reich, von dessen Existenz die Mächtigen nichts wissen und das sich letztlich als stärker erweisen wird.

In diesem Stadium der Ereignisse erfahren wir von einer Sitte, die kein jüdischer Historiker oder Schriftsteller außer den Verfassern der Evangelien erwähnt: daß die Römer beim Passafest einen Gefangenen freiließen und dem Volk zurückgaben. Bei J. müssen wir uns die Szene so vorstellen, daß auf den Stufen des Prätoriums darüber verhandelt wird. Bei M. findet sich absurderweise eine riesige Menschenmenge ein, die Pilatus persönlich nach ihrer Meinung in dieser delikaten Angelegenheit fragt. Da die Römer immer sehr darauf bedacht waren, Unruhen im Keim zu ersticken, ist es höchst unwahrscheinlich, daß die Hohenpriester (wie bei M.) oder Pilatus selbst dem Pöbel die Entscheidung überlassen haben sollen. Dennoch steckt in dieser Geschichte vielleicht ein Körnchen Wahrheit, nämlich daß *sowohl* die Priester *als auch* Pilatus den Pöbel fürchteten. Barabbas war kein Räuber, wie es in der uns vertrauten Bibelübersetzung heißt, sondern ein politischer Terrorist. Markus teilt uns mit, daß er während des »Aufruhrs« einen Mord begangen hatte. Dieser Aufruhr ist ein Ereignis, auf das dieses Evangelium wie beiläufig anspielt, das jedoch damals von entscheidender Wichtigkeit gewesen sein muß. Wenn es gelang, die Massen durch die Freilassung des Jesus Barabbas zu besänftigen, konnte man sie vielleicht durch eine grausame öffentliche Zurschaustellung dessen, was mit Juden geschieht, die gegenüber dem römischen Statthalter Worte wie »*basileia*«, »Reich«, in den Mund nehmen, zur Unterwerfung zwingen. Nachdem Pilatus seine Entscheidung getroffen hatte, an Jesus ein Exempel statuieren zu lassen, tat er es auf grausame, sadistische Weise. Jesus wurde gegeißelt, was damals eine durchaus übliche Form der Strafe war, und dann den römischen Soldaten zur Folterung übergeben.

Man kann davon ausgehen, daß dies im Palast des Herodes und nicht in der Antoniafeste geschah. Nach Meinung von Archäologen hatte dieser Palast einen Vorplatz, einen *lithostrotos*. Im vierten Evangelium heißt diese Stätte »Steinpflaster«, auf hebräisch »*Gabbata*« (Joh 19,13). Auf diesem Steinpflaster ließ Pilatus die grausame Szene stattfinden. Zweitausend Jahre christlicher Kunst haben uns dermaßen abgerichtet, daß wir glauben, die Juden hätten dieses Schauspiel irgendwie genossen. Das läßt manchmal in Vergessenheit geraten, was es hieß, im Jahre 30 u. Z. ein Jude zu sein und die »Vorführung« mit anzusehen, die jetzt folgte. Die Römer hatten vor dem Palast des Herodes in unmittelbarer Nähe des Tempels ein Podium aufgebaut. Dort saß Pilatus, vermutlich von einer großen Zahl seiner Leibwächter umgeben. Dann wurde Jesus der Menge gezeigt. »Und Pilatus spricht zu ihnen: Seht, welch ein Mensch!« (Joh 19,5). Man hatte ihn geschlagen und gefoltert. Die Soldaten hatten eine Dornenkrone geflochten und ihm aufs Haupt gedrückt, ihn in einen Purpurmantel gehüllt, um seine »Königswürde« zu verspotten. »Die Hohenpriester antworteten: Wir haben keinen König als den Kaiser« (Joh 19,15). Diese Äußerung wird oft als Beispiel eines schrecklichen Zynismus zitiert. Doch wie bei so vielen Dialogen in diesem Kapitel des vierten Evangeliums stoßen wir auch hier auf eine archetypische Qualität, die in der Geschichte ein weitläufiges Echo findet. Die furchtsamen Äbte und Äbtissinnen, die das Märtyrertum nicht auf sich nehmen wollten und sich deshalb entschlossen hatten, Heinrich VIII. Gefolgschaft zu schwören, hätten das Dilemma der Hohenpriester verstanden. Ebenso die Bürgermeister, Beamten und Offiziere in Litauen, Lettland oder Sibirien, wenn man von ihnen verlangt hätte, sie sollten sich für die Interessen ihrer Bürger einsetzen, statt sich Stalin zu unterwerfen. »*Wir haben keinen König als den Kaiser*«: Auch in Frankreich und Belgien konnte man in den Jahren 1940 bis 1944 den Nachhall dieser Worte vernehmen. Und hier, vor Pilatus – lieber sollten einige wenige einen schrecklichen Tod durch die Hand des Kaisers erleiden, als daß Tausende infolge nationalen Heroismus bei Vergeltungsmaßnahmen umkamen.

Die Evangelien stellen die Priester und Jesus so dar, als stünden sie in diesem »Prozeß«-Tableau einander gegenüber, doch kaum hat Pilatus die Bühne betreten, ändert sich das. Jetzt geht es nur noch um Juden gegen Römer. Um ihre Haut zu retten, haben die Juden einen Sündenbock gefunden. Es kommt ihnen gut zupaß, daß ein Mann für das Volk sterben soll. In diesem Sinn wurde

Jesus tatsächlich zum »Erlöser« seines Volkes ausersehen. Pilatus ist zwar bereit, diesen Sündenbock zu akzeptieren, kann sich aber einen kleinen Spaß auf Kosten der Juden nicht verkneifen. »Wer, sagt ihr, sei euer König?« – »Der Kaiser, der Kaiser!« – »Und was ist dies für ein Mensch? Dieses Wrack, diese Gestalt mit blutenden Schläfen und einem schmutzigen Purpurmantel? Was ist der? Seht ihn euch an! Seht, welch ein Mensch!« Die Juden haben sich seitdem immer wieder solche Gestalten ansehen müssen. Die tragische Ironie besteht darin, daß Jesus nie mehr der Repräsentant seines Volkes war als in den Augenblicken, in denen man ihn folterte und tötete. Dies ist ebensosehr wie die Bürde des gottesfürchtigen Gewissens das Schicksal der Juden in der Geschichte gewesen – aus Gründen gefoltert und getötet zu werden, die weder sie selbst noch ihre Verfolger ganz verstanden haben.

Wir wissen nicht, wer sonst noch während der Nacht festgenommen wurde oder aus welchen Gründen die Römer sich gerade auf Jesus als den Mann kaprizierten, an dem sie ein Exempel statuieren wollten. Folgt man den Evangelisten, wissen es die Römer selbst nicht. Nur die Idee scheint ihnen zu gefallen. Christliche Traditionalisten weisen darauf hin, niemand von den Anhängern Jesu sei festgenommen worden und dies stelle einen über jeden Verdacht erhabenen Beweis dafür dar, daß sich Jesus in kein politisches Komplott habe hineinziehen lassen. Wären die Zwölf tatsächlich eine politische Terrororganisation gewesen, hätte es den Römern nicht das geringste ausgemacht, sie alle einzusammeln und in einer Reihe ans Kreuz zu schlagen. Wenigstens in diesem Punkt besteht Gewißheit. Andererseits wissen weder wir noch, wie es scheint, die Evangelisten, wer eigentlich die Freunde Jesu waren. Ebensowenig wissen wir und sie, was sich Jesus bei seinen Aktionen während des letzten Passafests seines Lebens gedacht hat. Markus und Matthäus geben keine Auskunft, wer ihm die Eselin zur Verfügung stellte. Der Mann mit dem Wasserkrug bleibt ebenso im dunkeln wie der nackte Jüngling. Es mag sie gegeben haben, aber die Evangelien erzählen uns nichts von ihnen, was möglicherweise daran liegt, daß auch die *Überlieferung* der Evangelien nichts von ihnen gewußt hat.

Wie ich schon gesagt habe, muß die traditionelle Erklärung für den Tod des Judas nicht unbedingt richtig sein. Vielleicht war er an einem Verrat an Jesus beteiligt; wahrscheinlich ist jedoch, daß er sich erhängte, um einem schlimmeren Schicksal zu entgehen, sofern er den Römern in die Hände fiel. Die Evangelisten kannten nicht jeden, der mit diesen Ereignissen zu tun hatte. Und wenn sie jemanden gekannt hätten, wäre es kaum im Interesse der ersten Christen gewesen, extra darauf hinzuweisen. Sie lebten in ständiger Angst vor der Verfolgung durch die Römer. Falls es eine mündliche Überlieferung gab, der zufolge Jesus Umgang mit Terroristen hatte, ist diese sicher aus den schriftlichen Zeugnissen getilgt worden. Wir wissen nicht mit Sicherheit, ob die *lestai*, die politischen Terroristen, die mit Jesus gekreuzigt wurden, Fremde waren. Sie könnten ihm ebenso nahegestanden haben wie Petrus, Jakobus und Johannes. Nach der schauerlichen öffentlichen Verspottung Jesu als König auf den Stufen des Prätoriums hat man ihn, so die Evangelien, gezwungen, sein Kreuz selbst zur Hinrichtungsstätte zu schleppen.

Bei M. und L. heißt es, Simon von Kyrene habe Jesus geholfen, sein Kreuz zu tragen. Dieser Simon war der Vater von Rufus und Alexander (M.), offensichtlich zwei Männern, die der Gemeinde von M. zumindest dem Namen nach bekannt waren. Möglicherweise ist Rufus das Mitglied der römischen Gemeinde, auf das Paulus in seinem Römerbrief anspielt (Röm 16,13). Allein J. nennt den hebräischen Namen des Orts – Golgatha, das heißt »Schädelstätte« (im heutigen Hebräisch »*Gulgoleth*«, in Aramäisch »*Gulgulta*«).

Wir wissen nicht genau, wo in Jerusalem dieser Ort lag. Eusebius, der Kirchenhistoriker des vierten Jahrhunderts, war als Knabe im Jahre 336 u. Z. dabei, als Bischof Macarius von Jerusalem das Heilige Grab und den Standort Golgathas »entdeckte«. Sie befanden sich unter einem Venustempel, den die Römer nach der Zerstörung der Stadt im Jahre 70 u. Z. errichtet hatten. Unter diesem Tempel lag ein Grab oder eine heilige Höhle, und als die Kaiserin Helena davon erfuhr, verlor sie keine Zeit; mit Hilfe ihrer Glaubensbrüder fand sie das wahre Kreuz, die Dornenkrone und die Lanze, mit der Christus angeblich durchbohrt worden war. Seit dem Jahre 336 u. Z. haben die Verehrer des Gekreuzigten ihn an der Stelle angebetet, an der Macarius sein Golgatha gefunden hatte; doch Macarius war kein Archäologe, und es gibt absolut keinen Grund zu der Annahme, Jesus sei dort gestorben, wo sich heute die Grabeskirche erhebt. In den Evangelien lesen wir, daß Jesus vor den Stadtmauern gekreuzigt wurde. Die Ausgrabungen Kathleen Kenyons in den fünfziger Jahren haben ergeben, daß der frühere Aphroditetempel (heute die Grabeskirche), zu Lebzeiten Jesu tatsächlich außerhalb der Stadtmauern gelegen haben muß. Dies war vor hundert Jahren noch nicht bekannt. Das Golgatha des Macarius ist innerhalb der (mittelalterlichen) Stadtmauern zu besichtigen, was Archäologen des neunzehnten Jahrhunderts und Romantiker dazu veranlaßt hat, sich auf die Suche nach weiteren Golgathas zu begeben. Die eindrucksvollste Schädelstätte ist die von General Gordon, dem Helden von Khartum, vorgeschlagene. Sie liegt direkt vor dem Damaskustor der heutigen Altstadt. Wenn man sich dort direkt unterhalb der Busstation hinstellt, sieht man einen Hügel, der den schönen Namen »The Place of the Skull« trägt (oder sind hier nur Araber am Werk gewesen, die Touristen beeindrucken wollen?). Es ist ein kleiner felsiger Hügel, an dem die Löcher im Gestein einen Schädel erkennen lassen: zwei Höhlen für die Augen – und so weiter. Überdies haben gleich in der Nähe Archäologen ein Grab aus dem ersten Jahrhundert gefunden, das dem von Jesus ähnlich sein muß, auch wenn es nicht das authentische Jesusgrab ist, in das er nach der Kreuzigung gelegt wurde. Das Gordon-Golgatha und das Grab beeindrucken uns, weil sie »richtig« aussehen; das heißt, sie sehen aus wie handkolorierte Bibelillustrationen aus dem neunzehnten Jahrhundert, was doch immerhin schon etwas ist.

 1968 wurde im Zuge der Ausgrabungen von Giv'at ha-Mivtar in einem der Beinhäuser das Skelett eines Mannes entdeckt, der gekreuzigt worden war. Es handelte sich um einen Mann Mitte Zwanzig mit einem Wolfsrachen. Seine Fersenknochen waren durchbohrt und wurden von einem siebzehn Zentimeter langen Nagel zusammengehalten. Sein Name war Jehochanan. Um seinen Körper am oberen Teil des Kreuzes so zu befestigen, daß sein Körpergewicht ihm nicht die Hände durchriß oder durch Druck auf die Lungen zum Erstickungstod führte, waren die Handgelenke an jeweils ein Ende des Querbalkens genagelt. Ein Mensch blieb am Kreuz nur dann eine gewisse Zeit am Leben (von manchen Opfern ist bekannt, daß sie bis zu drei Tage lang überlebten), wenn das Körpergewicht auf den Beinen ruhte. Wenn die Beine gebrochen waren, trat der Tod fast automatisch ein. Jehochanan waren die Beine brutal zerschmettert worden. Dies scheint eine Konzession der Römer an die Juden gewesen zu sein, da es gegen das jüdische Gesetz war, daß ein Mensch, der noch nicht tot war, nach Sonnenuntergang am Kreuz hing.

Die Entdeckung von 1968 hat weitere Gründe für die Annahme geliefert, daß J. einen großen Teil an glaubwürdigem historischen Material enthält. Seine Beschreibung der Kreuzigung Jesu und die Spekulationen der Archäologen über die Kreuzigung des Jehochanan sind durchaus miteinander vereinbar. Über dem Kreuz Jesu ließ Pilatus eine Tafel mit dem Grund für dessen Hinrichtung anbringen. Es war bei römischen Strafen üblich, daß eine Tafel angab, aus welchem Grund der Verbrecher verurteilt worden war.[7] Bei J. erfahren wir, die Hohenpriester hätten sich bei Pilatus über den Wortlaut dieser dreisprachigen Inschrift beklagt. Pilatus hatte in drei Sprachen – Latein, Griechisch und Hebräisch – über das Kreuz schreiben lassen: *JESUS VON NAZARETH, KÖNIG DER JUDEN*. Um in einer Situation, die von Pilatus offensichtlich darauf angelegt war, die Juden zu demütigen, ihre Würde zu wahren, gingen die Hohenpriester zu Pilatus und sagten, er hätte schreiben müssen, daß Jesus gesagt habe: »Ich bin der König der Juden« (Joh 19,21). Die kurze, beleidigende Antwort des Pilatus – »Was ich geschrieben habe, das habe ich geschrieben« (Joh 19,22) – ist typisch für die Ironie des Johannesevangeliums. »Wir« wissen, daß Pilatus mit dem recht hatte, was er hatte schreiben lassen, obwohl weder er noch »die Juden« sich des Geheimnisses bewußt sein konnten: Jesus ist tatsächlich der König des neuen Israel. Aus geschichtlicher Sicht – im Gegensatz zur theologischen – scheint dieser Grund der Bestrafung für die Juden eher eine alltägliche Beleidigung gewesen zu sein, so als ob Pilatus ihnen zu verstehen geben wollte: »So wird es jedem Juden ergehen, der glaubt, eine *basileia* gründen zu können, die nicht von dieser Welt ist, oder ein vom Römischen Imperium unabhängiges Reich.« Die Grobheit der Inschrift ist etwas, was selbst J. trotz seines Sinns für Ironie nicht wirklich ausnutzt.

Alle Evangelien erwähnen, daß die römischen Soldaten um das

Gewand Jesu das Los warfen, nachdem er ans Kreuz geschlagen worden war. Dies weist auf Ps 22,19 zurück, einen der trostlosesten Verse in der Bibel, den die Evangelisten benutzen, um die tiefe Verzweiflung und die Schrecklichkeit der Szene zu vermitteln: »Sie teilen meine Kleider unter sich / und werfen das Los um mein Gewand.« J. geht hier mehr ins Detail als M. oder L. und berichtet uns, Jesus habe ein ungenähtes Gewand getragen, das von oben an in einem Stück gewebt war – also kostbare Kleidung. Nimmt man die archäologischen Ausgrabungen in Kapernaum, das stattliche Haus, in dem Jesus gelebt hat, und die vornehme Erscheinung des Joseph von Arimathäa, der nach dem Tod Jesu um den Leichnam bat und die Grablegung arrangierte, hinzu, darf man getrost davon ausgehen, daß Jesus alles andere als ein armer Teufel war. Dann wird die Tatsache, daß ihm der Tod eines aufrührerischen Sklaven zuteil wurde, noch ergreifender.

Die christliche Verehrung des Gekreuzigten mit seinen Wundmalen begann erst eintausend Jahre nach seinem Tod. Anselm, Erzbischof von Canterbury von 1093 bis 1109, war einer der ersten kirchlichen Schriftsteller, die sich des Pathos dieser Szene bemächtigten. Kruzifixe, also Darstellungen eines sterbenden, verwundeten jungen Mannes am Kreuz, sind erst im Mittelalter aufgekommen. In Byzanz wurde der Sinn von Golgatha anders vermittelt: Man stellte einen triumphierenden Christus dar, der am Kreuz einen Purpurmantel und eine Krone trägt wie ein Hoherpriester.

In Wahrheit muß die Situation von unsäglicher Qual gewesen sein, und die Tatsache, daß Gekreuzigte im Römischen Reich ein so vertrauter Anblick waren, nimmt ihr nichts davon. Autoren von Jesusbiographien haben es sich zur Gewohnheit gemacht, ihn in diesem schrecklichen Moment direkt anzusprechen. Selbst Nicht- oder Exchristen sind so darauf programmiert worden, Loblieder auf das Kruzifix zu singen, daß sie der Versuchung nicht widerstehen können, ein paar blumige Worte über dieses schreckliche Schauspiel zu verlieren. Entweder schlachten sie die blutrünstigen Aspekte der Szene aus, oder sie machen Jesus in seinem Leiden zu einer rührseligen und weinerlichen Gestalt.[8] Da ist es erfrischend, sich wieder der zurückhaltenden Beredsamkeit der Evangelien zuzuwenden, denen solche Vulgarität völlig fremd ist.

L. stellt uns, ohne Zeugen zu benennen, die Gestalt des reumütigen Übeltäters vor, der neben Jesus gekreuzigt worden war. Er ist der letzte der bußfertigen Menschen bei Lukas, und sein Gebet – »Jesus, gedenke an mich, wenn du in dein Reich kommst!« (Lk 23,42) – ist verständlicherweise zu einem der großen Gebete des Christentums geworden, das in der Liturgie der orthodoxen Kirche endlos wiederholt wird. M. nennt Zeugen der Szene – Maria aus Magdala, Maria, die Mutter des Jakobus des Kleinen und des Joses, sowie Salome (Mk 15,40). Es fällt auf, daß die Familie Jesu wiederauftaucht, und zwar nach langer Abwesenheit, die so lang währte wie die Zeit, da er den Menschen predigte. J., der von sich sagt, er habe einen Augenzeugenbericht der Szene geschrieben, läßt es zwischen Jesus und denen, die am Fuß seines Kreuzes stehen, zweimal zu einem eindringlichen Wortwechsel kommen. Einmal sagt Jesus in Erfüllung von Ps 22,16 und – so vom Evangelisten gedacht – als bewußtes Echo auf seine Begegnung mit der Samariterin an Jakobs Brunnen die Worte: »Mich dürstet« (Joh 19,28). Ein Schwamm wird mit Essig getränkt, auf ein Ysoprohr gesteckt und ihm an den Mund gehalten. Zweitens findet sich bei J. auch die Szene, in der Jesus zu seiner Mutter spricht und sie dem Schutz des »geliebten Jüngers« anvertraut. Es wird nie zu ergründen sein, inwieweit diese »Worte am Kreuz« historische Erinnerungen wiedergeben oder nur fromme Legenden sind. Für sich genommen sind die Worte Jesu nicht unwahrscheinlich. Jesus scheint sich am Ende mit seiner Familie ausgesöhnt zu haben, nachdem er sich ihr zu Beginn seines Wirkens entfremdet hatte. Dies dürfte jedoch für die Gemeinden, welche die Überlieferungen von M. und L. hervorgebracht haben, nur von geringem Interesse gewesen sein, da sie von der leiblichen Familie Jesu in der Jerusalemer Urgemeinde durch Zeit und Ort weit entfernt waren. Bei J. stirbt Jesus, nachdem man ihm den mit Essig getränkten Schwamm in den Mund geschoben hat. Bei L. stirbt er mit einem frommen Gebet auf den Lippen. Es stammt aus den Psalmen: »In deine Hände befehle ich meinen Geist« (Ps 31,6). Matthäus bewegt sich weiterhin im Rahmen seiner Auslegung von Ps 22, dessen Einleitungsvers Jesus hinausschreit: »*Eli, Eli, lama asabthani?*« – »Mein Gott, mein Gott, warum hast du mich verlassen?« (Ps 22,2). Seiner ist der dramatischste der vier Berichte über den Tod Jesu und deshalb auch derjenige, der sich dem Leser am stärksten einprägt, ihn am meisten beschäftigt.

Albert Schweitzer hat gesagt, Jesus sei wegen seiner Gleichnisse gekreuzigt worden. Er wollte damit zum Ausdruck bringen, daß die Hohenpriester und der Sanhedrin die Freizügigkeit seiner Ansichten über Gott verabscheuten und den damit einhergehenden Mangel an Achtung vor der Thora, wie er sich etwa in den Gleichnissen vom Verlorenen Sohn und vom Pharisäer und Zöllner niederschlägt, die im Tempel beten. Eine andere Auslegung ergibt sich jedoch im Verfolg von Matthäus' Gebrauch des Leidenspsalms, der die letzten Worte Jesu in eine weit vernichtendere Richtung weist. Wir können sagen, daß Jesus in seiner Passivität nicht nur Pilatus und den Hohenpriestern trotzte, sondern sogar Gott selbst. Jesus war in die Welt gekommen, um den Juden zu sagen, Gott ist der himmlische Vater, der seine Kinder liebt, so wie Jesus selbst Kinder liebte. Jesus hatte Kinder in die Arme genommen und gesegnet. Er hatte sie von Krankheiten geheilt und anscheinend sogar von den Toten auferweckt – so gab er etwa den jungen Mann von Nain seiner verwitweten Mutter zurück und das Mädchen dem trauernden Vater Jaïrus. Jesus hatte Blinde, Lahme, Taube und geistig Verwirrte geheilt. Er hatte das Kommen eines Reiches der Liebe vorhergesagt, das von einer apokalyptischen Posaune angekündigt würde, wenn Gott seine wahre Natur zeige, nämlich Liebe. Dann würden alle Tränen getrocknet, der Löwe werde sich mit dem Lamm lagern, und Israel werde in Friede und Einheit wiederhergestellt.

Da drängt sich unweigerlich der Schluß auf, daß bis dahin mit der Welt etwas nicht in Ordnung ist. Da Jesus nichts über die paulinische Erbsündenlehre verlauten läßt, hätte er es kaum sehr überzeugend gefunden, daß die Bosheit des Menschenherzens das einzige Übel gewesen sein soll. Ausdrücklich hatte er die Vorstellung zurückgewiesen, ein Mann sei wegen seiner eigenen Sünde oder der seiner Eltern blind geboren worden. Es gibt nur einen, den man für die schiere Grausamkeit und das Unglück der Welt verantwortlich machen kann, nämlich ihren Schöpfer, sofern es ein solches Wesen gibt. Leben und Tod Jesu lassen sich als endgültige Verkündigung des monotheistischen Glaubens begreifen, das heißt des Glaubens nicht nur an den einen Gott, der die Welt erschaffen hat, sondern auch den einen Gott, der sie erhält und liebt. Die Rabbiner in den Konzentrationslagern haben Gott angeklagt und ihn für schuldig befunden, denn menschliche Bosheit allein genüge nicht, um die Schrecken des Holocaust zu erklären. Jesus hatte Gott vertraut und geglaubt, der Tag des Herrn werde kommen, den Armen Gerechtigkeit und den unschuldig Leidenden Heilung bringen. Er hatte sich selbst auf die Stufe des Ärmsten der Armen hinabbegeben und sich zum Diener aller gemacht, in jener letzten rituellen Geste beim Abendmahl mit seinen Freunden nämlich, als er einen Schurz anlegte und seinen Jüngern die Füße wusch. Sein Lohn waren Festnahme, Folter und öffentliche Demütigung gewesen. Er hatte für das Kommen des Reiches gebetet, und es war nicht gekommen. Selbst wenn er die Worte von Ps 22,2 nicht gesprochen haben sollte, als er am Kreuz hing, so hätte er sie doch mit Recht sprechen können: »*Mein Gott, mein Gott, warum hast du mich verlassen?*«

Bis zur neunten Stunde war Jesus am Kreuz noch am Leben, das heißt bis drei Uhr nachmittags. Bei M. und L. lesen wir, daß sich von der sechsten bis zur neunten Stunde Finsternis über das Land breitete, und man nimmt allgemein an, daß Jesus nach drei Stunden verstarb. Dies ist glaubwürdig. Falls die Evangelien seine letzten Tage auch nur halbwegs zutreffend schildern, muß er schon vor seiner Festnahme der Erschöpfung und dem Zusammenbruch nahe gewesen sein: Erst macht man ihn zur Galionsfigur einer großen Volksbewegung, obwohl er sich die größte Mühe gibt, den Menschenmassen in Galiläa zu entkommen. In Jerusalem haben sie ihn dann wieder eingeholt, und sie bereiten ihm auf der Eselin einen triumphalen Empfang. Wahrscheinlich findet er die ganze Woche keinen Schlaf. In Gethsemane, so erfahren wir, schwitzt er Blut, danach wird er eine ganze Nacht vernommen und gefoltert. Obwohl Fälle bekannt sind, daß Gekreuzigte bis zu drei Tage überlebten, müssen viele der Opfer früher gestorben sein. Ein durch einen großen eingeschlagenen Nagel gerissenes Ligamentum im Fuß genügt schon, um den Zusammenbruch des ganzen Körpers zu bewirken und den Tod durch Ersticken. Es gibt Spekulationen, daß der mit Essig getränkte Schwamm eine Droge enthalten habe; und natürlich hat es auch nicht an Behauptungen gefehlt, der Schwamm habe kein tödliches Narkotikum enthalten, sondern irgendeine Substanz, die den Körper vor seiner »Auferstehung« nur vorübergehend eingeschläfert habe. Das ist der Stoff, aus dem Detektivgeschichten gemacht sind, doch am wahrscheinlichsten dürfte sein, daß Jesus nach kurzer Zeit am Kreuz starb. Bei J. finden wir das zuverlässige Detail (das genau mit dem übereinstimmt, was man seit der Ausgrabung des Skeletts des Jehochanan erwarten darf), daß die Soldaten vor Anbruch der Dunkelheit nach den Gekreuzigten sehen. Sie wollen den noch Lebenden die Beine brechen, damit sie nach jüdischem Brauch vor dem Sabbat beerdigt werden können. Doch Jesus ist schon tot, als sie zu ihm kommen. Statt ihm die Beine zu brechen, stößt ihm ein Soldat mit einer Lanze in die Seite, und Blut und Wasser fließen heraus.

Bei M. erfahren wir, daß sich nach dem Tod Jesu eine Reihe außergewöhnlicher Dinge in Jerusalem ereigneten. Der Vorhang im Tempel, der das Allerheiligste abtrennte, zerriß – Symbol für den Untergang des Judaismus und die Ankündigung des direkten Zugangs des Menschen zu Gott durch den Sühnetod Jesu. In einer Art Vorwegnahme des Triumphs Jesu über den Tod heißt es: »Und die Erde erbebte, und die Felsen zerrissen, und die Gräber taten sich auf, und viele Leiber der entschlafenen Heiligen standen auf und gingen aus den Gräbern nach seiner Auferstehung und kamen in die heilige Stadt und erschienen vielen« (Mt 27,52–53). Das erinnert an das Geschnatter und Kreischen der in Leichentücher gehüllten Toten auf den Straßen Roms am Vorabend von Julius Cäsars Ermordung. Interessanterweise erwähnt diese faszinierenden Phänomene kein anderer Historiker der Zeit, auch L. und J. nicht.

Nach jüdischem Gesetz soll jeder Tote noch vor Sonnenuntergang begraben werden. Vielleicht bereitete es der Mutter Jesu und seinen Brüdern zusätzlichen Kummer, daß er nicht in Galiläa begraben werden konnte. Doch Joseph von Arimathäa enthob sie wenigstens der furchtbaren Aufgabe der Kreuzabnahme. Nach J. war er »heimlich« zu Pilatus gekommen, »aus Furcht vor den Juden«, und hatte um die Erlaubnis gebeten, »den Leichnam Jesu abzunehmen« (Joh 19,38). Doch noch ein anderer zeigt sich hilfsbereit: »Es kam aber auch Nikodemus, der vormals in der Nacht zu Jesus gekommen war...« (Joh 19,39). Bei L. und M. findet sich die Überlieferung, Joseph von Arimathäa allein habe Jesus begraben. Bei Markus tritt Joseph an Pilatus heran und bittet um die Erlaubnis, Jesus zu begraben; Pilatus zeigt sich erstaunt, daß sein junger Gefangener schon tot ist.

Diese Verbindung mit Joseph von Arimathäa, Nikodemus und Männern ihres Ranges am Schluß der Evangelien macht deutlich, daß es in Jerusalem Bekannte, wenn auch keine engen Freunde Jesu gab, die nicht unbedingt etwas mit seinen Fischerfreunden in Galiläa zu tun hatten. Joseph, so erfahren wir, war ein reicher Mann, der ein in einen Felsen gehauenes Grab besaß, in das noch nie ein Leichnam gelegt worden war. Bei J. lesen wir, dieses Grab habe sich in einem Garten unweit der Stelle befunden, an der Jesus gekreuzigt wurde. Es mutet seltsam an, daß Jesus von zwei der ranghöchsten Angehörigen des jüdischen Sanhedrins gesalbt und begraben worden sein soll – ausgerechnet von Leuten vom Schlage eines Jakobus, von jenen frühen »Christen« in Jerusalem, die sich nach dem Tod Jesu »ständig im Tempel« aufhielten. Denn das volkstümliche christliche Schrifttum hat Jesus immer als »Opfer der Juden« dargestellt: von »den Juden« zu Tode gehetzt und wegen seiner Gegnerschaft zur religiösen Hierarchie seiner Zeit verfolgt. Bei J. also salben diese Männer den Leichnam Jesu und legen ihn in das Felsengrab. Bei M. und L. salben die Frauen den Leichnam, und allein bei M. findet sich das Detail, daß ein Stein vor den Eingang des Grabs gewälzt wird.

Um kurz zu rekapitulieren: Es dürfte unwahrscheinlich sein, daß man Jesus wegen Gotteslästerung vor Gericht stellte, und man kann mit einiger Sicherheit davon ausgehen, daß nicht der Sanhedrin ihm den Prozeß gemacht hat. Allerdings ist denkbar, daß es die Hohenpriester waren, die Jesus als potentiellen Störenfried dem Pilatus überantworteten. Pilatus hat vielleicht den Wunsch gehabt (L.), vielleicht aber auch nicht (M., J.), diesen Galiläer dem Herodes Antipas zu überstellen, da Galiläa der Jurisdiktion des Herodes unterstand. Da Jesus Herodes einmal einen alten »Fuchs« (Lk 13,32) genannt hatte, wären seine Chancen auf Freispruch wohl eher gering gewesen, wenn dieser Teil des »Prozesses« unter Herodes' Vorsitz stattgefunden hätte. Inzwischen war die Familie Jesu wiederaufgetaucht – erstmals seit den frühen Streitigkeiten mit Jesus in Galiläa. Seine Angehörigen wurden Zeugen seines Todes, und vielleicht war der Mann, der seine Beerdigung besorgte, Joseph von Arimathäa, mit Jesus entfernt verwandt. Jedenfalls wurde Jesus nach jüdischem Brauch beigesetzt, am Abend oder am Vorabend des Passafests.

Der Leser hat inzwischen sicher erkannt, wie schwierig es ist, die Zeugnisse der Evangelien über Leben und Tod Jesu zu sichten. Offensichtlich hatten die Evangelisten nicht vor, eine »neutrale« *Reportage* zu schreiben, falls es so etwas überhaupt gibt; der Tod Jesu war für sie von so großer religiöser Bedeutung, daß sie seine Lebensgeschichte geradezu zwangsläufig vor dem Hintergrund der jüdischen Schriften erzählen. Sie schrieben aus der Gewißheit, daß der Tod Jesu kein gewöhnlicher Tod war. Die Erfahrung ihres gemeinsamen Glaubens an Jesus und seine Lehre bestärkte sie in der Überzeugung, daß jede Einzelheit der schrecklichen letzten zwölf Stunden im Leben Jesu mit theologischer Bedeutung stark befrachtet war. Das Bild, das M. und L. von dem leidenden Jesus zeichnen, vergegenwärtigt ihr lebhaftes Gespür für Schwäche, Pathos und Verzweiflung. Bei J. fehlt fast jegliches Pathos – trotz des »Frau, siehe, das ist dein Sohn!« (Joh 19,26) und des »Mich dürstet« (Joh 19,28). Es ist die Ansicht geäußert worden, die Darstellung der Kreuzigung im vierten Evangelium sei ebensowenig Passionsgeschichte wie *Mord im Dom* ein Kriminalroman, vielmehr verstehe der Verfasser die Kreuzigung als einen Akt der Erhöhung, gemäß Joh 3,14–15: »Und wie Mose in der Wüste die Schlange erhöht hat, so muß der Menschensohn erhöht werden, damit alle, die an ihn glauben, das ewige Leben haben.«

Auch wenn die Evangelisten für ihre Darstellung eine unverkennbar eigene literarische Form gefunden haben, müssen wir zugeben, daß sie außerordentlich detailreich und lebendig ist. Über die letzten Lebensstunden Jesu meinen wir so gut Bescheid zu wissen wie bei keiner anderen Gestalt der antiken Welt, nicht einmal bei römischen Kaisern. Paradox ist nur, daß die Evangelisten uns einerseits dazu bewegen wollen, an den Namen Jesu zu glauben und in ihm Erlösung zu finden, uns andererseits aber so wenig Handfestes über ihn selbst erzählen. Sein Leiden und sein Tod sind mächtig genug, Menschen anzurühren und ihr Leben zu verändern, weil sie dem Hörer oder Leser von Anbeginn als Urbilder der *Conditio humana* erscheinen. Die Menschheit sucht im Kreuz Jesu Erlösung. Doch ein Teil der Faszination seiner Leidensgeschichte liegt gerade darin, daß wir so wenig über ihn wissen. Hätten uns die Evangelien ausführlich dokumentierte, exakte Darstellungen seiner apokalyptischen Glaubensvorstellungen oder genau der Auseinandersetzungen geliefert, die er (falls überhaupt) mit der religiösen Hierarchie in Jerusalem austrug, würde uns dies vielleicht befremden. Wir sollten allerdings erkennen, daß Jesus ein Mann seiner Zeit war, den Dinge bewegten, die Menschen anderer Zeiten oder anderen Kulturen vielleicht unbedeutend oder unverständlich erscheinen. Und doch ist die Gestalt des hilflosen und offensichtlich unschuldigen Mannes, dem vor dem römischen Statthalter der Prozeß auf Leben und Tod gemacht wird, eine Erscheinung, die alle Menschen ansprechen kann. Gerade weil wir so wenig über die banalen Alltäglichkeiten seines Lebens wissen, fühlen wir uns von den großen Gesten des einsamen, geschundenen Mannes so stark angesprochen – von seinem Schweigen, von seiner Nachsicht mit den Häschern. Aus welchen Gründen Paulus sich auch zu Jesus hingezogen fühlte – er erkannte den ungeheuren Reiz, den solche Dinge auf das menschliche Vorstellungsvermögen ausüben, als er konstatierte: ». . . was schwach ist vor der Welt, das hat Gott erwählt, damit er zuschanden mache, was stark ist« (1 Kor 1,27).

Paulus und die Evangelisten finden durch den Tod Jesu Erlösung, denn sie glauben, es sei ein Sühnetod. Allerdings können wir nicht aus ihren Schriften extrahieren wollen, *warum* sie dies glaubten. Außer Frage steht indes, daß das Kreuz Jesu seit zweitausend Jahren im Mittelpunkt religiöser Verehrung steht und daß ungezählte Menschen darin Trost gefunden haben. Unbefriedigend bleibt, daß uns das Neue Testament die wahre Natur des Menschen Jesus nicht enthüllt. Seinen Gleichnissen und seinen überlieferten Worten läßt sich entnehmen, daß er ein Mensch von Intelligenz und Witz war. Ferner dürfte unbestreitbar sein, daß er ein aus sich selbst heraus tugendhafter Mann war, der zudem mit heilenden Kräften und einer apokalyptischen, vielleicht messianischen Vision begabt war. Die Evangelien sind jedoch so sehr darauf bedacht, uns Jesus als einen Mann zu vermitteln, durch den die Macht Gottes am Werk war, als einen Mann, durch den die Herrlichkeit Gottes verkündet wurde, daß sie uns nur wenige

Beispiele seiner Tugendhaftigkeit bieten – seiner Tugend im traditionellen Sinn. Bei Matthäus sagt Jesus über den Tag des Gerichts, daß die Gerechten belohnt werden, indem der König, der Menschensohn (also Jesus selbst), ihnen das Reich vermacht: »Denn ich bin hungrig gewesen, und ihr habt mir zu essen gegeben. Ich bin durstig gewesen, und ihr habt mir zu trinken gegeben. Ich bin ein Fremder gewesen, und ihr habt mich aufgenommen. Ich bin nackt gewesen, und ihr habt mich gekleidet. Ich bin krank gewesen, und ihr habt mich besucht. Ich bin im Gefängnis gewesen, und ihr seid zu mir gekommen« (Mt 25,35–36). Was er uns damit sagen will, liegt auf der Hand: Indem wir anderen Gutes tun, dienen wir Gott. Formale religiöse Pflichterfüllung ist nicht genug: »Es werden viele zu mir sagen an jenem Tage: Herr, Herr, haben wir nicht in deinem Namen geweissagt? Haben wir nicht in deinem Namen böse Geister ausgetrieben? Haben wir nicht in deinem Namen viele Wunder getan? Dann werde ich ihnen bekennen: Ich habe euch noch nie gekannt; weicht von mir, ihr Übeltäter!« (Mt 7,22–23).

Jesus stand bei seinem Wirken, in seiner Lehre fest auf dem Boden der Tradition der jüdischen Propheten, daß Gott nur menschliche Güte wohlgefällig sei. Mystizismus, Teufelsaustreibungen oder Heilungen waren kein Ersatz für Gerechtigkeit und Tugend. Als das Christentum zu einer Weltreligion wurde, nahm es viel von diesem Geist für sich in Anspruch. Soweit das Christentum in dieser Welt tatsächlich je eine Kraft gewesen ist, die für das Gute eintritt, ist dies jenen Anhängern zu verdanken, die sich von diesem Teil der Lehre Jesu haben inspirieren lassen. Es wäre zynisch anzunehmen, Jesus selbst habe solche Tugend nie geübt. Wir wissen, daß er Umgang mit Sündern pflegte und ihnen die Vergebung Gottes verkündete. Den Evangelien zufolge hat er eine Ehebrecherin vor der Steinigung gerettet, Schwindlern und Steuereinnehmern ein Gefühl für ihren Wert vor Gott vermittelt, Kranke geheilt. Und doch fehlt den Schilderungen solcher guten Taten in den Evangelien die anekdotische Nichtaustauschbarkeit, fehlt eine Charakteranalyse Jesu selbst, so daß es nur überraschen kann, wie eine historische Gestalt, über die so wenig bekannt ist, einen Ruf erwarb, wie ihn sich die Theologie nur wünschen kann. Bei der Ausgestaltung ihrer Glaubensvorstellungen muß die Verfasser des Neuen Testaments das Andenken an einen außergewöhnlichen Menschen stark beeinflußt haben; doch worin dieses Außergewöhnliche bestand, verraten sie uns nicht. Entweder wollen oder können sie uns nichts sagen. Die Gefühle, die Jesus in einem Historiker auslöst, ähneln denen, die Shakespeare wachruft. Dieser brachte es im elisabethanischen London zu Ruhm und Reichtum, war bekannt wie ein bunter Hund; er hinterließ ein literarisches Gesamtwerk, das seinesgleichen sucht. Aber seine »Persönlichkeit« ist bis heute so gut wie unsichtbar.

Anhang zum 10. Kapitel

Zu den letzten Stunden Jesu gibt es drei verschiedene Überlieferungen: Markus/Matthäus (M.), Lukas (L.) sowie das vierte Evangelium (J.). Nur J. behauptet, er verwende Material von Augenzeugen.

BEGEBENHEIT	M	L	J
Identität derer, die Jesus festgenommen haben	Einige von den Hohenpriestern geschickte Männer	Einige Männer, darunter die Hohenpriester persönlich	Römische Soldaten
Der erste Ort, an den Jesus nach seiner Festnahme gebracht wurde	Der Palast des Hohenpriesters	Das Haus des Hohenpriesters	Das Haus Annas', des Schwiegervaters des Hohenpriesters Kaiphas
Die Verleugnung des Petrus	Der Bericht über die Verleugnung des Petrus ist allen drei Überlieferungen gemeinsam.		
Jesus vor Gericht: Der Prozeß vor dem Hohenpriester	Vollversammlung des Sanhedrins vor Tagesanbruch; der Hohepriester zerreißt sein Gewand wegen der »Gotteslästerung« Jesu, als dieser Dan 7,3 auf sich bezieht.	Ähnlich wie bei M.; ein nächtlicher Prozeß vor dem Sanhedrin	Der »andere Jünger« ist dem Hohenpriester bekannt; kein Prozeß vor dem Hohenpriester; eine »Untersuchung«, bei der Wächter Jesus schlagen; anschließend wird er zur weiteren Vernehmung Pilatus überstellt.
Der Prozeß vor Pilatus			Die Priester weigern sich, das Prätorium zu betreten.
Pilatus fragt: »Bist du der König der Juden?«	Jesus weigert sich, sich zu den Vorwürfen zu äußern.	Jesus sagt: »Du sagst es.«	Jesus fragt: »Sagst du das von dir aus, oder haben dir's andere über mich gesagt?«; »Mein Reich ist nicht von dieser Welt.«

BEGEBENHEIT	M	L	J
Reaktion des Pilatus	Pilatus wäscht sich zum Zeichen der Unschuld der Nichtjuden die Hände; bei Matthäus sagt das Volk: »Sein Blut komme über uns und unsere Kinder!« Damit wird angedeutet, daß allein die Juden für den Tod Jesu verantwortlich sind.	Pilatus will die Verantwortung Herodes Antipas zuschieben, da Jesus, ein Galiläer, nicht in die Jurisdiktion von Judäa fällt; Pilatus läßt einen wegen Aufruhrs und Mordes im Gefängnis sitzenden Mann frei, nachdem er vergeblich versucht hat, Jesus dem Volk loszugeben; die Juden bestehen auf der Hinrichtung Jesu.	Bei den Römern war es Sitte, zum Passafest einen Gefangenen freizulassen; die Juden wollen jedoch lieber Barabbas statt Jesus freihaben.
Die Krönung Jesu mit einer Dornenkrone durch Soldaten im Prätorium	Die Soldaten krönen Jesus mit einer Dornenkrone.	Die Gewalttätigkeit der Römer gegen Jesus fehlt.	Jesus wird zum »König der Juden« gekrönt. Die Juden antworten: »Wir haben keinen König als den Kaiser.«
Tragen des Kreuzes	Simon von Kyrene, der Vater des Rufus und des Alexander, hilft Jesus das Kreuz tragen.	Simon von Kyrene hilft Jesus das Kreuz tragen.	Jesus trägt sein Kreuz allein zur Schädelstätte (Golgatha).
		Auf seinem Weg zur Schädelstätte hält Jesus inne, um sich an die Frauen von Jerusalem zu wenden: »Ihr Töchter von Jerusalem, weint nicht über mich, sondern weint über euch selbst und über eure Kinder.«	
Kreuzigung	Jesus wird neben zwei politischen Terroristen gekreuzigt.	Jesus wird neben zwei Verbrechern gekreuzigt.	Jesus wird zusammen mit zwei anderen gekreuzigt.

BEGEBENHEIT	M	L	J
	Auf einer Inschrift über dem Kreuz ist zu lesen: »Der König der Juden.«	Auf einer Inschrift über dem Kreuz heißt es: »Dies ist der König der Juden.«	Die Inschrift über dem Kreuz lautet: »Jesus von Nazareth, der König der Juden.« Die Inschrift ist in hebräischer, lateinischer und griechischer Sprache geschrieben.
Die Worte Jesu am Kreuz	»*Eli, Eli, lama asabthani?*« – »Mein Gott, mein Gott, warum hast du mich verlassen?« (Ps 22,2).	»Vater, vergib ihnen; denn sie wissen nicht, was sie tun!« Er verspricht dem reumütigen Übeltäter: »Heute wirst du mit mir im Paradies sein.« Er stirbt mit den Worten: »Vater, ich befehle meinen Geist in deine Hände!«	Er vertraut seine Mutter der Fürsorge des »geliebten Jüngers« an: »Siehe, das ist deine Mutter!« Er sagt: »Mich dürstet.« Er stirbt mit den Worten: »Es ist vollbracht« – das heißt, seine Aufgabe, die Erlösung der Welt, ist erfüllt.
Der Tod Jesu	Als Jesus stirbt, verfinstert sich der Himmel, der Vorhang im Tempel wird von oben bis unten zerrissen, die Gräber öffnen sich, und die Toten stehen auf. Der Zenturio versichert, daß Jesus der Sohn Gottes war.	Es wird finster. Der Vorhang im Tempel wird zerrissen. Der römische Zenturio versichert, daß Jesus ein frommer Mensch war.	Römische Soldaten kommen, um den Gekreuzigten die Beine zu brechen, damit ihr Tod schneller eintritt und sie nach jüdischem Brauch noch vor Sonnenuntergang und damit vor dem Passafest begraben werden können. Jesus ist schon tot, als sie zu ihm kommen, um ihm die Beine zu brechen. Sie öffnen seine Seite mit einer Lanze, und aus der Wunde fließen Blut und Wasser.

BEGEBENHEIT	M	L	J
Zeugen der Kreuzigung und des Todes Jesu	In einiger Entfernung sehen Maria aus Magdala, Maria, die Mutter des Jakobus und des Joses, sowie die Mutter der Söhne des Zebedäus zu. Markus erwähnt außerdem Salome.	»Es standen aber alle seine Bekannten von ferne, auch die Frauen, die ihm aus Galiläa nachgefolgt waren, und sahen das alles.«	Seine Mutter, deren Schwester, Maria, die Frau des Klopas, Maria aus Magdala, der »geliebte Jünger« und (falls dies eine weitere Person ist) der Augenzeuge, der sah, wie die Seite Jesu mit einer Lanze geöffnet wurde, sind anwesend.
Die Grablegung Jesu	Pilatus zeigt sich überrascht, daß Jesus schon tot ist. Er erlaubt Joseph von Arimathäa, einem reichen Mann, Jesus in einem unbenutzten Grab beizusetzen, das in einen Felsen gehauen ist. Joseph rollt einen großen Stein vor den Eingang. Maria aus Magdala und die andere Maria halten bei dem Stein Wache. Die Juden, voller Furcht, die Christen könnten behaupten, Jesus sei von den Toten auferstanden, bitten Pilatus, das Grab von Soldaten bewachen zu lassen. Diese Wache wird zugestanden.	Joseph von Arimathäa, ein Mitglied des Sanhedrins, bittet um Erlaubnis, den Leichnam zu begraben. Pilatus gewährt ihm die Bitte. Der Leichnam wird in ein Grab gelegt, das bisher nicht benutzt worden ist. Der Stein am Eingang des Grabs wird im Zusammenhang mit der Auferstehung erwähnt; allerdings wird uns nicht mitgeteilt, daß das Grab nach der Beisetzung mit einem Stein verschlossen worden war. Von einer Wache ist ebenfalls nicht die Rede.	Joseph von Arimathäa bestattet Jesus zusammen mit Nikodemus in einem neuen Grab in einem Garten in der Nähe von Golgatha. Die Männer salben Jesus und hüllen seinen Leichnam in Leintücher, gemäß den jüdischen Beerdigungsriten. Im Auferstehungsbericht wird ein Stein am Eingang des Grabs erwähnt, während beim Begräbnis nicht davon die Rede war, daß das Grab verschlossen oder bewacht wurde.

11. KAPITEL

Jesus Christus

Selbst in diesem Moment, in dem Sie diese Worte lesen, kommt irgend jemand auf der Welt zu der Überzeugung, daß Jesus Christus noch immer lebt. Obwohl die christlichen Kirchen weltweit über Mitgliederschwund klagen und in einem unaufhaltsamen Niedergang begriffen zu sein scheinen, bezeugen viele die Gegenwart Jesu in ihrem Leben.

Solche Zeugnisse gibt es jede Menge. Die Bandbreite reicht von ganz besonderen Erscheinungen Jesu wie etwa der von Marguérite-Maria Alacoque, der Jesus im Dezember 1673[1] sein heiliges Herz offenbart haben soll, bis hin zu unspezifischen, aber nicht weniger überzeugten Aussagen über die Gegenwart des auferstandenen Jesus. Ein gutes Beispiel einer solchen Erfahrung ist das der Simone Weil, der brillanten jungen Philosophin und Mathematikerin, die durch die Verbindung von Lektüre, persönlichem Leiden und dem Besuch zweier christlicher Stätten – Assisis und des Klosters von Solesmes – allmählich zum Theismus kam. Sie machte es sich zur Gewohnheit, George Herberts Gedicht *Liebe* über die Begegnung der Seele mit Christus zu rezitieren; und wie sie einem Dominikanerpater einmal anvertraute, Jean-Marie Perrin, sei einmal während eines solchen Sprechens »Christus selbst herniedergestiegen und hat mich ergriffen. In meinen Überlegungen über die Unlösbarkeit des Gottesproblems hatte ich diese Möglichkeit nicht vorausgesehen: die einer wirklichen Berührung, von Person zu Person, hienieden, zwischen dem menschlichen Wesen und Gott.«[2]

Für Nichtchristen muß es unverständlich bleiben, wie sich das Erlebnis einer solchen Gegenwart zu der Überzeugung verfestigen kann, daß es sich dabei um die Gegenwart Christi handelt.

Anders ausgedrückt: Wenn man solche Aussagen liest oder hört, fällt es schwer, die Verbindung zwischen dem auferstandenen Jesus, der seine mystische Gegenwart spürbar werden läßt, und dem historischen Jesus herzustellen. Die Theologie hat sich von Anbeginn fast ausschließlich mit dem auferstandenen Christus befaßt; so überrascht es nicht, daß der historische Jesus bis heute vernachlässigt wurde. Simone Weil beispielsweise betrachtet Homers *Ilias* als vom Geist Christi inspiriert und will sogar bei Euripides und Pythagoras Ankündigungen Christi gefunden haben.[3] Paulus sagt in seinen Briefen, der Fels, aus dem Wasser entsprang, um die Israeliten fünfzehnhundert Jahre vor der Geburt Jesu in der Wüste zu tränken, »war Christus« (1 Kor 10,4). Als Paulus seine Erscheinung des von den Toten auferstandenen Christus hatte, war dies das lebendigste Beispiel dafür, was Simone Weil eine »wirkliche Berührung« genannt hat. Ich habe in den vorigen Kapiteln dieses Buches einige sehr spekulative Erklärungen dafür zu finden versucht, weshalb sich Paulus geradezu wie ein Besessener mit Jesus und dessen Jüngern beschäftigt hat. Diese Erklärungen waren natürlich keine Erklärungen; es wird nämlich nie eine Erklärung dafür geben, weshalb Paulus im Gegensatz zu den anderen Anhängern Jesu oder unabhängig von ihnen beschloß, den Gedanken, Gott habe auf unmittelbarere Weise als durch die Propheten zu den Menschen gesprochen, in die nichtjüdische Welt zu tragen:

»Als er aber auf dem Wege war und in die Nähe von Damaskus kam, umleuchtete ihn plötzlich ein Licht vom Himmel; und er fiel auf die Erde und hörte eine Stimme, die sprach zu ihm: Saul, Saul, was verfolgst du mich? Er aber sprach: Herr, wer bist du? Der sprach: Ich bin Jesus, den du verfolgst« (Apg 9,3–5).

Paulus unterscheidet in seinen Schriften an keiner Stelle zwischen seinem Erlebnis der Erscheinung Jesu und den Erscheinungen des auferstandenen Jesus, die dessen engen Freunden Maria aus Magdala, Petrus, Johannes und den anderen der Zwölf zuteil wurden, einschließlich des ungläubigen Thomas. Paulus läßt nicht einmal anklingen, daß sein Glaube vom leeren Grab abhängig ist. Er liefert uns keinen »Beweis« für die Auferstehung.

Als ich in Jerusalem einmal die Grabstätte Jesu besuchte, fand ich dort eine Gruppe amerikanischer Touristen vor. Ihr Reiseleiter erzählte ihnen gerade, die Auferstehung Jesu Christi sei die am besten bezeugte Tatsache der Menschheitsgeschichte. Paulus hätte so etwas nie behauptet: Für ihn war die Auferstehung Jesu eine Frage des Glaubens. Auch dem Verfasser des vierten Evangeliums wäre eine solche Äußerung nicht über die Lippen gekommen, denn er glaubte: »Selig sind, die nicht sehen und doch glauben!« (Joh 20,29).

Wer immer die Evangelisten waren und wo immer sie ihre Schriften verfaßt haben, sie sind alle in die gleiche Welt des Glaubens eingetreten, die von Paulus und anderen Gläubigen bewohnt wurde, die in der einen oder anderen Weise überzeugt waren, daß Jesus lebt. An diesem Punkt unserer Darstellung müssen wir unsere Bemühungen aufgeben, herauszufinden zu wollen, »was wirklich geschehen ist«. Für die Wahrheit der Evangelien gibt es nämlich nur ein Kriterium: Subjektivität.

Die, die nicht gesehen hatten, aber doch glaubten, schrieben für ihre Gemeinden Auferstehungsberichte, in der Exegese »Osterberichte« genannt. Wir brauchen die ersten Verfasser von Osterberichten gar nicht der Fälschung zu bezichtigen. Wie wir 1 Kor 15 fünfundzwanzig Jahre nach dem Tod Jesu entnehmen können, war die Auferstehung ein fester Bestandteil in den Vorstellungen dieser Gemeinden.

Hinter diesen Berichten über Begegnungen mit dem auferstandenen Jesus, wie sie Gläubige heute noch erfahren wollen, stecken jedoch weiter zurückliegende Erlebnisse und Erfahrungen. Angesichts der Beschaffenheit der uns überlieferten Darstellungen halte ich Zweifel daran, daß die Frauen, die die Kreuzigung Jesu aus der Ferne mitverfolgt hatten, nicht schon am frühen Morgen des dritten Tages zu seinem Grab gekommen sind, für völlig unangebracht. Mir fällt es gleichermaßen schwer zu glauben, daß das Grab, in dem sie den Leichnam suchten, nicht leer war. Ich sage dies jedoch nicht, weil ich die zahlreichen Erscheinungsgeschichten so unwiderleglich plausibel oder psychologisch realistisch finde. Ich sage es, weil die ersten Zeugen Frauen waren, denn es wäre keinem Juden des ersten Jahrhunderts, der eine gute Geschichte hätte erfinden wollen, auch nur im Traum eingefallen, Frauen mit fingierten Zeugnissen auszustatten. Frauen durften vor jüdischen Gerichten keine Zeugenaussage machen, da sie nicht zählte. Falls die Jünger die Geschichten vom leeren Grab hätten erfinden wollen, wären sicher Petrus oder Jakobus, der Bruder des Herrn, oder Nikodemus und Joseph von Arimathäa, die beiden reichen Männer, die ersten Zeugen gewesen. Fromme Christen haben die geheimnisvolle Osternacht immer wieder als Wendepunkt in der Menschheitsgeschichte verstanden: »Die Welt war in der Nacht gestorben. Was sie ansahen, war der erste Tag einer neuen Schöpfung mit einem neuen Himmel und einer neuen Erde, und Gott wandelte in Gestalt eines Gärtners wieder in dem Garten, jedoch nicht in der Abendkühle, sondern in der Morgendämmerung.«[4] In dieser Phantasievorstellung steckt mehr als eine metaphorische Wahrheit.

Nach der Darstellung der Osterereignisse im Markusevangelium, die zahlreiche Wissenschaftler für die früheste halten, kommen Maria aus Magdala, Maria, die Mutter des Jakobus, und Salome in der Absicht zum Grab, den Leichnam mit wohlriechenden Ölen zu salben. Sie sehen, daß der Stein vom Grab weggewälzt ist. Im Grab erblicken sie einen *neaniskos*, einen Jüngling, der ein langes weißes Gewand trägt, vermutlich der gleiche rätselhafte junge Mann, der drei Tage zuvor am Abend bei der Festnahme Jesu weggelaufen war. Dieser Jüngling teilt den Frauen mit, Jesus sei nicht mehr da: »Geht aber hin und sagt seinen Jüngern und Petrus, daß er vor euch hingehen wird nach Galiläa; dort werdet ihr ihn sehen, wie er euch gesagt hat« (Mk 16,7). Daraufhin rennen die Frauen entsetzt weg: »Und sie sagten niemandem etwas; denn sie fürchteten sich« (Mk 16,8).

An dieser Stelle endete ursprünglich das Markusevangelium.[5] Dies läßt sich verschieden deuten. So rätselhaft diese Darstellung auch ist, wir kämen nicht auf die Idee, daß uns vermittelt werden soll, Jesus sei auf wundersame Weise aus dem Grab auferstanden, es sei denn, wir lesen den Text mit den Augen des Glaubens. Viel einleuchtender wäre die Annahme, der junge Mann und seine Freunde hätten sich entschlossen, den Leichnam zur Beisetzung nach Galiläa zu bringen. Vielleicht ist ihnen das gelungen. Vielleicht liegt der Leichnam Jesu tatsächlich in Nazareth in der Nähe des Hauses seiner Mutter oder in Kapernaum am Ufer des Sees, wo er mit seinen Freunden zum Fischen hinausfuhr. Vielleicht ist es ihnen auch nicht gelungen. Vielleicht wurden sie von den Frauen bei ihrem Vorhaben gestört oder fürchteten um ihr Leben. Immerhin war ein Zusammenstoß mit römischen Soldaten nicht ausgeschlossen. So haben der Jüngling und seine Freunde den Leichnam vielleicht irgendwo in der Nähe liegenlassen. Wir werden es nie erfahren.

In der Darstellung des Matthäus ist der Jüngling, der den Frauen die Auferstehung Jesu verkündet, zu einem Engel geworden: »Seine Gestalt war wie der Blitz und sein Gewand weiß wie der Schnee« (Mt 28,3). Bei Matthäus begegnen die Frauen, als sie vom Grab wegeilen, Jesus, der zu ihnen sagt: »Geht hin und verkündigt es meinen Brüdern, daß sie nach Galiläa gehen; dort werden sie mich sehen« (Mt 28,10). Matthäus hat sein Evangelium spätestens sechzig Jahre nach Jesu Tod geschrieben; sein Osterbericht enthält jedoch deutlich sichtbar Erinnerungen an eine weniger glaubwürdige Überlieferung. Bei Matthäus behaupten die bösen Ungläubigen, die Jünger hätten den Leichnam Jesu gestohlen. Um solche Zweifel zu zerstreuen, läßt Matthäus Jesus ein letztes Mal auf einem Berg in Galiläa erscheinen, genau an der Stelle, an der er den Zwölf einmal ihren Sendungsauftrag erteilt hatte. Er weist sie an, in die Welt zu gehen: »...Machet zu Jüngern alle Völker: Taufet sie auf den Namen des Vaters und des Sohnes und des heiligen Geistes« (Mt 28,19). Nach diesem Vers ist Jesus zum Gründer der Kirche geworden; so kann es nicht überraschen, daß gerade Katholiken den Erweis zu bringen versuchen, Matthäus sei das erste, das Urevangelium, von dem sich die anderen drei herleiten.[6]

Lukas' Bericht über die zwei Männer, die sich auf den Weg zum Dorf Emmaus begeben, hat eine gewisse erzählerische Glaubwürdigkeit. Unterwegs unterhalten sich die Männer über die Ereignisse der vergangenen drei Tage und machen aus ihrer Enttäuschung über Jesus kein Hehl: »Wir aber hofften, er sei es, der Israel erlösen werde...« (Lk 24,21). Inzwischen hat sich ihnen ein Fremder angeschlossen, der sie ob ihres »trägen Herzens« tadelt und auf die Schrift verweist, nach welcher Jesus leiden und sterben mußte. Als die beiden Männer ihren Bestimmungsort fast erreicht haben, wenden sie sich an den Fremden und bitten ihn: »Bleibe bei uns; denn es will Abend werden, und der Tag hat sich geneigt...« (Lk 24,29). Der Fremde bleibt bei ihnen, bricht bei

Tisch das Brot und gibt es ihnen:»Da wurden ihre Augen geöffnet, und sie erkannten ihn. Und er verschwand vor ihnen« (Lk 24,31). Dies ist eine großartige Schilderung, weil sie soviel über die Natur des Glaubens enthüllt. Wer diese Darstellung mit den Augen eines Nichtgläubigen liest, wird sich kaum davon überzeugen lassen, daß die Auferstehung ein historisches Ereignis sei. Für alles, was wir hier lesen, lassen sich natürliche Erklärungen finden. Wir könnten etwa auf die Merkwürdigkeit verweisen, daß die Jünger Jesus erst erkannten, kurz bevor er ihren Augen entschwand; rational könnte man das damit erklären, daß es sich gar nicht um Jesus gehandelt hat, sondern um einen Mann, der ihm ähnlich sah, etwa einen Bruder. Hätte nicht ebensogut Jakobus, der in der Apostelgeschichte, der Fortsetzung des Lukasevangeliums, unvermittelt als Leiter der Jerusalemer Urgemeinde auftaucht, genau das gleiche zu den beiden traurigen Männern sagen können wie dieser »Fremde«? Doch den Gläubigen würden solche Fragen nicht anfechten:»Brannte nicht unser Herz in uns, als er mit uns redete auf dem Wege und uns die Schrift öffnete?« (Lk 24,32).

Das vierte Evangelium enthält die dramatischsten Osterberichte. Das ist auch nicht anders zu erwarten. Es sind im Kern drei. Im ersten kommt Maria aus Magdala allein zum Grab, sieht, daß der Stein weggewälzt ist, und eilt zurück, um Simon Petrus und den »anderen Jünger« zu holen, »den Jesus liebhatte«. Sie gehen in das Grab hinein, finden nur die Binden und das Schweißtuch Jesu vor und begeben sich wieder nach Hause. Dann sieht Maria, die vor dem Grab Jesu weint, drinnen zwei Engel in weißen Gewändern sitzen und klagt, daß man den Leichnam Jesu fortgeschafft habe. Sie dreht sich um und erblickt einen Fremden, den sie zunächst für den Gärtner hält. Sie sagt zu ihm:»Herr, hast du ihn weggetragen, so sage mir, wo du ihn hingelegt hast; dann will ich ihn holen« (Joh 20,15). Wie in der Erzählung des Lukas von den Emmausjüngern fällt es schwer zu glauben, daß jemand, dem Jesus vertraut war, ihn nicht wiedererkennt. Wenn jedoch der Fremde nicht der teure Freund gewesen ist, sondern dessen Bruder, der ihm sehr ähnlich war, dann allerdings ist dies genau die Art »Spätzündung«, die man erwarten kann. »Spricht Jesus zu ihr: Maria! Da wandte sic sich um und spricht zu ihm auf hebräisch: Rabbuni!, das heißt: Meister!« (Joh 20,16).

Die nur dem vierten Evangelium eigene bündige Eloquenz erhebt diesen Osterbericht zum vielleicht bewegendsten von allen. Wie so oft – etwa in den Geschichten von Nikodemus und der Samariterin an Jakobs Brunnen – bezieht es einen großen Teil seiner Aussagekraft daraus, daß es die Zahl der Akteure knapphält. Die anderen Frauen und die Jünger, die im Garten anwesend sind, sind von diesem Meister der Erzählkunst ausgespart worden, um eine ganz persönliche Begegnung zwischen Jesus und seiner vertrautesten Anhängerin zu inszenieren.

Wenn das vierte Evangelium, wie manche annehmen, aus Samaria stammt, wo die hellenistischen Juden der Diaspora die Frohe Botschaft Jesu angenommen hatten, kann es nicht überraschen, daß es weit stärker an der physischen Realität der Auferstehung Jesu festhält als die anderen neutestamentlichen Bücher. Dieses Evangelium will den Gläubigen zur wahren Anbetung des Vaters im Geiste und in der Wahrheit führen. Doch gleichzeitig möchte es davor bewahren, auf der Suche nach dem Geistigen das Irdische und Tatsächliche aus dem Blickfeld zu verlieren. Das Wort ist Fleisch geworden. Und Fleisch bleibt Jesus selbst nach seinem Tode. In der zweiten Generation nach dem Tod Jesu muß, besonders unter denen, die keinerlei Berührung mit der rituellen Observanz des Judaismus gehabt oder sie aufgegeben hatten, die Glaubensgemeinschaft, die das vierte Evangelium hervorgebracht hat, sich besonders stark versucht gefühlt haben zu sagen, es komme nicht darauf an, ob Jesus leiblich auferstanden sei. Vielleicht befanden sich Gläubige unter ihnen, die von der Auferstehung Christi eine verschwommene Vorstellung hatten, die nie von dem leeren Grab gesprochen und vielleicht sogar nie von ihm gehört hatten. Das vierte Evangelium, dem zufolge es weit wichtiger ist, zu glauben und nicht zu sehen sowie im Geiste anzubeten, baut zugleich mehrere Korrektive gegen einen solchen Ansatz ein. Da ist etwa die Geschichte des Lazarus, die, wie Morton Smith schlüssig darlegt, als Erinnerung an ein Ritual begann und als Stück Geschichte endete. Dann ist da die Geschichte von Maria aus Magdala beim Grab. Das berühmte »*Noli me tangere*« – »Rühre mich nicht an!« in Joh 20,17 vibriert wie so vieles im vierten Evangelium vor Doppelsinnigkeit und Widersprüchlichkeit. Ist es ein Leichnam, der zu ihr spricht, oder ein Geist?

Hätte sie ihn berühren können, wenn sie sich dazu entschlossen hätte? Später in jener Woche kommt der Auferstandene durch eine geschlossene Tür oder eine Wand in den Raum, in dem sich die Jünger »aus Furcht vor den Juden« versammelt haben. Thomas, einer der Zwölf, ist nicht unter ihnen, was dem Evangelisten die Möglichkeit gibt, seine kühnste theologische Fiktion zu wagen. Den Ritus der Taufe, mit dem der in Weiß gewandete Gläubige zu einem neuen Leben berufen wird, inszeniert dieser Verfasser als die Geschichte von der Auferweckung des Lazarus. Wäre die Auferweckung des Lazarus eine historische Tatsache, hätten sie die anderen Evangelisten in jedem Fall erwähnt. In ähnlicher Weise, damit niemand bezweifelt, daß Jesus auferstanden ist, erschafft die Phantasie des vierten Evangelisten die bewegende Geschichte vom ungläubigen Thomas: »Danach spricht er zu Thomas: Reiche deinen Finger her und sieh meine Hände und reiche deine Hand her und lege sie in meine Seite, und sei nicht ungläubig, sondern gläubig! Thomas antwortete und sprach zu ihm: Mein Herr und mein Gott!« (Joh 20,27-28). Wie bei der Geschichte des Lazarus ist es fast undenkbar, daß die anderen Evangelisten in ihren Berichten über den auferstandenen Jesus Thomas ausgelassen haben sollen, wenn ein so denkwürdiges Ereignis tatsächlich stattgefunden hatte.

In seinem dritten Osterbericht führt uns der Evangelist nach Galiläa. Jesus erscheint nach einer Nacht, in der die fischenden Jünger nichts gefangen haben, am Ufer des Sees Genezareth. Er sagt ihnen, sie sollten das Netz zur Rechten des Bootes auswerfen, und als sie es tun, können sie das Netz wegen der Menge der Fische nicht mehr ziehen. Es sind einhundertdreiundfünfzig Fische, eine Zahl, die eine symbolische Bedeutung haben muß. Wie bei der Begegnung der Maria aus Magdala mit Jesus beim Grab im Garten und wie in Lukas' Erzählung von den Emmausjüngern erkennen die Jünger Jesus auch hier nicht. Hier scheint eine natürliche Erklärung noch unangebrachter zu sein. Im dritten Osterbericht des vierten Evangeliums betraut Jesus Simon Petrus mit der Leitung der »Kirche«: »Weide meine Lämmer!« (Joh 21,15). Der Fang, den die Jünger gerade an Land gebracht haben, ist ein Sinnbild für die Bekehrten, die weder in Jerusalem noch auf dem Berg Garizim anbeten werden, sondern im Geiste und in der

Wahrheit. Dies ist das johanneische Pendant zu der Begebenheit, die Markus an den Anfang seines Evangeliums setzt, als Jesus am Ufer des Sees Genezareth entlanggeht und zu Simon und Andreas sagt: »Folgt mir nach; ich will euch zu Menschenfischern machen!« (Mk 1,17).

Zu was Jesus sie gemacht hat, ist weitgehend eine fromme Legende. Was sie aus Jesus gemacht haben, ist Hauptthema der Menschheitsgeschichte. Nur dreihundert Jahre später berief der römische Kaiser höchstpersönlich das Konzil von Nizäa ein, auf dem die Bischöfe, die ihre apostolische Autorität von den Fischern aus Galiläa ableiteten, feierlich verkündeten, Jesus sei nicht nur göttlich, sondern »Gott aus Gott, Licht aus Licht, wahrer Gott aus wahrem Gott, gezeugt, nicht geschaffen, wesensgleich dem Vater, durch den alles im Himmel und auf Erden geworden ist...«.

Es sprengt den Rahmen dieses Buches, die Geschichte des Christentums zu erzählen oder auf die Entwicklung der christlichen Lehre einzugehen. Das ist eine Geschichte, die wir fast nur von Christen kennen, und selbst hier müssen wir noch einschränken: von denen, die sich als »rechtgläubig« einstuften und die Oberhand behielten. So nimmt es nicht wunder, daß sogar bei modernen Christen noch die Auffassung vorherrscht, Jesus habe nach seinem Tod, seiner Auferstehung und Himmelfahrt den Heiligen Geist auf die Erde gesandt, um die Kirche in der ganzen Wahrheit zu unterweisen. Dieses Ereignis soll am Pfingsttag, fünfzig Tage nach der Auferstehung, stattgefunden haben. Danach, so scheint es, hat in der apostolischen Gemeinschaft, die den Glauben in einer vergleichsweise ursprünglichen Form bewahrte, Eintracht und Freude geherrscht.

Tatsächlich läßt jedoch schon das Neue Testament durchblikken, daß das alles andere als wahr ist. Von Anbeginn dürfte es mehrere »christliche« Gruppierungen gegeben haben, die keineswegs einem gemeinsamen Glauben anhingen, welche Maßstäbe man auch zugrunde legt.

Im 7. Kapitel der Apostelgeschichte beispielsweise lesen wir von Stephanus, einem hellenistischen Juden, der die Anbetung im Tempel für unnötig hält. Stephanus schwingt in Jerusalem eine große Rede (Apg 7,1–53), in der er die jüdische Obrigkeit scharf angreift und erklärt, während der gesamten jüdischen Geschichte habe sie die Propheten mißverstanden und getötet, so wie sie auch Jesus getötet habe. Sie widerstrebe dem Heiligen Geist und begreife nicht, daß der Allerhöchste nicht in Tempeln wohne, die mit Händen gemacht sind. Es gibt Wissenschaftler, die diese Rede des Stephanus als eine sehr ursprüngliche Form des Glaubens an Jesus betrachten. Jesus erscheint darin als großer Prophet, der vielleicht eines Tages auf den Wolken kommt, um sein Volk zu rechtfertigen, etwa so wie der Menschensohn im Buch des Propheten Daniel. Die Rede impliziert natürlich nicht, daß Jesus göttlich oder auch nur von den Toten auferstanden sei. Es ist Stephanus mit seinem hellenistisch-jüdischen Glauben, der die Verfolgung der Orthodoxie auf sich zieht, deren eifrigster Vertreter der später als Paulus bekannte Saulus ist. Auf Betreiben des Saulus wird Stephanus wegen Gotteslästerung zu Tode gesteinigt, wenn man dem etwas fragwürdigen Bericht in der Apostelgeschichte Glauben schenken will.

Es läßt sich heute kaum noch rekonstruieren, welche Einstellung die Zwölf zu den »griechischen Juden« hatten. Die Zwölf, die sich unter der Leitung des Herrenbruders Jakobus neu formiert hatten, blieben in Jerusalem und teilten die Abneigung des Stephanus gegen die Anbetung im Tempel offensichtlich nicht. Es finden sich nämlich in der Apostelgeschichte zahlreiche Hinweise auf ihre regelmäßigen Tempelbesuche. Die »griechischen Juden«, deren einer Philippus war, begaben sich nach Samaria, in das Gebiet zwischen Galiläa und Jerusalem. Alle vier Evangelien bezeugen die tolerante Einstellung Jesu gegenüber den Samaritern, und so darf man davon ausgehen, daß diese »griechischen Juden«, die in Jerusalem von Saulus verfolgt wurden, sich nach Norden wandten, um dort Anhänger zu gewinnen. Die Samariter hatten mit der Anbetung im Jerusalemer Tempel nichts zu schaffen, wie aus dem Gespräch Jesu mit der Samariterin hervorgeht. Sie warteten auf das Kommen eines irdischen Messias – Ta'eb[7] – und ließen sich leicht davon überzeugen, daß Jesus diese Gestalt war.

Die Samariter nahmen in der Frage des Monotheismus eine weniger starre Haltung ein als die Juden von Jerusalem und Judäa. Nach der Zerstörung des Nordreichs (Israel) im Jahre 605 v. u. Z. waren fünf babylonische Stämme in Samaria angesiedelt worden und hatten ihre Stammesgötter mitgebracht. Im Zuge eines Synkretismus vermischten sich babylonische und jüdische Glaubenselemente. Vermutlich ist das vierte Evangelium, zumindest in seiner ursprünglichen Form, auf diesem fruchtbaren Boden entstanden. Allein die Tatsache, daß Jesus in Joh 4 mit der Samariterin spricht, macht deutlich, daß die Gemeinde des Johannes den Judaismus Jesu nicht als verbindlich ansah: »... es kommt die Zeit, daß ihr weder auf diesem Berge noch in Jerusalem den Vater anbeten werdet« (Joh 4,21), sagt der Jesus des vierten Evangeliums. Allerdings fügt er sofort hinzu, » das Heil kommt von den Juden« (Joh 4,22), doch in diesem Buch ist es nicht mehr allein in ihrem Besitz. Wie bei allem, was der vierte Evangelist schreibt, wissen wir nicht, inwieweit es metaphorisch gemeint ist. Sollen wir die Frau als Symbol für Samaria betrachten und ihre fünf unwürdigen Männer als die fünf Götter, die ihre Ahnen aus Babylon mitgebracht haben? Und ist der wahre Bräutigam ihrer Seele derjenige, der neben ihr sitzt und ihr Wasser des ewigen Lebens anbietet? Das explosive Gemisch aus samaritanischer Heterodoxie und hellenistischen Vorstellungen vom Logos gebar die Idee von Jesus als dem ewigen, präexistenten Wort, der unter den Seinen wandelte, aber »die Seinen nahmen ihn nicht auf« (Joh 1,11). Von den Judäern, den Männern Jerusalems, wird er ganz besonders mißverstanden. »*Ioudaioi*« wird immer mit »Juden« übersetzt, meint aber, zumindest in diesem Kontext, die Menschen von Judäa, welche die Menschen von Israel, Samaria und Galiläa schon immer mißverstanden haben. Wir können mit einiger Sicherheit davon ausgehen, daß es mehrere Jahrhunderte nach dem Tod Jesu samaritanische Christen gab, aber sie waren nie sehr zahlreich.[8]

Das »Christentum« des Jakobus, des Herrenbruders, sowie der Jerusalemer Urgemeinde hat ebenfalls nicht überlebt. Zunächst war die Lehre dieser Gemeinde die Hauptströmung. Jakobus und seine Anhänger widersetzten sich heftig der Preisgabe der Thora durch Paulus. Zur Zeit des Irenäus im zweiten Jahrhundert u. Z. wurden diese Anhänger des Jakobus, die unter dem Namen »Ebioniten« bekannt waren, selbst zu Häretikern erklärt. Irenäus disqualifiziert sie mit der Bemerkung, sie unterschieden sich kaum von den Juden. Seit den Anfängen meinten diese »Judenchristen«, falls man sie so nennen will, unbedingt gesetzestreu bleiben zu müssen, und jeder, der sich zum »Weg« bekehrte, wie sie die Jesusreligion nannten, mußte sich den jüdischen Riten einschließlich Beschneidung unterwerfen und die jüdischen Speisegesetze und Glaubensinhalte anerkennen. »Religion« hieß für die Ebioniten »Judaismus«, da sie ebenso Juden waren wie Jesus. Sie glaubten nicht an die Göttlichkeit Christi – sie bestritten diese noch im zweiten Jahrhundert, als Irenäus sie als Häretiker verdammte. Sie glaubten auch nicht, daß er von einer Jungfrau geboren war – wie konnte eine Sekte auch, deren Anführer einer der Brüder Jesu war, etwas so Phantastisches glauben?[9]

Es scheint, als hätte man der Familie Jesu nach seinem Tod in der neuen Sekte eine Sonderrolle zugestanden. Der »rechtgläubige« Kirchenhistoriker Eusebius nennt im vierten Jahrhundert Jakobus ausdrücklich »Bischof von Jerusalem«, obwohl umstritten ist, inwieweit es dieses Amt beziehungsweise diese Bezeichnung damals schon gab. Aus der Apostelgeschichte geht nicht hervor, wie Jakobus gestorben ist. Es gibt zwei Überlieferungen: Flavius Josephus[10] zufolge wurde er im Jahre 62 oder 63 u. Z. gesteinigt; Hegesippus bei Eusebius[11] weicht von dieser Darstellung leicht ab. Dieser Hegesippus, ein Bewunderer des Jakobus, schildert ihn als Asketen, der sich nicht nur starker alkoholischer Getränke enthielt, sondern auch darauf verzichtete, sich zu rasieren. Der ihm zugeschriebene Brief im Neuen Testament stammt möglicherweise von einem anderen Verfasser, aber er spiegelt die Frömmigkeit der Ebioniten wider.[12] Dieser Brief ist nüchtern, leicht verständlich und um rechtes Handeln bemüht: »Ein reiner und unbefleckter Gottesdienst vor Gott, dem Vater, ist der: Die Waisen und Witwen in ihrer Trübsal besuchen und sich selbst von der Welt unbefleckt halten« (Jak 1,27).

Der Brief des Jakobus ist von paulinisch orientierten Christen mit so bitterem Haß bedacht worden, daß man sogar seine »Christlichkeit« in Frage stellte. Luther pflegte ihn aus der Bibel herauszureißen, wann immer er ein Exemplar in die Hand bekam, das ihn noch enthielt. Er verwarf die Werkgerechtigkeit und Selbstbeschränkung; der Brief sage nichts über die Rechtfertigung allein durch den Glauben. Jesus hätte diesen Brief ohne Zweifel puritanisch gefunden, jedoch eine größere geistige Nähe zu seinen eigenen Vorstellungen entdeckt als bei Paulus, Irenäus oder Luther, der mit seinen bösartigen antijüdischen Tiraden einen Vorgeschmack auf die Exzesse des Dritten Reiches lieferte.

Rund vierzig Jahre nach dem Tod Jesu wurde Jerusalem von den Römern völlig zerstört. Mit dem Tempel, den großartigen Bauwerken der Stadt und dem größten Teil ihrer Bewohner verschwand auch die kleine Gemeinde der Judenchristen. Sie tauchten unter – ihre Schlupfnester ermöglichten ihnen den Fortbestand, so daß sie auch im nächsten Jahrhundert der Bannstrahl der christlichen Orthodoxie traf; gerade ihr Beharren darauf, Jesus sei nicht mehr als ein Lehrer gewesen, der die Juden zu besseren Juden habe machen wollen, stieß bei Nichtjuden natürlich auf wenig Begeisterung, denn diese hatten allein schon wegen ihrer Herkunft keinerlei Grund, den Judaismus anzuerkennen, und wollten sich ohnedies nicht der Beschneidung unterwerfen. »... die jüdische Religion ist nationale Religion, und das Christentum hat die Bande der Nationalität gesprengt.«[13]

Das liegt zum größten Teil an Paulus. Dankbar nahmen die Nichtjuden Jesus als ihren Erlöser an; für sein menschliches Leben interessierten sie sich kaum oder gar nicht. Für den platonisch angehauchten Verfasser des Hebräerbriefs waren das Alte Testament und die jüdischen Riten nichts als Schatten und Vorboten des Himmels. Jesus war der große Hohepriester, der nicht das Blut von Stieren und Färsen geopfert hatte, sondern sein eigenes. So, wie das Opfer des Hohenpriesters in der alten Religion den Friedensschluß zwischen Mensch und Gott besiegelte, begründete das Blut Jesu einen ewigen Bund. Der Hohepriester hatte am Großen Versöhnungstag den Vorhang durchschritten und war ins Allerheiligste eingetreten. Jesus stieg gen Himmel, um seinen Anhängern die Wohnung zu bereiten.

Für einen anderen, vermutlich aus Kleinasien stammenden Verfasser, den die apokalyptischen Texte der Juden fesselten, ist Jesus das Lamm Gottes, das auf einem Thron sitzt und vom Chor der Erlösten angebetet wird. Dieser Verfasser scheint sich ebensosehr über die Verdammung der Bösen zu freuen wie über die Glückseligkeit derer, die das Lamm anbeten. Er verabscheut die Juden, die er als »aus der Synagoge des Satans« (Off 3,9) kommend diffamiert. Noch verderbter jedoch sind die Römer, vor allem Nero. Dieses Buch, sowohl unter dem Titel »Apokalypse« als auch »Offenbarung des Johannes« bekannt, stammt vermutlich aus der Zeit um das Jahr 90 u. Z. Sein Griechisch ist ungehobelt und vulgär. Seine Bildersprache läßt auf geistige Zerrüttung schließen. Und sein ethisches System, sofern es überhaupt eines hat, ist irrational. Es scheint vom Geist Jesu so weit entfernt zu sein, wie man sich überhaupt nur vorstellen kann, und dennoch stellt dieses Buch den Schlußakkord und den Höhepunkt der Bibel dar.

Mag man den größten Teil der Geschichte des Christentums auch als eine Abfolge ungewöhnlicher Zufälle sehen, so kommt es doch nicht von ungefähr, daß Jesus sich so leicht vereinnahmen und in einen nichtjüdischen Gott umstilisieren ließ. Gerade weil er sich zu seinen Lebzeiten weigerte, über seine Person verbindliche Auskunft zu geben, war er dem Zugriff von Gelehrten und Phantasten so schutzlos ausgeliefert. Er stellte zwar die Frage »Was sagen die Menschen, wer ich bin?«, blieb ihnen aber die Antwort schuldig.

Die mangelnde Systematik der Gedankenwelt Jesu hat abendländischen Denkern arg zugesetzt und sie nicht selten ratlos gemacht. Da sich Jesus in einem vorgegebenen religiösen Rahmen bewegte und keineswegs vorhatte, eine neue Religion zu gründen, geschweige denn eine philosophische Schule, erübrigt es sich, in seinen überlieferten Worten nach einer kohärenten Metaphysik zu stöbern. Er sprach in Gleichnissen, zum Teil ganz bewußt darauf abzielend, seine Hörer zu verblüffen und zu verwirren, damit sie beim ersten Hören nicht gleich alles verstanden. Er wollte ihnen nicht ein fertiges System an die Hand geben, dem sie folgen konnten. Das mußten sie schon selbst entwickeln. Die meisten christlichen Gedankengebäude sind der Leidenschaft entsprungen, einige aus den Evangelien herausgepickte überlieferte Worte Jesu in ein logisches Korsett zu zwängen. So läßt sich beispielsweise der ganze Calvinismus von dem Gleichnis von der Frau ableiten, die nach der verlorenen Münze sucht. Wenn man diese Geschichte, wie Calvin es tat, für ein Stück Theologie hält, liegen bestimmte – schreckliche – Schlußfolgerungen nicht fern. Die Frau ist der Allmächtige, und die Münze ist die menschliche Seele. Daraus folgt, daß jedes menschliche Streben nach dem

Göttlichen sinn- und wertlos ist, da der erste Schritt zur Erlösung immer von oben kommen muß, nicht vom Menschen. Wir können nichts zu unserer Erlösung tun; wir müssen darauf warten. Also können nur die zur Herrlichkeit Berufenen oder Auserwählten erlöst werden – mit der grausamen Folge, daß diejenigen, die nicht berufen sind, ewiger Verdammnis anheimfallen.

Tolstoi mit seiner faszinierenden Interpretation des Lebens und der Lehren Jesu ist einem vergleichbaren, jedoch weit weniger schrecklichen Irrtum erlegen, als er den Versuch unternahm, die Frohe Botschaft umzudeuten, als wäre sie nichts weiter als ein ethisches System, ein Handbuch für pazifistische Anarchisten. Als er sich dieser Aufgabe widmete, glaubte er, es sei der heilige Idiot in ihm, der Einfaltspinsel vom Lande – der er nie war, aber werden wollte –, der die Botschaft Jesu auf bloße Handlungsmaximen reduzieren könne, daß man sich nämlich weigern müsse, Eide zu schwören, und zivile Regierungen, Kriege und Gewalttätigkeit jeder Art nicht akzeptieren dürfe. Doch dem war nicht so. Es war die voltairesche Seite seines Charakters, die ihn dazu verführte, die Lehren Jesu in ein logisches System zwingen zu wollen. Als Rationalist, der er war, konnte sich Tolstoi nicht vorstellen, daß es Dinge gibt, die keinen logischen Grund haben. Während man unschwer erkennen kann, daß es in der Neuzeit nur wenige Menschen gegeben hat, die den Lehren Jesu nähergekommen sind als Tolstoi in seinen Schriften, besteht gleichwohl eine ungewöhnliche Disparität zwischen Tolstois umwerfend schlüssigem ethischen System und dem schieren Durcheinander, das wir in den Evangelien vorfinden. Wer würde Tolstoi nicht zustimmen, wenn er sagt, Gewalttätigkeit und vor allem kriegerische Gewalt seien mit den Lehren Jesu unvereinbar? Hat Jesus nicht gesagt, wir sollten uns dem Bösen nicht widersetzen und dem Angreifer die andere Wange hinhalten? Ja, mit hoher Wahrscheinlichkeit hat er dies gesagt; und Tolstoi fand es zu Recht blasphemisch, wenn orthodoxe Priester die heiligen russischen Armeen segneten, bevor sie in die Schlacht zogen, oder Häretiker wie etwa die Duchoborzen mit vorgehaltenem Bajonett zwangen, sich taufen zu lassen. Und doch trugen Jesus und seine Begleiter im Garten Gethsemane Schwerter. Wer könnte Tolstoi nicht folgen, wenn er sagt, die logische Schlußfolgerung des Gebots, man dürfe weder Geldbörse noch Ranzen auf seine Lebensreise mitnehmen und auf der Erde keine Schätze anhäufen, sei ein Leben, das persönliches Eigentum ausschließt? Die frühen Anhänger Jesu praktizierten eine solche einfache Form des Kommunismus. Trotzdem wohnte Jesus in einem Haus, sogar einem großen Haus, wenn wir den Archäologen von Kapernaum Glauben schenken dürfen, und seine Anhänger waren vermutlich wohlhabende Fischer. Und da er sie aufforderte, dem Kaiser Steuern zu zahlen, muß er davon ausgegangen sein, daß sie überhaupt Geld verdient hatten, um Steuern zahlen zu können. Wer könnte Tolstoi nicht folgen, wenn er sagt, die Frohe Botschaft verbiete das Schwören von Eiden, das Reich sei in uns und nicht von dieser Welt, der wahre Anhänger Jesu könne daher nie den Wunsch haben, Teil einer staatlichen Ordnung zu sein, und dürfe nie nach politischen Lösungen gesellschaftlicher Probleme suchen? Und doch hat Jesus seinen Anhängern gesagt, sie sollten dem Kaiser geben, was des Kaisers ist, und der Überlieferung nach nie eine Äußerung getan, die eine tolstoische Politik des zivilen Ungehorsams gegen Rom empfahl, wie sie etwa Mahatma Gandhi zum Sturz der britischen Herrschaft in Indien betrieb.

Jesus ist in Wahrheit eine viel zu kantige Figur, als daß man sie zu den geschichtlichen Akten legen könnte. Das Christentum stellt in seinen mannigfaltigen Erscheinungsformen, »rechtgläubigen« wie andersgläubigen, den immer wieder unternommenen Versuch dar, Jesus verständlich zu machen, ihn sozusagen auf eine handliche Größe zu reduzieren. Kein Ausspruch, kein Gleichnis oder irgendein von Jesus verwendetes Bild gibt eine logische Schlußfolgerung her, die nicht zu einer anderen Äußerung oder Tat im Widerspruch stünde. Das ist vielleicht weniger ein Symptom dafür, wie unvollkommen die Evangelien seine Worte überliefern, als dafür, eine wie undurchschaubare und aufschreckende Gestalt er tatsächlich gewesen ist. Aufschreckend und erschreckend, weil er wirklich alles untergräbt. Er fesselt unruhige Geister wie Tolstoi oder Blake, aber selbst sie versuchen ihn zu systematisieren und ihren Zwecken dienstbar zu machen, wenn sie sich seine geistige Unruhe zu eigen zu machen suchen. Das kann nicht gelingen: »So sage ich euch auch nicht, aus welcher Vollmacht ich das tue.« Er will und wird es uns nicht erzählen. Wir können irgendeine kirchliche Version Jesu akzeptieren oder, wenn uns das mehr zusagt, eine »häretische« Version – oder wir machen uns ein eigenes Bild. Eine geduldige und gewissenhafte Lektüre der Evangelien wird stets jede Erklärung zunichte machen, die wir uns zurechtlegen. Wenn sie schlüssig ist, ist sie falsch. Das ist die einzig verläßliche Faustregel, nach der wir bei der Prüfung der ungezählten Deutungen des Wesens Jesu und seines Platzes in der Menschheitsgeschichte vorgehen können.

Der Tod Jesu ist, für sich genommen, ein unbedeutendes geschichtliches Ereignis. Was ist schon eine Kreuzigung unter so vielen? Alexander Jannai hat an einem einzigen Tag achthundert Pharisäer kreuzigen lassen. Es kommt allein auf den einfallsreichen Gebrauch an, den die neutestamentlichen Verfasser von seinem Tod gemacht haben, so daß er etwa im Brief an die Hebräer zum höchsten priesterlichen Opfer wird; für Paulus zahlt er mit seinem Tod den Preis für die Sünde; für das vierte Evangelium ist er der erhöhte Menschensohn, der Erlöser der Welt.

Jesus hat uns ein erstaunliches Vermächtnis hinterlassen. Kein anderer Tod in der Geschichte hat eine so ungeheure Bandbreite von Kommentaren, Betrachtungen und theologischen Auslegungen nach sich gezogen. Und wenn wir die neutestamentlichen Reflexionen über den Tod Jesu lesen, erkennen wir, daß sein Tod für die frühen Christen weit wichtiger war als sein Leben; aus diesem Grund haben es auch so viele Wissenschaftler und Gläubige für überflüssig gehalten, sich auf die Suche nach dem historischen Jesus zu begeben. Theologische Abhandlungen erwähnen die Tugendhaftigkeit Jesu, wenn überhaupt, nur am Rande. Der Brief an die Hebräer konzediert, er sei ein tapferer Mann gewesen, »der ... das Kreuz erduldete und die Schande geringachtete« (Heb 12,2), aber er erzählt uns nichts, was uns veranlassen könnte, Jesus als Menschen zu bewundern. Nur sehr wenige neutestamentliche Verfasser versuchen uns bewunderungswürdige Züge an Jesus nahezubringen. Fast alle aber wollen uns dazu bringen, ihn als unseren Erlöser oder Messias anzunehmen; doch mit solchen »Hoheitstiteln« sagen sie uns noch lange nichts über die historische Gestalt.

Und dennoch: Trotz des Bildes von Christus, das uns die Theologen vermitteln, hat Jesus überlebt: ein Mann, der mit dem Finger auf die Erde schreibt, während um ihn herum selbstgerechte Männer lautstark den Tod einer Sünderin fordern; ein Mann, der die Liebe Gottes mit der Sorge einer jüdischen Frau vergleicht, die ein ganzes Haus nach einer verlorenen Münze absucht; ein Mann mit plötzlichen Wutausbrüchen und sonderbaren Anflügen der Innerlichkeit; ein Teufelsaustreiber und geistlicher Heiler, aber auch ein Mann, der sich mit Sündern an einen Tisch setzt und dem der Ruf eines Weinsäufers und Fressers vorauseilt. Dies ist tatsächlich eine ganz und gar unverwechselbare Gestalt, obwohl wir gern noch viel mehr über sie wüßten. Seine Gedanken sind von den Evangelisten höchst unzusammenhängend wiedergegeben worden. Soweit sie den Evangelien überhaupt zu entnehmen sind, müssen wir feststellen, daß sie zu den am wenigsten einflußreichen Ideen der Menschheitsgeschichte gehören, deren Verlauf nicht gerade von sanftmütigen Herrschern geprägt ist, ebensowenig dadurch, daß die Unterdrückten ihre Verfolger segnen, oder durch einen verbreiteten Widerwillen gegen die Anhäufung von Schätzen. Es fallen einem auf Anhieb ein Dutzend Gestalten ein, die auf die Menschheit einen weit größeren Einfluß ausgeübt haben als Jesus.[14] Nur wenige der christlichen Kirchen haben die Lehren Jesu anders als mit Verachtung bedacht. Und während einige Kirchen heute vielleicht selbstzufrieden denken mögen, sie würden jetzt zu den Lehren Jesu zurückkehren, wird man unfehlbar entdecken, daß sie nur einem Zerrbild von einer oder zwei seiner Ideen folgen, während sie zu den anderen im Widerspruch stehen.

Heute erleben wir so etwas wie eine Renaissance des christlichen Pazifismus, und das in Kirchen, die früher die Lehre vom gerechten Krieg vertreten haben. Christen haben relativ spät begriffen, daß der Krieg ein Übel an sich ist. Man kann dies mit der kollektiven Angst vor einer nuklearen Katastrophe erklären, und doch läßt sich das christliche Zeugnis gegen das Wettrüsten wenigstens zum Teil von Sätzen wie diesem ableiten: »Ich aber sage euch, daß ihr nicht widerstreben sollt dem Übel« (Mt 5,39). Christen, die den Pazifismus mit der Begründung befürworten, er entspreche dem, was Jesus gelehrt habe (zumindest in diesem Kapitel des Matthäusevangeliums), macht es aber oft nichts aus, die Lehren Jesu in anderen Bereichen zu mißachten. So lehrte er beispielsweise, Tugend bestehe darin, Frau und Kinder und sogar sterbende Eltern um des Evangeliums willen zu verlassen. Heute dagegen betonen Christen die zentrale Bedeutung der Familie für den Menschen und die Kirchen deren sittlichen Wert, obwohl Jesus und die Mehrheit der Christen in den ersten drei Jahrhunderten der Familie gegenüber ziemlich feindselig eingestellt waren. In früheren Generationen wäre es auch besonders schwer gefallen, eine christliche Gemeinschaft zu finden, die das Wort Jesu vom Hinhalten der anderen Wange ernst nahm, wenn man einmal von den Quäkern absieht. Andererseits dürften Christen bis zum Mittelalter die Forderung Jesu, alles zu verkaufen und es den Armen zu geben, weit mehr beherzigt haben.

Man könnte sagen, dieser Jesus ist den jeweiligen Zeitumständen entsprechend verstanden worden. Einer der Gründe für die Ausbreitung und das Überleben des Christentums war schließlich seine bemerkenswerte Anpassungsfähigkeit. Der Brief an die Hebräer spricht zwar von »Jesus Christus gestern und heute und derselbe auch in Ewigkeit« (Heb 13,8), tatsächlich aber ist Jesus in jedem Land und in jedem Zeitalter anders. In Japan sieht man ihn als einen Orientalen mit glattem schwarzen Haar; in amerikanischen Spielfilmen sieht er aus wie ein blonder und blauäugiger Sportsmann von einer Universität Neuenglands. Die byzantinische Kunst bildet ihn als bärtigen, strengen, allmächtigen Herrscher ab, der die Hand hebt, um die Welt zu segnen und zu richten. In der europäischen Kunst der Neuzeit ist die Menschlichkeit Jesu so lebendig und oft porträtiert worden, daß sich vermutlich in den Köpfen vieler Christen die Vorstellung festgesetzt hat, es gebe einen Unterschied zwischen dem historischen Jesus und dem Christus des Glaubens.

Dennoch verschmelzen für den Christen die beiden auf geheimnisvolle Weise, wenn er die Gestalt des Gekreuzigten betrachtet, ein Symbol, in dem das Leiden der Menschheit und die Liebe Gottes für den Gläubigen auf eine Weise miteinander verwoben sind, die Liturgie, Musik und Stille besser zu erklären vermögen als Worte. Jedem Menschen muß sich jedoch immer wieder die bohrende Frage stellen, was Jesus von Nazareth über all das denken würde, was im Lauf der Menschheitsgeschichte in seinem Namen geschehen ist. Das Christentum hat der Menschheit ein

Gespür für den Wert des einzelnen gegeben, ob Sklave oder frei, ob Mann oder Frau, Nichtjude oder Jude. Ohne das Christentum hätte es keinen Franziskus gegeben, der den Bettler küßte, und keine Mutter Teresa, die in Kalkutta unter den Ärmsten der Armen lebt. Im Namen Christi befreite Wilberforce die Sklaven; Elizabeth Fry, der »Engel der Gefängnisse«, setzte sich für Strafgefangene ein; mit Aktionen wie »Brot für die Welt« und »Misereor« wird versucht, die Hungrigen zu speisen. Im Namen Christi sind im Lauf der Jahrhunderte immer wieder heute längst vergessene Dinge geschehen, die von Menschenfreundlichkeit und Liebe zeugen. Würde Jesus beispielsweise in Rechnung stellen, was die Heilsarmee in den Slums der Städte bewirkt hat oder die Arbeit von Pater Damian Deveuster unter den Leprakranken auf der Insel Molokai, wäre er dem mystischen Häretiker Paulus, der die Nichtjuden im Namen Christi missionierte, dankbar.

Hätte er den großen Konzilien des Christentums beigewohnt – Nizäa, Chalkedon, Trient oder dem Ersten und Zweiten Vatikanischen Konzil –, wäre seine Dankbarkeit eher blankem Entsetzen gewichen: »Was nennt ihr mich aber Herr, Herr, und tut nicht, was ich euch sage?« (Lk 6,46) – »Was fragst du mich nach dem, was gut ist?« (Mt 19,17). Wenn auch nur die Hälfte der ihm in den Evangelien zugeschriebenen Worte authentisch ist, gibt es für das Andenken Jesu keine größere Beleidigung, als das Glaubensbekenntnis zu sprechen, das in einer hellenistischen Welt erfunden wurde, die, bildlich gesprochen, Lichtjahre sowohl von Jesus wie von uns entfernt ist. Ebenso beleidigend wäre es zu behaupten, er habe die Kirche gegründet, die über Jahrhunderte hinweg darauf versessen war, jeden zu verfolgen, der dieses Glaubensbekenntnis anzuzweifeln wagte.

Im Namen Jesu sind Kriege und Kreuzzüge vom Zaun gebrochen und Inquisitionen mit äußerster Härte durchgeführt worden. Als die Evangelien niedergeschrieben wurden, unterschieden sich die Christen in den Augen der Römer kaum von den Juden, und die Verehrer Jesu taten alles in ihrer Macht Stehende, um sich äußerlich von seinen Glaubensgenossen abzusetzen. Im Matthäusevangelium nehmen die Juden die Blutschuld am Tode Jesu auf sich, und im vierten Evangelium werden die Juden wiederholt als Feinde Christi bezeichnet, die ihn nicht begriffen haben. Es ist unschwer zu erkennen, weshalb die Evangelisten darauf aus waren, die Geschichte so zu verfälschen, denn damals waren sie die verfolgte Minderheit, die ihre Haut mit allen Mitteln zu retten versuchte. Als die Kirche jedoch über die Synagoge triumphierte, blieb das tödliche Erbteil des Antisemitismus ein Bestandteil der christlichen Weltsicht. Erst zwanzig Jahre nach dem Ende des Zweiten Weltkriegs hat die römisch-katholische Kirche das jüdische Volk offiziell von der Schuld am Tode Jesu freigesprochen. In den Jahrhunderten vorher waren Millionen der Glaubensbrüder Jesu der Wahnidee zum Opfer gefallen, sie hätten den Sohn Gottes getötet. Angesichts des Schicksals seines Volkes, das diesem von den Christen bereitet wurde, und zwar über die gesamte Geschichte des katholischen Europa bis zu Hitlers »Endlösung« im zwanzigsten Jahrhundert, würde Jesus die Missionstätigkeit des Paulus gewiß nicht mit Gleichmut betrachten.

Wir lesen in den Evangelien, Jesus habe vor seinem Tod um die Stadt Jerusalem geweint. Vielleicht hat er ihr tragisches Schicksal vorausgesehen. Nach Matthäus starb Jesus, als seine messianischen Hoffnungen gescheitert waren, mit den Worten des Psalmisten auf den Lippen: »Mein Gott, mein Gott, warum hast du mich verlassen?« (Mt 27,46). Hätte er die ganze Geschichte der Christenheit voraussehen können, wäre seine Verzweiflung wohl noch größer gewesen, und er hätte mit Hiob geklagt: »Warum bin ich nicht gestorben bei meiner Geburt? Warum bin ich nicht umgekommen, als ich aus dem Mutterleib kam? Warum hat man mich auf den Schoß genommen? Warum bin ich an den Brüsten gesäugt? Dann läge ich da und wäre still, dann schliefe ich und hätte Ruhe...« (Job 3,11–13).

Anmerkungen

Vorwort

1 Siehe G. Vermes, *Jesus and the World of Judaism* (1983), VIII–IX, bzw. Flavius Josephus, *Der jüdische Krieg*, VI, 5,3.
2 D. F. Strauss, *Das Leben Jesu* (Tübingen 1835).
3 E. Renan, *La Vie de Jésus* (Paris 1863).
4 A. Schweitzer, *Geschichte der Leben-Jesu-Forschung. Von Reimarus zu Wrede* (Tübingen 1906).

1. Kapitel: Jesus der Jude

1 J. Klausner, *Jesus von Nazareth. Seine Zeit, sein Leben und seine Lehre* (Berlin ³1952), 574; zit. bei G. Vermes, *Jesus der Jude* (Neukirchen-Vluyn 1993).
2 J. G. Whittier, »Immortal love for ever full«, English Hymnal (Englisches Gesangbuch) Nr. 408.
3 M. R. James, *The Apocryphal New Testament* (1924), 1.
4 Siehe zum Beispiel G. Vermes, *Jesus der Jude*; J. D. Derrett, *Jesus's Audience* (1981); J. Bowker, *Jesus and the Pharisees* (Cambridge 1973).
5 *Ilias*, Dritter Gesang, 164–165: »»Die Unsterblichen sind es mir schuldig, welche mir zugesandt den bejammerten Krieg der Achaier!«
6 Das heißt die Kapitel 40–55 des Buches Jesaja, wie es in der Bibel gedruckt ist. Deuterojesaja predigte dem Volk von Juda während des Babylonischen Exils, irgendwann zwischen den Jahren 550 und 538 v. u. Z.
7 Job 19,25. Im Zorn über seine »Freunde« behauptet Hiob, er wisse, daß er einen Anwalt oder Rächer habe, einen *go'el*, der irgendwann seine Unschuld bestätigen werde. Ob er damit Gott meint oder irgendeinen himmlischen Demiurgen, einen Vermittler zwischen Gott und den Menschen, ist unter Wissenschaftlern umstritten. Die fehlerhafte Übersetzung des Satzes in der 1984 revidierten Bibelfassung nach Martin Luther lautet: »Aber ich weiß, daß mein Erlöser lebt« – ein Satz, den christliche Frömmigkeit dem auferstandenen und verherrlichten Jesus zuschreibt. Besonders im Hinblick auf die Musik Georg Friedrich Händels kann man dies nur als die inspirierteste Falschübersetzung in der Literaturgeschichte bezeichnen. (In der *deutschen*, 1984 revidierten Bibelübersetzung nach Martin Luther heißt es allerdings in einer Anmerkung zu 19,25: »Mein Erlöser, d. h. hier: Gott als Anwalt, der sich zu meiner Verteidigung und Erlösung erhebt«; Anmerkung des Übersetzers.)

2. Kapitel: Paulus

1. G. Vermes, *Jesus der Jude*, 118.
2. Strabo, XIV, 673.
3. Philo, *De Vita Mosis*, I, 20.
4. G. Bornkamm, *Paulus* (Stuttgart ²1969).
5. Tacitus, *Annalen*, XV, 44.
6. Es gibt dreizehn ausdrückliche Hinweise auf die Pharisäer bei Lukas gegenüber acht bei Matthäus, einem bei Markus und sechs bei Johannes. Die Hinweise im Lukasevangelium sind: 5,30; 6,7; 7,30; 11,37; 11,39; 11,42; 11,43; 11,44; 12,1; 15,12; 16,14; 18,10; 18,11.
7. Zit. bei G. Vermes, *Jesus der Jude*, 61.
8. G. Bornkamm, a.a.O., 38.
9. Siehe M. Goulder, »The Two Roots of Christian Myth«, in: *The Myth of God Incarnate* (SCM 1977), 80.
10. Kant hatte für die protestantische Vorstellung von Gnade wenig übrig und sah das Reich Gottes im Neuen Testament als »ein Volk Gottes nach dem Moralgesetz« oder als »Republik unter dem Moralgesetz«. Siehe I. Kant, *Die Religion innerhalb der Grenzen der bloßen Vernunft*, zit. bei Nygren, *Eros und Agape*.
11. Ebensowenig wird in der Apostelgeschichte gesagt, daß Petrus der Bischof von Rom gewesen sei.
12. Sueton, »Claudius«, in: *Cäsarenleben*, XXV.
13. Augustinus, *Der Gottesstaat*, VII, 2.
14. Der Ausdruck findet sich im Brief an die Epheser (3,8), der jedoch vermutlich nicht von Paulus selbst stammt.
15. W. R. Inge, *Outspoken Essays* (1927), 229.
16. Zum Meinungsstreit der Forscher siehe A. Nygren, *Eros und Agape* (1954).

3. Kapitel: Der gekochte Fisch oder wie man ein Evangelium liest

1. Es gibt eine umfangreiche Literatur zu diesem Thema. B. H. Streeter, *The Four Gospels: A Study of Origins* (1927), referiert ausführlich über die im letzten Satz erwähnte Theorie. Siehe auch F. C. Grant, *The Gospels. Their Origin and Growth* (1957); V. Taylor, *The Formation of the Gospel Tradition* (1953), und W. Knox, *Sources of the Synoptic Gospels* (1959); E. P. Sanders und M. Davies, *Studying the Synoptic Gospels* (1989). Deutsche Forschungsarbeiten: R. Bultmann, »Die Erforschung der synoptischen Evangelien«, in: *Glauben und Verstehen*, Bd. IV (1965ff.); W. Schmithals, *Einleitung in die drei ersten Evangelien* (1985); W. G. Kümmel, *Einleitung in das Neue Testament* (²¹1983), 13–44; H. Zimmermann, *Neutestamentliche Methodenlehre* (⁷1982); S. Schulz, *Q – Die Spruchquelle der Evangelisten* (1972).
2. Siehe zum Beispiel B. C. Butler, *The Originality of St. Matthew* (Cambridge 1951).
3. Siehe J. A. T. Robinson, *Wann entstand das Neue Testament?* (Paderborn 1986).
4. Siehe F. Millar, »Reflections on the Trial of Jesus«, in: *A Tribute to Geza Vermes* (1990), 355–380.
5. J. A. T. Robinson, *The Priority of John* (1985), 117.
6. A. Guilding, *The Fourth Gospel and Jewish Worship* (Oxford 1960), 232.

7 F.C. Burkitt, *The Syriac Forms of New Testament Proper Names* (1906).
8 A. Guilding, a.a.O., 165.
9 Der erste König Israels hieß Saulus. Vergleiche das 10. Kapitel, in dem diese Überlegungen näher ausgeführt werden.
10 A. Guilding, a.a.O., 232.
11 L. Carroll, *Alice hinter den Spiegeln*, 5. Kapitel.
12 Indem ich »er« und nicht »sie« sage, habe ich keineswegs die Absicht, eine Theorie darüber aufzustellen, wer dieses Evangelium geschrieben hat. Viele Wissenschaftler sind der Meinung, daß der Prolog zu diesem Evangelium ein gesondertes Stück Mythologisierung ist, das ursprünglich nicht zum erzählenden Teil des Evangeliums gehörte. Andere Forscher haben die Theorie aufgestellt, es gebe mindestens zwei Verfasser oder Überlieferungen hinter der letzten Fassung dieses Evangeliums in seiner heutigen Form – falls es tatsächlich die letzte Fassung *ist*, was uns vorliegt. Ebensowenig möchte ich mit der Verwendung des Worts »Mythos« implizieren, daß das vierte Evangelium »wahr« oder »falsch« sei (siehe meine obigen Anmerkungen zu Pilatus' Frage: »Was ist Wahrheit?«).
13 J.A.T. Robinson, *The Priority of John*.
14 Eusebius, *Kirchengeschichte*, III, 23ff.; V, 8,4.
15 Siehe J.A. Emerton, »The Hundred and Fifty-Three Fishes in John XXI 11«, in: *Journal of Theological Studies*, NS IX (April 1958), 86–89.
16 W. Blake, »A Vision of the last Judgement«.
17 W. Blake, Brief an den Reverend Dr. Trusler vom 23. August 1799.
18 Platon, *Sämtliche Werke*, Bd. II (Frankfurt 1991), 363.
19 R. Bultmann, »Das Verständnis von Welt und Mensch im Neuen Testament und im Griechentum«, in: *Glauben und Verstehen*, Bd. II (^{5}1968), 69.

4. Kapitel: Seine wundersame Kindheit

1 Siehe M.R. James, *The Apocryphal New Testament*, 80. Nach der »Pionierarbeit« des Markus wurden noch weitere Evangelien geschrieben. Einige davon, die nicht in den Kanon des Neuen Testaments aufgenommen wurden, galten bei den Kirchen, aus denen sie hervorgingen, gleichwohl als autoritativ. Ausführlicheres Material als bei M.R. James findet sich bei W. Schneemelcher (Hrsg.), *Neutestamentliche Apokryphen, Bd. I.: Evangelien* (Tübingen ^{5}1987). In den letzten dreißig Jahren sind in Ägypten verschiedene koptische Evangelien entdeckt worden, von deren Existenz die Wissenschaft bis dahin nichts gewußt hatte. Siehe dazu J. Doresse, *The Secret Books of the Egyptian Gnostics* (1960). Eine brauchbare kürzere Übersicht über die Literatur zu den nichtkanonischen Evangelien findet sich in F.V. Filsons *Geschichte des Christentums in neutestamentlicher Zeit* (Düsseldorf 1967).
2 Origines, der große christliche Platoniker aus Alexandria, versuchte Mitte des dritten Jahrhunderts in seiner Gegenschrift *Contra Celsum* die Polemik des Celsus zu widerlegen.
3 Ein guter Überblick über rabbinische Gegenansichten zu Jesus findet sich bei J. Klausner, a.a.O. M. Goldstein, *Jesus in the Jewish tradition* (New York 1950) ist ebenfalls hilfreich. Siehe auch S. Pines, *An Arabic Version of the Testimonium Flavianum and its implications* (The Israel Academy of Science and Humanities, Jerusalem 1971), sowie I. Wilson, *Jesus the Evidence* (1984).

4 Siehe F. V. Filson, a. a. O. Filson bietet eine Reihe verschiedener überlieferter Erklärungen dafür, daß Jesus Brüder hatte. Einer der Geschichten zufolge, der auch das Protevangelium des Jakobus folgt, stammten die »Brüder und Schwestern« Jesu aus einer früheren Ehe Josephs. Diese Ansicht wurde auch von Hieronymus verbreitet, der die Bibel ins Lateinische (Vulgata) übersetzte, und so hielt sie sich im Westen bis zur Zeit der Reformation.
5 W. Schneemelcher, a. a. O., 345.
6 Ebd.
7 Ebd., 347.
8 Evangelisches Kirchengesangbuch, Ausgabe für die Nordelbische Evangelisch-Lutherische Kirche, Nr. 407.
9 »On the second day of Christmas
My true love sent to me
Two turtle doves
And a partridge in a pear tree.«
10 Flavius Josephus, *Jüdische Altertümer*, XIV, 11–16.
11 W. Schneemelcher, a. a. O., 93 ff.; 349 ff. M. R. James, a. a. O., 14–16; 49–70.
12 M. R. James, a. a. O., 58.
13 W. Schneemelcher, a. a. O., 357.
14 Ebd., 353.
15 Evangelisches Kirchengesangbuch, a. a. O., Nr. 24.
16 W. Schneemelcher, a. a. O., 356.
17 W. Schneemelcher, a. a. O., 366; M. R. James, a. a. O., 68.
18 Siehe Anmerkung 4.
19 L. S. Lewis, *St. Joseph of Arimathea at Glastonbury* (Cambridge 1976).
20 Ebd., 51, 52.
21 Siehe beispielsweise G. A. Wells, *The Jesus of the Early Christians* (1971).
22 Tacitus, *Annalen*, XV, 44.
23 Plinius, *Briefe*, X, 96–97.
24 Flavius Josephus, *Jüdische Altertümer*, XVIII, 3,3.
25 Siehe G. Vermes, »Josephus' Portrait of Jesus Reconsidered«, in: *Occident and Orient: A Tribute to the Memory of A. Scheiber Akademiai Kiado* (Budapest/Leiden 1988), 373 ff.
26 J. D. M. Derrett, *The Making of Mark*.
27 J. A. T. Robinson, *Wann entstand das Neue Testament?*.

5. Kapitel: Der Wegbereiter

1 Flavius Josephus, *Der jüdische Krieg*, I, 7,6.
2 Siehe A. Jaubert, *La Date de la Cène* (Paris 1967), 1. Kapitel.
3 Eine allgemeine Einführung in die Schriftrollen vom Toten Meer und ihre Bedeutung bei G. Vermes, *The Dead Sea Scrolls: Qumran in Perspective* (1962).
4 Siehe G. Vermes, *The Dead Sea Scrolls in English* (Harmondsworth 1967); W. H. Brownlee, *The Meaning of the Qumran Scrolls for the Bible* (New York 1964).
5 G. Vermes, *Jesus and the World of Judaism*, 130–137.
6 Zitiert bei J. A. T. Robinson, *The Priority of John*, 175.
7 Mit »Zöllner« sind hier Steuereinnehmer gemeint, die verhaßten Kollabora-

teure der Römer, die für den Kaiser in Rom die höchst ungeliebten Abgaben und Steuern eintrieben.
8 T. E. Lawrence, *Die sieben Säulen der Weisheit* (Leipzig 1936), 13 f.
9 Ebd., 12 und 14.
10 H. Kingsmill, *The Poisoned Crown* (1944), 26.
11 C. H. Dodds Auslegung von Joh 1,27. »Ho opiso mou erchomenos« bedeutet demnach nicht »der nach mir kommen wird«, sondern »er, der mir folgt« oder »mein Jünger«.
12 Zumindest dem Neuen Testament zufolge. Nach Flavius Josephus (*Jüdische Altertümer*, XVIII, 5,2) wurde Johannes wegen der potentiell gefährlichen Anziehungskraft seiner Reden hingerichtet.
13 G. Vermes, *Jesus der Jude*, 18.

6. Kapitel: Galiläa

1 Ich verwende die herkömmliche Schreibweise des Dorfs, das eigentlich Kapharnaum oder Kefar (Dorf) des Nahum heißt. Wir wissen bis heute nicht, wer der Nahum war, nach dem das ursprüngliche Dorf benannt worden ist.
2 J. Drury, *The Parables in the Gospels* (1985), 58.
3 Pal Talmud Pea, VII, 20 f.
4 A. Gide, *Die Pastoral-Symphonie*.
5 Flavius Josephus, *Der jüdische Krieg*, III, 3,2.
6 M. Smith' Buch *Jesus der Magier* (München 1981) vergleicht Jesus mit heidnischen Magiern wie etwa Apollonius von Tyana und den okkulten Praktiken, wie sie in den magischen Papyri der Griechen beschrieben werden. Es gibt viele auffallende Ähnlichkeiten – so sprechen die magischen Papyri etwa davon, daß die Eingeweihten göttlich würden: »Öffne dich mir, Himmel! Laß mich sehen, wie das Schiff Phres herabsteigt und aufsteigt... Denn ich bin Geb, Erbe der Götter...« Dies wird von Smith mit der Taufe Jesu verglichen. Wenn Jesus kein Magier gewesen sei, fragt Smith, warum haben dann die Pharisäer und andere ihn beschuldigt, den Teufel mit Beelzebub auszutreiben (Mt 12,27 und Par.)? Daß Jesus in einem gewissen Sinn des Wortes ein »Magier« gewesen ist, scheint außer Frage zu stehen, doch trotz seiner Vergleiche mit heidnischer Literatur läßt Smith viele Fragen über Jesus und die Welt des damaligen Judaismus in Galiläa offen und unbeantwortet.
7 Zit. bei S. Loffreda, *Recovering Capharnaum* (Jerusalem 1985), 63.
8 »Es wäre ein Irrtum zu glauben, die Pharisäer hätten sich entsetzt, weil er [Jesus] sich an die einfachen frommen Menschen und die Armen wandte« (E. P. Sanders, *Jesus and Judaism*, 1985, 179). Sanders' Buch bietet viele wertvolle Einsichten in die Beziehung Jesu zum zeitgenössischen Judentum.
9 Flavius Josephus, *Der jüdische Krieg*, II, 13,3.
10 Ebd., III, 3,2.
11 Ebd., II, 16,4.
12 J. R. Steffy, »The Boat: A Preliminary Study of its Construction«, in: *Atiqot*, Bd. XIX (Jerusalem 1990); »The Excavations of an Ancient Boat in the Sea of Galilee«, hrsg. von Shelley Wachsmann.
13 Es ist interessant, daß der Weheruf Jesu über Kapernaum Wirkung gezeigt zu haben scheint, denn heute ist die Stadt nur ein Ruinenhaufen. Sodom hingegen (oder Sedom, wie es im heutigen Israel heißt) ist ein blühender »Kurort«, in

dem Touristen aus Skandinavien und anderswo sich Heilkuren unterziehen, Schlammbäder nehmen und im Wasser des Toten Meeres schwimmen, ohne sich von dem infernalischen Schwefelgeruch stören zu lassen.

14 Alle diese Einsichten verdanke ich J. D. M. Derrett, a. a. O., 73–77.
15 J. Hogg, *The Domestic Manners of Sir Walter Scott* (Edinburgh 1909), 51–52.
16 Zit. bei G. Vermes, *Jesus der Jude*, 67f.
17 Johannes Weiss (*Die Predigt Jesu vom Reiche Gottes*, Göttingen 1892) meint, Jesus habe sich vorgestellt, das Gottesreich werde am *Eschalon* kommen, das heißt am Ende der Zeit. Die Eschatologie, die Lehre von den Letzten Dingen, die die Geschichte im Licht der letzten Tage betrachtet, überschattet den größten Teil der deutschen neutestamentlichen Forschung der siebzig Jahre nach Johannes Weiss. Das berühmteste Beispiel ist Albert Schweitzer, der in seinem Werk *Von Reimarus zu Wrede* zu der Überzeugung gelangt, Jesus sei als enttäuschter Mann gestorben und habe sich bei Gott beklagt, weil dieser es nicht zuwege brachte, das Gottesreich zu Jesu Lebzeiten erscheinen zu lassen. Vom messianischen Reich sei nichts zu sehen, und Jesus sowie sein gesamtes Leben und seine Lehre müßten als bedauernswerter Fehlschlag betrachtet werden. Der englische Exeget C. H. Dodd setzt in seinen Büchern, etwa in *The Parables of the Kingdom* (1935), diesem apokalyptischen Verständnis ein präsentisches entgegen und sorgt damit für einen gewissen Ausgleich. Nach Dodd hat Jesus die »realisierte Eschatologie« gepredigt. Das Reich Gottes sei im Kommen Jesu schon gegenwärtig, im Hier und Jetzt wirklich. Wir brauchten es nicht als zukünftiges Ereignis zu erwarten, bei dem der Menschensohn auf einer Wolke auf die Erde niederkommt. Während Dodd sicher in dem Punkt recht hat, daß Jesus nicht einfach vom Ende der Zeiten gepredigt hat, bleibt doch die Tatsache unabweisbar, daß das apokalyptische Element in den überlieferten Äußerungen Jesu stark vorhanden ist, und mit an Sicherheit grenzender Wahrscheinlichkeit erwartete er, ebenso wie viele seiner jüdischen Zeitgenossen, die Erlösung Israels und den Anbruch eines messianischen Zeitalters als geschichtliches Ereignis, vielleicht sogar zu seinen Lebzeiten. Ob er diesen Glauben bis zu seinem Tode beibehielt oder nicht, ist unter Forschern umstritten.
18 Ein sehr brauchbarer allgemeiner Überblick findet sich in N. Perrins Büchern *The Kingdom of God in the Teaching of Jesus* (1963) und *Was lehrte Jesus wirklich?* (Göttingen 1972).
19 Zit. bei E. P. Sanders, a. a. O., 141.

7. Kapitel: Schalom: Das Brotwunder

1 B. Pasternak, *Doktor Shiwago* (Frankfurt 1992), 16f.
2 Flavius Josephus, *Jüdische Altertümer*, XIV, 6,2.
3 E. Conze, *Buddhist Scriptures* (Harmondsworth 1959), 53.
4 Bei Markus gibt es zwei Brotvermehrungen, einmal die Speisung der Fünftausend (Mk 6,30–44) sowie die Speisung der Viertausend (Mk 8,1–9). Manche Kommentatoren gehen von einer einzigen Speisung aus, von der sich zwei Varianten erhalten hätten. Andere betonen die symbolische Bedeutung der Speisungen und verstehen die erste (mit zwölf Körben voll Brocken, die den zwölf Stämmen Israels entsprechen) als Jesu Aussendung der Zwölf zu den Juden und die zweite (mit sieben Körben voll Brocken) als Aussendung zu den Nichtjuden, da diese Speisung in der Dekapolis, im Gebiet der Zehn Städte,

erfolgte. Damit, daß ich mich in meiner Erörterung auf eine Speisung beschränke, die sowohl bei Markus als auch im vierten Evangelium zu finden ist, behaupte ich nicht, es habe nur eine solche Großtat Jesu gegeben. Ich versuche lediglich, mich auf den Sinn dieser Begebenheit zu konzentrieren.

8. Kapitel: Der Mann auf der Eselin

1 F. V. Filson, a. a. O., 41.
2 E. P. Sanders, a. a. O., 61–76.

9. Kapitel: Der Mann mit dem Wasserkrug und der nackte Jüngling

1 Siehe dazu J. Jeremias, *Die Abendmahlsworte Jesu* (Göttingen ⁴1967), 38, FN 1.
2 Ebd., 43, FN 3.
3 Ebd., 102.
4 Siehe I. Wilson, *Jesus the Evidence*, 120.

10. Kapitel: Der Prozeß

1 E. Renan, a. a. O., 342.
2 Flavius Josephus, *Der jüdische Krieg*, II, 12,1.
3 Siehe E. Auerbach, *Mimesis: Dargestellte Wirklichkeit in der abendländischen Literatur* (Bern 1988): »... Art und Schauplatz des Konflikts stehen völlig außerhalb des Rahmens der klassischen Antike. ... Etwas der Art ließ sich antik höchstens als Posse oder Komödie denken. Warum ist es dies nicht, warum erregt es die ernsteste und bedeutendste Teilnahme? Weil es etwas darstellt, was weder die antike Dichtung noch die antike Geschichtsschreibung je dargestellt hat: Die Entstehung einer geistigen Bewegung in der Tiefe des alltäglichen Volkes, mitten aus dem zeitgenössischen alltäglichen Geschehen heraus, das damit eine Bedeutung gewinnt, die ihm innerhalb der antiken Literatur niemals zukam« (S. 45f.).
4 Siehe E. P. Sanders, a. a. O., 314f. Sanders führt mehrere Beispiele aus den Werken des Flavius Josephus an, aus denen hervorgeht, daß der Hohe Rat von den Römern damit beauftragt wurde, Teilnehmer an politischen Aufständen festzunehmen.
5 Flavius Josephus, *Der jüdische Krieg*, II, 14,6–8.
6 S. N. Sherwin-White, »The Trial of Christ«, in: D. E. Nineham et al, *Historicity and Chronology in the New Testament* (1965), 108.
7 Sueton, »Caligula«, XXXII, »Domitian«, X, in: *Cäsarenleben*; Cassius Dio, *Römische Geschichten*, 54, 3–7, zit. in: A. E. Harvey, *Jesus and the Constraints of History* (1982), 13.
8 Siehe E. Renan, a. a. O., 351. Renan ergeht sich in besonders sentimentalen und schwülstigen Formulierungen.

11. Kapitel: Jesus Christus

1 L. Gauthey, *Vie et œuvres de la bienheureuse Marguérite-Marie Alacoque*, 3 Bde. (Paris 1915).
2 S. Weil, *Das Unglück und die Gottesliebe* (München 1953), 4. Brief an J.-M. Perrin vom 15. Mai 1942, 50f.
3 S. Weil, *La source grecque* (Paris 1969).
4 G. K. Chesterton, *The Everlasting Man* (1936).
5 Alle Wissenschaftler sind sich darin einig, daß die Verse Mk 16,9–20 einer späteren Überlieferung entstammen. In vielen Handschriften fehlen sie.
6 Siehe zum Beispiel B. C. Butler, *The Originality of St. Matthew*.
7 A. Merx, *Der Messias oder Ta'eb der Samaritaner* (1910).
8 O. Cullmann, »Samaria und die Anfänge der christlichen Mission (1953)«, in: *Vorträge und Aufsätze 1925–1962*, Tübingen/Zürich 1966.
9 A. Harnack, *Lehrbuch der Dogmengeschichte* (Tübingen 1990), 321 ff.
10 Flavius Josephus, *Jüdische Altertümer*, XX, 9,1.
11 Eusebius, a. a. O., II, 23,4 ff.
12 In neuerer Zeit hat u. a. J. A. T. Robinson in seinem Buch *Wann entstand das Neue Testament?* den Brief des Jakobus als echt klassifiziert.
13 A. Harnack, a. a. O., 311.
14 Zum Beispiel: Platon, Aristoteles, Euklid, Paulus, Augustinus, Mohammed, Kopernikus, Calvin, Marx, Darwin, Lenin, Freud.

Literaturverzeichnis

(Der Erscheinungsort der *englischsprachigen* Werke ist London, wenn nicht anders angegeben.)

I. Primärquellen und Synopsen

Aland, K., *Synopsis Quattuor Evangeliorum*, Stuttgart [13]1985.
Barrett, C. K. (Hrsg.), *Texte zur Umwelt des Neuen Testaments*, Tübingen [2]1991.
Die Bibel (nach der Übersetzung Martin Luthers) *mit Apokryphen*, Text in der revidierten Fassung von 1984, Stuttgart 1985.
Conzelmann, H., *Geschichte des Urchristentums*, Göttingen [5]1983.
Eisenman, R./Wise, M., *Jesus und die Urchristen. Die Qumran-Rollen entschlüsselt*, München [3]1993.
Eusebius, *Kirchengeschichte*, hrsg. von H. Kraft, München 1981.
Flavius Josephus, *Jüdische Altertümer*, Wiesbaden 1990.
Flavius Josephus, *Der jüdische Krieg*, München 1988.
Huck, A./Greeven, H., *Synopse der ersten drei Evangelien*, Tübingen [13]1981.
Leipoldt, J./Grundmann, W. (Hrsg.), *Umwelt des Urchristentums*, Bd. II, Berlin [7]1986.
Lohse, E., *Die Texte aus Qumran*, München [4]1986.
Maier, J./Schubert, K., *Die Qumran-Essener*, München/Basel 1991.
Mayer, R., *Der Babylonische Talmud*, 1963.
Novum Testamentum Graece, hrsg. von E. Nestle und K. Aland, Stuttgart [26]1979.
Schmid, J., *Synopse der drei ersten Evangelien*, Regensburg [7]1971.
Schneemelcher, W. (Hrsg.), *Neutestamentliche Apokryphen*, Tübingen [5]1987.

II. Kommentare zu Büchern des Neuen Testaments

Barrett, C. K., *Das Evangelium nach Johannes*, Göttingen 1990.
Black, M./Rowley, H. H., *Peake's Commentary on the Bible*, 1966.
Brown, R. E., *The Gospel According to St. John*, New York 1966.
Bultmann, R., *Das Evangelium des Johannes*, Göttingen 1986.
Conzelmann, H., *Der erste Brief an die Korinther*, Göttingen [2]1981.
Derrett, J. D. M., *The Making of Mark*, Shipston on Stour 1985.

Gnilka, J., *Das Matthäusevangelium*, Freiburg/Basel/Wien I, ²1988; II, 1988.
–, *Das Evangelium nach Markus*, Zürich/Neukirchen-Vluyn I, 1978; II, 1979; I/II, ²1986.
Haenchen, E., *Der Weg Jesu. Eine Erklärung des Markusevangeliums und der kanonischen Parallelen*, Berlin ²1968.
–, *Die Apostelgeschichte*, KEK III, Göttingen ⁷1967.
Lohse, E., *Die Offenbarung des Johannes*, NTD 11, Göttingen ³1971.
Schlier, H., *Der Brief an die Galater*, Göttingen ⁵1971.
Schnackenburg, R., *Das Johannesevangelium*, Freiburg/Basel/Wien I, ⁶1986; II, ⁴1983; III, ⁵1986.
Schneider, G., *Das Evangelium nach Lukas*, Gütersloh ²1984.
Schürmann, H., *Das Lukasevangelium*, Freiburg/Basel/Wien I, ³1984.
Schweitzer, E., *Das Evangelium nach Matthäus*, NTD 2, Göttingen 1973.
Streeter, B. H., *The Four Gospels*, 1924.
Strobel, A., *Der Brief an die Hebräer*, Göttingen ³1985.
Wilckens, U., *Der Brief an die Römer*, EKK VI/1–3, Zürich u. a. 1978–1982.
Windisch, H./Preisker, H., *Die katholischen Briefe*, HNT 15, Tübingen ³1951, 1–36.

III. Weiterführende Literatur

Allegro, J. M., *Die Botschaft vom Toten Meer. Das Geheimnis der Schriftrollen*, Frankfurt/Main und Hamburg 1957.
–, *Der Geheimkult des heiligen Pilzes. Rauschgift als Ursprung unserer Religionen*, Wien/Zürich/München 1971.
Auerbach, E., *Mimesis: Dargestellte Wirklichkeit in der abendländischen Literatur*, Bern 1988.
Baltensweiler, H., *Die Verklärung Jesu: Historisches Ereignis und synoptische Berichte*, Zürich 1959.
Bauer, W., *Rechtgläubigkeit und Ketzerei im ältesten Christentum*, Tübingen 1964.
Beare, F. W., *The Earliest Records of Jesus*, Oxford 1962.
Becker, J., *Paulus. Der Apostel der Völker*, Tübingen 1989.
–, *Johannes der Täufer und Jesus von Nazareth*, BSt 63, Neukirchen 1972.
Beilner, W., *Christus und die Pharisäer: Exegetische Untersuchung über Grund und Verlauf der Auseinandersetzungen*, Wien 1959.
Black, M., *Die Muttersprache Jesu: Das Aramäische der Evangelien und der Apostelgeschichte*, Stuttgart 1982.
Blake, W. (Hrsg. G. Keynes), *Poetry and Prose*, 1939.
Blinzler, J., *Der Prozeß Jesu*, Regensburg 1969.
Bornkamm, G., *Jesus von Nazareth*, Stuttgart 1988.
–, *Paulus*, Stuttgart 1987.
Bowker, J., *Jesus and the Pharisees*, Cambridge 1973.
Brandon, S. G. F., *The Fall of Jerusalem and the Christian Church*, 1951.
–, *Jesus and the Zealots*, Manchester 1967.
–, *The Trial of Jesus of Nazareth*, 1968.
Bultmann, R., *Die Geschichte der synoptischen Tradition*, Göttingen 1967.
–, *Jesus*, Tübingen 1988.
–, *Theologie des Neuen Testaments*, Tübingen 1984.
–, *Glauben und Verstehen. Gesammelte Aufsätze*, Tübingen 1965–1986.

Burkitt, F. C., *The Gospel History and its Transmission*, 1911.
–, *The Earliest Sources for the Life of Jesus*, 1910.
–, *The Syriac Forms of New Testament Proper Names*, 1906.
Burney, C. F., *The Aramaic Origin of the Fourth Gospel*, Oxford 1922.
Butler, B. C., *The Originality of St. Matthew*, Cambridge 1951.
Campenhausen, H. v., *Der Ablauf der Osterereignisse und das leere Grab*, Heidelberg ³1966.
Chesterton, G. K., *The Everlasting Man*, 1936.
Conze, E., *Buddhist Scriptures*, Harmondsworth 1959.
Conzelmann, H., *Grundriß der Theologie des Neuen Testaments*, Tübingen ⁵1991.
–, »Reich Gottes«, in: *RGG* V, 1961, 912–918.
Cullmann, O., *Vorträge und Aufsätze*, Tübingen/Zürich 1966.
Dibelius, M., *Die Formgeschichte des Evangeliums*, Tübingen 1971.
Dodd, C. H., *The Interpretation of the Fourth Gospel*, Cambridge 1953.
–, *Historical Tradition in the Fourth Gospel*, Cambrigde 1963.
–, *The Parables of the Kingdom*, 1935.
Doresse, J., *The Secret Books of the Egyptian Gnostic*, 1960.
Drury, J., *The Parables in the Gospels*, 1985.
Dupont-Sommer, A., *Die essenischen Schriften von Qumran*, Tübingen 1960.
Eckert, J., *Die urchristliche Verkündigung im Streit zwischen Paulus und seinen Gegnern nach dem Galaterbrief*, Regensburg 1971.
Filson, F. V., *Geschichte des Christentums in neutestamentlicher Zeit*, Düsseldorf 1967.
Flender, H., *Heil und Geschichte in der Theologie des Lukas*, München 1968.
Fohrer, G., *Glaube und Leben im Judentum*, Heidelberg ³1991.
–, *Geschichte Israels*, Heidelberg ⁵1990.
Gerhardsson, B., *Die Anfänge der Evangelientradition*, Wuppertal 1977.
Goguel, M., *Das Leben Jesu*, Zürich 1934.
Goldstein, M., *Jesus in the Jewish Tradition*, New York 1950.
Goppelt, L., *Jesus, Paul and Judaism. An Introduction to New Testament Theology*, New York 1964.
Grant, F. C., *The Gospels: Their Origin and Growth*, 1957.
Guilding, A., *The Fourth Gospel and Jewish Worship*, Oxford 1960.
Harnack, A., *Lehrbuch der Dogmengeschichte*, 3 Bde., Tübingen 1990.
Hengel, M., *War Jesus Revolutionär?*, Stuttgart 1971.
–, *Judentum und Hellenismus*, Tübingen 1969.
–, *Die Zeloten. Untersuchungen zur jüdischen Freiheitsbewegung in der Zeit des Herodes I. bis 70 n. Chr.*, Leiden 1978.
–, »Zeloten und Sikarier. Zur Frage der Einheit und Vielfalt der jüdischen Befreiungsbewegung 6–74 n. Chr.«, in: *Josephus-Studien*, Göttingen 1974, 175 ff.
Hick, J. (Hrsg.), *Wurde Gott Mensch?*, Gütersloh 1979.
Jeremias, J., *Jerusalem zur Zeit Jesu*, Göttingen 1969.
–, *Die Gleichnisse Jesu*, Göttingen 1988.
–, *Die Abendmahlsworte Jesu*, Göttingen ⁴1967.
–, *Unbekannte Jesusworte*, Gütersloh 1980.
Käsemann, E., *Exegetische Versuche und Besinnungen*, 2 Bde., Göttingen ²1965.
Kenyon, K., *Jerusalem, die heilige Stadt von David bis zu den Kreuzzügen: Ausgrabungen 1961–1967*, Bergisch-Gladbach 1968.
Kippenberg, H. G., *Garizim und Synagoge*, RGVV 30, Berlin/New York 1971.
Kittel, G., *Jesus und die Rabbiner*, Berlin 1914.

Klausner, J., *Von Jesus zu Paulus*, Königstein 1980.
–, *Jesus von Nazareth. Seine Zeit, sein Leben und seine Lehre*, Berlin ³1952.
Kümmel, W. G., *Verheißung und Erfüllung. Untersuchungen zur eschatologischen Verkündigung Jesu*, Berlin 1967.
–, *Die Theologie des Neuen Testaments nach seinen Hauptzeugen Jesus – Paulus – Johannes*, Göttingen 1987.
Lewis, L. S., *St. Joseph of Arimathea at Glastonbury*, Cambridge 1976.
Lawrence, T. E., *Die sieben Säulen der Weisheit*, Leipzig 1936.
Lohse, E., *Die Geschichte des Leidens und Sterbens Jesu*, Gütersloh 1979.
Mackey, J. P., *Jesus. Der Mensch und der Mythos*, München 1991.
Maier, J., *Jesus von Nazareth in der talmudischen Überlieferung*, EdF 82, Darmstadt 1978.
Marxsen, W., *Die Auferstehung Jesu von Nazareth*, Gütersloh 1972.
Merx, A., *Der Messias oder Ta'eb der Samaritaner*, Berlin 1910.
Morton, H. V., *Auf den Spuren des Meisters*, Berlin 1950.
Neusner, J., *Das pharisäische und talmudische Judentum. Neue Wege zu seinem Verständnis*, Tübingen 1984.
–, *Judentum in frühchristlicher Zeit*, Stuttgart 1988.
Nygren, A., *Eros und Agape*, Berlin 1955.
Pasternak, B., *Doktor Shiwago*, Frankfurt 1991.
Renan, E., *La Vie de Jésus*, Paris 1863 (dt. *Das Leben Jesu*, Berlin 1955).
–, *Oeuvres Complètes*, Paris 1949.
Robinson, J., *Kerygma und historischer Jesus*, Zürich 1960.
Robinson, J. A. T., *Wann entstand das Neue Testament?*, Paderborn 1986.
–, *The Priority of John*, 1985.
Ruckstuhl, E., *Die Chronologie des letzten Mahles und des Leidens Jesu*, Zürich/Köln 1963.
Sanders, E. P., *Jesus and Judaism*, 1985.
–, *Paulus und das palästinische Judentum. Ein Vergleich zweier Religionsstrukturen*, Göttingen 1985.
Schenke, L., *Die Urgemeinde. Geschichtliche und theologische Entwicklung*, Stuttgart 1990.
Schmithals, W., *Neues Testament und Gnosis*, EdF 208, Darmstadt 1984.
Schneemelcher, W., *Das Urchristentum*, Stuttgart u. a. 1981.
Schoeps, H.-J., *Paulus. Die Theologie des Apostels im Lichte der jüdischen Religionsgeschichte*, Tübingen 1959.
Schonfield, H. J., *Planziel Golgatha. Neue Erkenntnisse der Leben-Jesu-Forschung*, Aldingen 1969.
Schubert, K., *Die jüdischen Religionsparteien in neutestamentlicher Zeit*, Stuttgart 1970.
Schürer, E./Vermes, G./Millar, F., *Geschichte des Jüdischen Volkes im Zeitalter Jesu Christi*, 3 Bde., Hildesheim 1964.
Schweitzer, A., *Die Mystik des Apostels Paulus*, Tübingen 1981.
–, *Von Reimarus zu Wrede*, Tübingen 1951.
Smith, M., *Auf der Suche nach dem historischen Jesus*, Berlin 1974.
–, *Jesus der Magier*, München 1981.
Stauffer, E., *Jesus, Gestalt und Geschichte*, München 1957.
–, *Christus und die Caesaren*, Tübingen 1952.
Strauss, D. F., *Das Leben Jesu, kritisch bearbeitet*, 2 Bde., Tübingen 1984.
Strecker, G., *Die Bergpredigt. Ein exegetischer Kommentar*, Göttingen 1984.

Tödt, H. E., *Gottes Wirken in seiner Welt*, 2 Bde., Bielefeld 1965.
–, *Der Menschensohn in der synoptischen Überlieferung*, Gütersloh ⁵1984.
Tolstoi, L. N., *Das Reich Gottes ist inwendig in Euch (oder das Christentum als neue Lebensauffassung)*, hrsg. von R. Löwenfeld, 1. Serie, Bde. 6 und 7, Leipzig 1901–1911.
Vermaseren, M. J. (Hrsg.), *Die orientalischen Religionen im Römerreich*, Leiden 1981.
Vermes, G., *Jesus der Jude*, Neukirchen-Vluyn 1993.
–, *Jesus and the World of Judaism*, 1983.
–, *The Dead Sea Scrolls: Qumran in Perspective*, 1977.
Wachsmann, S. (Hrsg.), »The Excavations of an Ancient Boat in the Sea of Galilee«, in: *Atiqot*, Bd. XIX, Jerusalem 1990.
Weil, S., *La source grecque*, Paris 1969.
–, *Das Unglück und die Gottesliebe*, München 1953.
Weiss, J., *Die Predigt Jesu vom Reiche Gottes*, Göttingen 1892.
Wilson, R. McL., *Gnosis und Neues Testament*, Stuttgart o. J.
Winter, P., »Zum Prozeß Jesu«, in: *Antijudaismus im Neuen Testament?*, o. O. 1967, 95–104.
Wrede, W., *Das Messiasgeheimnis in den Evangelien*, Göttingen ⁴1969.
Yadin, Y., *Masada. Der letzte Kampf um die Festung des Herodes*, Hamburg 1969.
Yoder, J. H., *Die Politik Jesu. Der Weg des Kreuzes*, Maxdorf 1981.
Zahrnt, H., *Es begann mit Jesus von Nazareth. Die Frage nach dem historischen Jesus*, Gütersloh 1964.

Stichwortverzeichnis

Abba s. Vater
Abendmahl s. Eucharistie
Abendmahl (in Jerusalem) 82, 211, 213, 232–236, 240, 242, 250, 255
Abraham 49, 207
Abschiedsreden Jesu 76, 232f.
Adam 101
Ägypten 12, 31, 109ff., 209, 229f., 236f.
Äschylus 36, 91, 240
Ätheria, Nonne 157
Ahas, König 105f.
Albinus, Prokurator 15
Alexander 261
Altertum, klassisches 30
Altes Testament 31, 33, 36, 76ff., 92, 126, 134, 175, 178, 235, 252
Amos, Prophet 134, 146
Anarchie 124, 126, 135, 292
Andreas, Jünger 144, 154, 156f., 160, 193, 286
Anselm, Erzbischof von Canterbury 264
Antiochia 49, 65
Antisemitismus 80, 248, 258
Aphroditetempel 262
Apokalypse/apokalyptisch 19, 26, 40, 120, 125, 146f., 200, 229, 232, 238, 266, 271, 290f.
Apollos aus Alexandria 132f.
Apophthegmen 26, 143, 168, 238
Apostel 44, 50
Apostelgeschichte s. Paulus
Apostolische Väter 29
Archelaos, Statthalter 124f.
Aristoteles/Aristoteliander 36, 60
Artus, König 117
Asketen 92, 126, 131, 146, 225, 230, 289
Assyrer 105f.
Astrologie 106f., 120, 227, 230
Astronomie, kopernikanische 24
Atheist 181
Athen 46, 142

Auferstehung Jesu 10, 17, 27f., 41–45, 95f., 102, 126, 133f., 185, 190, 200ff., 205, 214f., 220f., 224, 268, 279–287
Auferstehungserfahrung (s. auch Osterberichte) 203
Auferweckung von den Toten 183, 217–220, 266, 284f.
Aufstand, jüdischer 14f., 35, 50, 56, 102, 125, 128, 150, 159ff., 197f., 204, 215f., 226, 231f., 238f., 243, 247ff., 251, 254, 256, 258
Augustinus von Canterbury 116
Augustinus von Hippo 64, 66
Augustus, Kaiser 10, 100ff., 104
Auserwähltes Volk 39, 58, 60, 76, 152, 176
Austreibung von Dämonen s. Teufelsaustreibung
Auszug aus Ägypten s. Ägypten
Autosuggestion 156

Babylonier 287f.
Babylonische Gefangenschaft 31ff., 35, 40, 47, 106
Baptisten 133
Barmherzigkeit 69
Barnabas 41
Bartholomäus, Jünger 160
Beisetzung Jesu 201, 205, 217, 220f.
Bekehrung des Paulus 46, 244f., 279, 287
Benjamin, Stamm 48
Berakoth 176
Berg Sinai 31f., 48, 64f., 90, 170, 176
Bergpredigt 26, 133
Beschneidung 209, 289
Bethanien 28, 85, 144, 184, 211, 217, 220, 227
Bethanien jenseits des Jordan 85
Bethlehem 9, 11ff., 90, 100f., 103f., 106f., 109f.
Blasphemie s. Gotteslästerung
Botschaft, Frohe s. Evangelium

Brief des Jakobus s. Jakobus
Briefe des Paulus s. Paulus
Brot für die Welt 297
Brüder Jesu 115, 158f., 162, 205, 268, 283, 289
Buddha 190
Bund mit Gott 47f., 64f., 176
Buße, Bußfertigkeit 37, 133f., 135, 139
Byzanz 264

Calvin 64, 291
Cäsar, Julius 95, 97, 102, 268
Celsus, heidnischer Philosoph 103
Chanina ben Dosa 56, 129
Chanukka 76, 85, 210
Chassid/Chassidim 22, 30, 56, 128f., 142
Chorazin 164
Christenverfolgung 50f., 118
Christus 38f., 43ff., 51, 58–70, 77, 90, 95, 99, 119, 132f., 165, 181, 203, 223, 234f., 253, 257, 264, 278–298
Chronologie der letzten drei Jahre des Lebens Jesu 84f.
Claudius, Kaiser 65

Damaskus 46, 49, 62f., 279
Dämonen s. Teufelsaustreibung
Daniel, Prophet 40, 146, 176, 229, 238, 252, 287
David, König 39, 100f., 104, 106, 126, 142, 165f., 217
Demiurg 41, 44
Denterojesaja 34, 36
Deuteronomium 140f.
Deveuster, Damian 297
Diaspora 14, 40, 47f., 206f., 284
Dogma von der Jungfräulichkeit Marias 115
Dornenkrone 249, 259, 261, 264
Dostojewski 140
Dreieinigkeit 16, 21, 81, 84, 191, 282

Ebioniten 29, 288
Ehebruch/Ehebrecherin 170ff., 185, 272
Einehe 171
Einzug in Jerusalem 211, 216f., 221, 227, 232, 250
Elia, Prophet 127, 129, 133, 143, 189f.
Eliezer ben Hyrkanus, Rabbi 171f.
Elisabeth, Mutter Johannes' des Täufers 110, 114, 138
Emmaus 205, 282f., 285

Ende der Welt 125f.
Engel 11, 25, 68, 112, 114, 119, 205, 282
Ephesus 46, 81, 131f., 142
Ephraim 85
Erbsünde 64, 266
Erleuchteter 189f., 192
Erlöser/Erlösung 9f., 34, 40, 52ff., 68, 90, 108, 116, 137, 254, 270f., 290, 292, 294
Erschaffung der Welt 59
Eselin 200, 211f., 215ff., 224, 227, 247, 260, 267
Esoterik/esoterisch 42, 135, 206
Essener 126ff., 134, 158f., 191, 195f., 206
Ethik/ethisch 30f., 47, 94, 170f., 292
Eucharistie 12f., 16, 20, 43, 76, 81f., 195, 233–236
Euripides 279
Eusebius 261, 289
Eva 101
Evangelien, apokryphe 99, 102, 105f., 114
Evangelien, kanonische 110f., 114
Evangelien, synoptische 29, 37, 45, 62, 71, 73, 81, 83f., 89f., 96, 139f., 144, 149, 156, 160, 162, 168, 172, 180, 194, 204, 210, 213, 220, 232f., 242, 245, 249
Evangelisten s. Matthäus, Markus, Lukas, Johannes
Evangelium 39, 58, 68, 137, 146, 152f., 180, 188, 202, 205, 284, 293
Evangelium, griechisches 110
Evangelium, koptisches 110
Exil, jüdisches, s. Babylonische Gefangenschaft
Exodus, Buch 228ff.
Exorzismus s. Teufelsaustreibung

Familie Jesu 99–122, 203, 206, 209, 220, 269, 289
Felsendom 207
Feste, jüdische 75ff., 84, 125, 208ff., 250
Festnahme Jesu s. Gefangennahme
Fisch/Fischfang, wunderbarer 71–98, 154, 163, 285
Franz von Assisi 59, 244, 297
Freud, Siegmund 65
Friede 198f., 266
Fußwaschung Jesu 76

Gabriel, Erzengel 10, 100
Galaterbrief s. Paulus

Galiläa/Galiläer 12, 20, 22, 30, 47, 55 f., 63, 80, 85, 89 f., 101, 103, 116, 127 f., 139, 142 f., 147, 148–180, 192, 199, 205 f., 210 f., 214, 217, 221, 247, 267, 281 f., 285 ff.
Gamaliel, Pharisäer 55 f.
Gandhi, Mahatma 257, 293
Garizim, Berg 187, 285
Geburt Jesu 11, 13, 39, 99–108, 115, 117
Gefangennahme Jesu 14, 74, 76 ff., 81, 98, 205, 212 f., 215, 230–245, 248, 250, 255, 260, 267
Geldwechsler im Tempel 204, 210, 221 f., 224, 226, 232, 247, 255
Gelobtes Land 40, 90
Genesis, Buch 182, 242
Gerechtigkeit 31, 33 f., 36 f., 40, 62 ff., 67, 92, 126, 168, 170, 267, 272
Gesalbter (Jesus) 149, 196
Gesetz 64, 67, 90, 135, 153, 158, 169 ff., 174, 180, 186, 190, 253, 263
Gessius Florus 254
Gethsemane Garten 202, 219, 236–245, 250, 267, 292
Gide, André 154
Glaube 81–98, 124, 130, 176 f., 190, 202, 206, 280 f., 284
Glaubensbekenntnis 200, 297
Gleichnis 26, 89, 176 ff., 185, 188, 266, 271, 291, 293
Gleichnis über das kommende Gericht 175
Gleichnis vom Pharisäer und Zöllner 54 f., 58–68, 176, 266
Gleichnis vom unehrlichen Aufseher 178
Gleichnis vom verlorenen Groschen 177, 291, 295
Gleichnis vom verlorenen Schaf 179
Gleichnis vom Verlorenen Sohn 26, 69, 177, 266
Gleichnis vom Weinberg 177
Gleichnis vom wunderbaren Fischfang 88 f.
Gnade Gottes 55, 58, 62, 65
Golan-Höhen 155
Golgatha 9, 65, 99, 210, 236 f., 261 f.
Götter 30, 32, 41, 92, 229
Gottes Kinder 168, 225
Gottesdienst 21
Gotteslästerung 14, 56, 62, 123, 173, 225, 248, 252 f., 269
Gottesverehrung 188
Gottvertrauen 197
Göttlichkeit Jesu 19, 59, 81 f., 99, 119

Götzenbilder/-anbetung 31, 123 f., 209
Grab Jesu 44, 219, 237, 261 ff., 268 ff., 280–286
Grabeskirche 262
Gregor I., Papst 116
Griechen/Griechenland 29 f., 32 f., 36, 38–70, 156, 173
Güte 31 f., 181, 183

Häresie/Häretiker 14, 29, 118, 142, 216, 288, 292, 294, 297
Hasmonäer 216
Hebräer 26, 29, 31, 48 f., 169, 209
Hebron 106
Hegesippus 289
Hellenistische Juden s. Paulus
Heiland 109
Heiler/Heilkräfte/Heilung 22, 43, 120, 128 f., 151, 156 f., 158, 164, 166, 180, 182 ff., 194, 198, 200, 247, 267, 271, 295
Heiliger Geist 25, 131, 134, 282, 286 f.
Helena, Kaiserin 237, 261
Hera 31
Hermes 41
Herodes der Große 11, 100 ff., 105, 109 f., 123 ff., 128, 133, 205, 207 f., 222, 247
Herodes Agrippa I. 127
Herodes Agrippa II. 161
Herodes Antipas, Tetrarch 125, 127, 145, 147, 155, 256, 269
Herodias 147
Herrlichkeit 189 f., 271
Herrschaft der Heiligen 214 f.
Heterodoxie 288
Himmel/Himmelreich 9, 28, 38, 92, 97, 138, 144 f., 168, 171 f., 176 f., 192, 194, 200, 207, 222, 226, 230, 243, 281
Himmelfahrt 24, 286
Hiob 33 ff., 36, 298
Hochzeit zu Kana 84, 89, 130, 149, 151
Hoherpriester 14, 49, 60, 74 f., 104, 138, 182, 213, 215, 222 f., 231 f., 239, 242–246, 247–273, 290
Hoher Rat s. Sanhedrin
Hölle 9, 238, 242
Holocaust 267, 290, 298
Homer 31 f., 92, 240, 279
Hosea, Prophet 109, 134, 136

Idumäer 109
Ignatius von Antiochia 218
Immanuel 105
Imperativ, kategorischer 60, 180

Initiationsriten 219, 241
Inkarnation 41, 191
Inquisition 49, 142, 257, 297
Irenäus 29, 66, 86, 288f.
Isaak 207
Islam 64, 136, 207
Ituräa 85

Jahwe 31
Jaïrus, Synagogenvorsteher 28, 183f., 266
Jakobus, Brief des 28f., 63, 289
Jakobus, Bruder Jesu 44, 115f., 118, 150f., 205f., 283, 287ff.
Jakobus, Jünger 154, 160, 163, 190, 239, 249, 261, 281
Jehochanan 262f., 268
Jeremia, Prophet 32, 136
Jerusalem 15, 28ff., 44f., 47, 49, 55f., 60, 63, 66, 84f., 106, 108f., 113, 115, 120, 123f., 126ff., 133, 138, 140, 150, 159f., 179, 184, 188, 198f., 200–226, 227–245, 247–273, 279, 285, 287ff., 298
Jesaja, Prophet 95, 105, 134, 138, 146, 149, 196
Jesus, Sohn des Ananos 15
Jesus Barabbas 248, 258
Johannes, Evangelium 13, 17, 24f., 27–30, 37, 59, 72–98, 101, 121, 130f., 138f., 143f., 147, 149, 151, 154, 160, 163, 168, 172, 176ff., 181, 185ff., 189, 192ff., 197, 204, 209f., 213, 217ff., 221, 223, 232f., 236, 249–273, 280, 284ff., 288, 297
Johannes, Jünger, Sohn des Zebedäus 79, 81, 86, 154, 160, 163, 190, 235, 239, 249, 261, 279
Johannes Hyrkan I. 109
Johannes der Täufer 28, 45, 84f., 88, 105, 110, 133–148, 150ff., 156, 171, 179, 205, 222
Johanniter 133
Jonathan, Hoherpriester 161
Jordan 25, 133, 147, 155, 187
Josua, Buch 31, 33
Joschua ben Karha, Rabbi 176
Joseph 11, 16, 100–120
Joseph (AT) 78, 90, 182, 241f.
Joseph von Arimathäa 116, 229, 264, 268ff., 281
Josephus, Flavius 11, 15, 44, 109, 118, 124, 126, 147, 155, 160f., 182, 207, 251, 253ff., 289
Joses, Bruder Jesu 115
Juda 78

Judäa 11, 22, 29, 50, 80, 85, 100ff., 106, 124ff., 131, 148, 152, 206, 217, 229, 247, 287f.
Judas (AT) 182, 241
Judas, Bruder Jesu 115
Judas der Galiläer 55f., 102, 128
Judas Iskariot 77, 160f., 182, 195ff., 204, 213, 215f., 228, 230ff., 236, 238–243, 255f., 260
Judenchristen 288ff.
Jünger, geliebter 220, 244f., 265
Jüngstes Gericht 99, 126, 134

Kaiphas, Hoherpriester 218
Kaiser, römischer 10, 27, 50, 118, 128, 208, 225, 259f., 270, 286
Kalender, jüdischer 75ff., 84, 125, 187, 208
Kana 84, 89, 130, 149
Kanaan 187
Kant, Immanuel 60, 92, 180
Kapernaum 84, 110, 128, 149, 155ff., 162f., 183f., 264, 281, 293
Katechumene 219, 246
Kelch des Leidens 239
Kephas (Petrus) 44, 49, 132
Kidron, Bach 76, 81, 236
Kinder Gottes 266
Kinder des Lichts 125
Kindheit Jesu 99–122, 200
Kirche 16f., 20, 27, 29, 43, 49, 66, 69, 114, 131, 151, 179, 183, 189, 206, 233f., 249, 257, 278, 282, 285, 294f., 296ff.
– römisch-katholische 20, 99, 111, 115, 140, 235f., 282, 298
– russisch-orthodoxe 102, 167, 181, 290, 292
Kleinasien 29, 46, 155f.
Klemens von Alexandria 29, 218
Knecht des Hohenpriesters (Malchus) 74ff., 79, 81, 87f., 182, 242–245
Kolossä 41
Kolosserbrief s. Paulus
Kommunismus 293
Kommunion, heilige, s. Eucharistie
König der Juden (Jesus) 25, 109, 142, 166, 194, 197, 204, 212f., 215f., 247ff., 253–273
Könige, Bücher 76, 193
Konstantin, Kaiser 118
Konzilien 297
Koponius, Statthalter 125
Koran 169
Korinth 44, 46, 65, 72, 142, 189
Korintherbrief s. Paulus

Kreuz 43, 66, 244, 261, 271
Kreuzabnahme 268
Kreuzigung 9, 14, 16, 43, 52, 59f., 75, 83ff., 94, 124, 132, 188, 191, 201f., 205, 233, 240, 244, 248, 255, 260–265, 270, 280, 294
Kreuztum 64f.
Kreuzzüge 297
Krieg 295, 297
Kruzifix 264

Lamm Gottes 83, 290
Laubhüttenfest 15, 75, 85, 209
Lazarus 28, 217–220, 235, 284
Leiden Jesu 14, 37, 75, 99, 116, 213, 240, 252, 270f.
Lektionare 75ff., 90, 125, 187f.
Leviten 138
Levitikus, Buch 135
Liebe Gottes 58, 65, 68f., 80, 179f., 189, 296
Livius 89
Logienquelle Q 86
Logos, göttlicher 81ff., 84, 93
Lukas, Evangelium 11, 27, 29, 37, 50–60, 71, 74, 80, 86, 100ff., 105f., 108, 111, 113f., 120, 133, 135, 138, 140, 149, 151, 154, 156ff., 174f., 184f., 196, 200, 214, 236f., 240, 242f., 249–273, 282f., 285
Luther, Martin 64, 289f.
Lykaonien 41

Macarius, Bischof von Jerusalem 261
Magdala 184
Magie/Magier 24, 219, 241
Makkabäer 33, 40, 125, 166, 216, 226
Malcho/Malchus s. Knecht des Hohenpriesters
Manna 194f.
Maria, Mutter Jesu 9ff., 96, 100–120, 138, 150f., 162, 202, 230, 265, 268
Maria aus Magdala 45, 184f., 205, 220, 265, 279, 281, 283ff.
Mariä Himmelfahrt 116
Markus, Evangelium 18, 29, 37, 71f., 74, 78, 80, 86, 103, 111, 115, 121, 131, 140, 150, 157f., 165f., 173, 182f., 192ff., 207, 211f., 216f., 219, 222ff., 227, 229, 236, 240f., 242f., 249–273, 281, 286
Markusevangelium, geheimes 218ff., 221
Marta 217, 220
Märtyrertum 36, 49, 61ff., 145, 259
Masada 160

Matthäus, Jünger 160f.
Matthäus, Evangelium 18, 26, 29, 37, 71f., 74, 78, 86, 90, 97, 100, 105f., 108ff., 120, 138, 140f., 170f., 174f., 211, 213, 236, 242f., 249–273, 282, 295, 297
Mechilta 129
Menschensohn 25, 40, 214, 242, 252, 270, 272
Messe, heilige 235f.
Messias 18, 28, 35, 38ff., 52ff., 56–71, 76, 90, 101, 118, 120, 127, 134, 136, 138, 143ff., 150f., 178, 201, 203, 211f., 214, 287, 294, 298
Messiasgeheimnis 211
Micha, Prophet 18, 90, 106
Midrasch 252
Mischna 153
Missionstätigkeit/-reisen 41, 52, 131f., 245, 298
Mithras, Gott der Sonne und des Lichts 44, 135
Mohammed, Prophet 64, 207
Monogamie 145
Monotheismus 21, 31, 41, 169, 175, 191, 226, 266, 287
Moral/Moralphilosophie 30ff., 36, 46, 55, 57ff., 66, 69, 119, 169, 178, 180, 192, 204
Mormon, Buch 169
Mose 42, 67, 76ff., 83, 90, 170f., 176, 186f., 189f., 194, 209, 218
Mysterium/Mysterien 13, 16, 29, 42f., 45f., 57f., 65, 125, 134ff., 153, 191, 206, 211, 234f., 244, 272, 279, 297
Mythos/Mythen 10f., 16, 19, 29, 33, 36, 40, 74, 79, 82f., 111, 118, 140, 153, 191, 206, 211, 234f., 241, 244, 272, 279, 297

Nablus 186
Nächstenliebe 181, 197
Nag Hammadi 120
Nain, Jüngling von 28, 266
Nathanael 25, 144
Naturwissenschaft 92ff.
Nazareth 10, 12, 25, 100, 110f., 113, 129, 144, 149, 155, 162, 205f.
Nehemia 33, 47
Nero, Kaiser 50
Neujahr 75
Nichtjuden 18, 29, 41, 46ff., 49, 55, 60, 67, 119, 132, 135, 143, 151, 165, 171, 173f., 202, 206, 208, 224, 234f., 279, 290f., 297
Nihilisten 55

Nikodemus, 96, 181, 229, 233, 268f., 284
Nizäa, Konzil von 200, 286
Novum Testamentum Graece 15

Offenbarung Gottes 56, 191
Offenbarung des Johannes 290
Ölberg 24, 236f.
Opfer 208ff., 235, 290
Origines 103
Osterberichte 280–286

Palast des Herodes 258ff.
Pallas Athene 31
Pandera/Pantera/Panthera 103
Paradies 24
Parthogenese 101, 103
Passafest 13f., 75f., 85, 113, 173, 193, 197f., 209ff., 215f., 227–245, 255, 258, 260, 270
Passionsgeschichte 116, 200f., 213, 239, 249, 270
Pasternak, Boris 181
Paulus (s. auch Saulus) 12, 18, 21, 28ff., 37, 38–70, 73, 80f., 90, 95f., 131ff., 142, 151, 154, 160, 184, 188, 195, 206, 234ff., 244ff., 266, 271, 288ff., 294, 297f.
Paulus, Apostelgeschichte 41, 49–52, 55f., 60, 62, 131ff., 179, 189, 200, 283, 286f., 289
Paulusbriefe 12, 59, 68, 103, 179, 279
– Brief an die Galater 48f., 51, 58, 60, 62, 244
– Brief an die Hebräer 290, 294, 296
– Brief an die Kolosser 41
– 1. Brief an die Korinther 12, 42ff., 69, 132, 174, 234
– 2. Brief an die Korinther 51, 58
– Brief an die Philipper 48, 51
– Brief an die Römer 12, 53, 58, 64ff., 68, 142
– Brief an die Thessalonicher 12, 38–41, 45, 65
Pazifisten 292, 295
Pentatench 90
Peräa 85
Petrus s. Simon Petrus
Pfingsten 132, 202, 209, 286
Pharisäer 40, 48, 51–63, 126, 128, 143, 158f., 165, 172, 179f., 186, 191, 195f., 206, 210, 218, 225, 229, 251
Philippus, Jünger 116, 160, 183
Philippus, Tetrarch 125, 155
Philo von Alexandria 47
Philosoph 30, 54, 57

Phönizien 85, 155
Pilatus, Pontius, Statthalter 15, 50, 79f., 93, 98, 128, 173, 241, 247–273
Plato/Platoniker 30, 54, 60, 91f.
Polytheismus 35f., 109, 191
Pompejus, Feldherr 123f., 159, 161
Priamus 33
Prophet 15, 19, 22, 28, 33, 56, 60, 63, 77, 134f., 138, 143–148, 168f., 200ff., 224, 272, 287
Prophezeiung 15, 26, 39, 41, 79, 87, 90, 105f., 109, 120, 144, 149, 196, 209, 212f., 215, 224, 232, 235f., 238, 279
Prostituierte 184f., 203, 220
Protestanten 20, 68, 121, 175, 238
Protevangelium des Jakobus 103f., 107, 110, 120
Prozeß Jesu 200, 212f., 223
Psalmen 54, 141, 169, 236f., 265f., 298
Purpurmantel 249, 259f., 264
Pythagoras 279

Quäker 296
Quirinius, Statthalter 11, 101f.
Qumran-Gemeinde 126ff., 131, 145, 159, 171, 179, 225, 230
Qumran, Schriftrollen 21, 39f., 92, 94, 120, 125, 134

Rabbi/Rabbiner 47, 103, 123, 158, 175, 178, 253, 267
Raschi 153
Rebekka 187
Reich Gottes 15, 18, 133, 146f., 170, 175–180, 203, 205
Reich Jesu 160f., 166, 179, 198, 204, 212, 224f., 230, 232, 257f., 265f.
Religion, neue 28, 49, 64, 75f., 89, 130, 143, 169, 206, 210, 224, 234ff., 291
Reue 68, 179
Revolutionär 159, 180
Riten, religiöse 13, 28, 47, 52f., 57, 60, 89, 125, 129, 158, 171ff., 179, 188, 206, 208ff., 221f., 227–231, 233ff., 241, 247, 289
Römerbrief s. Paulus
Ruben 242
Rufus 261

Sabbat 111f., 128, 149, 153, 165f., 187, 210, 268
Sacharja, Prophet 77, 79, 212, 242f., 255
Sadduzäer 40, 56f., 126, 158, 216, 248

Salome 105, 265, 281
Salomo 142, 207, 222, 226
Salomo, Sprüche 169
Samaria 81, 284, 287f.
Samariter 186ff., 287
Samariter, Barmherziger 26
Samariterin am Brunnen 96f., 186ff., 221, 233, 265, 284, 287f.
Samuel 142
Sanhedrin (Hoher Rat) 14, 49, 55, 128, 173, 210, 215, 227, 229, 231f., 239, 243, 250, 253, 268
Satan 66, 232, 242, 290
Saulus 62f., 244ff., 279, 287
Schächten 209
Schamane 156
Schöpfer/Schöpfung 99, 169, 180, 266, 281
Schweißtropfen Jesu 202, 240, 267
Schweitzer, Albert 266
See Genezareth 100, 125, 127, 149, 155, 157, 162f., 182, 192f., 205, 285f.
Seleukiden 40
Sekte 49, 81, 120, 142, 158ff., 172, 197f., 216, 289
Selbstlosigkeit 181
Seligpreisungen 170
Semiten 31
Sendungsauftrag 282
Sendungsbewußtsein 159
Seneca 66
Sexualethik 171ff.
Shakespeare 26, 240, 273
Sikarier 160f., 197, 204, 215, 248
Simeon 108, 209
Simon, Bruder Jesu 115
Simon, Zauberer 41
Simon von Kyrene 261
Simon der Zelot, Jünger 160f., 195f.
Simon, Pharisäer 184f., 220
Simon Makkabäus 216
Simon Petrus 45, 49, 62f., 65, 79, 81, 144, 156ff., 160, 163, 189f., 193, 220, 230, 239, 242f., 245, 249, 251f., 261, 279, 281, 283, 286
Sittenlehre 26, 67
Sohn Gottes 25, 51, 100f., 129, 141, 144, 173, 190, 282, 298
Sokrates 30, 91
Speisung der Fünftausend 73, 82, 85, 140, 189, 192ff., 198, 204, 213, 225
Staatsreligion 118
Stephanus 49, 60ff., 287
Steuern 293

Stigmata 244, 264
Stoiker 54, 60
Strabo, griechischer Geograph 46
Sühnetod Jesu 206, 239, 254, 268, 271
Sünde 9, 36f., 44, 47, 53-70, 80, 83, 98, 133, 158, 176, 178f., 184ff., 188f., 191, 239, 254, 266, 294
Sündenlosigkeit Jesu 98, 119, 192
Sychar 186
Synkretismus 288
Syrien 11, 46, 49, 101, 155

Tacitus 50, 89, 117f.
Ta'eb 287
Tag des Herrn 238, 243, 252f., 267
Talmud 153
Taufe 10, 25, 44, 84f., 132ff., 246, 285
Taufe des Jesus 132f., 219
Taufe des Johannes 132f., 138, 222
Tempel von Jerusalem 14, 50, 75, 104, 106, 113, 123f., 126, 128, 155, 159, 169, 187, 201, 204f., 207ff., 217, 221ff., 225f., 232, 247-273, 287, 290
Tempelkult 28
Teresa, Mutter 297
Terrorismus 250f., 258, 260f.
Tetrarchie 125ff.
Teufel 34, 141ff., 156, 204
Teufelsaustreibung 24, 30, 84, 121, 150, 156f., 164, 180, 182ff., 200, 219, 247, 272, 295
Thaddäus, Jünger 160
Theodorus 218f.
Theophilus von Antiochia 86
Thessalonicherbrief s. Paulus
Thomas, Jünger 94f., 160, 279, 285
Thomas von Aquin 234
Thomasevangelium 110ff.
Thora 32f., 48f., 53, 56f., 60f., 77, 124, 135f., 169, 170, 172, 174, 178, 180, 197, 288
Tiberias 155
Tiberius, Kaiser 118
Titus 160
Tod Jesu 14, 38, 64ff., 75, 79, 102, 151, 184, 190f., 200ff., 205, 213-221, 237, 250-273, 282, 284, 286, 290, 294
Tolstoi, Leo 257, 292
Totes Meer 127, 160
Trajan, Kaiser 118
Trojaner 33
Tugend/Tugendhaftigkeit 53f., 56ff., 80, 135f., 180, 272, 294f.

Unmoral 38
Unsterblichkeit der Seele 34, 44, 55, 126
Urchristen/Urgemeinde 38, 115, 118, 150, 162, 203, 234, 248, 265, 283, 288

Vater (Abba) 65, 67, 84, 113f., 141, 143f., 175, 178, 188, 191, 201, 232f., 236, 239f., 266, 282, 284, 288f.
Vaterunser 17, 26, 175f.
Verdammnis, ewige 9, 292
Vergebung 55, 58, 65, 133, 179, 272
Verfolgung 169f., 249
Verhör Jesu 74
Verklärung Jesu 189ff., 239f.
Verleugnung des Petrus 62, 242, 249, 251f.
Verrat Jesu 201, 205, 231, 238–243, 255f., 260f.
Versöhnung 69, 196
Versuchung Jesu in der Wüste 139ff., 142f., 145
Via dolorosa 237
Vielgötterei s. Polytheismus
Volkszählung 11, 55, 101f., 104

Wahrheit 91–96, 134, 178, 183, 188, 226, 232, 280, 284, 286
Weihnachten 10, 12, 39, 100ff.
Weise aus dem Morgenland 11, 106, 108
Weltreligion 16, 39, 142, 272
Wiedergeburt 133, 135
Wunder/Wunderheiler 17, 43, 60, 73, 82, 84, 88f., 128ff., 145, 154ff., 166, 171, 189, 195, 204, 218, 247, 272

Yang 196
Yin 196

Zacharias 110
Zachäus, Lehrer Jesu 112
Zebedäus 154, 160, 162
Zehn Gebote 31f., 176
Zeitalter, messianisches 36, 146, 170, 198, 216, 230
Zeloten 15, 128, 159ff., 195ff., 204, 216, 225, 229, 248
Zeus 31, 41, 123
Zöllner 54f., 58–68, 135, 159, 161, 176, 204
Zypern 155